# 生产价值论
——兼论价格与货币

白若冰 著

商务印书馆
2010年·北京

图书在版编目(CIP)数据

生产价值论:兼论价格与货币/白若冰著.—北京:
商务印书馆,2010
ISBN 978-7-100-06848-2

I.生… II.白… III.劳动—价值论—研究
IV.F014.2

中国版本图书馆 CIP 数据核字(2009)第 201108 号

所有权利保留。
未经许可,不得以任何方式使用。

生 产 价 值 论
——兼论价格与货币
白若冰 著

商 务 印 书 馆 出 版
(北京王府井大街36号 邮政编码 100710)
商 务 印 书 馆 发 行
北京瑞古冠中印刷厂印刷
ISBN 978-7-100-06848-2

2010 年 4 月第 1 版　　　开本 787×1092　1/16
2010 年 4 月北京第 1 次印刷　　印张 25
定价:43.00 元

# 目 录

前言 ...... 1
导论 关于社会生产历史表现形式的探索 ...... 3

## 上篇 生产—价值论

### 第一章 生产 ...... 11
第一节 具体生产 ...... 11
第二节 生产一般 ...... 13
第三节 人与自然 ...... 16

### 第二章 生产力 ...... 20
第一节 劳动与劳动力 ...... 20
第二节 自然与自然力 ...... 23
第三节 生产力的积累 ...... 25
第四节 工具自动化 ...... 27

### 第三章 生产时间 ...... 31
第一节 人力操作时间 ...... 33
第二节 机器作业时间 ...... 35
第三节 自然力作用时间 ...... 36
第四节 生产时间的意义 ...... 38

### 第四章 生产实体与生产过程 ...... 44
第一节 时间与空间的统一 ...... 44

第二节　生产时间二重性 ………………………………… 48
　　第三节　生产规模二重性 ………………………………… 49

## 第五章　从生产到价值 ……………………………………… 53
　　第一节　劳动价值论逻辑 ………………………………… 54
　　第二节　生产价值论 ……………………………………… 59
　　第三节　从具体到抽象 …………………………………… 66

## 第六章　商品价值规律 ……………………………………… 72
　　第一节　生产时间表现为价值 …………………………… 73
　　第二节　等量生产时间获取等量价值 …………………… 74
　　第三节　社会必要生产时间决定价值量 ………………… 81

## 第七章　资本利润规律 ……………………………………… 85
　　第一节　生产要素商品化 ………………………………… 86
　　第二节　价值增殖与利润 ………………………………… 89
　　第三节　利润概念的生成 ………………………………… 93
　　第四节　等量生产时间获取等量利润 …………………… 100
　　第五节　关于生产价格 …………………………………… 104

## 第八章　生产要素占有与使用 ……………………………… 111
　　第一节　人民资本 ………………………………………… 113
　　第二节　劳动资本 ………………………………………… 121
　　第三节　分配论比较 ……………………………………… 130
　　第四节　关于社会主义分配 ……………………………… 135

## 第九章　马克思价值学说回顾 ……………………………… 141
　　第一节　古典劳动价值论 ………………………………… 141
　　第二节　批判与继承 ……………………………………… 144

## 中篇　交换—价格论

### 第十章　商品 ………………………………………… 155
第一节　两种占有 ………………………………… 155
第二节　从占有到交换 …………………………… 159
第三节　关于"消灭交换" ………………………… 164

### 第十一章　商品价格 ………………………………… 170
第一节　价格是怎样产生的 ……………………… 171
第二节　价格形式的意义 ………………………… 178
第三节　价值与价格的混淆 ……………………… 187

### 第十二章　地租与自然资本 ………………………… 198
第一节　马克思资本理论 ………………………… 199
第二节　土地所有权 ……………………………… 202
第三节　从不变到可变 …………………………… 206
第四节　自然的补偿 ……………………………… 212

### 第十三章　交换的经济学 …………………………… 217
第一节　交换增加价值 …………………………… 218
第二节　中立与纯科学 …………………………… 223
第三节　个人主义经济学 ………………………… 225

## 下篇　形式—货币论

### 第十四章　货币之谜 ………………………………… 231
第一节　问题的提出 ……………………………… 232
第二节　形式等价 ………………………………… 237

第三节　社会形式要素 …………………………………………… 246

## 第十五章　货币定价 …………………………………………………… 263
　　第一节　货币尺度 ………………………………………………… 264
　　第二节　供给与需求 ……………………………………………… 266
　　第三节　摒弃价值论 ……………………………………………… 269
　　第四节　产品与资源 ……………………………………………… 273

## 第十六章　货币数量 …………………………………………………… 280
　　第一节　两种货币数量 …………………………………………… 281
　　第二节　货币实现 ………………………………………………… 284
　　第三节　货币从哪里来 …………………………………………… 288
　　第四节　货币到哪里去 …………………………………………… 304

## 第十七章　现代货币经济 ……………………………………………… 313
　　第一节　真实财富与形式财富 …………………………………… 314
　　第二节　虚拟经济 ………………………………………………… 322
　　第三节　金融开放的实质 ………………………………………… 334

## 第十八章　世界货币 …………………………………………………… 342
　　第一节　金本位制的崩溃 ………………………………………… 343
　　第二节　主权货币 ………………………………………………… 348
　　第三节　区域货币 ………………………………………………… 357
　　第四节　世界货币原则 …………………………………………… 362

## 第十九章　银行革命 …………………………………………………… 373
　　第一节　货币银行 ………………………………………………… 373
　　第二节　商品银行 ………………………………………………… 377

第三节　人民银行 ………………………………………… 379

# 结束语 …………………………………………………………… 383

# 主要参考文献 …………………………………………………… 385

# 后序（王平）……………………………………………………… 388

# 前　言

　　许多西方经济学家认为,商品经济是经验事实,因此不必研究抽象的价值,只要眼睛盯住市场、供求、利润、就业、财政、税收、汇率,最后盯住货币发行量就行了。对中国而言,问题并不那么简单。

　　中国没有个人主义的文化传承,没有产权明晰的经济基础,没有宪政主义的政治组织,一句话,没有资本主义的历史和经验,不懂资产阶级的思维和心理。中国是从几千年传统农业经济、百多年半殖民地经济、几十年计划经济,转向生产要素商品化的资本经济。现在全球面临的是社会主义信念崩溃和世界资本主义竞争。面对货币、资本、资源三大战争,处在这个时代的中国领导层,只有懂得资本经济的内在机制和原理、看透货币金融的内在本质,才能领导中国人民为世界经济的进步和改革作出贡献。开放中的中国,正以低廉的劳动成本和高昂的能源消耗支撑着资本主义世界。一向以勤劳自居的中国,现在面对号称"金融帝国"的美国,如果我们跟在所谓主流经济学家和官僚政客后面,再丧失金融风险意识,继而丧失货币主权和资本主权,最终必定丧失中国的经济主权。那时,中华民族和中国人民看到的将是卖苦力、卖祖业、卖江山的现实。因为在主流思想界,正像马克思所说:"从1848年起,资本主义生产在德国迅速地发展起来,现在正是它的欺诈之花盛开的时期。但是我们专家的命运仍旧不佳。当他们能够公正无私地研究政治经济学时,在德国的现实中没有现代的经济关系。而当这种关系出现时,在资产阶级的视野之内也就不再可能公正无私地研究这种关系了。"①

　　面对人口众多、资源短缺和国际环境的压力,历史将迫使中国只能走社会主义道路。"只有社会主义能救中国",从这个意义上说,如果西方

---

　　① 《马克思恩格斯选集》第二卷,人民出版社1966年版,第314页。

资本主义的发展基于"自然的历史"过程,那么,中国社会主义经济就应是理性主义的"自觉的历史"。它们都是不以人的意志为转移的。

资本主义有它进步的一面,也有它极为贪婪的一面。马克思对资本和劳动关系的研究,为我们提供了一个具有重大意义的切入点。但是,如果以为只要守住"劳动价值论",就能守住社会主义;只要搬用西方货币政策和财政政策,就可以战胜任何经济危机;只要把几个大城市建成国际金融中心,中国经济就会立于不败之地,那我们就错了。

本书以生产和社会为立场,通过探讨货币形式的起源,对传统经济学范畴以及基础概念给予新的诠释,意在构建新的社会主义经济学基础理论。

经济学本质上是一门历史科学,要求人们以历史的态度对待这门学科。努力向新的规范过渡,是发展这门学科的唯一途径。停滞就是灭亡。生产价值论的提出是开放给时代的,它可以受到人们的质疑、批评,可以让人们去验证。本书的目的是推动经济学向新的规范过渡。如有同志在此基础上将经济学再向前推进,无论人们对本书的观点给予何种评价,笔者都会感到由衷的高兴,这也正是笔者所期待的。

# 导论　关于社会生产历史表现形式的探索

众所周知,当代中国大学经济学教科书中,作为普适价值传授的多是由自由主义经济学家撰写,或是模仿自由主义经济学家撰写的教科书。而所谓社会主义政治经济学教科书,绝大多数则固守马克思原教旨观点,使得课堂上的社会主义政治经济学,成为同当前经济实践没有关联的教条。结果是学与用背道而驰、理论与实践背道而驰、政策与国情背道而驰。

对经济学原理的理解可以有完全不同的角度。在生产要素全球流动、世界经济趋向一体化的当代,对经济学原理的阐述可以从两个角度出发:一是个人的和交换的立场,二是生产和社会的立场。本书是从生产和社会的立场出发,探索社会生产的历史表现形式。

## 起点选择

一种哲学的本原会表现出一种开端;同样,一种经济学的开端会表现出一种哲学。一个学说或理论,从它的对象与起点的定位开始。经济学是什么?经济学研究什么?这个最普通而又最一般的开端,构成迄今为止各种经济学说的哲学。

理论研究的意义在于服务实践。哲学中的开端,就是自然科学中的原点。任何理论系统都可以选择采用不同范畴、起点和研究对象,建立起相应的概念体系。许多情况下,指望具有不同立场方法的人承认同一件事物是困难的。上帝从未被实验证明过它的存在,然而却被众多人选择作为信仰。开端的选择,也就是对象的选择,没有对错是非,只有角度不同。"选择"起点,既是时代的产物,又反映时代的特征,既取决于人们的文化传统和价值观念,又反映现存的历史积淀和特定的理想主义追求。

规范和起点的选择,可以不经证明。然而,起点本身蕴藏着由"开端"所形成的观点、方针、政策在解释实际问题方面的潜能差别,暗含着理论成功的希望和失败的可能,预示着什么样的"选择"在更远的将来更适合总结并指导各种经济实践的研究。研究对象的选择,只有在所要达到的研究目的中,才能理解选择的意义;只有在解决实际问题的过程中,才能验证选择的生命力。起点选择是否正确,不能单靠信念证明,而是属于"事实"或"逻辑"的领域,必须经过事实或逻辑的检验。

摆在我们面前的劳动、生产、交换、商品、货币、资本、价格、市场、土地等经济范畴,都可以作为研究的起点。马克思在《资本论》初版序中开宗明义,《资本论》研究的是资本主义生产方式与其相应的生产关系和交换关系。"劳动"是马克思价值论研究的基础,是马克思政治经济学的起点,一定意义上也是整个古典政治经济学的起点。与马克思不同,在劳动与生产两者之间,我们选择"生产"作为研究的对象和起点;在生产与交换两者之间,我们选择生产与交换的统一作为研究的对象和起点;在社会与个人两者之间,我们选择社会与个人的统一作为研究的对象和起点。起点一旦确定,规范一旦选择,由此形成的观点是否正确就要依靠事实或逻辑方法加以证明。假说只有被证实,才能成为真正的理论。

科学不在于发展绝对真理,而在于接近事实。

## 经济学

人类经济实践开端于人对自然的利用。从这个意义上说,经济学研究对象中最基础、最根本的是人类与自然界的经济互动。这是由人类经济历史本身规定的开端。同自然界没有关系的国民经济不是真正的国民经济。

生产是人类使用劳动资料对劳动对象进行适合人类需要的物质资料创造的过程。经济的目的是人,经济本身则是人与自然资源之间的互动。没有土地就没有农业,没有海洋就没有渔业。生产以人类利用自然资源、利用自然力为起点。

经济学当然不能只研究生产力、生产效率、结构、配置等,经济学注重经济中人与人的利益和权利关系、注重生产关系是有道理的。生产和消费、供给和需求本身并不构成政治。是什么导致经济变成政治经济呢?是生产和消费的占有权力,是主体对一切自然资源和生产产品的占有权。生产关系就是占有自然资源和生产产品的关系,占有关系表现为权力、利益、法律、制度、文化关系。

每一本当代政治经济学教科书开宗明义第一章都规定:政治经济学是关于生产关系的科学,它研究人们在社会经济活动中的生产关系。这种把生产关系与生产力割裂开来的政治经济学定义,无疑是一个形而上学的教条。经济包含政治与制度因素,政治经济学并不是只研究生产关系,而是研究生产力与生产关系的科学,是研究生产力运动的历史形式的科学。因此,不能说政治经济学只是一门"关于生产关系的科学"。这是一个完全错误的定义。应该说,马克思的政治经济学偏重于研究生产关系。生产力与生产关系是不可分割的两个方面,没有离开生产力的生产关系,也没有离开生产关系的生产力。

经济实践的最终目的,不仅仅是为"人",也不仅仅是生产力。经济学研究的最终目的,是要解决在什么样的社会制度和生产关系中能实现人类生产力与自然资源合理、持久的平衡。这种平衡,包括人与人的关系,也包括人与自然的关系。

生产

一般情况下,劳动与生产概念可以替换、可以通用。但作为经济学起点,劳动与生产、劳动力与生产力之间有着重大的差别。

现实经济中,生产时间同劳动时间始终是两个不等的量。马克思清楚地知道"生产时间比劳动时间长"[1]。但在马克思政治经济学中,价值形成只同劳动时间有关。古典经济学认为,决定商品价值量的只是劳动者的活劳动时间。随着现代工业和科学技术的发展,尤其是自动化的发展,以及劳动、资本、土地生产要素之间可替代性的提高,没有直接劳动者参与的生产过程日益增加,直接劳动时间在总生产时间中所占的比重日益减少。当这种发展趋势同商品价值理论联系起来的时候,"劳动过程期间并不包括全部生产时间"[2]的矛盾便发展起来:生产使用价值的生产时间不形成交换价值。结果是使用价值同交换价值脱节、财富源泉与价值源泉两分。古典劳动价值论同现实经济的冲突,造成劳动价值论的危机,

---

[1] 〔德〕马克思:《资本论》第二卷,人民出版社1975年版,第139页。
[2] 同上。

动摇了整个政治经济学的基础。危机往往是新理论出现的前提,本书对于生产价值论及交换价格论的研究就是在这一前提下进行的。

劳动价值论把劳动时间的交换作为价值的基础。马克思对劳动价值论的研究,是通过货币的劳动本质,揭示资本与劳动的内在矛盾,指出其冲突的必然趋势。劳动价值论的内在矛盾,溯源于那个时代的历史局限性。理论的局限性往往是实践局限性的表现。我们不能要求某一个个人对这些不成熟的理论负责。正如马克思自己所说,人们按照自己的物质生产的发展建立相应的社会关系,正是这些人又按照自己的社会关系创造了相应的原理、观念和范畴。所以,这些观念、范畴也同它们所代表的关系一样,不是永恒的。它们是历史的、暂时的产物。生产力的增长、社会关系的破坏、观念的产生都是不断变动的,只有运动的抽象即"不死的死"才是停滞不动的。一般来说,任务本身只有在解决它的物质条件已经存在或处于形成过程中时才会产生,只有在现代经济中,在自然规律(生产一般)的表现形式充分展开的时代,才能全面认识自然规律的本来面目。自然规律是根本不能取消的。在不同的历史条件下能够发生变化的,只是这些规律借以表现的形式。

本书上篇"生产—价值论",①从历史唯物主义起点与经济学起点的结合开始,研究"生产一般"同价值、资本、利润等的关系,最终阐明:凡进入生产过程的生产要素,共同参与商品价值和使用价值的形成。商品价值的实体是"社会生产时间",商品的价值量由"社会必要生产时间"决定,利润的价值实质是"新增生产时间"。本书上篇认为,生产优先于交换,生产(生产力)是社会的基础。社会可以是交换的社会,但经济最终必是生产的经济。有交换而没有生产,人类生命无法延续,社会无法进步。

### 交换

本书中篇"交换—价格论",集中探讨了经济学意义上的交换和价格范畴。

---

① 此篇基本章节完成于1981年,其中第二、第三、第四章所用实证资料目前都已陈旧,然增加新资料并不会改变本书论点,所以笔者在关于机器、自然力及生产时间等方面资料的使用上未作修改和补充。

交换是商品经济的"枢纽"。与传统商品概念不同,本书中篇认为,凡进入交换,从而具有社会性的生产品和自然资源,都是经济学意义上的商品。商品的本质是社会性。越来越多的非劳动资源与劳动商品交换,是商品经济扩展的必然结果。由此,我们得出了一个颠覆传统的命题:商品价格不是商品价值的货币表现。价值范畴与价格范畴不是种属关系,而是同一层面上的矛盾关系,是逻辑学上称之为正负的概念。

"价格"本身作为一种形式,只表示一种比例关系。尽管所有的价格形式都是比例形式和比例关系,但商品以什么标的(对象)显示交换的比例,则具有完全不同的性质和表征。以"物物"交换比例显示出进入交换的商品比例数量,是商品的简单价格;以"货币"单位计量进入交换的商品比例数量,是商品的货币价格。

占有的交换,使生产要素变为商品,商品经济变成资本经济。在交换中,人与自然资源的互动关系、物与物的关系,表现为人与人的(占有或产权)关系。经济起点是占有的、交换的生产,终点是收益的分配。

货币

本书下篇"形式—货币论",从生产经济学与交换经济学的统一、从商品价值和价格的性质,探讨货币形式的起源以及货币经济固有的内在矛盾。当我们把价格形式与价值形式放在一个层次上,就是对传统货币概念提出了质疑。

马克思认为,货币形式是价值形式的完成形态。本书下篇认为:(1)货币形式是简单价值形式与简单价格形式的完成形态,是价值形式和价格形式的统一。(2)货币尺度是价值尺度与价格尺度的统一,是社会生产时间与社会效用的"形式等价"。(3)货币发行的基础是商品、劳务和资源。没有可自由兑换的商品基础,货币发行就是一个骗局。(4)世界货币的形成,需要有超越国家主权的世界商品和资源储备为基础,其本质是人类具体生产和交换的世界形式,是世界资源和世界生产要素集中、流动、重组的社会形式。

交换以自然资源私有(相对而言)和劳动私有为前提,生产时间表现为价值,物质效用表现为价格,货币因此成为社会生产和交换的一种历史表现形式。商品成了一种"关系",生产成了"生产关系"。以生产关系来分析生产,我们会看到:生产品和自然资源在私有前提下产生相互需求;因相互需求而生交换,因交换而生货币;因货币而生货币占有,因货币占有而生货币财富;因货币财富而生金融资产;因金融资产而生虚拟经济;因虚拟经济发展而生与实体经济的矛盾;当形式财富与真实财富、抽象财富与具体财富、虚拟经济与实体经济的矛盾发展到极端,当社会生产与社会生产形式的矛盾冲突到极点,必然引发社会生产形式的革命。所以,唯有"生产关系"和制度的变革才是解决现实经济矛盾的关键。共产主义是一种逻辑的必然,是现有社会转变的一种前景。生产关系的根本不是生产,而是"财产"的政治、文化、法律关系。可以想象,一旦人类共同占有了自然,劳动在公共财产下进行,社会生产的历史表现形式必然改变,作为财富形式的货币必然会发生历史性变化。

从历史哲学角度定位我们的研究,就是社会生产历史表现形式的探索。

在马克思学说被当代经济学完全抛在脑后的当下,我们承认自己是继承马克思哲学方法和政治立场、是从全人类及生产原则出发研究经济学原理的一支力量。本书运用从抽象到具体的方法,表明"存在"在存在方法中展开,"本质"在存在历史中展开。与经济概念发展一致的逻辑不是别的,正是存在的历史。

历史起点和经济学起点统一,社会生产与社会生产形式统一,生产时间与物质效用统一,货币逻辑与货币历史统一。由此出发,我们试将经济学原理同马克思历史唯物主义有机地结合在一起。

# 上篇　生产—价值论

生产时间本没有价值,因为交换,
　生产时间有了价值形式。

# 第一章 生 产

**提要**：人力与自然力以及自然资源的结合，表现出人类专有的特质、人类依靠利用自然进行物质资料生产的能力——生产力。以历史唯物主义观点看，仅是由于后来每一代人所得到的生产力，都是前一代人已经取得且被当做结果而被继承这一事实，就形成人们在历史中的联系，形成人的本质和人类历史进步的基础。经济学的起点与历史唯物主义的起点是一致的。"生产一般"是最为稀薄的抽象，是经济学体系不可动摇的最底层。经济的本质是人与自然的互动。人与自然的平衡是人类最基础和最终要解决的问题。

为什么生产呢？讲到生产，当然离不开需求。社会生产是人类从寻找食物的需求中发展而来的。生产和消费、供给和需求，是人类一切经济活动——人与自然资源互动——的目的，是一个铜板的正反两面。严格地说，人的生理需求在前，文明意义上的生产在后。人类历史上最初的经济活动是寻找食物，这只能看做是消费的活动，并不是生产的活动。

## 第一节 具体生产

现实中的生产是具体的。

从生产的角度说，直立行走是完成猿转变到人的具有重要意义的一步，这种自然进化的结果是"手"的功能大为增加。随着人类寻找食物活动的发展，随着手的发展，人类学会了利用自然产生的工具。人在这个时期愈来愈多地从事于用手的活动:用手拿着木棒抵御敌人,或者用手抛出石块向敌人投掷……人类最初的活动,发生于人与自然赠与的生活资料之间,人取得生活资料的媒介是"手"。当人们只是用手取得自然赠与的生活资料时,人还未能脱离动物的规定,人的活动同动物的活动没有什么区别。

在人能制造工具之前,首先是利用自然产生的工具。在人用手把第一块石头做成刀具之前,存在的是"人"(动物)和"石头"(岩石),它们都是自然界的产物。它们之间发生的第一个联系是手利用自然产生的工具,利用一块石头或一根木棍。作为生产活动的前提,"人手"、"自然工具"、"活动对象"都是自然界的产物。人与自然产生的工具统归于自然界的产物,生命也是自然界的产物。

人类利用自然产生的工具进行取得生活资料的活动的结果,形成了人与自然资源之间的互动——经济。人类学会利用自然产生工具的同时也就形成了技能。于是,我们就有了经济活动基础上的人类文明,有了经济学意义上最初的劳动形式。

在太古人的洞穴中,我们发现了石制工具和石制武器。在人类历史的初期,除了经过加工的石块、木头、骨头和贝壳外,被驯服和饲养的动物也曾作为劳动资料起着重要的作用。劳动工具的使用和创造,虽然就其萌芽状态来说已为某几种动物所具有,但是这毕竟是人类生产过程独有的特征。如果我们考虑到寻找食物的最初活动是社会性的,而非个人的,我们就可以得出这样的推断:人类最初寻找食物,也同现在一些社会性动物一样,即一定规模的群体运用联合力量占有自然界现成的赠品,像采集果实等,构成人类最初的活动内容。

自然界生成了人与"自然的工具",人与自然产生的工具构成以后生产的前提。

真正的劳动技能是从制造工具开始的。这种制造工具的技能产生了"文明的"工具,把人类与猿群的经济活动最后区分开来。人类最古老的工具是打猎的工具、驯服牲畜的工具或捕鱼的工具。人利用工具,而这种利用本身又反过来改造人。如果经济是指人们以获得生活资料为目的的协同活动,那么像狩猎这样劫掠性的侵袭就构成人类最初的经济活动形式之一。随后发展起来的是驯服牲畜,人们通常把这一阶段的人类经济活动称为"游牧经济"。

自然界也提供自然的生产资料,我们称之为种子。当人与自然工具结合,将生产对象(种子)作用于土地时,经济活动就变成了真正意义上的生产文明。人类学会利用土地,形成农耕经济。生产活动改造了人类自身,最后使人类形成并具有一种本质上完全区别动物的——生产技能。人类在生产活动中体力和脑力的运用,我们称之为"劳动"。

农耕经济的下一个阶段,就是我们称之为工业经济阶段。游牧、农业、工业,这些具体的生产活动事实,构成人类生产活动本身的进步。这些人类历史上循序渐进的经济活动都是实践的、具体的、现实的。人类经济首先是从这种具体的、实践的生产活动开始,而生产活动本身是直接的、具体的生产,活动不仅有生产的前提,也有生产的结果。这种直接的、具体的生产结果是为人类需要生产出畜牧产品、农产品、工业产品。这些产品就是人类创造的财富。

人类创造物质财富的直接过程,我们称之为"生产"。

在人类历史中,生产是由具有一定功能的生产要素组合而成的"力"。如果把产品看做人类生产活动的结果,那么,人类生产活动本身就是执行特定功能,为达到特定目的而互相关联的一个元素集、一个系统。生产的性质,自然不能只用它所包含的个别元素特性说明。人类社会的生产系统是由许多要素有机结合而成,生产不断分解,最后可以得出一些不能继续分解下去的要素:部件。这些部件分开就只是部件,只有组装在一起才是生产。

## 第二节 生产一般

自然科学中"原点"与哲学范畴"开端"的区别在于,自然科学中的原点是具体的,是经过实验被证实的;而哲学范畴的开端是抽象的。

研究人类具体经济活动是经济史和部门经济的任务。游牧经济、农耕经济、工业经济、商业经济、运输经济……以直接经济事实为起点,将经济现象视为经济历史的开端,这是研究经济的一种实证方法。理论要求在对具体生产作出说明时，除了必须符合事实，还要合乎逻辑。

合乎逻辑的推理，才能从经济现象的下面揭示出生产运动的本质。生产的本质就是生产活动自身在发展中的展开，是生产实体、本体、存在自身的展开。因此，与具体存在的生产活动不同，作为哲学和逻辑意义上的经济——生产的实体、本体、存在，必然是也只能是抽象的开端。我们把这种抽象存在的开端称为"生产一般"或"一般生产"。

谈到开端，黑格尔曾指出，假若不以纯知的科学为开端，而直接采取开端本身，那它就只有这样来规定自己，即它应当是逻辑，自为的思维的开端。现有的只是决心，即人们要考察的思维本身。所以，开端必须是绝对的或者是抽象的开端，它必须直截了当地是一个直接的东西，或者不如说，只是直接的东西本身，所以开端就是纯有。假如有人对抽象开端不耐烦，说不应该以开端来开始，而应当直截了当以事情开始，那么这个事情也无非是哪个空的有；因为只有在科学的过程中可以得出什么是事情，而不能在科学过程以前就假定它是已知的。开端的规定性，是一般直接的和抽象的东西，它的这种片面性，由于前进而失去了，开端将成为有中介的东西。于是，科学向前运动的路线便因此而成了一个圆圈。

在黑格尔那里，哲学是研究思维的科学，最后必然要回归到与思维的对象的统一，这就是绝对理念。而经济学作为一门历史的科学，是以人类社会生产实践为起点，通过生产事实的历史展开，构成对经济范畴的认识，构成对经济概念的发展，即逻辑的认识。这种认知方法也是一个"圆圈"，在研究中不断回到自身，回到开端，回到起点。

当我们分析生产时，会发现"自然生产的生产工具和由文明创造的生产工具之间的差异。耕地（水等等）可以看做是自然产生的生产工具"①。人类对生产工具的利用，不仅表现在使用"文明创造的生产工具"方面，也表现在利用自然产生的生产工具方面。但在人类使用文明创造的生产工具之前，必须存在两个前提：一是人、人力。一般人力的存在具有生理的、物理的同质性。二是与人力并列的自然产生的工具、自然资源和自然力。人类生产本身，并列的人力、工具和自然对象三个环节不可分割，这

---

① 《马克思恩格斯选集》第二卷，人民出版社1966年版，第68页。

是生产一般的基本规定。在生产一般中,人力、工具和自然要素任何一个环节都不能脱离对方而独立存在,缺少任何一个环节(要素),生产一般就不复存在。可见,生产一般是一个集合概念。

在生产一般这个层面上观察人类生产,有三重含义:

第一,生产一般要由三个前提要素构成:(1)人;(2)生产工具;(3)自然物质、自然资源、自然力。它们各自具有不同的功能。

自然产生的工具同文明创造的工具性质不同。人类生产从一开始就同自然产生的工具、自然资源和自然力结合在一起。一般说来,生产过程只要稍有一点发展,就需要经过加工的劳动工具。人类生产是使用工具的活动,是同工具的使用结合在一起的活动。生产中如果没有人,工具当然什么也不是;如果没有工具,生产也就不存在了。在生产一般中,人力同工具是不可分的,劳动同工具不可分割。抽象掉了工具,人力就不称其为劳动;抽象掉了人力,工具就是无用之物。分开看,它们具有不同的性质,人是主体,工具是客体;人是主动的,工具是被动的。人与工具是对立统一的两个范畴,它们各自的作用只有统一才能得到表现,只有结合才能得到表现。

人类力量一旦利用工具和自然力作用于自然对象,生产就有了质的规定。它不再只是人的体力支出,而表现为人类智力利用自然而产生的一种综合的力。正是因为人力与自然力以及自然资源的结合,才产生了人类生产;正是这种统一,表现出人类特有的品质——生产力——人类依靠利用自然进行物质资料生产的能力。

第二,生产一般与生产一般要素的关系不可分割。既然生产一般是由三个前提要素构成,三个要素之间就必须有一定的联系才能组合成生产。于是就会产生三个前提要素之间的关系问题。无论三种生产要素之间发生怎样的关系,哪怕是"你死我活,誓不两立","关系"都是必须存在的。这就是与生产一般不可分割的"生产关系"。需要一提的是,哪里有生产一般,哪里就有生产关系;但哪里有生产关系,并不见得就有生产一般。一旦生产要素(生产关系)处于分裂状态,生产要素无法组合,生产一般自然不能成立。

第三,生产一般区别于具体生产。生产一般与具体生产的区别表现在概念上就是"产品"与"萝卜"的区别。产品是生产一般的一般结果,萝卜是具体生产的具体结果。生产一般由三个前提要素构成,产品则包含生产一般时间和一般效用两个因素。

生产一般是最为稀薄的抽象,是经济学体系中不可动摇的最底层。

## 第三节 人与自然

在生产领域,人与自然最广义的关系是什么呢?是人把整个自然界当做"人的无机的身体"。马克思认为,自然界的人的本质是类存在物。人把自身当做现有的、有生命的类来对待,当做普遍的因而也是自由的存在物来对待。在实践上,人的普遍性表现在把整个自然界——首先作为人的直接的生活资料,其次作为人的生命活动的材料、对象和工具——变成人的无机的身体。正是在改造对象世界中,人才真正地证明自己是类存在物。这种生产是人的能动的类生活。

1845年初,当马克思完成其最初阶段的经济学研究时,唯物主义史观也在他头脑中酝酿成熟了。在巴黎的经济学研究很大程度上验证了他的历史唯物主义。同年,马克思在布鲁塞尔第二次会见恩格斯时,已经完成了阐述历史唯物主义原理的工作。在《1844年哲学—经济学手稿》中,马克思从劳动异化出发,得到如下见解:无论从理论还是从实践方面说,人的本质的对象化都是必要的,人的本质力量的活动必须是对象性的活动,而对象性的存在物是客观地活动着的。这是因为人之所以能创造或设定对象,是因为人本来就被对象所设定。人并不是从自己的"纯粹的活动"转而创造对象;相反,人的对象性的产物证实了人的对象性的活动,证明人的本质力量的活动只能是对象性的。人是自然界的产物,因此这种产物即人的对象性——人类历史、经济运动、工业发展等也是一个自然的客观的过程。对象性认识形成了马克思唯物史观——实践和生产——的支点。

这里,马克思已经认识到自然的历史就是历史的自然,因此他特别强调"只有自然主义能够理解世界历史的行动"[①],历史是人的真正的

---

[①] 《马克思恩格斯全集》第四十二卷,人民出版社1979年版,第167页。

自然史。"历史本身是自然史的即自然界成为人这一过程的一个现实部分"①。他在手稿中指出:"工业的历史和工业的已经产生的对象性的存在,是一本打开了的关于人的本质力量的书,是感性地摆在我们面前的人的心理学;对这种心理学人们至今还没有从它同人的本质的联系上,而总是仅仅从外表的效用方面来理解。"②所谓同"人的本质"的联系,就是同人类的实践、人类的生产力的联系。因为人类生产力也是自然的一部分,整个经济运动的性质由此表现为一种自然历史的过程,以往人们却把人的本质力量理解为无对象的、主观的。把政治和艺术等理解为人的主观意志的表现,而不是理解为人的本质力量的对象性。整个经济运动、政治运动、艺术、哲学等的性质,即整个人类所创造的历史的性质是由"人"的生产实践活动的性质决定的,人的对象性产物的性质是由人本身的性质决定的。

1845年春,马克思撰写了《关于费尔巴哈提纲》,阐明其唯物主义历史观同以往一切旧唯物主义的根本区别。马克思通过费尔巴哈和古典经济学,寻找到衡量人类发展的客观标准。通过对人的本质力量,即人的活动的对象性分析,寻找到客观地衡量人类历史发展水平的尺度。一方面,人的本质力量、人的感性的活动表现为"生产力";另一方面,人与人的关系、人类的本质表现为"一切生产关系的总和"。这样,马克思就用"社会的人"、"现实的个人"彻底代替了费尔巴哈"自然的人"。

马克思在指出黑格尔精神现象学的秘密之后,便着手恢复"人"的主体作用,这是马克思向唯物史观迈出的重要一步。但是,问题却并未到此为止。马克思的"还原"工作仍然受到费尔巴哈的强烈影响。虽然事实上他已经开辟了全新的研究领域,提出"劳动异化"这一重要思想,但他却仍然以"实证的人本主义和自然主义"或"真正的人道主义"为基础,把"劳动异化"包容在费尔巴哈的"人性异化"术语之下。这就暴露出一个矛盾,即如果一切社会关系都是由"人"派生而出,那就得事先假定有先于社会而存在的某种抽象"人"。也就是说,人们的社会关系可以从赤裸

---

① 《马克思恩格斯全集》第四十二卷,人民出版社1979年版,第128页。
② 同上书,第127页。

裸的没有任何社会关系的"人"推演而出。这当然是荒谬的。但反过来，如果说人不是"起点"性的东西，那么至少从表面上看，问题像回到了原地。"人"的主体作用又被取消掉了。

解决人的主体能动性本身的客观性之关键，是人的本质力量的"对象化"概念的提出。通过"对象化"概念，马克思达到了主体与客体的统一。生产主体是人，生产客体是自然，这里已经出现了生产的统一。人与自然统一，劳动与工具统一，人和被人利用的自然力的统一。生产一般如果说有意义，就在于它既不是单纯的客体，也不是单纯的主体，而是主体和客体的统一，是合题。生产力和生产时间，只能是整体统一，不可能是统一中的一部分或一个要素。当我们把价值的源泉从流通领域转向生产领域，如果承认"地产是私有财产的第一个形式"，那么"异化劳动"和"私有财产"可以在一个更大的范围内被看做是人与自然诸种关系中的一种。

但由此出发，我们发现马克思唯物主义历史观的出发点与其政治经济学的出发点之间的重大差异：从"人的本质力量的对象化"出发，形成了唯物主义历史观的基础；从"人的本质的异化"认识出发，形成了马克思的政治经济学的基础。

历史的基础是生产，生产的基础是"人"。没有人就谈不上任何生产，谈不上任何财富创造。但是，经济运动中所谓的人，尤其是商品生产活动中所谓的人，已经不是费尔巴哈笔下"自然的人"、抽象的人，而是处于经济实践中的人，是从事生产的、生产关系中的个人。体现在生产关系中的人与人的关系，不能从没有生产关系的主体——纯粹的人和抽象的劳动——中推演而出。

"私有财产"和"主体本质"之间的关系，并不纯粹是一种派生的、外化的或对象化的关系。如果我们把私有财产理解为劳动的产品形态、理解为物质财富，那么说"私有财产"的本质是劳动还过得去。如果我们把私有财产不仅理解为物质产品，而且理解为劳动条件和自然要素的话，那么，"私有财产"同"主体本质"之间的关系就绝不是派生关系。倘若说机器、工具同劳动还有派生关系，那么劳动同"土地"之间就绝没有派生关系。劳动和土地也不能用发生学来解释。在人类历史上，劳动恰恰一开始就是同自然——土地——结合在一起的。

劳动是从主体方面来看的生产,生产是从主客体统一来看的劳动。用劳动这个词表达"生产",无非是为了强调主体在生产中的主导作用。我们如果从客观上理解劳动,不把劳动理解为生产的主观形式,而把劳动仅仅理解为人的体力和脑力的消耗,劳动就是"劳动力"。在历史发展中,把人的本质归结为"劳动实践",强调人的主体作用,是一件事;在经济学中,把主体与客体统一视为规律,是另一件事。两者不能混为一谈。

经济不是孤立的"活劳动",而是人、工具和自然的结合,是主体与客体的统一。生产力、生产关系、生产方式是唯物史观的三个基本概念。生产关系在马克思那里最初就是分工、交换,以及在分工和交换中包含的财产关系、生产条件的分配。

生产关系体现人与人的关系,是在物与物的占有关系、自然与自然的占有关系基础上体现的"人"与"人"的关系。这一点,马克思有充分的阐述。即使从纯经济学的角度看,生产一开始也是包含着生产关系、劳动条件、自然资源的占有和依据所有权进行的生产成果的分配。所以,当生产稍有发展时,交换就不仅仅是劳动产品的交换,还包含着自然资源占有和生产要素的交换。

人类历史的基础是生产,经济的直接定在就是人类生产活动本身。劳动是人的本质,"抽象人类劳动"是人的一般抽象的本质。由此出发,推演出全部政治经济学范畴,最后得到一个结论:商品、价值、资本等一切经济学范畴都发源于"劳动"。这种从"劳动"、"活劳动"或"主体"出发的经济学,排除了经济实践的起点:生产一般——人与自然的统一。单从主体出发,不可能把握任何现实的生产,不可能理解任何现实的生产。

经济学的起点就是经济——人与自然的互动,经济就是在一定生产力和生产关系中的生产一般。尽管生产关系本身具有强烈的现实意义,但人与自然的统一仍然是一切经济学研究的最基础层面和最终要解决的问题。如果没了地球,人与人的关系还有什么意义?

从历史唯物主义出发,经济学的起点应该与历史唯物主义的起点(生产力)一致。生产一般应该是政治经济学和经济学的共同起点。经济的本质是人与自然的互动,生产与自然的平衡是经济最基础和最终要解决的问题。

# 第二章　生产力

**提要**：人与动物的根本区别不在于个体劳动，而在于生产力的继承。劳动力的本质是个人的，生产力的本质是社会的。人是生产活动的主体、是生产的发动者，而生产力则是生产技能和生产资料的积累。由于生产力的继承、积累和进步，人类劳动才与动物劳动拉开了距离。生产力从单纯使用人力，到利用转化自然力，通过不断提高的自然力转化来为人类服务，展现出人类无限发展的可能。生产力的目的不仅是为满足人类需要，而且还要拯救自然。

生产要素合成生产力，生产要素可以等同于生产力要素，即人类进行物质资料生产所必需的各种经济资源和条件，如土地（一切自然资源）、资本（人类生产出的物质生产资料）、劳动、科学技术等。

## 第一节　劳动与劳动力

人类是自然界的一部分，人力是自然力的一部分。

人类从诞生那天起，就面临着同整个自然界的关系，人类在自身发展中，学会如何利用、控制和改造自然。在人类物质生产活动中，人是整个生产的主体。人类劳动同动物劳动的区别在于："劳动过程结束时得到的结果，在这个过程开始时就已经在劳动者的表象中存在着，即已经观念地存在着。他不仅使自然物发生形式变化，同时他还在自然物中实现自己的目的，这个目的是他所知道的，是作为规律决定着他的活动的方式和方法的。"①人类生产活动是人的实践,人赋予整个生产活动以目的。目的范畴不仅表征着人的活动的自觉性和指向性,而且表征着人进行活动的意义和必要性,是自觉性和必要性的统一。"工业的历史和工业的已经产生的对象性的存在,是一本打开了的关于人的本质力量的书。""整个所谓世界历史不外是人通过人的劳动而诞生的过程……他通过自身而诞生,关于他的产生过程,他有直观的、无可辩驳的证明。"②人是生产活动的主体,是生产的发动者、生产力的组织者。

马克思对劳动的早期认识可以概括如下:

马克思认为,人的"类"本质就是劳动。在资本主义社会,劳动只是劳动者生存的手段。劳动异化的前提是劳动产品异化:生产的数量越大,劳动产品越是异化,生产者就越贫穷。劳动产品异化带来"劳动"活动的异化,劳动成了劳动者外在的东西。于是,无产者和工人同"人"的本质相异化,劳动反成了控制他们自己的力量。古典政治经济学就是把"人"、把活劳动抽象为一般劳动,抽象成"生产要素"。这样,作为人本质的劳动便同形成价值的劳动处于尖锐对立之中。在这种条件下,"人"的复归有了另一层含义:只要人还是作为机械的生产力要素起作用,劳动就不可避免地会被异化。生产过程,作为人类实践活动,是"目的"与"力量"的统一。人类进步的内在冲动,力求把人从直接生产过程中解放出来,包括从机械性的脑力劳动中解放出来,只有当人类劳动不再作为生产要素,而是作为创造性的精神活动和高度物质生产能力的统一时,人的本质才能实现,劳动者才能"按照美的规律来建造"。

劳动者本身具有脑力和体力两种性质。人力的不同功能随人类社会分工的发展而分离,开始由不同的人或集团承担,这种分离至今仍是人类社会发展的一个前提。在现实社会的资本主义生产方式中,"目的"与"力量"的统一往往是被割裂的。资产阶级代表生产的目的,代表主体创造性;劳动阶级则是生产力量的体现者,降低为简单生产力。

抽象的"人"高于一切其他生产力,现实中具体劳动者的人力只是片

---

① 〔德〕马克思:《资本论》第一卷,人民出版社1975年版,第202页。
② 参见《马克思恩格斯全集》第四十二卷,人民出版社1979年版,第127—131页。

面的生产力要素,是工具。"人力"只表现为单纯片面的生产力,这是历史发展的产物。在这种条件下,个人甚至一个集团、一个阶级,都有可能是"人类"所能掌握和运用的自然力中的一部分。例如,原始社会和奴隶制社会,人力是主要生产力。在这些社会中,人力同一切其他生产力,同风力、水力、马力,没有任何区别。所谓没有任何区别,并不是指它们在形式上没有区别,而是一旦技术和经济上需要,这些力量可以相互替代。在手工工艺劳动中,劳动者的主观创造性同其作为生产力量是统一的,劳动者能在劳动中发挥自己的聪明才智,按美的规律生产。但在现代流水线上作业的工人只有重复简单劳动,"有目的的活动"只表现在一道简单工序之中,作为人类的生产活动,其劳动的目的是事先被别人规定的,这里,只需要人的"马力"。

从这个意义上说,把人力看做生产力的一种形式、看做同机器和土地一样,是生产力要素,当然是对人的一种"贬低"。劳动同产品占有分离是一种异化,"生产目的"同"生产力量"分离是另一种异化,是生产力不发达的产物。这是两种含义上的劳动异化。消灭异化劳动、消灭双重意义上的异化,就是要消灭剥削、消灭脑体差别。

马克思注意到,劳动会随生产的扩大而形成分工。脑力劳动与体力劳动会分开,劳动职能将会扩展细分。于是,马克思提出"总体劳动"、"总体劳动者"的概念,以区别脑体合一的单个劳动者。但这并不能否定无论是总体劳动还是个体劳动,都是"人力"的劳动。同时,对劳动者尊严的提升、消灭剥削、消灭脑体差别,并不是指消灭人的体力劳动。即便每个人能实现脑体并用、共同发展,也不能否定人脑的"创造"力与作为机械力量的人的"体力"是有区别的。

人力本身的机械能是客观存在的。在直接的生产过程中,人力是生产力要素之一,是一个事实。作为具体的人力,在一定意义上也同机器和土地一样,是生产力要素之一。把人力看做同自然力同等的一种物质力量和生产要素,并不贬低"人类"的自尊。作为劳动过程,劳动要素必然要分解为目的和力量。人类是生产过程的主观因素发动者,人力是生产过程中的客观力量,是生产力要素之一。脑力提供创造,体力就是重复。只要我们不把"个人"看做是超自然的精神,自认是一种独尊,只要我们承认人力也是自然的产物,也是一种物质力量,那么人力就不仅是生产过程的主观因素,同时也是生产的客观力量,是自然力。

现代工业的发展、科学技术和社会的进步带来了脑体统一的可能性。劳动作为最直接的生产力要素首先退出生产的操作过程,随后退出生产的控制过程;劳动首先从体力劳动领域中退出,随后从机械性脑力劳动中退出,这种可能性已由近代大工业的发展,特别是计算机科学的发展,使之变为现实。创造性劳动最终将成为衡量人类社会进步的尺度。

## 第二节 自然与自然力

生产要素是承担或构成生产力的物质和能量。

自然界中存在的一切能量,水能、风能、太阳能、潮汐能、波能、氢能,等等,都是潜在的生产要素,都有被纳入人类生产系统的可能。这些自然力连同自然界存在的自然物质,土地、森林、海洋、草原、矿藏、动物、植物……在人类没有对它们进行经济利用前,都是自然存在的物质。一旦人类开始对这些自然力和自然物质进行有目的性的利用,被利用或参与生产运动的一切能量,以及用做生产对象的自然界的物质,土地、森林、草原、矿藏、动物、自然产生的工具等,就具有了人类生产力资源和生产要素的性质。我们可以叫它们是"生产力的自然要素"或者"自然生产要素"。

区别生产的自然力与不生产的自然力的标志,看它是否被用做于人类生产对象。作用于人类生产对象的自然力是生产力,否则就是不生产的自然力。自然界存在的一切自然力都是潜在的生产力,都有转化为人类生产力的可能。自然存在的一切物质都是潜在的人类生产力要素,都有被占有和利用的可能。把自然力转化为生产力的媒介是"人"。自然界中的自然力能量或自然物质在多大程度上被人类利用,是由生产技能和科学技术决定的。

如果把人类生产看做是一个系统,那么凡是纳入这个系统的自然力和自然物质,不论以何种形式发挥作用都可称之为"生产力要素"。最初的自然力,如风力、水力、太阳辐射等,主要是通过人创造的生产工具,使之作用于劳动对象,转化为生产力。这些自然存在的直接自然力并不被全部利用为人类生产力,人类能利用的只是其中微不足道的一小部分。例如,某些生产工序中的自然冷却、自然风干、酒的发酵、植物生长等,都是利用直接自然力作用于劳动对象;水、风、太阳等物质本身包含着的能量释放出来,作用于人设置的劳动对象之上。

除了以现成形式存在的自然能被利用外,自然界多数物质能量必须经过转化方可用于生产。蒸汽机把热运动转化为机械运动,电动机把电能转化为机械能。电能、氢能、汽油、酒精等,现在被称为"二次能源"的都已经被转化。能量转化需要能量转化装置,不仅如此,要把转化的能量用于生产,还需要工具机,即把能量运动变成统一形式的空间运动的媒介。作为动力和工具机的统一体是机器。自然力推动机器作用于生产对象,形成具有使用价值的产品,自然力通过机器转化为生产力。这里,机器也是生产力要素。

人赋予机器和一定自然力以生产目的。这些"目的"凝固在不同机器的性能和构造上,凝固在各种机械、设备上,凝固在生产工艺中。机器把自然力变为具体的生产力。生产力运动不仅使产品(劳动对象)物化了生产时间,而且物化了人的意图。这里,人的意志不仅是作为生产过程的主观因素,同时也是自然力转化为生产力的一个前提。没有对自然规律的认识,就不能利用自然力,当人们把高水位水库的势能作用于发电机,从而达到发电的目的时,人就改变了自然力的行为方式,使之从自然系统中的一个要素转变为人类生产系统中的生产力。自然能转化为生产力,就是科学利用自然力。

人类"有目的地活动"不仅包含直接生产需要,同时包括人们对自然界、自然力、自然规律的科学利用,包括人们对利用自然力的手段的认识,从这个意义上讲,最简单的生产活动可以是最复杂的知识体系。

生产力做功是多种生产力要素的投入,是生产要素集合。各种生产要素按照人的设计,在一定生产对象上做功,可以同时处于一个生产过程或一道生产工序之中,也可以分别处于不同生产过程或不同生产工序之中。与人工生产系统不同的是,自然系统中也可以发生某些物质变化,但这种变化不是人类生产活动的产物,不属于人类的意志。例如,煤、石油、天然气等的生成,都是几千万甚至几亿年前埋在地层下的动植物遗体在高温高压下,经过一系列复杂物理化学变化形成的,它们的形成不能算做人类生产,不是人对自然力的生产性利用。它们的生成只同地球的地质变化有关,而与人类社会生产力无关。

## 第三节 生产力的积累

人类与动物的根本区别不在于人会使用工具劳动,而在于社会生产力的继承和积累。劳动力的本质是个人的,生产力的本质是社会的。人是生产活动的主体,是生产的发动者,而生产力则是生产技能和生产资料的积累。由于生产力的继承、积累和进步,人类劳动与动物劳动才能最终拉开距离。

生产力体现人类利用和改造自然的能力。自然物质和能量的存在是人类生产得以进行的前提。没有自然对象、自然物质、自然资源,人类的生产就不能进行。

自然界中蕴藏着丰富的自然力。虽然目前人类已可利用多种自然力,但在生活的最初阶段,自然力利用的范围和数量都是极有限的。人力是人类自身最早可以支配的自然力。火的应用使人类第一次支配了存在于人体之外的一种自然力。

从动力的角度看,在人类未能掌握把热能转变为机械能力的技术时,还不能将火所产生的能量变成为生产服务的动力。在原始社会,人所提供的肌肉动力是社会生产的主要能量来源之一。在生产过程中,人们逐渐发现可以用某些驯养的牲畜(牛或马等)代替一部分人力进行劳动,动力来源因此从单纯的人力扩展到畜力。无论人力或畜力,肌肉的力量只能及于有限的距离,不能连续使用。人们在生产实践中开始寻找可以产生动力的新能源,于是得到风力和水力。例如,帆的利用便是人类把风当做动力的最初方式,风力代替了人力。

生产的发展需要更多的热能和动能。风力和水力因技术限制无法被人类广泛利用,风力变化不定,水力则不能输送到较远的地方使用,这一切迫使生产的动力基础必须有一个根本性的改造。蒸汽机的诞生带来了动力基础革命。蒸汽机将蒸汽的热能转变为机械能。18世纪末,瓦特蒸汽机已普遍代替了水力发动机,成为生产的主要动力。随后,人们在生产实践中发明了新的热机——汽轮机、内燃机、燃气轮机直至火箭发动机。在探索热能利用的同时,人们再次发现了改造生产的力量——电。电能同机械能之间的相互转换具有较高效率。利用电能之后,人们又发现了原子核能。1939年,在发现"链式反应"之后,人们已有可能用人工方法取得原子核中的能量。迄今为止,火的使用、蒸汽机的发明、电的应用、原子核能的取得被称做人类能源利用史上四个重大发展阶段。这一切发展的起点是人力。从自然力转化为生产力的角度研究人类历史,我们会发现生产力合成能力是在不断提高的。

凡是作用于生产对象的自然力,我们都可以把它们看做是人类生产力的合成,这些自然力具有生产要素的性质。自然力是生产力的基础,但不是所有的自然力都可以表现为人类的生产力,也不是所有的转化都采取相同的形式。有些自然力转化为生产力需要人工制造的物质媒介,有些自然力转化为生产力则以自然物质做媒介。

人类在约300万年的历史中,有近299万年是靠实物采集生活,即渔猎采集时期。在这一时期,虽然人类已经开始使用火,并能制造弓箭,但未形成可以称之为"生产"的生产。虽然可制造简单的工具,并形成经济学意义上的生产,但猎取采集的物品是自然的产物,这些物品本身并未物化人类生产的力量和意识。那时还仅仅是自我消费自然物,而真正意义的人类生产则是指通过对自然力的支配来满足人类需要。假如我们把实物采集也看做是人类生产,那么这一时期人类的生产力主要是人体本身所具有的自然力——人力。生产力主要是人自身的体力和脑力,而生产对象则是自然的赠品,这是生产力的第一阶段。

大约一万年前,人类开始有目的地种植和驯化牲畜,农业和畜牧业的萌芽产生,这是人类生产的开端。人类对自然界的统治,就在于人类"能够认识和正确运用自然规律"[1]。从此,人类开始把存在于人体之外的土地自然力同人力结合,以达到特定的目的:生产。从新石器时代开始,直至近代工业革命前一万多年的历史中,人类生产的主要表现就是人力和

---

[1] 《马克思恩格斯选集》第三卷,人民出版社1966年版,第561页。

地力这两种形式自然力的结合。奴隶制社会和中世纪封建社会,农业生产是基本的生产方式,交换主要还是人和自然之间的交换。在整个中世纪,地产表现为直接的、自然产生的统治。人力和土地有机地结合在一起,形成复合的生产力,这是生产力的第二阶段。

蒸汽机革命开创了人类生产的新时代。人类不再仅仅依靠现存的自然能,而在越来越大的规模上转化自然能,使之成为服务于人类的生产力,这是人类利用二次能源的时代。从此,人类物质生产力不再表现为单纯地利用土地和人本身的自然力,不再表现为两种自然力的简单结合,而是表现为能利用、转化自然力。转化自然力来为人类服务,展现出人类生产力无限发展的可能。在转化的层次利用自然力,这是生产力的第三阶段。

现在,计算机的普遍应用和科学技术的发展,把人类合成生产力的能力更提升到了前所未有的程度。生产力发展的最高阶段就是人类生产与自然界发展平衡。就是说,生产力的目的不仅是为满足人类需要,而且应当用于拯救自然。

## 第四节　工具自动化

工具的发展是生产力提高的一个重要组成部分。

工具进化可以大致分为三个阶段:(1)手工工具阶段。手工工具不能单独工作,必须依赖人类肌肉支配使用,而劳动者的体力由人脑控制。(2)动力工具阶段。发动机及无生命的动力来源取代了人类肌肉,但操作中的一切选择还要人来作出决定。(3)工具自动化阶段。自动化工具机器能够自控制,只要一接到开始工作的指令,它是可以按预定程序自动工作的程序机,控制能与操作能都不由人提供。自动机自身可以决定何时停止、何时开始,先做什么、后做什么。自动化操作不仅可以完成一个加工循环,而且可以重复进行加工。

工具机是18世纪工业革命的起点,自动化是20世纪生产革命的起点。

同任何事物的发展一样,自动化带来的生产革命也是渐进的。对自动化的追求,从大工业诞生的那天起就已萌发,但真正变为实用和普遍的存在则是发明电脑以后。人们最初是通过凸轮、杠杆,通过局部机构改良把个别动作从直接操作中解放出来,以后发展到一个生产过程甚至整个生产领域实现自控。这种进步使人力不再是直接生产过程中的生产力要素。自动化的发展,把机器提供的机械能(或其他形式的能量)分离为操作能与控制能,从而使自然能运动具有不同的规定。当操作能与控制能带有分别输入机器(系统)的性质时,划分和研究这两种能量就具有了新的社会经济意义。

在机床辅助时间中,控制机器所耗劳动占有很大比重。20世纪初期的通用机床变换工作部件运动速度与方向的装置,主要靠手柄操纵,为了变速必须停车。30年代前后,开始有预选变速齿轮箱出现。为提高劳动生产率,需要逐渐减少每一工件加工中手工控制的时间,产生了在分配轴、鼓轮上装置凸轮、杠杆、离合器等机构和控制操作循环顺序的半自动机床,但工人在装卸、开停车时仍然要用人力操作。自动化的进一步发展使装卸实现了自动控制,50年代后,组合机床与自动线在大批量生产中已普遍使用。

一般说来,工具机可以通过纯粹机械方法,控制和协调各种不同动作,人们可以设计出各种在全自动周期下制造不同形状的机件。为达到预期效果,还可不同程度地采用电气、液力或气动系统,也可以采用多种方法解决某一问题。从目前的知识和设备看,任何预定动作控制系统,无论多么复杂,几乎都可以利用现有的基本方法实现完全自动化,这在理论上已毫无问题,但实际上许多专用机床日趋复杂昂贵,超出一般合理程度,不能带来现实的生产革命。随着科学技术的发展,已出现许多新的控制体系,利用电子装置、利用磁带的连续扫描完成作业循环。制造同一形状的产品,一个控制系统可操作两个或两个以上同样机器的作业,除替换刀具外,全部工作只是换装程序软件以及机器的基本调整。利用这种控制系统,可使标准性通用机床在保持通用的特点下完成自动化操作。自动控制也可以采用打孔带、孔卡等方法。与机器控制方法同时发展的是定位和测量体系,使自动作业下的位移可迅速达到所需要的尺寸,或完成自动测量与控制。

工业控制体系发展到60年代已经非常实用。美国工业控制公司发明的一种自动体系,能使工具机在简单、准确、可靠的电子控制下完成自动作业,可以装在铣床、磨床、车床、压床、搪孔机等机械上。这些装置可由打孔、印刷或磁带化的纸带及其他载有主要资料的记录方式,利用光电池、磁性拾波器、接触器或电容器等装置自动拾波。

机械工业的竞争趋势已从重视大批量生产过渡到中小批量生产;从计算机控制箱体零件加工过渡到控制旋转体小零件加工;从单一自动化,即从程序自动化过渡到可编程序自动化,过渡到柔性制造系统。柔性制造系统,在原联邦德国工业上的实用已有四例。第一例用于工业的柔性制造系统,用来加工箱体零件。该系统包括13台加工中心,一个自动化的物质流和刀具流系统。第四例是加工旋转零件(齿轮、轴)的一个柔性制造系统,应用于原联邦德国的汽车工业,已于1980年投入运行。

有一类机器,能够代替人体的某一部分完成作业,但具体运动还要由人来直接操作。例如,机械手可以同人手一样做各种细微动作,但要由人直接操作。机械手多用于危险作业中,像操纵危险的放射线物质或处理有毒物质。目前在原子能设备中已普遍装备有各种机械手。若进一步,一种机械作业可完全脱离人的直接操作和控制,这种机械就是自动机。真正的自动机,有别于某些机械中局部的自动机构,现代兴起的标志着完全代替人工作的自动机器工业是机器人工业。

机器人工业的诞生是20世纪自动化工业革命的结果,是真正的生产革命的里程碑。50年代中期,美国开始研究代替人搬运东西的机器,即工业用机器人。1963年,完成并销售了机器人"巴莎特兰"一号。在日本,工业用机器人的销售总值1968年只有4亿日元,1970年已达50亿日元。1970年7月,东京开始举办"工业用机器人展览会"。

比较简单的机器人只能做规定动作,不能处理随机事件,它们可以是"连续型反复作业机器人",也可以是具有简单的存储装置、做比连续型更复杂动作的"记忆再生式反复作业机器人"。美国工厂中"万能伙伴"机器人可以安装、拆卸、移动组件,一个"人"能够操纵3台机床。日本的"希维普"装配工可以一只眼看装配图,另一只眼看零件,两手按图要求装配零件;它用20秒读图,50秒识别装配台上各个零件,完成一个装配动作只需3分钟;它能记存40万个单词,手由关节式手臂和平台式夹爪组成,具有7个自由度。复杂的机器人具有"感觉"。近几年,第三代机器人,即具有"智能"的机器人也诞生了,它们有着与人类五大感官对应的模拟器官,可以模拟人类完成从感觉外界信息、加工操作到处理信息的过程。日本日立中央研究所的智能机器人,只要给它设计图,以后的工作可以由其自己思考,照图组装。

机器人不仅应用于工业领域,而且开始更广泛地应用于医疗、邮政以及航空等领域。遥控机器人可以代替人做艰苦的作业,机器人还可以做消防员、潜水员、检票员、纺织工等。机器人工业的发展向人们预示:不管怎样,只用极少数人管理的自动化工厂很快就会迅速增加。事实上,接近无人的工厂现在已经产生。

在农业方面,自动化同样具有广阔前景。

专家们预计,在21世纪,可以实现农民在控制中心通过各种电子仪器和电视机等,按农场示意图自动控制农业机械系统;农业作业项目将更多地联合,农业机械可在收获的同时播种下茬作物;农业生产作业也将由"母子机械"系统完成,"母机"可在空中飞行并控制和操纵"子机"系统进行作业;自动化畜牧业将成为农业城市的一部分;综合性高楼式农业企业将得到发展;用植物激素自动控制作物生产;超声波技术广泛应用,利用超声波脱粒和耕作;灌溉实现完全自动化,喷灌系统按土壤需水程度自动控制灌溉的要求;等等。

随着科学技术的发展,人会完全摆脱对机器控制的人工操作,机器技术体系本身也必将发生根本的变革。现代科学技术的发展正在打破传统观念,非机器技术体系已经萌芽。非机器技术体系不采用传统机器技术所固有的动力机械——传动机和工作部件,而是致力于把这些部分汇成一个整体。利用新的生产工艺,可以不区分发动机、传动机和工具机。磁流体发动机、激光的应用、等离子装置等就是这种新技术。非机器体系伴随着工艺上的革命,展现了自动化生产的更高阶段,预示着传统的机器体系终将向更高阶段的综合性自动化生产过渡。

科学技术的发展必将迎来新的生产力革命。

# 第三章　生产时间

**提要:** 生产时间即各种生产要素从进入生产过程开始,到产品制成所使用的时间。人类所有物质生产都是在生产时间中完成的。生产时间是广义的劳动时间,劳动时间是狭义的生产时间。生产力的三个组成要素——人力、机器力、自然力——会表现为劳动时间、机器作业时间、自然力作用时间。三种时间集合而成具体生产时间。经济活动的效率、生产力的大小都可以转化为单位生产时间内所能生产或加工出来的产品数量和服务的产出。

马克思认为,生产时间是"资本在生产领域停留的时间",同时,劳动过程可以中断,而生产过程却可以继续下去。① 马克思清楚,生产时间和劳动时间的差别在农业上特别显著。他明确指出,劳动时间始终是生产时间……但是反过来,资本处于生产过程中的全部时间,并不因此也必然是劳动时间。这种说法当然是对的,不能把生产时间等同于劳动时间。② 然而矛盾也恰恰出在这里。所以我们只有以生产力为出发点,通过对生产时间的分析奠定"价值"和"价值量"概念的基础。

生产时间是指各种生产要素从进入生产过程开始,到产品制成所使用的时间。生产力作用于生产对象的时间,即生产力运动时间。总生产时间最终可以平均到每一个产品上。生产力运动是一种循环,是投入产

---
① 参见〔德〕马克思《资本论》第二卷,人民出版社 1975 年版,第 138 页。
② 参见同上书,第 270、266 页。

出过程。在运动中,生产力的三个组成要素——人力、机器力、自然力——会表现为三种性质的时间:劳动时间、机器作业时间、自然力作用时间。三种时间集合而成具体生产时间。

生产时间是相当直观的。尽管生产时间组合有不同形式,但无论人、机器、自然力分别做功还是同时做功,无论生产力要素构成如何变化,生产时间都可以精确测量。三种时间可以分别存在于几个生产过程中或几道生产工序中,也可重叠于一个生产过程中或一道生产工序中。生产过程可以完全由人力直接进行操作,人力也可以脱离直接操作和控制,只起监督作用。在流水作业线不同的工序上,有的工序由人力操作完成,有的工序由机器完成,有的工序利用自然力作用完成。

生产力要素组合可以有各种不同方式,影响和决定各种组合的因素可以多种多样,直接生产时间的结构也可以多种多样。从生产时间的一般形式上,我们看不出三种时间的比例,但在工艺上可以分清任何生产时间的结构,而且三种时间的费用也都是可以计算出来的。当人工操作机器作业时,劳动时间和机器作业时间是重叠的,生产时间同人的劳动时间相等,也同机器作业时间相等;当机器人代替人工作时,生产时间只同机器作业时间相等。这里,不仅人的劳动时间缩短,而且劳动的性质也发生变化,人力不再是直接支出。

生产过程过中,生产对象会发生两种变化:(1)性质变化;(2)位置移动。生产时间的测定,是指直接生产过程中包含的生产对象性质变化和位置移动时间,无论是人力操作还是机器操作,从性质上都可以分解为这样两部分。

性质变化是投入生产的原料形成产品,即生产对象的性质、质量、形状发生变化。位置移动同样也有费用损耗,部件移动虽不能增加或改变产品的性质,但也力求减至最少。材料储运费要求最低已成为现代工厂布局的一个主要标准。生产领域内部要尽量减少流通时间,任何一项操作动作也是如此,把动作研究同时间研究结合在一起,可以获得最省钱、最省力的工作方法,可以得到最少的操作时间。以最低费用完成性质变化,是近代工业的通用原则。人们称之为"动作经济学原则"的研究,就是要减少和取消一项操作中不必要的移动时间。

## 第一节 人力操作时间

工业革命以来,企业管理中已形成各种不同的时间标准,这些时间标准是企业控制劳动费用的基础,是工业进行各项计划安排和产品定价的必要参照数据。

一般来说,对人工操作的测定比机器要难,机器生产时间可由其自身的机器性能和自动化程度决定,人的劳动时间测定则首先要对操作进行仔细分析。泰罗开创的科学管理就是对工作进行工程分析,先规定确切方法、所用工具和设备,然后训练工人按规定进行操作。泰罗把测度人类活动的时间作为工业中控制劳动效能的一种手段,他发明的停表测时方法至今仍广泛用于确定执行某项操作的时间。

作为一个生产过程,工人除了正常的操作时间外,还需要有适当的间歇。工作时间需要留出空余,使个人能有周期性的休息以克服疲劳,这就需要除正常操作时间以外的宽放时间和间歇时间,其中包括对操作动作标准时间的宽放或完全停止工作的休息。人或机器间歇的时间就是生产时间的中断,我们可以把它看做是维持正常生产所耗费的一项"成本时间"。包括劳动宽放时间在内的工作时间,同我们所说的生产时间在量上不等,生产时间意味进行操作的时间,工作时间则是指法律规定的时间。

操作法工序研究是工厂设计的重要组成部分,通过观测和分析定出完成某项任务的"时间标准",包括宽放时间,这个时间标准作为管理部门的正式意见贯彻,指明一个工人在正常动作速度下单位产品完成所需的时间。时间标准是确定工人工作表现的根据,把规定时期内一个工人生产出来的实际单位产品同另一位工人在同样时间(标准时间)内生产的产品数量进行比较,可以得出两项时间费用之差。

传统操作法是利用"图表法"把一种成品的各项操作与检验及顺序显示其中,制定出操作过程图,进而扩大为"流程图",增加产品运输、等待、贮存等其他因素。从单项操作过程图发展出来的"多活动图表"还能有效地分析两项操作以上的多种资源运用情况,在机器处于"机控"阶段时,可利用操作工人做另外的工作。"多活动图表"也是"人—机过程表",专门指导一个工人操作两台以上机器进行工作。

不同形式的劳动有不同的时间测定方法,最重要的差别是重复性工作与非重复性工作的差别。目前,测定重复的短期操作主要应用"预定时间系统"的时间测定法,类似分解动作研究。受过时间测定法训练的分析人员按时间测定法系统分类,把一项操作分解为操作单元活动的序列,然后汇总为该项操作的标准时间。"工作抽查法"用于分析非重复工作。随着自动化水平提高,较大部分工人只起服务或监测作用,从短期重复工作转向不太重复的中周期或长周期活动。这种转变要求把统计抽样理论应用于工业生产活动,用来分析不重复活动,如维修、预检等。"工作抽查法"是一种工作测定技术,不仅要将观测到的活动性质加以分类,而且还要估定所测定活动的步速。估定的观测结果与规定时间的生产读秒一起构成单位生产标准时间。①

从泰罗开始的劳动操作时间研究至今已发展为综合时间研究,根据多年从事时间研究所得经验,利用积累的有关时间记录,许多任务工厂都可以准确估计出某项工作的宽放时间,无须再做新的研究。时间测定已走向标准化,形成时间测定的标准数据。一般来说,设备的操作时间总和与预期非生产时间的适当宽放构成了企业对直接劳动供给的需求量。

在生产力研究上,各种经济理论会有一种内在联系。有什么样的生产理论就有什么样的管理理论;有什么样的管理理论就有什么样的机器理论。阿基米得的机器理论不同于牛顿和惠更斯的机器理论,古典机器理论不同于按现代热力学进行分类的机器理论。阿基米得机器理论中的机器是杠杆和斜面,惠更斯的机器原型是钟表和光学透镜。

当机器的操作和控制离不开人时,机器同工具没有质的区别,管理人的同时就是对机器的管理,就是对生产的管理。这里,机器作业时间同人的劳动时间是重叠的,当人力从直接操作领域退到对机器进行控制的领域时,人们就实现了劳动的机械化。机械化在生产时间上并未完成机器作业时间同劳动时间的分离,因此机械化时代的管理还是以"人"为

---

① 参见〔美〕P. E. 希克斯:《工业管理与管理科学导论》,沈益康译,上海科学技术出版社1981年版。

中心。

随着电子计算机的出现，一种新型的机器诞生了。它不像传统机器只用于传送物质和能量，而是传递信息，这是一种能代替人对机器进行控制的新型机器。新机器带来了新的机器理论——控制论，诞生了新的管理理论，以"人"为中心的管理理论变成了新管理学的一部分。

## 第二节 机器作业时间

机器操作时间是生产时间的一个组成部分，机器可以由人来操作，也可以无人操作自动控制。

机器生产率指机器在单位时间内产品生产比率，机器生产率的高低决定于机器本身的性能和工作效率。较高的生产率意味着在单位产品中物化的生产时间较少，单位时间中能产生出较之以前更多的产品，平均到每一产品所耗费的生产时间就会绝对减少。机器生产率的提高主要靠科学技术在机器体系中的应用。这里，测定机器生产率的"单位时间"属于自然范畴，而机器的必要作业时间则属社会经济范畴。

实际生产中，机器设备的作业时间长短始终以社会需求为标准。机器效率越高越好，但机器作业时间并不是越长越好，超过社会需要的作业时间，会制造出多余产品，过量制造只能带来损失，增加生产成本。决定机器做工时间的是社会需求，机器的做工率由销售情况决定已经是现代工业的一个普遍原则。

所谓机器做工率，即指在一天规定作业时间内有多少小时使用机器制造产品的比率。机器生产率由技术决定，机器做工率则由社会决定。对现代化工业社会来说，人们控制的是生产时间。假设一个由"无人工厂"组成的社会，社会控制的是机器作业时间与机器的做工率。当然，生产控制要通过人来执行，在这个意义上，也可以说是对"劳动"的控制，但当劳动者处于直接生产过程之外时，只谈劳动控制必然是片面的、间接的。劳动是单项生产要素的投入，社会调节的是所有生产要素和资源的合理配置，是整个生产过程。

亚当·斯密之后一百年间形成的管理理论，都是以古典政治经济学劳动价值论揭示的社会经济发展水平为前提的。在现代的"人—机系统"中，用古典劳动价值论解释一名工人同时操作两台机器，活劳动操作时就形成价值，离开活劳动就不形成价值，或机器自控就等同于复杂劳动的说法，是很难自圆其说的。

## 第三节 自然力作用时间

自然力作用时间，是生产过程中利用自然力作用于生产对象，使之发生合乎生产目的变化的时间。如自然干燥时间、自然发酵时间、化学反应时间、动物植物生长时间等。我们把自然力作用时间定性为凡是被纳入人类生产系统的自然力无论它以何种方式发生作用的时间。这个意义上的自然力作用时间是生产时间的一个组成部分，生产时间中包括生产对象直接受自然力作用的时间。

直接生产过程中的自然力作用时间属于直接生产时间的一部分，在工艺上可以同劳动时间和机器作业时间并列。这其中又可以分为两种情况：一种是在自然力作用于生产对象的过程中，不占用任何其他劳动力以及不占用任何物化了过去生产时间的生产资料；另一种是在自然力作用于生产对象的过程中，同时需要占用劳动力以及生产资料。

在许多生产过程中，除了劳动和工具的作用以外，往往都要借助于某些自然力才能生产出既定的产品。自然力参与生产过程一般有三种形式：

第一，自然力同劳动或者同投入的其他生产要素共同起作用。作为动力的自然力作用，例如，风能、瀑布等必须通过作用于机器才能最后作用于生产对象。有些自然力并不是以转化为机械能的形式参与人类生产，而是以其他形式，如化学反应过程可以看做是自然力作用的过程，它是以化学反应这种形式本身提供生产服务的。要使生产对象发生这种反应，必须人为地设置一些生产条件保持这种反应的过程，生产才能进行；一旦撤掉这些辅助条件，生产过程就不能继续下去。大多数的化学工业生产过程都具有这种性质，除此之外，其他生产领域也会存在这样的生产过程，例如冶铁业。

我们今天所用的铁矿石,大多数是与二氧化硅紧密混合在一起的氧化铁,或是三氧化二铁,或是四氧化三铁。冶铁的目的是要使铁还原到零价氧化状态,主要的问题是除去二氧化硅。于是我们先需制备一氧化碳和氧化钙。从焦炭中可取得所需要的一氧化碳,通过加热石灰石则可取得氧化钙。这样,冶铁的准备就齐全了。我们将一定量的铁矿石、石灰石、焦炭混合在一起,放入一个大熔炉,鼓进一点儿空气,并稍稍加热,反应就此开始发生,这就是高炉炼铁。高炉中发生的反应有:(1)石灰石生成液态氧化钙和气体二氧化碳;(2)氧化钙与二氧化硅起反应,生成在高炉高温下呈液态的硅酸钙;(3)氧化铁被分离,以备还原。所需要的一氧化碳从焦炭和氧气中取得,我们所需要做的全部事情就是在冶铁开始时提供一个外部热源。铁矿石、焦炭和石灰石混合物不断被倒入高炉,以上反应就不断发生。氧气或空气从底部的通孔鼓入,通孔的下面聚集着铁水。典型的现代高炉,反应一旦开始,可以连续使用五年。铁水和熔渣夜以继日从位于结构底部的出铁口和出渣口排出。

可以看出在这个过程中,自然的化学反应过程是以人们不断提供反应的材料和一个外部热源为前提的,一旦中断提供这些条件,生产就不能再进行了。在这里,生产对象依据化学规律发生变化的过程,是同其他人为提供的生产要素相互依存的。这是自然力的作用的一种形式。

自然力作用的另一种形式,在前提上是同第一种形式一致的,要自然力以生产力形式发挥作用,必须要为它提供一个自然力发生作用的环境,这个环境是通过人们的生产产生的,物化着一定的生产时间。整个生产过程一旦开始,就不再需要投入任何新的设施。造酒业就是一个典型的例子。在造酒业中,酒的制造生产周期过程可以明显分为两个阶段:第一阶段是造酒,第二阶段是酿酒。在酒的发酵过程中,不需要投入任何新的"资本",完全是自然力作用的结果。尽管如此,在酒的整个发酵过程中,仍需要占用一定量的过去生产物。例如窖,它是过去生产的结果,酒必须置于地窖中才能达到既定的生产目的;再如容器,没有容器,就不能使酒处于发酵的过程中。造酒同冶铁的明显区别是,酒的发酵是自动进行的,冶铁的化学反应则要有辅助材料不断投入。酒发酵的时间也是生产的时间。这是自然力作用的第二种形式。

自然力作用的第三种形式,即纯粹的自然力作用,即自然力单纯作用于生产对象。例如自然冷却、自然风干。如果说自然冷却和自然风干等生产工艺过程还需要少量的辅助条件的话,那么,不需任何管理的原始森林等自然资源就属于纯粹自然界的产物。

生产时间中自然力作用时间,特别是指前两种形式的自然力作用。这种情况在农业生产中也表现得极为明显。人们把特定的植物种子种在地上,一个生长周期下来,人们就可以得到"大自然赐予"的产品。这里,土地原始地力形成的肥力是无任何过去生产时间的投入的。植物的生长过程完全依靠自然力的作用。在这种形式下,生产产品所费的过去生产时间是物化在劳动力和工具中的,土地生产力的形成无须任何费用。直接生产时间在这里就是指包括自然力(土地、空气、雨水)作用在内的一个生产周期。自然力作用在这种形式下,是种子和其生长环境相互之间的作用,除了种子本身是过去物化的生产物以外,这里不需要任何新的投资,也不占用生产对象之外的任何生产资料。这样的生产过程就是我们所说的自然力作用。劳动对象的自然生长周期也是直接生产时间,同播种和收割共同构成生产周期。

在生产时间组成中,与自然力作用时间对应的自然要素,即所有被人类利用的参与生产的自然力和自然物质,具有两种截然不同的性质。一种是被人占有,有主权的自然资源;一种是未被占有,无主权的自然资源。我们把人类在直接形式上利用而未被占有的、无主权的自然资源称做纯自然的要素;反之,我们把被人类分割占有、以主权所有的方式投入生产的自然力和自然物质要素,即在交换形式下被利用的自然力和自然物质要素,称做"自然商品"。关于区分这两种不同性质的自然资源的意义,我们将在第十章"商品"中详细讨论。

## 第四节 生产时间的意义

生产时间意味着生产数量的多少、生产效率的高低和生产成本的大小。可以这样认为,劳动时间是狭义的生产时间,生产时间是广义的劳动时间。人类的所有经济生产都是在生产时间中完成的。人类所有经济生产活动的效率、生产力,都可以转化为单位生产时间内产品和服务的产出。生产时间的长短,就表现为一个单位生产时间内所能生产或加工出来的产品数量。

## 一、生产时间的有机构成

对工业生产而言,在生产规模和生产能力不变的前提下,生产产量与生产时间成正比。生产时间越长,生产的产量就越大。在农业、林业、畜业等领域,农作物生长周期、牲畜生长周期是相对不变的,在这种情况下,即生产时间和生产技术不变的条件下,种植的规模越大,产量就越大。在交通运输业,"生产"(运输)时间更是全行业的命脉。既然人类生产一开始就是同工具的使用及自然力的利用结合在一起的,那么在生产的每一阶段,生产力都会有自己特定的"有机构成"比例,有相应的生产力内部结构和生产时间内部结构。

在石器时代,人类生产工具主要是石器、棍棒等。这里,工具还仅仅是人手功能的延长和强化,它的使用直接依附于人体本身,还不能把人手的功能外化出去、独立出去。最初的人类对自然规律的认识十分肤浅。火在制陶中的利用预示了生产力新的发展阶段,但制陶在石器时代并不是主要生活必需品的来源。在生产力发展的这个阶段,生产力的动力——操作、控制——都是由劳动者的手和脑来承担。生产力的结构决定了生产时间的结构,全部生产时间几乎都由劳动时间构成。无怪乎斯密、李嘉图等古典劳动价值论的代表人物总是喜欢以原始社会的渔猎经济作为劳动价值的证明。在原始社会,"生产"就是"劳动"。

生产力的发展促进了农业的诞生。在农业生产中,人类对自然力的认识有了飞跃。土地的生产力被有意识地利用了,同时,牲畜作为农业生产的工具,也部分地取代了劳动者肌肉的功能,成为运输的动力。虽然土地的耕种仍然是以劳动者自身的体力和脑力的支出同工具结合在一起为前提的,但由于人类此时已经开始有意识地利用自然地力,地力被有目的地纳入人类生产系统,于是,农作物的生产时间便由劳动时间与自然力作用时间共同组合而成,劳动时间同生产时间已不再是一个等量。

手工业历经工场手工业阶段进入机器大工业阶段。在机器生产中,工具机取代了人手,人体功能的一部分被外化出去了。从生产过程来看,对机器的控制在早期依然离不开人,劳动者自始至终伴随着机器运动。人操作机器,机器也控制着人。劳动时间在这一阶段和机器作业是重叠在一起的,生产时间依然没有获得不同于人力劳动时间的独立的形式,但生产的效率已大为提高。18世纪的工业革命还没有解放劳动,但古典劳动价值论却于这一时期最终完成了。

古典政治经济学产生在工场手工业时代,对劳动的研究始终伴随着对直接劳动分工的评价和分析。亚当·斯密在说明分工利益时就是以制针业为例子的。早期资本主义管理思想也是以如何提高手工操作劳动效率为主要目标。分工协作是早期生产方式提高生产率的主要途径,斯密认为分工可以节省从一种工作转变到另一种工作所损失的时间,可以增加专业工人的灵巧程度。分工使工艺简化,因而容易发明专用机器和工具,在单位生产时间内能有更大的产出。

从现代经济管理发展史中,我们可以清楚地看到生产的发展、看到生产力的发展、看到"生产时间"和"劳动时间"的分离,以及人力在生产中地位的演变。

## 二、劳动时间管理

劳动时间管理以直接操作的劳动者为主要管理对象,发展到泰罗时代,形成了科学管理理论。"科学管理"不再从一般分工的角度阐述劳动的意义,而是系统研究和分析工人操作方法与劳动时间,改变了过去单纯用经验方法去管理劳动。古典管理理论第一次尝试以科学的、系统的方法探讨管理问题,代表了那个时期资本主义发展的二重性。一方面,大机器生产和科学技术发展要求人的劳动相对简化,形成"标准化"操作;另一方面,反映出"人"在直接生产中仍占主导地位。古典管理理论和古典政治经济学都把劳动者看做"经济人"、看做直接生产力要素。"科学管理"虽然改变了传统经验管理方法,强调管理的科学性和精密性,但仍把工人看做机器的附属品。这种把劳动者看做经济人、看做机器附属品的管理思想是同那个时代生产力水平相一致的。在劳动时间等于生产时间、劳动操作时间同机器运动重叠的生产方式下,工人必然是机器的附属品,劳动作业必须与机器作业同步。机器不知疲倦,人也要不知疲倦。

科学技术的发展改造着大工业,随着分工的发达,特别是机械传送带的推广,工人操作变得愈发单调乏味,"目的"与"活动"的脱离使工人失去了对工作的兴趣。这种情景促使管理学家开始研究企业中人的个性。行为科学代替了传统管理理论。行为科学注意企业职工在生产中的行为,不像传统管理只研究工人生产动作。它重视研究职工的情绪、思想、个性、需要和动机,重视人群关系和工人在工作中的"自我实现"与"自我满足"。泰罗制曾被指出有两个缺点:(1)要工作分解成它所组成的各个最简单的动作,就必须将它分解为尽可能由各个工人单独执行的一系列单独动作。这是把分析的原则同行动的原则混淆起来了,用分析一件工作的方法来执行工作可以得到最大效率的看法是错误的。(2)把计划和执行分开。计划和执行是同一件工作的不同成分,而不是不同的工作,若按"科学管理"的原则,工人只要干活而不必了解。在新技术下,对工人和工作进行管理的主要问题是既要使工人能够做一种全面而完整的工作,又要工人自己作出负责的计划。

第二次世界大战以后,随着重复的例行工作进一步被自动工具和半自动工具所代替,工人的生产活动发生了很大变化。劳动者主要从事机器的建立、维修和控制。当生产的直接操作不再以工人为中心时,多中心的现代管理理论代替了"行为科学"。

现代管理理论,或是把企业看做一个系统,或是把管理看做决策,或是向经理提供成功经验和方法,或是随机应变进行管理,或是专门研究管理科学,其共同的特点是从少数目标管理发展为多目标管理,从传统以"人"为中心的管理发展到以"人—机系统"为中心的管理。现代管理理论的发展,从"动作"研究发展到"人际"研究,从"人际"研究发展到"人—机系统"研究,是同"劳动"在生产中地位的逐渐变化相联系的。而"劳动"在生产中的地位又是同机器的发展相联系。现代经济为了对由"劳动"和机器组成的系统进行恰当的设计和管理,要求管理者和系统工程师要像了解机器特性那样,尽可能多地了解人的特性。在人—机控制系统中,许多功能还要依赖于人控制器的性能,为了预测带有"人控制器系统"的稳定性和动态性能,必须详细研究人的可用数学描述的输入—输出关系。这种研究,古典经济学者是很难想象的。从"人—机系统"过渡到"机—机系统"时,也许会导致对人的"兴趣"进一步降低。当经济管理的对象排除"人力"时,人的直接劳动就绝不再是衡量财富的尺度了。

### 三、时间分离

在劳动时间与机器作业时间相互重叠的时代,区分"劳动"与"生产"、区分"劳动时间"与"生产时间"似乎毫无意义,古典政治经济学把劳动时间作为价值尺度是极其自然的。但这正是古典劳动价值理论的历史局限性。当生产力的发展使不可想象的事情一步步变为现实的时候,超越单一劳动要素的特殊形态、考察价值形成和价值实体就成为可以"想象"的了。

20 世纪 40 年代,以电子计算机为代表的科学技术革命推动了人类生产力的伟大变革。在自动化生产体系中,不仅生产过程的动力、操作可由工具和机器承担,而且对机器的控制也由人脑转移到电脑。劳动者有可能把自身重复的机械性功能全部外化出去。在机器人那里,这种外化目前已达到很高的程度。劳动者日益退出直接生产过程,仅仅起着生产监督的作用。像牛顿眼中的上帝一样,人只是生产过程的第一推动力。在这里,人的劳动是一个"点",机器体系的工作是一条"线"。生产力结构的这种变化反映在生产时间上,是机器作业时间与直接劳动时间分离。后者在生产时间的整体中的比重日趋减小,呈现出有朝一日将被完全排除出去的趋势。"无人工厂"不是难以想象的神话,而是可实现的现实。古典劳动价值论的历史前提是人的劳动同工具运用同一,是劳动时间与生产时间重叠。现在,这个前提已经不复存在了。

地层错落,山谷断裂,人们才能看出地壳内部的层次。只有当机器作业时间独立于人力的直接劳动时间,只有劳动时间与生产时间在工业生产中分离,人们才可能摆脱除了劳动"根本不可能有别的尺度"的(历史)境况,而在要素生产力结合上重新考虑价值的尺度。用中国的一句成语来形容便是"水落石出"。

作为生产工具,生产者把它当做自己器官的延长,用他自己的技巧和动作赋予其以灵感。工具的使用取决于劳动者在工艺上的造诣;相反,自动化的机器代替劳动者具有的技巧和力量,因为它自己就是技术专家。因此,如果把生产过程理解为只是劳动力作用于整个生产过程、人力是支配生产过程的唯一的力,那么就这个意义上说,生产力的自动化过程已经不能算是劳动力过程了。

　　从劳动时间抽象到生产时间抽象是认识上的飞跃。实现这个飞跃，仅靠逻辑是不够的，它需要生产力自身的历史变化作为认识的前提。古典劳动价值论的不成熟，归根结底，是它那个时代生产力发展不成熟的反映。而马克思的下述观点显然带有历史的局限性："生产时间和劳动时间越吻合，在一定期间内一定生产资本的生产效率就越高，它的价值增殖就越大。因此，资本主义生产的趋势，是尽可能缩短生产时间超过劳动时间的部分。"[1]

---

[1] 〔德〕马克思：《资本论》第二卷，人民出版社1975年版，第141页。

# 第四章 生产实体与生产过程

**提要**：生产者、生产工具、生产对象，加上组织管理，形成具有一定规模的生产实体。生产过程，表现出生产实体在运动中的时间和空间形式。生产时间必然包含着效用的生产，即生产对象在一定生产时间内所发生的性质和形态变化。同劳动具有二重性一样，生产也具有二重性。生产二重性不仅包括生产时间二重性，还包括生产规模二重性（生产力二重性）。

生产者、生产工具、生产对象，加上管理就会合成具有一定生产规模的生产实体。生产过程，表现为生产实体在运动中的时间和空间形式，即生产对象在一定生产时间内所发生的性质和形态变化。一般来说，一个生产实体就是一个生产单位。

## 第一节 时间与空间的统一

### 一、时空统一性

在直接生产领域，生产过程具有三个环节：生产前是生产要素的集合；生产中是生产资料随生产时间和空间的变化形成产品；生产后是一定数量和特定质量的产品。在生产过程中，生产时间以三种时间形态在生产对象上的作用是连续的或并行的，我们会看到生产对象随时间变化发生空间形式变化。这种空间变化最终形成产品的有用性，而生产时间的累积则是增加产品的数量。

生产过程中生产对象发生数量的积累和品质的形成，这种二重性质的变化归根结底来源于生产力运动的时间和空间形式。我们把生产力作用于生产对象(物质产品)上随生产时间的延续而发生的空间变化,称之为生产和产品具有的"时空统一性"。时空统一性注定生产时间必然包含着效用的生产,生产过程中生产时间的积累和生产对象的空间变化不可分割。正因为生产的时空统一性是生产力运动的形式,所以时空统一也必然存在于产品之中。生产力在时空统一中的运动决定最终产品数量和产品质量(效用)。

产品的空间形式变化,即生产对象进入生产过程后所发生的结构变化或空间形状变化。可以概括为三类基本变化:(1)产品长、宽、高的形成,即形状的变化;(2)产品物质内部结构变化,即符合使用目的的强度、品质、性能、颜色、味道等的变化;(3)产品的位移,即位置的移动,距离上的变化。

商品使用价值(效用)在生产领域中是产品的物质存在。时间和空间本是物质生产力运动的存在形式,在产品物质中,时间和空间得到凝固,表现为产品中物化的生产时间和物化的空间形态。世界上没有绝对静止的物,没有不经过一定时空变化过程就生成的产品。商品使用价值和交换价值的根基是生产力运动的空间和时间形式,是生产力运动二重形式的凝结和物化。

进入交换领域的产品才是商品。当产品进入交换领域时,产品内在的时空统一转化为商品外在的两个因素,转化为商品的使用价值和交换价值。这种转化可以用一个图式(见图4.1)表达:

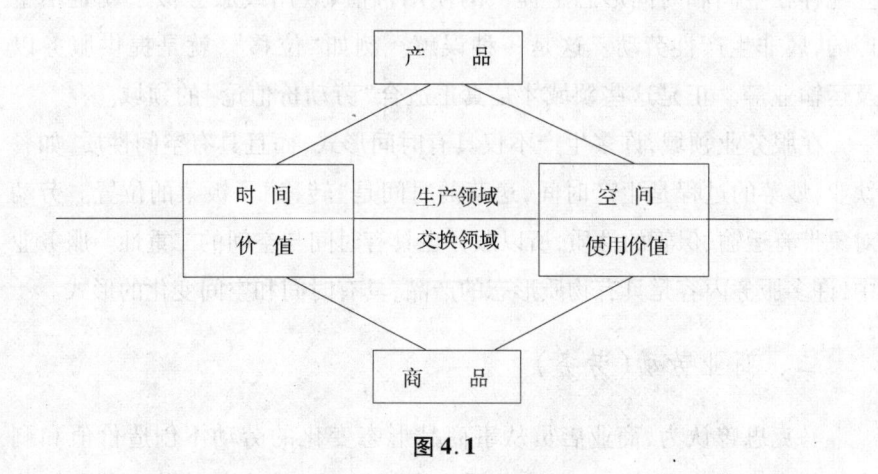

图 4.1

时间和空间是生产实体运动的物理形式。商品以产品的物理空间和时间存在作为自己的基础。时间和空间是不可分割的,是对立统一。在上图的菱形图式中,同产品空间形态平行的时间是生产力时间,不是单纯劳动力的时间。商品在交换领域中,使用价值同价值之所以能够统一,是因为它们在生产领域中已经统一。我们用生产时间取代劳动时间,是因为在决定商品交换价值的时间规定上,只有生产时间才能使商品使用价值的形成与价值的形成得到统一。

要确定什么性质的时间是形成价值的时间,不能依靠脱离使用价值的抽象劳动时间和生产时间自身规定做依据。离开产品空间形态的变化,要确定什么性质的时间形成价值,就会变成主观的选择。因此,价值的时间规定就只能由时间的对立面即产品空间的变形赋予它。也就是说,在讨论商品价值和使用价值中,引进空间范畴是为与生产时间的统一提供客观依据。只有同产品空间形态变化全部相联系的时间才是价值基础。劳动对象从它的空间形态变化开始,到整个产品空间变形结束的时间是价值的形成基础,这就是生产时间。酒从放入酒窖中开始发酵,到发酵完成时间,变化的只是酒的分子结构。生产时间包含效用的形成。生产时间与生产空间统一的实质是生产时间与生产效用的统一,是时间与效用形成的统一。

最后需要指出,使用价值如果离开"物质产品"的形式规定,那么,一些纯粹在空间和时间形态上提供的使用价值、效用或服务似乎就是不生产的,属非生产性劳动。这是一种误解。例如"位移",就是提供服务以及运输业等。正是这些领域才是真正适合"劳动价值论"的领域。

在服务业领域,许多生产不仅具有时间形式,而且具有空间性质,如餐饮业,炒菜的过程是生产时间,送菜的时间是"转移"了饭菜的位置。劳动对象带有运输、保管的性质,所以服务也具有时间与空间的二重性。服务业中,许多服务内容是具有物质形态的产品,具有时间和空间变化的形式。

## 二、商业劳动(劳务)

马克思曾认为,商业店员从事商品形态变化的劳动不创造价值和剩余价值。商业店员的工资是由物质生产部门创造剩余价值的一部分转让过来补偿的。这就产生了一个悖论,商业店员的劳动力有价值,但其劳动不形成价值。于是,包括劳动力商品价值在内的社会全部商品的总价值会与其总价格存在巨大差额。

事实是,商业劳动和劳务同工业生产劳动一样,都创造价值和剩余价值,商业利润并不是从物质生产部门的剩余价值转让过来的。马克思也清楚地知道,资本完成它的循环的全部时间,等于生产时间和流通时间之和。① 在实际经济生活中,工业产品以低于市场价格的出厂价格出售给商人的现象,似乎说明工业资本确实让渡一部分剩余价值给商业资本。但何以证明"市场价格"就是由工业劳动确定的,而不是由工业劳动(生产)与商业劳动(生产)共同确定的呢?何以证明商业利润不是由工业资本让渡的利润形成的呢?

现实中,离开劳动很难找到服务业的时间规定。因为,只有在服务业领域,生产时间与劳动时间才是真正完全重叠。服务业的非物质产品恰恰证明,"劳动"是"生产"中的一个特例。生产才真正是一般的生产,而劳动是特殊的生产。真正的国民经济不能只有生产而没有服务、只有商品而没有劳务。

如果说,商业职能是从产业资本的商品资本职能中分离出来的,那么商业利润就是从产业资本的利润中转让过来的。这既不合乎逻辑,也不合乎历史。资本独立是资本的本性,而等量资本获取等量利润更是资本的规律。从资本角度再看服务业中的商业性服务,如歌舞厅、美容美发厅、商业性游泳场等的服务,同样服从(至少是服务行业中)等量资本获取等量利润的规律。一个商业性游泳场没几个劳动力劳动,一年有百万的赢利,这不仅是由劳动提供的服务产生的,而且还是由资本(场馆、水、空调)提供的服务产生的。

举一个最简单的例子:运输汽车司机的劳动时间与"机器"的工作时间是完全重叠的,劳动时间就是生产时间。如果将汽车变成无人驾驶的汽车,汽车工作一天,照样产生一天的"利润",但其中已经没有司机劳动的成本,只有汽车和汽油的成本。把汽车换成现代火车或可以自动驾驶

---

① 参见〔德〕马克思:《资本论》第二卷,人民出版社1975年版,第138页。

的飞机,问题就更好理解了。所以,资本的趋势是减少劳动时间(劳动成本),使生产时间尽可能地超过劳动时间。

## 第二节　生产时间二重性

生产时间是生产实体运动的轨迹。

"生产时间二重性"就是"个别生产时间"与"社会生产时间"二重性。生产时间的这种转换完成于商品交换。商品交换前,生产效用的生产时间是物理的、个别的生产时间;交换后,物理的、个别的生产时间变成商品的、社会的、经济的生产时间。换言之,生产时间二重性就是任何个别生产时间,如果它的生产是社会必要的,它的"直接生产时间"就会转化为"社会必生产时间"。

时间既不是经济范畴,也不是社会范畴,时间是物质运动的物理形式,是物质运动过程的持续性和接续的秩序。但是,当个别生产时间进入交换,当产品变为商品时,生产时间作为社会发展和经济发展的交换尺度时,单位时间概念就有了十分重要的社会经济意义。生产时间作为生产的存在形式,是物质生产力运动的属性;作为社会经济活动,生产时间取得了不同于其物理特性的社会经济性质。区分时间的物理特点和社会特点且了解它们之间的转化是理解价值概念的一个关键。依照马克思的劳动二重性分析,交换劳动的各种具体形式消失了,具体劳动时间变成了"一般"、"抽象"的人类劳动时间,各种劳动不再有什么差别,全都转化为相同的人类劳动——抽象人类劳动。用劳动二重性分析生产,生产同样具有二重性。生产二重性不仅是生产时间二重性,还包括生产力二重性、生产规模二重性等。

劳动时间概念的"一般"、"抽象"往往会使人产生迷惑,说时间是"一般"、"抽象"的,究竟是什么意思呢?"抽象劳动时间"除了表示抽象人类劳动之外,还表示一年"物理时间"变成一年"社会时间"、一年"个别生产时间"变成一年"社会生产时间"。实际上,一年还是一年,一天还是一天;物理时间还是物理时间,生产时间还是生产时间。自然时间是不会变的,变的只是生产时间的性质。时间在交换中改变了性质。原来物理的生产时间现在变成经济的生产时间,原来个别的生产时间现在变成社会的生产时间。

生产时间概念的这种性质改变可表述如下:

假定有 N 个生产单位,就会有 N 个生产时间。再假定生产时间为一年,那么 N 个生产单位就会有 N 个一年的生产时间。孤立地看这些生产单位,每一个生产单位的生产时间都是一年,时间是个别生产时间,生产都是在独立进行。如果我们变换一下这些生产者的行为,使他们不仅进行生产,同时进行交换,会出现什么结果呢?他们之间会产生一种横向的联系,随着生产物品进行交换,个别生产时间也进入交换了。结果用自然尺度测度的个别的、物理的生产时间具有了社会性质,原来只是作为物质运动存在形式的生产时间产物,不再是属于生产者自己的,而是属于社会的了。N 个自然的、个别的一年生产时间产物,变成经济的、社会的一年生产时间产物。经过交换,个别时间表现为社会时间。具有这种性质的时间,不再是物理时间一年,而是经济时间一年;不再是个别的生产时间,而是社会生产时间。完成这种转变,是商品经济的本质所在。

于是产生另一个问题。个别的"N 个"一年生产时间中,"N 个"个别生产的规模是不同的,转化为同一个社会的生产时间,生产时间在交换中如何进行比较呢?这就产生了"生产规模比较"问题,以及连同生产规模产生的生产资源的合理配置。

## 第三节 生产规模二重性

生产规模是生产实体的物质存在。

"生产规模二重性",是指一个独立核算的生产单位的生产规模所代表的生产能力具有"个别生产"与"社会生产"二重性。生产产品交换前,生产能力是个别的生产能力;生产产品交换后,个别的生产能力变成为社会的生产能力。

一般说来,生产力大小可以从两个方面衡量:第一,从产出的角度。这里,生产力的大小就是单位时间产出的数量。这种能力反映不同的生产结构、科学技术、生产工艺、组织管理等的综合水平。同样产品的不同生产能力可以转换为一个生产品中物化的生产时间在同一生产领域不同生产单位之间进行比较。第二,从投入的角度。即为形成一定生产能力或生产效率所投入的生产要素的数量和质量——生产规模。在同样质量和生产时间的前提下,投入生产要素越多,生产规模越大,生产能力越大。生产规模,通常是指一个生产组织单位的产量、产值、劳动人数、固定资产数量的大小和多少。

生产都是具有一定规模的生产,因此,生产时间也是"规模"的生产时间。生产时间和生产规模可以看做一个生产力的两个方面。在个别生产时间转换为社会生产时间的过程中,个别生产规模也会随之转化为社会生产规模。同理,个别生产时间的基础是个别生产规模,社会生产时间的基础是社会生产规模。

生产投入产出的比率是生产效率。假定甲、乙两个独立生产单位生产同种产品,但拥有不同数量的生产要素、不同的生产规模。在需求强度一致的前提下,假定各自的生产都是社会必要的生产,产品中物化的直接生产时间都是社会必要的生产时间(完成交换)。在这种情况下,社会生产规模就是甲的规模加乙的规模。假定直接生产时间都是一年,甲、乙两者之间的生产规模与社会生产时间的关系,可表示如下(见表4.1):

表4.1

| 部门 | 生产规模 | 直接生产时间(年) | 产量 | 社会生产时间 |
|---|---|---|---|---|
| 甲 | A | 1 | a | A×1 |
| 乙 | B | 1 | b | B×1 |

我们看到,生产与生产之间表现为一种同质的、只有量差别的规模关系。很显然,倘若社会生产时间已定,那么,生产规模之间的比例就会表现为多倍的直接生产时间在量上的比例,这同复杂劳动一小时等于多倍的简单劳动一小时是一个道理。由此可以看出,在"复杂劳动化简"规律中已经隐含了生产时间的二重性。决定价值量的时间不是直接的自然时间,而是同生产(劳动)规模结合了的社会经济时间。即便在古典劳动价值论中,复杂劳动化简的基准也是完全相对的,我们可以把复杂劳动时间化为多倍的简单劳动小时,也可以把多量简单劳动时间浓缩为少量复杂

劳动时间。只要复杂劳动与简单劳动的比例不变,劳动时间的比例就可以不变。这里,价值尺度的选择完全是相对的。

为了更清楚地说明生产时间与生产规模二重性的关系,我们可以把上面的例子扩大为不同生产部门。同样假定每个部门的生产都能顺利转化为社会需要的生产(完成交换),那么,每个部门的直接生产时间与生产规模、全社会必要生产时间及生产规模的关系可直观表示如下(见表4.2):

表4.2

| 部门 | 生产规模 | 直接生产时间(年) | 产量 | 社会生产时间 |
| --- | --- | --- | --- | --- |
| 甲 | A | 1 | a | A×1 |
| 乙 | B | 1 | b | B×1 |
| 丙 | C | 1 | c | C×1 |
| 丁 | D | 1 | d | D×1 |
| 戊 | E | 1 | e | E×1 |
| 己 | F | 1 | f | F×1 |
| 庚 | G | 1 | g | G×1 |

部门与社会之间这样的生产,也可以用来表示没有交换的"直接社会经济"。

以上七个部门,产量是社会必要的,所以投入的生产要素量和生产时间也是社会必要的。假定这些部门投入的生产要素量都归自己直接所有,不需要通过交换取得;或者是在"计划体制"中,所有生产要素都是国家的,不需要通过交换取得,那么这里就只是一个依据社会需要的投入产出。投入必要的生产要素和生产时间,得到社会必要产量。

"生产规模二重性"是在生产时间二重性基础上派生出来的,就像在生产二重性上派生出生产时间二重性一样。严格地说,"社会必要生产时间"是当然的社会生产时间,但社会生产时间并不是必然的"社会必要生产时间"。在直接生产时间同生产规模相结合中,我们看到生产时间具有"规模"性质,在所谓"社会必要生产"概念中,除了包含必要生产时间,还包括必要生产规模。用劳动价值论的观点说,就是商品价值与所耗费的劳动时间成正比,与所耗费劳动的生产力成反比。这种时间长短与生产规模的组合形成了社会规模生产时间。准确地说，就是生产价值论所说的生产时间、个别生产时间、一般生产时间、社会必要生产时间都是指"规模生产时间"。

直接生产时间会因为生产规模不同，从而在交换过程中表现为不等的社会规模生产时间。假定每一个别生产单位的生产时间和生产规模都是必要的，那么产品交换就会表现为社会必要规模生产时间的交换。可见，社会必要规模生产时间是调节社会生产的尺度。在商品交换中，它是衡量商品交换的价值尺度，是等价交换的尺度。生产规模的大小，其实质就是社会必要规模生产时间中物化的生产要素总量。

生产者、生产资料、生产对象相结合构成生产力，经历一定时间生产出一定量产品。生产在这里表现为一定量生产要素的投入和一定量产品的产出。在生产时间已定的情况下，产品数量取决于经济规模的大小。经济规模的大小一方面由生产要素投入的数量决定，另一方面又由投入的生产要素的质量（技术结构）决定。对不同生产部门来说，同是一年生产时间，但生产规模和生产要素占用量可以极不相等。正像上面所举的例子一样，在同一生产部门内部，N 个生产单位实际上就有 N 个生产规模。一旦这些产品进入交换，单位生产本身就会转化为社会生产，转化为生产一般。对社会生产而言，具体生产结构之间的差别、技术构成上质的差别消失了，只有生产要素投入量的差别，只存在舍象技术构成后的经济规模大小的差别及单位生产成本大小的差别。

依照生产概念中包括物流的观点，生产实体在流通领域中相应表现为"物流实体"、"物流规模"、"物流时间"以及"社会必要物流时间"。换言之，包括"运输实体"、"运输规模"、"运输时间"以及"社会必要运输时间"。

# 第五章 从生产到价值

**提要：**生产时间本没有价值，因为交换，生产时间有了价值形式。价值是具体生产时间在交换中表现为抽象的社会生产时间，即直接生产时间进入交换，转化为间接社会生产时间。价值形式是具体生产时间在交换中表现出的社会生产时间的"等量形式"。抽象劳动时间与具体劳动时间对应交换价值与使用价值，形成价值与使用价值"两分"。生产价值论分析了抽象生产如何由具体生产生成，抽象生产时间如何由具体生产时间生成，从而提出"价值生成"说。"价值生成"旨在揭示了对立的抽象生产时间与具体生产时间、交换价值与使用价值、价值源泉与财富源泉如何"统一"。社会生产只有在形式的存在（方法）中，社会生产的"是如何所是"才能真正被揭示和表达出来。抽象劳动的实质并不是指劳动而是指社会，这是理解"劳动二重性"学说的核心，也是理解马克思政治经济学的关键。

人类历史发展的基础是生产力，衡量人类经济进步的尺度是生产力。马克思历史唯物主义已经认识到历史的起点是生产力不是单纯主体的人，但在政治经济学中，起点是"人"而不是生产力。也就是说，在历史唯物主义中，劳动与对象、主体与客体"统一"为生产力，统一为不以人的意志为转移的经济基础；而在政治经济学中，劳动与对象、主体与客体"分离"为劳动与劳动条件的对立关系，分离为"活劳动"与"死自然"的对立。历史唯物主义的马克思超越了主体，实现了"劳动对象化"，而政治经济学的马克思又回到主体,回到了"劳动异化"。

## 第一节 劳动价值论逻辑

劳动价值论并不是马克思首创。

马克思直言,他的真正贡献在于提出了"劳动二重性"。马克思做的另一件事就是资产阶级从来没做过的"价值形式"分析。除此之外,在劳动价值论的基本观点(价值实体是劳动,价值与效用和使用价值无关等)上,马克思劳动价值论与古典政治经济学劳动价值论是相通的。

### 一、同质性与可比性

马克思认为,形成产品的原始要素即人和自然,是同时起作用的。尽管"劳动并不是它所生产的使用价值即物质财富的唯一源泉。正像威廉·配第所说,劳动是财富之父,土地是财富之母"。[①] 自然界是"一切劳动资料和劳动对象的第一源泉"。也可以说,自然界是一切物质财富或使用价值的第一源泉。在《哥达纲领批判》中,马克思又说:"劳动不是一切财富的源泉,自然界同劳动一样也是使用价值(而物质财富就是由使用价值构成)的源泉。"

马克思认为财富源泉是劳动与自然的结合,而价值的源泉则只是社会劳动,不包含自然物质。就是说,资本、土地等非劳动生产要素,在生产财富和使用价值中是不可缺少的条件。它们参与使用价值和价值的形成过程,但它们不是交换价值实体的组成部分,因此不是交换价值的源泉。

财富的源泉与交换价值的源泉两分的观点来源于对劳动价值的认定。

在劳动价值论中,经过抽象得到的社会劳动时间不再具有特殊的具体时间,它们在质上是相同的,在量上可以比较。那么,为什么不可以舍弃劳动,抽象出"效用"呢?劳动价值论认为,效用是不同质的,因此在量上不可比较。

马克思认为,表现为"价值"的劳动是社会劳动。在马克思看来,价

---

① 〔德〕马克思:《资本论》第一卷,人民出版社1975年版,第57页。

值抽象的实质是"一般人类劳动"的抽象。交换中用抽象法得到抽象社会劳动并不是方法和逻辑问题,而是一个事实——社会劳动是抽象的,即劳动的社会性是间接的、抽象的。在分工和私有制的前提下,个人的、具体的劳动只有通过交换和交换价值才能表现其社会性,因此,一般人类劳动只能是抽象的。"交换价值完全不以'物质财富'的特殊性质为转移。它既不以物质财富的质量为转移,也不以物质财富的数量为转移。"①而土地、矿产、森林、机器等都可以是个别的、具体的。具体的东西只能生产具体的"使用价值"。使用价值之间不可通约、不可比,就像吃与喝之间不可比一样。物质财富在使用功能上有质的不同,但量上无可比性。只有同质的、一般的东西才能在量上比较。商品内在共同的、同质的东西只能是社会一般劳动。

## 二、劳动与自然两分

现实中,一旦价值源泉与财富源泉两分,商品二重性也就变成价值与使用价值、价值源泉与财富源泉两分。价值与财富变成"人"与"自然"两个完全不同领域的问题。价值与自然界无关,劳动与自然界由此分离。一旦劳动与自然界分离,真实生产、直接生产过程、具体生产产品也就不存在了,最终生产一般也不存在了。也许有人会说,生产一般还是存在的,但它只是生产使用价值而与交换价值无关。真若如此,在价值源泉与财富源泉两分基础上形成的"劳动价值规律",必将失去对现实经济和生产的理论指导意义。

通过对价值的定性,自然可以得出哪些活动形成价值、哪些活动不形成价值,并从中推导出生产劳动和非生产劳动之区别。这种区分并非完全没有意义,但如果因此认为,生产过程中只有"人"的因素是生产劳动,其他要素都与价值形成无关,就会得出价值形成只同劳动相关,而与劳动条件无关的结论。

有一种"人本位世界"观点认为,凡非人物质的运动不是劳动,不是生产劳动。例如,某种动物,如果在生产中作为动力,那么它是劳动手段,是人的活动借以实现的工具;如果在生产中作为原料,那么它是劳动对

---

① 《马克思恩格斯全集》第四十二卷,人民出版社 1979 年版,第 254 页。

象,是人的活动作用其上的物。因此,动物在生产中的活动不是生产劳动。又例如,耕牛只是农夫劳动的生产资料,是农夫劳动的条件,而不是劳动,也不是生产劳动。同样,机器设备等非劳动生产要素在生产过程中的运动也不是劳动,不是生产劳动。这种观点认为,在财富生产过程中,只有人的活动——劳动——才是财富的源泉,非劳动要素只是生产财富的条件。因此,绝不可将人的活动与鸡产蛋的活动等量齐观。农作物的生产过程也是同样的。太阳的光线是非常重要的,农作物的叶绿素将太阳能转化为农作物中的能量。但是人们绝不会将太阳光线的作用与人类的活动一样看待,不将农作物看做是太阳光线的产物,而看做是人类劳动的产物,太阳只是财富生产的条件。人类从来没有计算过鸡和太阳的支出,将鸡蛋和农作物记为鸡和太阳的产品,并将鸡蛋和农作物交给鸡和太阳。从人类社会中人与人之间的关系看,只有运动员(人)的活动被看做是成绩的源泉,光荣与成绩只属于运动员,而不同时属于跑鞋。这是"人本位世界"的典型表现。[①]

直观地看,"人本位世界"这种说法似乎不错,但意义何在?

依照以上观点,鸡的下蛋时间、家畜的拉磨时间、农作物的生长时间、酒的自然发酵时间、木材的晒干时间、自动机器的工作时间等所有非劳动的生产时间都不是价值形成时间。其最终结果就是:价值量的确定以及价值规律只针对具体劳动时间发生作用,而不对整个人类生产过程和生产时间发生作用。这显然是逻辑与现实经济不符,与历史不符。

实际上,鸡下蛋的速度、牛产奶的速度、太阳光照的长短都是与生产力直接相关的。对鸡蛋厂、奶牛厂来说,鸡和牛是最直接的生产力。尽管没有人饲养就不会有鸡,但如果鸡不下蛋或一年下三个蛋,"人"的饲养劳动也就没意义了。所以对一个生产实体而言,所有的生产要素都是不可忽略的。即使人再能干,铜矿品质低,也炼不出好铜。"人本位世界"忘记了——经济是人类对自然界的利用,也是与自然界的互动。对于经济,不能仅从人类社会出发,太阳和水不仅是财富生产的条件,更是人类生命的条件。经济的本质是人与自然的互动,经济学的根本,不是研究

---

① 参见白暴力:《价值价格通论》,经济科学出版社2006年版,第66页。

人,也不是研究财富,而是研究人类在生产财富的同时怎样(的生产形式、生产方法、生产制度)才能与自然保持最好的平衡。

为了财富而毁了地球,没了自然,人又何以存在?

## 三、价值形式

第一个分析价值形式的是亚里士多德。他所提出的"没有等同性,就不能交换,没有可通约性就不能等同"一直是价值形式的基本逻辑。但马克思认为亚里士多德并没有发现这种等同关系实际上是什么。现在,我们来看马克思对价值形式的分析。

"20 码麻布 = 1 件上衣",是一个简单的价值形式。

马克思认为,一切价值形式的秘密都隐藏在这个简单的价值形式中。"20 码麻布 = 1 件上衣"的简单价值形式蕴藏着价值尺度诞生的秘密。在这个等式中,价值表现的两极是"相对价值形式"和"等价形式"。而一个商品究竟是处于相对价值形式,还是处于与之对立的等价形式,完全取决于它在价值表现中所处的地位。也就是说,取决于它是价值被表现的商品,还是表现价值的商品。由此我们知道,在一个简单的价值形式中,"相对价值形式"和"等价形式"完全是相对的,其各自角色是可以互换的。在以上等式中,在商品 B 的使用价值上表现出来的商品 A 的价值,具有相对价值形式。而一个商品的等价形式就是它能与另一个商品直接交换的形式。

等价形式的第一个特点是使用价值成为它的对立面即价值的表现形式。劳动时间本身就是用劳动时间计算的,劳动成果可以用劳动成果直接表现(20 码麻布 = 20 码麻布),但是在等价形式中却不行。在等价形式中,一种生产品所包含的劳动表现为另一种生产物(如 1 件上衣)。劳动不说是劳动,而说是值"1 件上衣"。"价值"用使用价值表现,即"劳动"用物来表现。劳动的社会性质反映成劳动产品的物的性质,于是"劳动产品成了商品"。

等价形式的第二个特点是具体劳动成为它的对立面即抽象人类劳动的表现形式。这种具体劳动成为抽象人类劳动的表现,就是"充当等价物的商品的物体总是当做抽象人类劳动的化身,同时又总是某种有用的、具体的劳动的产品"。马克思同时指出,在一切社会状态下,劳动产品都是使用物品,只是历史上一定的发展时代,也就是使生产一个使用物所耗费的劳动表现为该物的"对象的"属性即它的价值的时代,才使劳动产品转化为商品。马克思认为理解经济学范畴应该从劳动产品如何表现为"商品形式"、劳动时间为何及如何表现为"价值形式"开始。而对价值形式的分析最终是为了说明货币形式和货币形成。

### 四、理论困境

如果不仅把劳动看做财富的源泉,也把一定自然力的利用看做财富的源泉,那么,财富形成的源泉就是生产力。的确,正像配第所说的那样,如果视财富为"儿子",它就只能是一个结合的产物,是父亲和母亲结合的产物。按照抽象的逻辑,从商品交换中可以抽象出劳动一般,也就可以抽象出生产一般。

然而,一旦抽象出生产一般,就需要处理不同生产要素与商品价值的关系。劳动价值论要符合逻辑,就不能用一个"劳动"(价值)概念(内涵)同时说明性质全然相反的两种东西、两个对象:交换价值与使用价值,即商品时间和商品效用。于是我们就会进入一个悖论,要么劳动决定价值,要么效用决定价值。同时,我们很清楚马克思最深层的思想是要强调社会劳动的间接性、抽象性,强调社会制度使然,而价值正是社会劳动(生产)间接性的表现形式。为此,他必须要将与社会劳动形式无关的各种物质因素,将一切具体的生产活动、非劳动生产要素连同效用,从价值形成中排除出去。个人劳动和自然资源都是具体的,只有社会性劳动是一般的。

依照劳动价值的逻辑,劳动与财富(效用)、价值源泉与财富源泉两分是题中既定之意,因为劳动价值的观点就是要表明"价值"与"自然物质"无关。劳动是劳动,自然是自然,生产资料直接或间接参与使用价值即财富的生产但并不构成价值的源泉,理论上也无可争议,不能说错。因为价值实体是 A,B 不是 A,所以 B 不是价值实体。从形式上看,也是合乎逻辑的。

劳动价值论逻辑虽通,但与经济事实相悖,导致了许多矛盾。如劳动决定价格与实际价格由生产费用决定之间的不一致。为了解释实际,斯密由"劳动"转向"支配的劳动"即生产费用,马克思则由劳动价值转向平均利润(实际上变成生产费用)。

怎样摆脱劳动价值论理论上的困境或矛盾呢？怎样最终解决抽象劳动和具体劳动、商品时间和商品效用、劳动和劳动条件、价值源泉和财富源泉等一系列的矛盾,使之得到真正概念上的统一呢？只有遵循逻辑与历史统一的原则,用"生产"置换"劳动",并重新认识(详见本书中篇"交换—价格论")商品"价格"。

## 第二节 生产价值论

### 一、逻辑与历史统一

科学思维要求透过现象认识到问题的本质,通过由里到外的表述,阐明本质怎样在现象中凸显出来。

经济理论说明经济运动,通过概念和范畴把握经济运动。与黑格尔相反,马克思运用逻辑与历史统一的方法,把历史看做是逻辑的本质,认为"价值形式是资产阶级生产方式的最抽象的、但也是最一般的形式,这就使资产阶级生产方式成为一种特殊的社会生产类型,因而同时具有历史的特征。……忽略价值形式的特殊性,从而忽略商品形式及其进一步发展——货币形式、资本形式等等的特殊性"[①]。社会生产的历史形式就像经济本质那样对经济运动是非常本质的东西。马克思从不把经济表述为直接的现象,而是把经济范畴表述在"历史形式"之下,即具有展开了的形式的全部丰富内容。社会生产只有在形式形成的过程(方法)中,其实体本质即社会生产的"是如何所是"才能真正被揭示和表达出来。

马克思力求把生产、生产关系、生产方式的历史置于经济学范畴之上,融合到经济学范畴中去理解,去把握。于是得出这样的结论:一切生产阶段共同的、被思维当做一般规定而确定下来的规定是存在的,但是所谓一切生产的一般条件不过是这些抽象要素,用这些要素不可能理解任何一个现实的历史的生产阶段。就是说,生产的一切时代有某些共同标志、共同规定,生产一般是一个抽象。而经济学范畴(概念)体系正是这

---

① 〔德〕马克思:《资本论》第一卷,人民出版社 1975 年版,第 98 页。

共同规定——生产一般、一般生产力,在不同历史阶段中不同表现形式的逻辑对应。因此,自然规律(生产一般)同它的历史表现形式(经济学范畴)联系起来,同经济概念联系起来,也就是同概念之下的生产关系、法权关系、社会关系、政治文化关系联系起来。这样,才能对经济现象有本质的理解。

生产一般从抽象到具体的展开是人类生产活动历史的展开。因此,经济范畴和概念演化,自然会同经济发展的历史一致。从游牧经济到农耕经济再到工业经济的发展史,是同自然经济到简单商品经济再到资本经济的发展史,以及同产品生产到价值生产再到利润生产的概念相一致的。一旦有了研究经济现象的历史观,我们就会在自然经济规律基础上区分现实经济的本质和它的历史形式。

在现实经济生活中,"数量关系"是存在的。例如"生产函数"和"效用函数"。这种数量关系就是一组数字逻辑关系,依靠这些逻辑关系不可能理解经济概念中的社会本质。1加1等于2,是合乎逻辑的,但"1"是什么? 是一个人,还是一组权利? 是一件衣服,还是一件衣服的所有者? 我们都需要加以认定。现今经济生活中,"需求"如果离开"购买力"就什么也不是。没有货币,任何人的需求都得不到经济学意义的说明,只能得到心理学或生理学的解释。更重要的是,如果我们不能在社会生产的历史形式中把握经济的本质,如果我们把现存生产方式看做永恒和不变的,我们就会失去历史尺度,失去对现存和现实的批判。

## 二、生产价值论命题

古典政治经学的价值论逻辑是从寻找商品交换中的"等同的东西"开始。他们认为,在商品交换的表象上,某种一定量的商品(具有一定使用价值的商品),可以按各种极不相同的比例与别的商品交换。例如,二斤小麦同一把尺子或五个信封或二尺布等交换。如果不谈分工,稀缺和不同效用可以是交换的原因,但在实际交换过程中,小麦有许多交换价值,而不是只有一种。既然具有不同使用价值和数量的商品都是二斤小麦的交换价值,那么,这些不同使用价值和数量的商品就必定是能够互相代替,即表示同样大的交换价值。由此,他们得到一个结论:不同种商品的各种有效的交换价值必定表示着一个同等的东西,它们之间必定存在着一个使它们可以相等的东西。这个"等同的东西"是什么呢？不可能是不同质的。交换之所以发生，是因为交换物品有不同的使用价值，因为它们不同，所以才被交换。"等同的东西"因此不能是那些具有不等同的质、不同的规定的东西，不能是使用价值，只能是劳动。

用同样的抽象方法，如果撇开商品交换，不参与交换的商品就只剩下产品的属性。继续把不同产品的使用价值抽出去，也就是把那些使产品成为不同使用价值的性质抽出去，随着产品不同有用性质的消失，产品效用的各种具体的形式消失了，体现在产品中的一般有用性质也随之消失。产品没有差别的、能"化成一种共同东西"的就剩下一个——时间属性——生产时间。抽象掉商品的空间形式，商品就剩下一个生产时间属性，各种使用价值都是"生产时间"的产物。现在加入交换，产品转化为商品，商品中包含的个别生产时间转化为社会生产时间，取得一个价值形式——抽象人类生产时间或一般社会生产时间。

由此，我们得出生产价值论的商品价值基本命题：

价值形式是社会生产时间的"等量形式"。
价值的源泉是生产力。生产力大小决定于生产规模及技术构成。
价值实体是生产时间即生产力运动时间。
价值或价值生成是生产使用价值的具体生产时间，在交换中表现为抽象的社会生产时间，即生产的直接时间进入交换，转化为间接的社会生产时间。这种抽象的社会生产时间或间接社会生产时间就是商品的交换价值。
价值量由社会必要生产时间决定。价值(社会生产时间)最终的实现量，是在交换中由交换双方的社会需要决定。社会必要生产时间决定价值，可以看做是调节商品生产的规律——价值规律。
价值规律即因为社会必要生产时间决定价值，所以价值的实现可以调节社会必要生产时间的供给，故称之为调节市场的价值规律。

得出上述这些基本命题的同时，需要特别指出：价值的抽象方法只是商品交换的一个方面；从另一个方面看，这种舍象使用价值的抽象方法是有问题的。作为商品二因素,价值与使用价值在商品交换中是要同时交换(进行)的,是生产时间与在该时间内生产出的效用同时交换。我们对产品"时空统一性"的论述已经说明,产品生产时间的交换不可能不包含产品的空间形式,使用价值恰恰是以产品"空间"性质为基础的。因此,我们在讲到生产时间时总是指生产效用的生产时间,讲到交换生产时间的同时总是包含使用价值(效用)的交换。既然如此,使用价值(效用)在交换中又是如何表现的呢?关于这个问题的详细探讨,我们在"商品价格"一章中将进行详细的讨论。

社会生产时间的本质是人类生产时间的一般性,也即抽象的社会性。所谓抽象的社会性,就是生产的社会性,不是直接地、具体地体现在生产中,而是间接地、抽象地体现在交换中。

一旦把价值实体定性为生产时间,作为生产时间基础的生产力就是价值的源泉。生产力就是生产实体、生产规模。为什么我们说价值的源泉是生产力,价值的实体是生产时间,而不直接说价值的实体是生产力呢?因为生产力与生产时间是两个不同的概念。生产力是生产要素的静止状态,而生产时间是生产力的运动状态。

历史唯物主义认为,生产是人的本质力量的外化、对象化。所以人同生产是一致的。人怎样生产,人自己就是怎样。马克思通过生产、生产力、生产关系、生产方式的概念对历史发展进行说明,起点是生产力。历史发展的动力来源于在一定生产关系中的生产力、来源于生产力与生产关系的矛盾运动。

### 三、生产价值历史观

生产价值论选择"生产"作为对价值、价格、货币、资本研究的逻辑起点,认为价值和价值规律是生产和生产规律的历史表现形式,就是对自然规律的历史把握和认识。提出"生产时间表现为价值"这一命题,承认生产表现为价值,也是一种历史观。换言之,生产时间表现为价值的观点可以称之为历史经济观或经济历史观。正像劳动本身没有价值,却能在交换中表现为价值一样,生产价值论是对生产、生产力、生产时间、生产要素、生产关系范畴本身给出了政治经济学的规定。

"生产表现为价值"是对"劳动表现为价值"的批判继承。生产价值论认为,生产的历史表现形式,即生产在不同历史阶段的经济形式,也是思维把握经济的前提。生产力、生产时间、生产规模是一切人类历史所共同的、被思维当做一般确定下来的规定。但如果离开了具体的经济范畴,比如说到产品不说价格,说到需求不说购买力,说到生产不说资本,生产力、生产时间、生产规模就是抽象规定。用这些抽象规定"不可能理解任何一个现实的历史的生产阶段"。劳动价值范畴反映的只是劳动与劳动的关系,没有物和物的关系,没有生产条件与生产条件的关系,也就没有人与自然、人与自然资源的关系。

马克思强调:"对生产一般适用的种种规定所以要抽出来,也正是为了不致因见到统一(主体是人,客体是自然,这总是一样的,这里已经出现了统一)就忘记本质的差别。而忘记这种差别,正是那些证明现存社会关系永存与和谐的现代经济学家的全部智慧所在。例如,他们说,没有生产工具,哪怕这种生产工具不过是手,任何生产都不可能。没有过去的、积累下来的劳动,哪怕这种劳动不过是由于反复操作而积聚在野蛮人手上的技巧,任何生产都不可能。资本,别的不说,也是生产工具,也是过去的,客体化了的劳动。可见资本是一种一般的、永存的自然关系……"[①]资产阶级经济学家正是只有一般生产的规定,忘记了历史的差别。这里,本质的差别并不是主体与客体的差别,也不是劳动与工具的差别,而是一般生产与其历史表现形式的差别。资产阶级把资本等同于生产资料,把特殊等同为一般,就是忘掉了这种差别。掩盖这种差别,也就抽掉了生产的历史形式。

从历史上看,生产的交换形式,即产品的商品形式并不是社会生产的唯一形式。在古代印度公社或斯拉夫人的农村公社,产品就没有转化为商品。在那里,公社成员直接为生产结合成社会,个别的生产直接表现为社会的生产。在社会能够直接占有生产资料并以直接社会化的形式把它们应用于生产的条件下,个别生产一开始就直接表现为社会生产。在直接社会化的生产方式中,个别生产直接受生产规律调节。分工和交换的

---

[①] 《马克思恩格斯选集》第二卷,人民出版社1966年版,第200页。

发生使产品进入交换表现为商品。交换使生产时间表现为商品的价值形式。随之而来的是个别生产时间受社会必要生产时间调节,表现为受价值规律调节。直接的社会生产以及直接的分配排除一切商品交换,因而也排除产品向商品的转化和随之而来的产品向价值的转化。所以,价值对象性只能在商品同商品的社会关系中表现出来。我们实际上也是从商品的交换价值或交换关系出发,才探索到隐藏在其中的商品价值。

生产一般在不同历史时期的经济表现形式对应在推演的经济概念、范畴上。生产的内容会依次表现为产品、商品、价值、资本、利润,等等。这些经济概念的演进始终是以生产一般为基础,失去这个基础,任何经济范畴和概念都不能成立。正像人类社会如果离开一定的历史形式就会变成一种不能理解的、没有意义的抽象一样,人类的经济如果离开一定的经济形式也会变成一种不能理解的、没有意义的抽象。没有逻辑与历史的统一,没有内容与形式的统一,经济学说就只能局限在自然的、直接的、数字的范围。

### 四、生产价值的物理基础

完全抽象掉经济学范畴的历史特征和政治立场,使之成为"纯能量"或"纯数量",也是研究经济的一个角度、一种方法,我们不能否定其研究的意义。但我们应当清楚地意识到,它不能取代经济学研究的历史角度和政治角度。关于研究纯经济学的实例,我们可以参见《经济学:范式革命》[①]一书。

该书作者认为,自然科学早已指明了经济活动同样遵循的普遍规律:物质不灭、能量守恒、火用减熵增、系统整体不等于部分的简单加和……任何经济学者都不可能公然反对这些自然法则。从这个角度出发,该书作者提供了马克思主义政治经济学体系和西方主流经济学体系之外经济学研究的新思路,即"经济元—经济流—经济场"分析范式,作者称之为"经济力学分析范式"。

该书作者认为,人类社会经济体系中形成和存续期间的全部物质运动和变化过程的动态考察是一个过程量而非状态量,是过程中的必要火

---

① 戴天宇:《经济学:范式革命》,清华大学出版社2008年版。本小节所述内容详见该书。

用损①，因而可以用功去衡量，价值是凝结在商品中的有效经济功，随时间、空间变化而变化。（产品生产过程）工程领域或自然界中任何物质迁移或传递都是由做功引起的，都是一种㶲传递过程。这是因为：由温度、压力、重力、电力等所构成的"势场"，任意两点之间大多存在势差，且都有从高势位向低势位自发转变之趋势，这种转变最终都可归结为某种做功过程。

以上观点是用自然科学的规律解说了生产价值论对生产的分析。生产就是生产力做功过程，生产力做功的形式就是时间和空间变化。因此，我们可以恰当地把"经济力学分析范式"作为生产价值论的物理基础分析。

生产价值论的中心在于说明生产时间为何并如何表现为价值。因此，生产力的运动作为价值形成的物理基础，必然会与商品价值发生某种联系。这种联系用经济力学观点表示就是：价值流与㶲流总是相向运动的，价值运动与㶲运动之间存在不可分的内在联系。㶲经济学或热经济学的理论由此建立起来，其核心理念是㶲成本，亦即为获得产品所需付出的㶲量再加上过程中累积的不可逆损失。㶲成本是给能源产品乃至其他产品定价的基础，每种产品都按其转换㶲和消耗㶲定价，"让能流转换成㶲流，再让㶲流转换成金钱（价值流）"。

进一步说，以电为例，电价通常较为固定，因为作为价格基础的价值只能是电在生产、传输过程中的必要㶲损；而电的使用价值，或用电来照明、取暖，或用于彩电、冰箱，并不影响电的价格。从生产力的立场出发，该书作者认为用电的效用或边际效用无法说清商品价值。"谁能证明：电灯所耗每度电的效用 ＝ 彩电所耗每度电的效用 ＝ 冰箱所耗每度电的效用？两小时照明边际效用 ＜ 一小时照明边际效用？"该书作者认为，矢量、张量、有限元法以及图论、场论的引入，有助于对经济力学分析概念、阐释原理的过程进行理解、说明和论证，这些数学方法在结构力学、工程力学、流体力学等许多自然科学领域中得到广泛应用，但在经济学研究中的应用却非常稀少，如果以"经济元"这样一个既简单又复杂的

---

① "能"既有数量，也有品质，能的数量为能量，能的品质为能质。表征能质的专门术语为"㶲"（exergy），通常译为"可用能"，与之相对称为"㶲无"（anergy）。㶲是能量中可转换为功的部分。

经济运动主体作为研究对象,采用矢量、张量、有限元法、图论和场论等作为数学工具,将使整个分析和推导过程变得异常简洁。然而我们不能忘记,这种"异常简单"的分析和推导,是针对生产力、生产力运动和生产力结果的,而不是针对"生产关系",更不能直接针对"价值"。

该书作者认为,以普遍适用的自然法则——物质不灭定律、能量守恒定律、㶲减熵增原理等——作为基底构件从中找出关系式并形成铁的逻辑,应该是探索经济学的系统科学及自然科学的物理基础,而不是重建经济学于系统科学乃至自然科学的逻辑演绎基础之上。因为,社会的"原点"不同于自然的"原点",尽管它们是同一个逻辑。

以生产价值论的观点阐释"经济力学",最基础的经济力就是生产力,"经济元"无非就是生产单位、生产实体,"经济流"就是生产要素和产品的生产与交换,"经济场"就是实体经济在金融形式下的运动。

## 第三节 从具体到抽象

### 一、价值生成

迄今为止,所有教科书在讲马克思的劳动价值论时都从其论述劳动二重性出发,结论就是抽象劳动"形成商品价值",具体劳动"生产使用价值"。似乎这就是对商品价值最明确无误的定性了。但是,教科书在这样表述的同时,忽略了一个最最重要的前提:马克思讲劳动二重性,是指"体现在商品中的劳动的二重性"。即二重性是在产品变成商品之后(经过交换或在交换中)形成的劳动二重性,而不是在产品交换之前产品就具有劳动二重性。也就是说,教科书的定义是从结果出发,而不是从原因出发,这就等于当你问"什么是商品价值"时,教科书回答:是抽象劳动形成商品价值。抽象劳动的量是从哪儿来的?没回答。不知道。结果等于没定义!即使算定义,也是一个完全没有信息量的错误定义。

因为,产品在没有进入交换之前,只有具体的生产(劳动)时间,并没有社会的生产时间。因此,当我们被问"什么是商品价值"时,正确的回答按生产价值论说是:商品价值就是产品(或商品)直接的、具体的生产时间,在交换中或通过交换,形成或表现为社会生产时间(抽象的),这个抽象的社会生产时间就是商品的价值。以此定义劳动价值论就是:商品价值就是产品(或商品)直接的、具体的劳动时间,在交换中或通过交换,形成或表现为社会劳动时间(抽象的),这个抽象的社会劳动时间就是商品的价值。

最通俗地说,商品的价值生成就是——具体生产时间变成社会生产时间(商品价值)。要明白其中的道理,我们可以先把商品生产还原为不需要交换的产品生产,且假定社会供求完全平衡。在这里,各部门生产时间直接就是社会必要的生产时间,以表5.1表示如下:

表 5.1　　　　直接生产时间 = 社会必要生产时间

| 部门 | 生产规模 | 生产时间(年) | 产量 | 社会必要生产时间<br>(规模×时间) |
|---|---|---|---|---|
| 甲 | A | 1 | a | A×1 |
| 乙 | B | 1 | b | B×1 |
| 丙 | C | 1 | c | C×1 |

这里每个部门一年的具体生产时间连同规模,都会直接表现为一年"社会必要生产时间"。假定同样部门生产时间和规模都不变,都是一年具体生产时间,但谁也不知道社会到底需要多少产品,所有产品都要经过交换方可进入消费。社会供求平衡时,社会生产以表5.2表示如下:

表 5.2　　　　社会必要生产时间 = 价值量

| 部门 | 生产规模 | 生产时间(年) | 产量 | 成本 + 价值量<br>(规模×时间) |
|---|---|---|---|---|
| 甲 | A | 1 | a | A×1 |
| 乙 | B | 1 | b | B×1 |
| 丙 | C | 1 | c | C×1 |

这里发生的变化就是规模变成了成本,时间变成了"价值"。没人知道什么是社会必要生产时间,"社会必要生产时间"变成了商品"价值量",具体劳动(生产)变成了抽象劳动(生产)。

显然,说具体生产(个别生产)形成商品价值,与说抽象生产(社会生产)形成商品价值,意思完全相反。作为定义,哪个对呢?当然是前者对。因为价值就是指抽象生产,所以说抽象生产形成商品价值,只是同义反复,就像我们说"甲是甲"一样。"甲是甲"作为定义,这是同义反复,没有意义。但"甲是甲"作为命题却有意义,因为它可以与"乙"相区别。兔子是兔子,狼是狼,这种区别是本体上的区别,而不是形成中的区别,因而不能形成定义。所以"抽象劳动形成商品价值"不能作为定义。

"抽象劳动形成商品价值、具体劳动生产使用价值"的说法是一个误区。其最严重的后果是误导人们认为具体劳动时间与价值形成无关。

事实是,抽象生产时间是由具体生产时间转化而来。如果是将抽象生产(时间)与具体生产(时间)彻底割裂开来,就会使"抽象生产"(时间)失去根基,失去基础,变成主观主义(真正抽象、非历史)的产物。抽象生产时间是从哪里来的?没人知道。实际上,抽象生产时间与具体生产时间之区分并不是说有两个时间,其实时间就是一个,只是表现出两种不同形式而已:一种是具体时间形式,另一种是社会时间(价值)形式。也就是说,抽象生产是由具体生产转型而生成,抽象生产时间是由具体生产时间转型而生成。抽象生产形成商品价值是从事(交换)后说,具体生产形成商品价值是从事(交换)前说。这是同一个时间的两个面,就像一个铜板的两个面。因此,与其说抽象生产形成商品价值,不如说具体(个别)生产形成"商品抽象价值"、社会生产形成"商品具体价值"(货币价值)更符合逻辑和历史。也就是说,"商品抽象价值"是个别生产,"商品具体价值"是社会生产。同样道理也适用劳动价值论概念:与其说抽象劳动形成商品价值,不如说具体(个别)劳动形成"商品抽象价值"、社会劳动形成"商品具体价值"(货币价值)。

劳动价值论在劳动二重性基础上表述了抽象劳动时间与具体劳动时间、价值与使用价值的"两分说";生产价值论重新定义了商品价值。新定义表述了价值生成的原因、基础、过程,把抽象社会生产与具体个别生产连接在一起,将交换价值与使用价值连接在一起。也就是说,生产价值论将价值表述为"从具体上升到抽象"的历史生成过程,从中得出抽象生产时间与具体生产时间、价值形成与使用价值形成的"统一说"。

简言之,当人们问什么是价值,教科书回答说"价值是抽象劳动时间"。生产价值论则继续追问什么是抽象劳动时间？抽象劳动时间何以是抽象劳动时间？这样,价值生成本身就表现为本体论与方法论的统一。

## 二、主体与客体的统一

劳动价值论认为"财富的本质就在于财富的主体存在"①。生产价值概念与劳动价值概念的根本区别在于,生产价值论的生产、生产力概念是主体与客体的统一,劳动价值论的劳动概念则是指单纯的主体(活劳动)。也许有人会说,劳动必须有劳动条件和劳动对象,所以劳动也是主客体的统一。其实不然,两者的区别可以从我们前面的时间分析中得到证实。生产时间包括小麦生长的时间和鸡下蛋的时间,劳动时间断然不会包括小麦生长的时间和鸡下蛋的时间。价值规律不会去调节野草生长的时间和野鸡下蛋的时间,因为它们不算生产时间,与人类的商品生产无关。

财富尺度是一个历史概念。用生产置换劳动的结果是财富生产源泉与价值源泉的对立、具体生产与抽象生产的对立有了统一的基础、统一的说明。劳动时间作为商品价值尺度,是直接作用于生产对象的劳动力运用时间。准确地说,在劳动同工具运动重叠的时代,在全部劳动时间等于生产时间的时候,劳动时间成为测量财富的尺度是不言而喻的。一旦劳动者不再是生产过程的直接承担者,价值量就不能再用直接劳动时间做基础。因为"作为力量的结果,作为力量所创造的静态的力量存在物,它便只能用力量自身这种尺度来测量"②。

劳动价值论认为人的劳动力是价值实体,是价值的源泉。笔者认为社会的生产时间是价值实体,生产实体是一切价值和使用价值的源泉。劳动是狭义的生产,生产是广义的劳动。只有这种区分,才能清楚地说明在商品生产的高级(资本)阶段,合成生产力的生产要素之间是可以替代的,以及在资本有机构成不同但总的生产力不变的状态下,价值规律和利润规律是怎样发生作用的。

主体与客体的统一是生产。一旦用"生产"代替"劳动",用"生产时

---

① 《马克思恩格斯全集》第四十二卷,人民出版社1979年版,第115页。
② 参见马克思:《政治经济学批判大纲》第三分册,人民出版社1963年版,第251—252页。

间"代替"劳动时间",用"社会必要生产时间"代替"社会必要劳动时间",劳动价值论的局限性即被突破。原来劳动价值论中关于"复杂劳动"与"简单劳动"的折算、"可变资本"与"不变资本"的划分、酒的发酵问题、生产劳动与非生产劳动划分等许多无解或难解的经济概念,都可以在现实中得到合理的解释。用劳动价值理论解决不了的等量资本获取等量利润的问题也会迎刃而解。总之,可以结束财富生产源泉与价值源泉的争论了。

如果有谁对我们将劳动与生产、劳动力与生产力、劳动时间与生产时间作出严格区分不理解,认为这样的区分抹杀了劳动的主体地位,抹杀了劳动者在生产中的地位,我们可以十分明确地说:生产当然是人类劳动过程,但不必然是个人劳动的过程;劳动力是个人的,生产力是人类的。

生产价值论不认为"资本能够自我生产",而是认为:一方面,当劳动与机器工具结合时,机器显然代表着积累的人类生产力,而劳动不过是当下的自我。另一方面,生产价值论的生产力概念强调人类利用自然的能力,即把多少数量的自然力纳入生产的能力。这种合成能力绝不是某个个人劳动的结果,而是人类智慧在几百年、上千年的生产实践中积累起来的。承认生产力比承认劳动力更能体现人类的智慧和力量。正如马克思本人所说,通过实践创造对象世界,即改造无机界,证明了人是有意识的类存在物,也就是这样一种存在物,把类看做自己的本质,或者说把自身看做类存在物。

如果我们不是从社会生产时间角度来看价值,商品价值会很直观地与效用(使用价值)相联系。一旦我们步入效用价值论,生产三要素(劳动、土地、资本)共同参与价值形成就不算是什么新鲜的观点了。

1803年萨伊在其《政治经济学概论》中就已明言,斯密的只有人的劳动才能创造价值的观点是错误的。萨伊认为"生产不是创造物质,而是创造效用",一切价值来自人的劳动加上自然力与资本的作用。产品这个名词,用以命名劳动给人类所提供的东西,所谓劳动不过是人类役使自然力而已。财富是由协助自然力和促进自然力的人类的劳动所给予各种东西的价值组成的。萨伊明确地区分了"人的劳力、自然的劳力和机器的劳力",并指出,所生产出来的价值都是归因于劳动、资本和自然力这三者的作用和协力。萨伊所说的劳力是指从事任何劳动工作时所进行的继续不断的动作。他认为劳动必须得到三方面的协助：一是"工具"；二是劳动者的"生活费用"；三是"原料"。这些东西的价值构成所谓"生产资本"。资本必须和劳动协力合作，这个协作叫做"资本的生产作用"；自然力的作用叫做"自然力的生产作用"。①

尽管如此，生产价值论与萨伊生产三要素论还是有本质上的差别。生产价值论认为，商品价值由生产使用价值的具体生产时间在交换中形成的社会生产时间决定，而不是由生产效用决定。生产价值论讲的是"生产时间"，萨伊讲的则是"效用"。

如果说萨伊的"三位一体"论有意义，就在于它揭示了一个事实：现实社会中，任何生产实体和生产要素都是在"所有权"控制之下。因此才有萨伊认为的：政治经济学是专门研究社会财富的，而"社会财富的基础是交换与财产权受到承认"。当今地球上，除公海和太空领域之外，所有自然要素——土地、森林、矿产、海洋等都在所有权之下。资本和自然要素不是独立的价值源泉，但它们参与了价值形成。在生产力合成之前，生产要素是相互独立的"三位"。显然，如果参与价值形成的劳动、资本、土地要素在生产开始之前不是独立的"三位"，它们怎么会组成生产成本和参加分配呢？

---

① 参见〔法〕萨伊：《政治经济学概论》，陈福生等译，商务印书馆1963年版。

# 第六章 商品价值规律

**提要**：生产价值论的现实意义在于，一是把抽象生产与具体生产连接在一起，把交换价值与使用价值连接在一起；二是把劳动、资本、土地归结为生产实体概念；三是揭示了劳动与劳动、劳动与资本的关系，也揭示了劳动与土地的关系。生产价值论通过"生产时间表现为价值"、"社会必要生产时间决定价值量"以及"等量生产时间获取等量价值"三个历史性、经济性、法权性命题，最终说明价值规律为何以及如何成为调节商品生产的规律。

生产实体、生产时间、生产规模都具有可观察的经验形式，但生产时间在通过商品交换转化为社会形式的价值时，除了货币价格外不具有可观察的经验形式。在研究价值规律时也同样如此，我们只有通过价值规律可观察到的经验形式，才能探索到价值规律的本质。价值规律最终要回答商品生产何以受价值规律调节。

商品价值规律，顾名思义它适用于任何商品生产阶段，无论是简单商品生产阶段还是发达商品生产阶段，是小商品生产阶段还是大工业商品生产阶段。然而，商品生产在不同历史阶段必定会产生不同特征，作为商品生产的一般规律，也会在不同历史阶段表现出不同特点。我们把简单商品生产即小商品生产阶段的商品价值规律称做"商品价值规律"或"生产价值规律"；把发达商品生产即资本商品生产阶段的商品价值规律称做"资本利润规律"或"生产利润规律"。利润规律是价值规律在资本商品生产阶段的表现形式，利润规律的基础是"等量生产时间获取等量价值"。

本章探讨"商品价值规律",准确地说,是探讨"价值规律"如何首先在简单商品生产阶段中生成,如何由历史性质的"生产时间表现为价值"、具有法权性质的"等量生产时间获取等量价值"、具有经济性质的"社会必要生产时间决定价值量"三个命题组成。

## 第一节　生产时间表现为价值

价值的实体是生产时间,这是价值定性。在此基础上,商品价值规律的第一层含义是具体生产时间表现为价值的规律。前面已有论证,这里再作一简述。

没有人与自然的关系,也就没有真正的经济。

在农业生产领域,劳动时间一开始就不是生产时间的全部。在农产品形成过程中,劳动时间明显地同生产时间分离,如果我们仍以劳动时间做财富的尺度,价值形成同使用价值的形成就会分离。这样,作为力量的结果,作为力量所创造的产物就不能用力量自身来测量了。事实上,在生产过程中作用于生产对象即形成最终产品的力,不仅仅是人力,还有机器的力和在自然形式上存在的自然力,这是显而易见的。三种形式的力综合作用于生产对象,改变它的空间状态,使之形成新的有用性。这三种力的集合——生产时间——是人类生产力。抽象生产与具体生产不过是生产力的两种表现形式。

生产时间本没有价值,因为交换,生产时间有了价值形式。生产力要素的使用就是生产时间的运动。生产力是生产要素的集合,生产时间是生产力运动的存在形式,这是生产的普遍形式。随着产品进入交换,产品转化为商品,物化在产品中的具体生产时间转化为社会生产时间,表现为交换价值。交换价值是一般生产时间在特定阶段中的历史表现形式,即在交换关系中存在的社会生产时间。

具体说,何为生产时间表现为价值?用前章表5.2为例:

社会必要生产时间 = 价值量

| 部门 | 生产规模 | 生产时间(年) | 产量 | 成本+价值量<br>（规模×时间） |
|---|---|---|---|---|
| 甲 | 1 | 1 | a | 1×1 |
| 乙 | 2 | 1 | b | 2×1 |
| 丙 | 3 | 1 | c | 3×1 |

甲、乙、丙三个单位都是用一年时间生产。在交换中，一年直接生产时间（供求平衡下）表现为社会必要生产时间。由于这个社会必要生产时间是通过交换另一商品的（社会必要生产时间）等价形式表现出来，具体的一年生产时间于是表现为商品"价值"。由于生产的规模不同，投入的成本和费用不同，具体的一年生产时间的价值实现需要将一年生产时间乘以标准生产规模，即甲单位一年生产时间表现为价值"1"，丙单位一年生产时间表现为价值"3"。

生产价值论立足现实商品生产和商品交换，强调"生产时间表现为价值"，首先是对价值性质的研究，其次才是探讨"将来"的价值命运。依照马克思的思路，商品的价值表现就是商品交换的结果，一旦商品交换的前提——私有制、私人占有——被消灭，社会劳动就不会再表现为商品价值或交换价值，社会劳动将以直接的形式得到表现，价值规律就不存在了（关于这一点，我们将在中篇"交换—价格论"中展开讨论）。

生产价值把生产时间与生产规模连接在一起，把抽象生产与具体生产连接在一起，把劳动、资本、土地归结为生产实体这一个概念中，揭示了劳动与劳动、劳动与资本的关系，也揭示了劳动与土地的关系。生产价值论强调生产时间是价值实体、生产时间表现为价值，并不是因为生产本身有价值或生产创造"价值"。正像劳动没有价值一样，生产本身没有价值。生产同价值没有必然联系，使生产表现为价值的是交换，交换是历史发展到一定阶段的特殊产物。就生产时间表现为价值而言，它同样是历史的产物。

## 第二节 等量生产时间获取等量价值

价值规律的第二层含义是等量生产时间获取等量价值，即在商品生产和交换中体现出的人人平等（公平）原则——等价交换。

一、复杂劳动化简

"等量生产时间获取等量价值"，在劳动价值论中就是"等量劳动时间获取等量价值"。我一天的辛苦劳动应该等于你一天的辛苦劳动，因此应该获得同样的价值。但是你一天的体力劳动与我一天的技术劳动所付出的辛苦不同，一天的简单劳动与一天的复杂劳动的费用不同，于是，复杂劳动化简就成了一个问题。

复杂劳动化简是劳动价值论要解答的重要问题。一项复杂劳动化为多倍的简单劳动后，劳动交换就可以在"等量形式"下进行。如果将简单商品经济中的劳动大致分成农业劳动和手工业劳动，那么相对而言，农业劳动就是简单劳动，手工业劳动是复杂劳动。在这种情况下，特别是在生产规模小且大致相同的情况下，要比较劳动的简单和复杂凭借经验进行就够了。除此以外，像在土地上的投入的劳动也容易计量，投入的土地要素之间的规模（质与量）比较也可凭经验进行。

在简单商品经济中，最重要的一点是劳动者直接拥有生产资料，生产规模的特点是生产要素非商品化。劳动者本身拥有生产资料，提高生产要素质量的追加投入只在实物形态上存在。形成土地经济肥力追加生产资料、原料等主要以实物形态直接投入的。劳动力的形成虽需要投入，例如，形成劳动力要有粮食、布匹，形成劳动技能要投入的费用，学习、训练等，但在简单商品阶段，生产者与生产资料结合在一起，劳动投入并不构成劳动力价值。所谓劳动和生产成本大部分是非商品形态的实物投入。正因为如此，生产的交换只能用劳动量、劳动时间衡量。

正像恩格斯指出的，"公社"解体之后，进行交换的"家长"还是农民。一个家庭不仅从事农业和畜牧业，还把农牧业产品加工成消费品，一个这样的家庭要向其他家庭交换后购买的只是少数物品。在德国，甚至直到19世纪初还主要是以手工业生产为主，因此，中世纪的农民都相当准确地知道，要制造他换来的物品需要多少劳动时间，因为村里的铁匠和木匠就在他眼前干活，裁缝和鞋匠也是这样。农民和与他买卖东西的人本身都是劳动者，交换的物品也是他们各人自己的产品。他们在生产这些产品时耗费了什么呢？劳动，而且只是劳动。他们为补偿工具的损耗、为生产和加工原料而花费的只是他们自己的劳动力。因此,如果不按照花费在他们这些产品上的劳动比例,他们又怎么能把这些产品同其他从事劳动的生产者生产的产品进行交换呢?在这里,不仅花在这些产品上的劳动时间对互相交换的产品的数量规定来说是唯一合适的尺度,而且在这里,也根本不可能有别的尺度。

在自然经济的整个时期中,只能有这样一种交换,即互相交换的商品量越来越趋向于用它们所体现的劳动量来计量。这些也适用于农民的产品和城市手工业者的产品之间的交换。中世纪的人能根据原料、劳动时间相当精确地计算出生产费用——至少就日常用品来说是这样。对于谷物或牲畜来说,这个劳动量又怎样计算呢?显然,只有通过一个漫长的、往往是在暗中不断摸索、经过曲折逐渐接近的过程,人们只有吃一堑才能长一智。"每个人必须大体收回成本"这一点又总会帮助他找出正确的方向。进入交易的物品种类不多,这些物品的生产方法往往几百年都没有多大变化,这一切又使得上述目的比较容易达到。实际上,要使这些产品的相对价值相当近似地确定下来,绝不需要很长的时间。① 以劳动时间为尺度的商品交换原则是同不发达的手工劳动以及劳动者与生产资料相结合为前提的,是同较低的生产力发展阶段相联系的。

简单商品生产之所以为自然经济,"简单"、"自然"的主要特征有四:(1)只有满足需要之后的少量的剩余产品进入交换转形为商品;(2)土地、农业生产资料以主体所有的形式被私有化,直接属于小私有者,且私有的量和规模有限;(3)以个体手工业为主要形式的手工业小生产,生产规模小,雇佣劳动力有限,雇佣劳动主要不是凭借生产资料,而是凭借手工技艺和商誉招收徒弟和雇佣帮工,特别是生产规模小且大致相同的情况下更是如此;(4)简单商品生产中,土地、自然资源、劳动力没有进入交换,没有完全市场化、商品化、货币化,小商品生产只有少量的剩余产品进入交换完成价值实现,大部分产品会在实物形态上自行消费。

农业生产中自然的地力可以相对独立地发挥作用,使得重农学派误认为土地是财富的唯一源泉,这当然是片面的。但不能否认他们还是看

---

① 参见〔德〕马克思:《资本论》第三卷,人民出版社1975年版,第1017页。

到了另一个"面"即生产中自然力(要素)的作用不容忽视,人力不是财富生产的唯一源泉。但在劳动和土地未能商品化的条件下,农产品交换中出现"不计成本"的现象是司空见惯的。与农业生产同时存在的还有手工业。手工业是中世纪城市商品经济的基础,顾名思义,手工业生产主要是靠人的双手,尽管在手工业中存在着自然力的应用,但一般说来,生产的动力系统、操作系统、控制系统还是由人来充当的。同农业相比,手工业对自然力的依赖要小得多。在手工业生产时间组合上,劳动时间同生产时间基本上是同一的。

农业产品成本低到几乎可以不计,农业劳动是最简单的劳动。一旦遇到简单劳动产品与复杂劳动产品交换,复杂劳动是多倍简单劳动之换算就会出现。农产品与手工业产品之间的交换构成复杂劳动化简的实践领域。对简单商品而言,这种换算并不困难。古典劳动价值论的萌芽正是根植于手工业生产的环境中,它的创始人威廉·配第就出生在一个手工业者的家庭。

复杂劳动化简的实质并不是劳动时间变化而是劳动规模、质量的比较,是生产费用的比较。任何劳动时间都是在一定劳动规模中发生的,一个农民种一亩地与一个农民种十亩地,劳动者都是一个人,但劳动规模成本完全不同。劳动时间在这里可以相同,也可以不同,但劳动规模是绝对不同的。手工业劳动规模的比较也是显而易见的。等量劳动时间交换的背后是等量劳动规模质量的比较。"等量劳动规模"意味着手工业或农业生产成本大致相同,可以相对准确估算。

## 二、等量生产时间

从生产力和生产规模角度看,在简单商品生产中,价值实体——生产时间——包含着"等同的东西",首先是生产时间等同,其次是生产规模基本等同,即等量生产规模。"等量劳动规模"就是"等量生产规模"。对简单商品生产而言,如果说以劳动时间做交换尺度是很可理解的,那么除了商品按劳动时间交换以外,我们会看到"交换"是依照"等量生产时间获取等量价值"原则进行的。

即使商品生产规模小且雷同,生产成本在交换中也不能忽略不计。等量生产规模获取等量价值,意味着进入交换的产品要有连同成本价值的实现。在小商品生产中,不仅包含新投入的生产时间,也包含物化在生产要素中的过去生产时间的转移。简单商品生产条件下,尽管只有少量的剩余产品进入交换,但就针对这一部分商品而言,再生产也要通过补偿的形式实现,交换中没有生产成本的等价交换,就不可能维持简单商品再生产。

"等量生产时间获取等量价值"的另一种表达就是"等量生产规模获取等量价值"。我们知道,决定价值的生产时间是"规模生产时间",生产时间是同生产规模相连的。一定规模的生产要素是投入,生产时间是产出;前者是静态生产力,后者是动态生产力,是同一事物的两个方面。何为"等量生产时间获取等量价值"?就是在等量生产规模的前提下,生产者投入多少生产时间就要实现多少价值。

从另一个角度看,等量生产时间获取等量价值是每一个生产者的主观愿望,在实际经济运动中要依靠竞争取得。因此我们把"等量生产时间获取等量价值"称之为带有法权性质的规律。在等量生产时间获取等量价值背后,是生产主体(劳动者)的等同性。这种等同性或等同意义,正像马克思所说,只有在人类平等概念已成为国民成见的时候才能揭示出来。等价交换、人人平等正是在简单商品交换中最初时代的"人权"萌芽——作为人权基础的财产权规律。正因为如此,对中世纪的农民和手工业生产者来说,生产者权利是和他们提供的劳动成比例的;平等就在于以同一的尺度——劳动——来计量。尽管这种平等权利对不平等的劳动来说是不平等的权利,但是也只能用这样的尺度来测度。因为权利永远不能超出社会的经济结构以及由经济结构所制约的社会文化。

等量生产时间、等量生产规模是等量交换的基础,是等价交换的财产权基础。调节商品交换的等价原则包含等量生产规模获取等量价值,如果商品生产不能实现"等量生产规模获取等量价值",不能实现"等量生产时间获取等量价值",简单商品生产就没有继续维持下去的意义。等量生产时间获取等量价值是简单商品生产的规律。

### 三、生产规模比较

价值规律只有在波动中才能显示出来,但如果价值规律是商品生产的真规律,就不能排除人们在日常生活中依靠长期生产经验的积累感受到社会必要生产时间决定价值这一规律。尤其是在简单商品生产中,在波动中显示出来的价值规律会逐渐成为一种商品生产经验,被商品生产者意识到并用来调整自己的生产规模和生产时间,以求在符合商品规律的前提下进行生产。

提出生产规模比较并不是笔者的首创,复杂劳动化简就是生产规模比较。

在商品生产发展的最初阶段,生产规模的比较正像马克思所说,是在社会背后由习惯决定的。不同生产要素合成的生产能力,在自然形态上是很难比较的。例如,甲生产投入7个劳动力和3亩地,乙生产投入3个劳动力和10匹马,在这种情况下,生产同类产品的生产能力只能在产出量上比较,生产规模只能凭经验比较。若是生产不同类产品,其生产能力既不能在产出量上比较,也不能在生产规模上比较,只能凭经验比较。古典学派最早关于"复杂劳动化简"的讨论实际上就是在谈劳动规模。但是,他们混淆了投入和产出两个角度,所以始终未能解决劳动要素的化简问题。

在亚当·斯密那里,已经出现了这样的矛盾:劳动虽是一切商品交换价值的真实尺度,但一切商品的价值通常不是按劳动估定的。为什么呢?因为要确定两个不同的劳动量的比例往往很困难。两种不同工作所费去的时间往往不是决定这比例的唯一因素,它们不同的困难程度和精巧程度也须加以考虑。一个钟头的困难工作比一个钟头的容易工作也许包含有更多的劳动量;学习十年才能从事的工作做一小时比普通业务做一个月所含劳动量也可能更多。但是,困难程度和精巧程度的准确尺度不容易找到。这个难题如何解决呢?亚当·斯密说:"在交换不同劳动的不同生产物时,通常都在一定程度上,考虑到上述困难程度和精巧程度,但在进行这种交换时,不是按任何准确尺度来作调整,而是通过市场上议价来作大体上两不相亏的调整。这虽不很准确,但对日常买卖也就够了。"显然,"确定两个不同的劳动量的比例"在这里有两个角度:(1)"困难程度和精巧程度"的比较;(2)形成复杂劳动能力和简单劳动能力的"学习"时间的比较。前者是在劳动力"输出"形态即在劳动技能上进行比较;后者是在劳动力输入形态即在形成劳动技能上进行比较。亚当·斯密的结论是"困难程度和精巧程度的准确尺度不容易找到",但两种劳动技能形成费用可以通过议价作大体上两不相亏的调整。① 这虽不很准确,但对日常买卖也就够了。亚当·斯密提出的这一重要问题,在李嘉图的著作中被很简单地处理掉了,②而在马克思著作中,这一问题的解决又前进了一大步。

两个劳动力之间复杂程度的比较可以通过形成该劳动技能的费用来进行,但对劳动"规模"来说,仅仅比较"劳动力"要素是不够的。古典政治经济学认为,困难的不是要素自身的比较,而是不同生产要素之间的比较。最早出现的不同生产要素的比较研究就是"劳动"和"土地"的比较。

配第 1662 年就意识到,劳动"是各种价值相等和权衡比较的基础",但他又同时认为,"所有物品都是由两种自然单位——即土地和劳动——来评定衡量其价值"。配第把财富的形成同价值的形成看做是一个统一的过程,因此,他必须解决"生产费用"的比较问题。我们知道,劳动和土地在其自然形态上是不可比的。原始土地中没有投入劳动时间,这一事实促使配第必须找到土地和劳动之间的"自然等价关系"。这样就可以单用"劳动"或单用"土地"来表示物品的价值。③ 最后,配第用"每日口粮"而不是以劳动时间作为通约的单位、做等价物。他说:"一个成年人的每天的口粮,平均计算,而不是每天的劳动才是价值的共同尺度。"④这样说来,土地一年可自然生产出 50 天口粮,一个劳动力一年可生产出 10 天口粮,这样,土地和劳动要素就可比较了,从而任何数量的土地和劳动之间也都可比较了。配第给出的结论无疑是错误的,但他提问题的角度和"方向"不能说没有道理。问题确实发生在要找到劳动与土地之间的"等价关系",但这种等价关系绝不是天然的。

---

① 参见〔英〕亚当·斯密:《国民财富的性质和原因的研究》,郭大力、王亚南译,商务印书馆 2004 年版。
② 参见〔英〕李嘉图:《政治经济学及赋税原理》第一章,郭大力、王亚南译,商务印书馆 1972 年版。
③ 参见〔英〕威廉·配第:《赋税论 献给英明人士 货币略论》,陈冬野等译,商务印书馆 1978 年版,第 42、43 页。
④ 参见〔英〕埃里克·罗尔:《经济思想史》,陆元诚译,商务印书馆 1981 年版,第 105 页。

## 第三节　社会必要生产时间决定价值量

价值规律的第三层含义是社会必要生产时间决定价值"量"。

生产时间表现为价值,既是生产的规律,也是交换的规律。生产时间必须是有效生产的时间,即直接生产时间的产出必须是有效用的。在此前提下,我们可以把"社会必要生产时间"称为有效的直接生产时间和生产规模。

一个产品从生产出来到进入流通完成交换的过程,就是"生产表现为价值"、产品转化为商品的过程。"生产表现为价值"的过程在商品交换中受"社会必要"的制约,只有有效用的生产时间,符合"社会必要"、"社会需要"的生产时间,才能在交换中实现价值,其生产时间才能表现为价值"量"。这是商品价值规律的第二层含义——价值实现和价值尺度规律,是价值定量的规律,即"社会必要生产时间决定商品价值量"。社会必要生产时间是价值的定量,是价值尺度。

确定价值量时,往往假定每种产品的需求强度一样。这一假定使人产生误解,以为这是排除需求。实际上这一前提并不是排除需求;相反,它是商品价值定量的前提。

马克思曾指出:"供给和需求只调节着市场价格一时的变动。供给和需求可以说明为什么一种商品的市场价格会涨到它的价值以上或降到它的价值以下,但决不能说明这个价值本身。假定说,供给和需求是相互平衡,或如经济学者所说,是相互抵销的。当这两个相反的力量相等的时候,它们就互相抑制而停止发生任何一方面作用。当供给和需求相互平衡而停止发生作用的时候,商品的市场价格就会同它的实在价值一致,就会同它的市场价格绕之变动的标准价格一致。所以在研究这个价值的本质时,我们完全不用谈供给和需求对市场价格发生的那种一时的影响。"[1]

论证价值为什么要假设供求平衡,舍弃供求差异呢?

---

[1] 《马克思恩格斯选集》第二卷,人民出版社 1966 年版,第 274 页。

以"20 码麻布 = 1 件上衣"为例。对这个直接交换等式,如果从使用价值看,就是 20∶1 的比例关系。但我们也不能否定,麻布的生产和上衣的生产都是需要时间的。所以,如果从生产时间交换的角度看,"20 码麻布 = 1 件上衣"就是(假定)3 天生产时间与 3 天生产时间相交换。一个 3 天生产了 20 码麻布,一个 3 天生产了 1 件上衣。当 3 天生产时间与 3 天生产时间相交换时,就表现为"20 码麻布 = 1 件上衣"。因此,供求平衡决定商品价值量,说明正是在供求平衡那一点上,商品生产时间(价值量)的交换是一致的。舍弃使用价值,才能看到交换价值;同样,舍弃交换价值,才能看到使用价值。这是完全合乎逻辑的。

生产是直观的供给。在这个过程中,并不是所有产品都能顺利转化为商品,所有产品生产时间都能取得价值表现。这种转化要经过社会需要的衡量,如果是社会需要的,被社会接受,转化就会顺利完成;反之,不被社会接受,转化就无法完成。对行业生产部门而言,多余的产量会没有意义,多余的生产规模会被压缩、停产。对同一生产部门内部个别生产单位而言,其中包含的生产时间高于部门平均时间的产品,即生产率低于部门平均水平的产品会积压,生产单位会被淘汰。一旦明确了价值定性,明确了商品价值量的确定,按照劳动价值论,价值与价格的偏离就可以依据供求波动和竞争加以说明。实际上,价值的本质与供求平衡相关,就是说只有在供求平衡那一点上的生产时间才是社会必要的生产时间。

社会必要生产时间决定商品价值,是生产领域中的直接生产时间,在交换中会表现为价值的那一部分时间。价值规律是商品价值的表现,也是决定价值量的规律,这个规律的意义在于把社会必要的生产时间和生产规模,从现有的、直接存在的生产时间和生产规模中分离出来。真正的商品价值是实现的价值,而不是名义上的价值。价值实现不包括未进入交换的潜在商品,不包括可能的潜在价值量。正是面对商品生产这种"有效"和"无效"的差别,价值规律才能起到调节生产、调节供求的作用,起到比较个别商品消耗、调节不同生产领域商品生产比例的作用。

生产时间的"社会必要"是供求平衡那一点的时间,因此,它当然是由供求平衡所决定。个别生产规模和生产时间由社会必要的生产规模和生产时间的供求平衡决定。对个别商品来说,如果它不能保证在一定单位时间内生产出来,那么超过社会需要的部分时间就不能转化为价值;对一个生产领域来说,如果供给超过了需求,社会就不会为超出的生产规模和生产时间支付等价。

社会必要生产时间决定价值这种说法往往给人一种误解,似乎只要认识了价值规律就可以直接决定价值量,其实这是不可能的。无论我们采取怎样的方法,无论是用成本法或什么别的方法,事实上都不可能测量到商品中所包含的"社会必要生产时间"和价值量。我们可以测量到的只有个别的、直接的生产时间。困难并不在于总生产消耗量的计算,在广泛使用电子计算机的现代,已经可以准确计量产品所包含的生产时间。问题是:我们怎么能在商品拿去交换之前就知道它能实现多少交换价值?我们怎么能事先知道社会需要多少生产时间呢?

20世纪50年代苏联曾出现"以总劳动消耗量为依据的价值计算法",试图用这种东西来代替价值决定(价值规律),这种做法是荒谬的。以总劳动消耗量计算的"时间"与社会必要劳动时间决定的"价值"具有完全不同的意义。这种由直接生产时间所决定的理论"价值"在现实中不一定能完全实现。

价值决定或社会必要生产时间决定价值,完全是在生产者背后进行的社会过程。价值规律告诉我们,商品生产的性质是分工的、私有的、自发的、竞争的,所以个别生产时间不能靠社会必要生产时间直接指挥,谁也不知道社会必要生产时间是多少。只有在市场上,通过交换才能使产品表现为商品、生产表现为价值、生产时间表现为价值量,实现生产时间的社会必要性质。

最后需要指出的也是最重要的一点是:我们虽然讨论了生产规模比较,但正如马克思所说,简单商品经济下,生产成本"是在社会背后由习惯决定的"。在自然资源、生产资料、劳动没有大规模进入交换领域,没有实现市场化、商品化、货币化的小商品生产时期,劳动、自然资源、生产资料本身的非商品化、非货币化使生产规模的比较不能也不可能形成生产成本或生产费用的价值形态,实现货币形态上的比较。因此,价值实现(价值规律)更多的是针对直接劳动时间和直接生产时间,而不是针对劳动成本和生产费用。价值规律要求的是生产(劳动)时间表现为价值,而不是生产成本表现为价值,这一点是区分简单商品生产和资本商品生产的关键。

在手工业生产中的生产时间与劳动时间重叠,商品交换按照等量劳动进行,要求等量规模劳动等量交换,是合乎价值规律的。当自然资源和劳动以商品形式加入生产实体后,等量生产时间获取等量价值的规律会表现得更为直观,不同的是等量"生产规模"变成等量"资本"。价值实现不仅仅是针对具体生产时间,还包括具体生产成本和生产费用。

# 第七章 资本利润规律

**提要:**生产要素商品化使生产投入变成一组商品,即是生产力价值化。以此,生产力和生产规模转化为资本生产力和资本生产规模,这是商品生产的资本形式阶段。在此阶段,由社会必要生产时间决定价值转化为社会必要生产时间决定利润;由生产价值规律转化为生产利润规律;等量生产时间获取等量价值转化为等量资本获取等量利润。直接的、具体的、现实的生产时间仍然是资本生产最根本的基础。

利润是在资本生产前提下具体、现实生产时间转化为社会必要生产时间的形式。价值增殖(利润)的本质,是在过去物化生产时间(旧时间)的基础上增加的具体生产力运动的时间,是现实一年的生产时间(新时间)。利润不是资本生产的主观(人为)目的和动机,而是生产力资本化的客观结果,因此,利润规律才能成为调节资本经济的一般规律。平均利润的本质是大家都用了同样的生产时间。等量资本获取等量利润,追求的不是生产规模的平均、技术结构的平均,而是等量资本的等量权力。

等量资本追求不等量利润是经济中"人"的主观规律。

商品生产发生在不是用实物投入而是"用商品生产商品"的时代,价值规律会怎样呢？本章探讨"资本利润规律"，准确地说是探讨"价值规律"如何在发达商品生产阶段转化为"利润规律"。简单商品生产以人类"占有"并直接利用自然资源、生产资料为起点，发达商品生产以人类占有并"交换"自然资源、生产资料，即以劳动、土地、工具"生产要素全面商品化"为起点。

购买商品需要有资本。生息资本和商业资本曾是最古老的资本。在产业资本萌芽的中世纪，商人在纺织业中就已经开始变成包买商了，但那时他们购买的还只是生产工具。产业真正从属于资本，是从劳动者同生产资料分离开始的。在这种情况下，要从事生产不仅要购买各种工具、土地，还要购买劳动力。一旦生产力的组织从购买生产要素商品开始，生产力就变成了资本生产力，非商品化的生产力（生产规模）就转化为资本生产力（资本规模）。同时我们看到，社会必要生产时间决定价值转化为社会必要生产时间决定利润；等量生产规模获取等量价值转化为等量资本获取等量利润。

真正的生产规模比较是伴随生产要素商品化一同发展起来。生产要素的货币形式意味着不同质的、静止的生产力要素变得可以流动。生产要素占有之间不仅可以通约，而且可以互换，用机器替代劳动，用劳动替代机器，用劳动替代土地，用扩大规模替代延长时间，等等。只有通过生产力要素的组合才能构成现实的生产力。生产力之所以能变成可以流动的"资本"，归根结底是因为生产力的要素广泛地进入交换，已经获得事实上的流动。生产力要素组合、生产规模、生产资本、资本规模包含了同一件事——生产投入的比较。生产要素规模的比较就是生产投入大小的比较，成本费用不仅事实上存在，而且是决定生产的前提。

人类生产的历史表现形式在资本形态上又向前迈进了一步。

## 第一节　生产要素商品化

在历史上，工具、土地、劳动这些主要生产要素大规模的商品化，是顺序发生的。随着劳动者同生产资料分离，随着生产要素商品化，用"商品生产商品"的时代开始了。

生产力要素商品化是资本经济的前提。无论在逻辑上还是在历史上，生产要素的商品化都是生产力表现为资本生产力的前提。在历史上，可以清楚地看到与"生产时间"、"价值生产"、"利润生产"对应的产品经济阶段、简单商品经济阶段和资本主义商品经济阶段。它们的共同基础是生产一般，只不过在不同阶段有不同的历史表现形式罢了。从"生产产品"到"生产价值"的发展，是产品生产向商品生产的转化；从"生产价值"到"生产利润"的发展，是生产要素商品化、货币化的必然结果，是简单商品生产发展到资本主义商品生产的必然结果，是用"商品生产商品"的必然结果。生产力在资本主义阶段表现为资本的生产力，不仅合乎逻辑，而且是必然的。

马克思认为，产品只有随着构成它的等价物的其他商品系列的数量和种类的增加，才作为商品发展起来，这是对的。但是他认为土地价格起这样一种作用，土地的买卖即"土地作为商品的流通发展到这样的程度，这些实际上都是资本主义生产方式发展的结果，因为在这里，商品已经成为一切产品和一切生产工具的一般形式"①。笔者则不赞同这种观点。土地作为商品流通不是资本主义生产方式发展的结果，而是它的前提。

随着商品经济的广泛发展，随着劳动者同生产资料分离，包括劳动力在内的所有生产要素的商品化，我们把这种用商品生产商品的经济形态称之为发达商品经济或"资本经济"。资本经济当然意味着一种不同于简单商品经济的"生产方式"和"生产关系"，所以我们也把资本经济看做是一种资本生产方式或商品生产关系。

一、自然要素商品化

生产要素商品化之一是自然要素和自然力商品化。在人类组织、合成生产力的过程中，尽管作用于生产对象的自然力和自然资源都具有生产力要素的潜在性质，但不是所有被人类利用的自然力和自然资源都能被人类分割进而实行占有。有些自然力和自然资源，例如太阳能和风能、空气、雨水、深海海域，因无法分割而不能被独占。而土地、河流、矿脉、森林等则可以被分割和占有。因此，在人类经济活动的历史中，并不是所有

---

① 〔德〕马克思：《资本论》第三卷，人民出版社1975年版，第915页。

被人类利用的自然生产力要素都具有"商品"形态。

原始土地生产能力无须投入任何生产品,原始土地没有生产时间的物化,土地不是"生产"出来的,正像空气不是生产出来的一样。随着人类社会经济发展,土地肥力的提高需要投入越来越多的生产资料,这些生产资料或随劳动投入,或随肥料投入,这些生产要素中物化着一定的生产时间,于是,土地有了价值。这里,我们不详细讨论土地价值增殖的历史过程,但可以指出以下两点:第一,土地变成商品是随土地占有制度一起发生的;第二,土地的价值不是由对土地的私有或垄断产生的。

准确地说,自然要素商品化有两种含义:(1)不包含任何价值(人类生产力的生产时间)的生产要素进入交换,表现为商品;(2)在含价值的自然要素中追加投入价值,可以使自然要素本身逐渐包含价值。前者我们可以称之为自然要素"价值化",后者我们可以称之为自然要素"商品化"。古典经济学认为,土地的价值是由土地产品总量减去劳动要素的生产费用后的余额构成的,这部分剩余产品价值形态就是该块土地的价值形态。这种认识当然是错误的,原始土地没有价值。

自然力和自然资源的生产性利用与权力(法律)上的占有有着经济形式即社会性质上的区别,只有被人类分割并占有的自然要素,即自然要素和自然力被"权力"占有,并在所有权形式下进行交换,自然要素和自然力才会在交换中表现为商品化、货币化。关于自然要素的商品化、价值化、价格化、货币化,我们将在本书中篇部分展开详细讨论。当下,我们统称被占有的自然要素为"商品化"。

## 二、劳动力商品化

生产要素商品化之二是劳动力商品化。

人力在本质上同土地一样是一种自然力,人一出生就具备"人力"。但人的劳动技能或劳动力不是自然形成的,它需要投资,不仅需要形成智力的学习,而且需要形成体力的食物。一旦维持生命体力和增进脑力投入的各种必需品(衣、食、住、行、学)由商品构成,就可视为形成了劳动能力的费用。马克思提出的劳动力价值的概念认为,要改变一般的人的本性,使他获得一定劳动部门的技能和技巧,成为发达的和专门的劳动力,就要有一定的教育或训练,而这就得花费或多或少的商品等价物。劳动力的教育费因劳动力性质的复杂程度而不同。因此,这种教育费——对于普通劳动力来说是微乎其微的——包括在生产劳动力所耗费的价值总和中。劳动力的"复杂程度"在这里被转化为劳动力的教育费,即形成一定劳动能力的费用。于是,我们看到马克思复杂劳动化简的原始含义:即形成不同性质的劳动技能的生产费用的比较。在历史的早期,这种比较"是由习惯确定的";在资本生产条件下,这种比较是在劳动力价值的形态上进行的。

劳动力有了价值还不等于劳动力商品化。劳动力商品化是指劳动者将自己的劳动能力和劳动时间当做商品交换(出卖或出租)给他人使用,从而在劳动力市场上会表现出一个货币价格。

货币形态下的生产要素就是"资本",以资本形态组织起来的生产力就是资本生产力。资本生产力是商品化、货币化的生产力要素集合而成的生产力。广义的资本涵盖了所有商品化的生产力要素——土地、劳动、生产工具、自然资源。一定深度和广度的生产力要素交换是生产力资本化的前提。

## 第二节 价值增殖与利润

### 一、生产力价值

生产要素商品化组合使生产投入变为一组商品,从而生产实体(规模)表现为一定量的总货币资本。购买商品生产要素的后果是生产规模货币化,生产过程又使货币转化为资本,使货币所有者占有生产力。

依照《资本论》的逻辑,商品流通是资本的起点。作为货币的资本和作为资本的货币的区别,首先在于它们具有不同的流通形式。在流通中,货币转化为资本的完整形式是 $G-W-G'$。其中的 $G'$,即原预付货币额加上一个增殖额。这个增殖额或超过原价值的余额是利润。可见,原预付价值不仅在流通中保存下来,而且在流通中改变了自己的价值量,加上了一个新增价值,或者说增殖了。货币向资本的转化不可能发生在货币本身,货币作为购买手段和支付手段,只是实现它所购买的或所支付的商品的价格。同样,在商品的再度出卖上,也不可能发生价值变化,再度卖出不过是使商品从自然形式再转化为货币形式。因此,价值增殖必定发生在货币所代表的生产要素上,但又不是发生在生产要素的价值上,因为互相交换的是等价物,生产要素是按它的价值支付的。因此,增殖变化只能从"购买"的生产要素的使用本身,即从这种生产要素的使用上产生,它的使用价值本身具有成为价值源泉的特殊属性。什么样的生产要素具有这种特殊属性呢?什么东西的使用本身就是价值的创造呢?劳动价值论回答是劳动力。在劳动价值论看来,价值实体是劳动,资本是"积累的劳动",在使用过程中就能够创造价值的是"劳动力"的使用。生产价值论的回答是"生产力"。依照生产力价值论的命题,生产力是价值的源泉,作为价值实体的生产时间,它的实际运动本身就是价值的创造。现在,我们面对的是货币化了的生产力——资本生产力。原本实物形式的生产力变成了"货币形式"的生产力,生产规模在货币形式上变成了生产资本。

"生产力价值"替代"劳动力价值"。教科书上"能带来价值增殖的货币是资本"的命题,变成了"资本是能带来价值增殖的货币形式的生产力"。也就是说,能带来价值增殖的"资本"是货币形式的生产规模、生产实体。货币价格形态下的生产要素相组合,形成的是不可分割的生产力、生产实体。在使用生产力的过程中,生产运动结束时的生产时间与最初投入的过去生产时间相比较,会产生一个"时间增量",这个时间增量就是具体生产带来的新价值。

## 二、价值增殖过程

首先,我们会看到具体生产过程就是价值增殖过程,两者是一致的。处在具体生产过程中的增殖价值因为还未能实现交换,所以是基础的、潜在的、抽象的。

一个具体生产过程,就是一个生产力具体运动过程,是商品生产过程。在用商品生产商品的情况下,生产力——各种商品生产要素——首先合成"一个生产力商品",我们可以称这一个生产力商品是由过去生产时间物化组成,是在生产开始之前就已准备好的,是过去生产时间的产物,准确地说是具有一个货币价格,我们称之为"生产成本"或"生产资本"。一年结束后,一年生产时间中生产出的全部产品若顺利实现销售,完成向商品的转换(假定供求完全平衡且没任何竞争),那么,"一年生产时间"生产出的全部产品在完成交换后会表现为一个价值总量。

在这一价值总量中,除了包含生产前期准备阶段和生产过程中投入的各种商品要素,除了包含物化在全部商品要素中的价值量,即上面所说的生产力商品或"生产力价值"之上还会表现出一个增加的价值量(m)。这个增加的价值量是原先不存在的、新出现的,我们这里称其为"新价值"。从总价值量角度看,这个新价值是在原有价值量上的一个增量,所以也可称之为"新增价值"。这部分新增加的价值量(m)相对于"成本"——一个需要得到偿还的过去价值量而言,是不含有过去价值的一个价值增量,通常称它为"利润"或"总利润",即利润概念在这里是指除去成本后的总剩余。

现在要问,这个价值增殖或新增价值或利润究竟意味着什么?它同生产使用价值的具体时间究竟是何关系?回答是:新增价值或利润是生产使用价值的具体时间,即现实生产时间的社会表现形式。

我们前面讨论过个别生产时间在交换中表现为价值,表现为抽象社会生产或社会劳动。马克思定义个别生产时间就是具体生产者生产的时间,价值的形成只与抽象劳动相关,而与具体的生产使用价值的时间无关。生产价值论的观点恰恰相反。生产价值论认为形成价值的时间并不是与具体的生产使用价值的时间无关,而是与生产使用价值的具体时间直接相关。价值的形成就是生产使用价值的具体时间在交换中表现为抽象的社会生产时间,表现为价值。生产使用价值的具体生产时间就是时间的自然形态,可以用单位年、月、日、小时、分钟表示。

发达商品生产阶段,用"商品生产商品"就是用旧商品(原料)生产新商品。从价值形态上看,旧商品价值是随生产过程开始而转移到总产品价值中去的。这一部分转移的生产力价值,因为是在生产开始之前就已准备好的,所以我们称其为过去价值或"转移价值",也可称之为生产资本、生产成本或生产费用。生产结束后,总产品价值中减去旧价值会有一个新增量、新价值——利润。

从生产时间的形态上看,转移价值是过去生产时间的产物,而新增价值量或新价值是现实生产力实际运行的时间。简言之,所谓新生产时间只能是现实生产时间,是时间的"现在时"。确切地说,是生产力运动的物理时间或运动中的生产力时间。这种运动着的时间只能是现实的时间,是可以直接度量的物理时间、单位时间,比如"一年"、"一月"、"一日",是"今年时间"。相比之下,已经物化在生产要素中的过去生产时间,是"去年时间"、"历史时间",是已不能直接测量的物理时间,故只能称之为"物化时间"或"过去转移"的价值。

通俗地说,价值增殖(利润)的本质,就是在过去物化生产时间(旧时间、过去时间)基础上,增加的现实生产力运动的时间(今年的生产时间、新时间)。每一当年生产时间都会表现为该年的年度价值增殖或年度利润。

生产力同劳动力一样具有二重性,在生产力的使用中,生产力一方面转移旧价值、旧时间,另一方面形成新价值、新时间。一个具体的生产力怎样在"旧时间"上加上"新生产时间",怎样在"旧价值"上加上"新价值",可以举例说明如下:

拟有一个规模生产力——比如1个工人、1台生产螺丝钉的机床和10公斤原料。这个规模生产力有一个价值,因为所有生产要素都是以前生产时间的产物。但是,如果这个生产力不运动起来,如果不形成生产时间,不动的生产力就什么也不是,生产价值也就无从谈起。只有运动着的生产力形成的"生产时间"才是价值量,所以,这个生产力必须开动并进入生产过程。8小时生产结束后,产出10公斤螺丝钉。

从直接生产时间上看,生产力当下运动8小时。但从总时间上看,原有的1个工人、1台生产螺丝钉的机床和10公斤原料也是需要生产时间的,也是物化着生产时间。所以,生产螺丝钉总的生产时间应该是在过去物化的生产时间即1个工人、1台生产螺丝钉的机床和10公斤原料的过去生产时间上,增加一个把原料变成螺丝钉的新生产时间"8小时"。假定过去生产时间共300小时,加上新的8小时,就是308小时。也就是说,生产10公斤螺丝钉共耗费308小时。其中300小时是旧的生产时间(成本),8小时是新增生产时间(利润)。再假定这个生产力可以连续生产30天,每天时间8小时,则300小时加上需要增加的原料生产时间100

小时的过去生产时间(成本),就可以分摊到生产的每一个螺丝钉上,而一个月 240 小时的新增时间也可以分摊到生产的每一个螺丝钉上,变成每一个螺丝钉的利润。

我们再次看到,将一般生产时间抽象出来,不是没有实际意义的单纯观念上的产物,生产在本质上是人类赖以生存的基础。将利润还原,其本质就是在资本生产力前提下,把具体的、直接的、当下的生产时间转化为社会必要生产时间。

## 第三节 利润概念的生成

我们已知生产使用价值的具体生产时间如何表现为价值,那么价值又是如何表现为利润的呢?

### 一、利润生成

在农业生产领域,从剩余产品推理出剩余价值似乎是合情合理的,但对发达商品经济来说,这一逻辑无法说明利润概念。生产价值论不是从历史上早已存在的剩余产品中推导出"剩余价值",而是从现实生产时间的社会化形式中推导出"价值增殖"——利润。生产力表现为生产利润的资本力,与生产力资本化同步发展的,是社会必要生产时间决定的"价值"转化为社会必要生产时间决定的"利润"。原来能带来"价值"的简单商品生产,现在变成能带来"利润"的资本生产。

一般生产和一般生产时间,其不同的社会历史表现形式体现在不同的经济学概念上,即具体生产时间从直接的"社会生产时间"概念,到简单商品生产中的"价值"概念,再到发达商品生产中的"利润"概念。我们可以直观地通过以下三个生产阶段的列表来比较说明。

表 7.1 第一阶段:非商品生产—现在生产时间—社会必要生产时间

| 部门 | 生产规模 | 生产时间(年) | 产量 | 社会必要生产规模×时间 |
|---|---|---|---|---|
| 甲 | 1 | 1 | a | 1×1 |
| 乙 | 2 | 1 | b | 2×1 |
| 丙 | 3 | 1 | c | 3×1 |

表7.2　　　第二阶段:简单商品生产—现在生产时间—价值

| 部门 | 生产规模 | 生产时间(年) | 产量 | 实物成本+价值量<br>(规模×时间) |
|---|---|---|---|---|
| 甲 | 1 | 1 | a | 1×1 |
| 乙 | 2 | 1 | b | 2×1 |
| 丙 | 3 | 1 | c | 3×1 |

表7.3　　　第三阶段:资本商品生产—现在生产时间—利润

| 部门 | 生产规模 | 生产时间(年) | 产量 | 商品成本+利润<br>(规模×时间) |
|---|---|---|---|---|
| 甲 | 1 | 1 | a | 1×1 |
| 乙 | 2 | 1 | b | 2×1 |
| 丙 | 3 | 1 | c | 3×1 |

以上三个表中,生产规模、生产时间、生产产量都是具体的。生产时间就是时间的物理形态、直接形态,每阶段中规模生产时间也可以用数学形式准确表达,唯有"社会必要生产时间"在不同生产阶段表现出不同形式、不同概念。

直接生产阶段,我们可以把这个阶段设想为人类早期的公社历史,或未来没有商品交换的完全计划经济。这里,规模生产时间可以随生产规模的扩大或生产时间的增加而增加。假设供求完全平衡,每个生产部门或生产单位其现实一年生产时间产出的产品无须经过交换,直接就是社会必要的。这说明该部门的生产规模和一年生产时间都是恰到好处,不大不小,不多不少。因此,甲、乙、丙三个部门现实一年的具体生产时间也无须经过竞争,直接就是社会必要的规模生产时间。在这一阶段,成本就是实物形态的直接投入,产出就是一定质量的新产品的数量,生产时间是一年。

简单商品生产阶段,生产规模和生产成本不由商品组成,而是作为实物形态在社会背后通过经验进行比较。就是说,生产规模和生产成本还没有商品化,因此也无须加入商品价值形成,不必在市场上完成价值补偿。然而,产出的产品却要商品化,要到市上售卖,才能交换到自己需要的其他商品。在交换中,一年具体生产时间的产出必须转化为年产品的"价值量"。也就是说,一年中生产的产品如果不能在市场上完成交换、一年具体生产时间不能"表现为价值"——不能表现为社会必要生产时间,这一年具体的、现实时间就是白干,连同投入的实物生产费用、具体生产成本都不被社会承认,都是社会不需要的。

显而易见,在发达商品生产阶段,即资本生产阶段,当生产规模、生产成本都是由商品组成时,当生产成本、生产规模转化为"生产资本"、"资本规模"时,必须加入商品价值的形成,并要在市场上通过商品交换完成价值补偿。生产成本的商品化、资本化自然导致简单商品生产中的年价值量转化为资本生产中的年"价值增量"或年"利润"。

从简单商品生产到资本生产中的概念演进,我们又一次看到逻辑与历史的统一。以上比较中可以看出,三个生产阶段中,直接生产时间、生产规模、生产产量都是不变的,改变的只是物理的、具体的、直接的"一年生产时间"的历史表现形式以及"现实生产规模"的商品(价值)表现形式。由此证明,年"生产时间"、年"价值量"、年"新增价值量"、年"利润量"等不同范畴,其基础(是基础不是实现)是同一个量:单位年的规模生产时间。这说明生产的自然规律是不能改变的,能够改变的只是它的历史表现形式。

新生产时间通常用单位"年"表示。利润规律揭示出利润量在实际经济中是怎样被决定的。并不是所有生产时间都能表现为利润,只有竞争中满足需求的社会必要生产时间才能表现为利润。在这里,决定商品价值量的逻辑也是决定生产利润量的逻辑。如果进入生产的全部生产要素都表现为货币形态,那么社会必要生产时间决定价值的规律就会转化为社会必要生产时间决定利润的规律,不同的只是生产成本在不同历史阶段有不同的概念形式。一旦社会生产和交换建立在生产要素商品化的基础上,物质生产过程就会具有不同的概念形态。从社会必要生产时间决定价值,到社会必要生产时间决定利润,是社会按必要生产时间进行生产的一般规律。

通俗地说,生产时间是价值,过去生产时间是旧价值,新生产时间是新价值。过去价值在使用过程中产生新价值,在旧价值上加上新价值,就是价值增殖。利润的本质就是现实的"新生产时间"表现为"价值增殖"。

社会必要生产时间决定价值是价值尺度,社会必要生产时间决定利润就是利润尺度。价值规律是调节商品生产的规律,利润规律是调节资本生产的规律。发达（资本）商品经济中，调节社会生产和经济的规律是"社会必要生产时间决定利润"。社会必要生产时间决定利润之所以成为规律，是因为只有有利润的生产、只有能实现新增价值的生产才能存在下去。为了生产能继续下去，必须满足"社会必要生产时间"这一条件。现实生活中，财产是私有的，经济是竞争的，供求是不平衡的，国家是垄断的，没有哪一个人能说他每一年生产时间必能表现为利润。

只有把利润的基础规定为可以计量的新"生产时间"，从而使年"生产时间"与年"利润"联系在一起，同时把利润量规定为在竞争及供求中形成的"社会必要生产时间"、"社会必要生产时间决定利润"规律，才能成为调节现实资本商品生产时间以及现实生产规模配置的一般规律。把直接的、具体的生产时间"年、月、日"同"社会必需"有机结合在一起。对商品经济来说，利润规律正是通过调节每个生产单位的"年、月、日"生产时间在各个生产领域中的分配，才能调节全部社会资本和生产要素在各领域中的配置。

在国民生产总值（国内生产总值）概念中，总产值不计算中间产品的价值，只计算最终产品的价值。表面上看是为了避免重复计算，实际上是为了与当年生产时间一致。在计算国内生产总值的方法中，所谓"增值法"的实质——国内生产净值，就是只计算"新增价值"，连折旧也不计算在内。因为中间产品的生产产品是另外企业的生产时间，而不是最终产品企业的具体生产时间。

如果要我们给本章"利润"下一个定义，就是：利润是每个生产单位现在生产时间的价值实现。相对旧价值而言，利润是"新增价值"（现在时间就是时间的"现在时"，可以用年、月、日表示）。资本生产过程被看做是"价值自行增殖过程"，其实质就是生产在价值形式下的进行过程，即价值自行增殖包括预先存在的价值（成本），也包括这一价值的增殖（利润）。

## 二、剩余价值与新增价值的区别

现在，可以将劳动价值论的"剩余价值"与生产价值论的"新增价值"之区别做一个对比说明。

劳动价值论认为，利润的本质就是剩余价值，它们是同一个量。区别只在用可变资本计算的剩余价值比率叫剩余价值率,用总资本来计算的剩余价值比率叫利润率。马克思认为,"剩余价值,作为全部预付资本的这样一种观念上的产物,取得了利润这个转化形式"①;"把体现在剩余产品中的剩余价值归结为剩余劳动,同把价值归结为劳动是一样重要的"②。

生产价值论认为,利润固然是一个增量,但本质上并不是剩余,而是新的直接生产时间。从单位年生产"时间",到单位年生产"价值",再到单位年生产"利润",是一个时间量的不同表现形式。由此可见,劳动价值论的"剩余价值"与生产价值论的"新增价值"的区别,实质上就是"剩余劳动"和"新增生产时间"概念区别。

人类存在的第一个前提无疑是有生命的个人存在。因此,仅仅从生命繁衍出发,剩余生活资料的存在就已经是必要的了,而剩余生活资料的增加又是同人类怎样生产一致的。在人口增长的最初阶段,人类依靠自然界提供的实物维持人类自身的繁衍,这是实物采集时代。人口的增长速度一旦超出自然界提供食物的界限,利用工具和通过工具提高劳动生产率就成为必要。在斯密和李嘉图的著作中,生产就是以渔猎经济为例,以弓箭和独木舟为工具。在这里,人类对自然条件的利用还是十分有限的。人口的增长促使人类越来越多地利用自然提供的要素进行生产,土地的利用具有决定性意义,大规模土地利用产生了农业。

农业领域,一年时间的生产结果,从产品形态上看就是一年中生产的全部产品。一年中生产的全部农产品可以划分为消费和剩余两个部分。简单地说,"吃"就是补偿,吃了剩下的就是"剩余"。一个成熟劳动力,一年生产 200 斤粮食,自己全吃光了,没有任何剩余,日复一日,这是简单再生产。如果他一年能生产 400 斤粮食,自己吃 200 斤,还剩余 200 斤,就能养活孩子。有了剩余,有了新劳力,就可以扩大再生产。

从认为剩余是生产、生活消费之后的剩余这种直观出发,导致重农主义者弗朗斯瓦·魁奈将这种剩余看做是自然的馈赠,并相信只有在与自

---

① 〔德〕马克思:《资本论》第三卷,人民出版社 1975 年版,第 44 页。
② 《马克思恩格斯全集》第二十六卷(第三册),人民出版社 1975 年版,第 261 页。

然直接相关的采掘业和农业生产中，人类劳动才能生产出剩余。耕作者因此被看做生产阶级。制造品的生产者不被看成是生产阶级，不是由于他们不生产，而是因为他们产出的价值被认为与必要原材料成本加上生产者的必要生存工资之和相等。

然而，"利润"本身同时有三种形态：时间形态、价值形态、产品形态。新生产时间是利润基础的原型；新生产时间的价值形态是新生产时间进入交换后实现价值（利润）的形式、价值表现；产品形态是新生产时间的成果，也是新生产时间的载体，是生产时间运行的产出。而生产成本同时也有三种形态：时间形态、价值形态、产品形态。所谓只有在总产品价格实现的基础上才有利润实现的可能，就是说，资本只有在能够实现全部成本价值基础上才能实现利润。资本只有先实现"社会必要生产时间决定价值"，才有"社会必要生产时间决定利润"。

从时间形态上看，利润是一个现在生产时间（年度）的全部。利润并不是在一年的"剩余时间"中生产出来的，不是在"最后一小时"生产出来的，而是通过一年生产时间表现出来的。表现为利润的生产时间，不是针对剩余产品而言的剩余生产时间，而是针对年生产时间在交换过程中的社会化。只有针对总投入而言，利润才是除去成本之后的剩余，但绝不是在"剩余时间"中产生的。年利润对应年生产时间的性质，表明它不是针对年剩余产品而言，而是针对年度新增价值而言。实现利润的含义是表示该生产实体在"现在"生产时间和"现在"生产规模上是合适和社会必要的。

正因为年利润是现在生产时间的表现形式，利润的实现才能成为调节现在生产的规律。

### 三、利润的误区

利润往往由于它们表现为剩余产品而被视为等同，这种概念混淆最早发生在土地带来的剩余产品上。从产品形态上看，利润是除去一年生产成本部分的一个"剩余"，似乎具有剩余产品的直观性。没有剩余产品就没有利润。但与价值量对应的所谓利润产品性质上并不是"剩余"而是"增加"，它同消费后的剩余产品是两个完全不同的概念。

一个单位年时间生产产品100个，如果进入交换的100个商品价值只够补偿生产成本,也就不可能存在利润了。如果卖出的 80 个刚好够补偿成本,剩余 20 个无法实现价值,也等于无法实现利润。就是说,一年生产时间没形成利润,白干,更谈不上积累扩大再生产。一年生产产品 100 个,卖出 100 个,其中 80 个刚好够补偿成本,余下 20 个实现的价值就是利润。一年生产产品 120 个,卖出 100 个,假如其中 80 个够补偿成本,剩余 40 个实现的价值就是利润。但是如果剩余中的 20 个无法实现其价值变成库存积压,这种情况下,就会减少利润。所以"剩余"不是利润本质。剩余不是利润的内在本性,而是利润的外在表现。剩余过多,反没有了利润。

从价值形态上看,利润构成是一年产品产值(总价格)的一部分。单位年产值中包含两部分:过去(N 年)物化旧价值的转移及一年新增价值的体现。一年生产的全部产品中,用以补偿转移旧价值的产品价值量,即转移价值是"成本";用以表现新价值部分的产品价值量,即新增价值是"利润"。生产费用是永远存在的,资本却是历史的产物。只有在生产费用商品化、货币化的时候,我们才能看到现在年"价值"转化为现在年"利润"。

对利润来说,生产要素商品化不仅是它的逻辑前提,也是它的历史前提。生产的发展要以一定剩余产品存在为基础,否则生产就不会大于消费,人口就无法增长。然而资本产出之所以能在价值形态上大于投入,绝不是起因于剩余产品的出现,而是起因于生产要素商品化。剩余产品从人类繁衍发展那天起就存在,但"剩余价值"则是近代人类历史的产物。

我们阐明了利润的基础不是剩余,而是现实的直接"新增生产时间";利润量的决定是由现实生产时间中社会需要的那部分生产时间或有效时间组成;利润规律就是通过社会必要生产时间决定利润来调节社会生产时间和生产资源的配置。每一年的利润会形成下一年的成本(旧价值)。年复一年,每年新生产时间(利润)的积累就是生产力的积累,就是生产资料和生产能力的积累,就是资本的积累。无论直接生产时间转化为商品价值,还是价值转化为利润,直接的、具体的、物理的生产时间都是一切经济最根本的基础。

## 第四节 等量生产时间获取等量利润

### 一、平均利润率

平均利润的本质是大家都用了同样的生产时间(同样一年)。

就所有生产者而言,都希望一年的生产时间表现为同样的利润。但生产者各自的生产规模、生产成本、生产资本投入不同,就会在竞争中形成等量资本获取等量利润的法则。等量资本获取等量利润的含义,就是在等量时间(比如一年)内,无论投资在哪一个生产领域,都能够按生产规模即资本规模合比例地获得利润。假定100元投资获15元利润,1000元投资就应获150元利润。就是说,在同样的生产时间中,不同生产规模取其平均标准,作为等量资本的单位尺度。换言之,等量资本获取等量利润,意味着资本平均利润率的实现。如果甲生产领域的规模是乙生产领域规模的5倍,甲应得的利润量就是乙应得利润量的5倍。

与平均利润的本质不同,现实中平均利润的实现是在竞争中完成的。对于中世纪时期的生产或简单商品生产来说,平均的或一般收入的形成不是通过竞争实现的,而是客观存在于同等的生产条件或生产规模的前提中。这种大体均等的收入与其说是在竞争中形成的,不如说是靠封建行会制度维持的:生产资料和劳动技艺很难转移,行会内部禁止竞争,雇佣学徒受到限制,手艺是经多年积累而成且绝不肯轻易外传他人,等等。

如恩格斯所描述:从中世纪生产领域回到中世纪流通领域,我们会发现,平均利润率最初不是发生于生产领域,历史第一次遇到利润和利润率是在流通领域。商人有意识地和自觉地力图使利润率对所有参加者都均等。商人"劳动"的价值不是单纯按劳动时间计算的,而是等量商业资本在等量时间产生等量利润。对商人来说,重要的不是"劳动的技巧",而是不等的商业资本。商业资本的大小是他们之间最重要的区别。比例于各自的资本,会有不同的利润,对资本来说,平均利润似乎是一个分配问题。利润要按照投资的大小来分配是理所当然的,就像"马尔克"中的权利要按照份地的大小来分配一样。商业资本可以流动,流通领域首先形成了平均利润率。

平均利润率的形成是由商会的共同行动造成的,对一切参加者来说都相等的高利润率只有在本商会的范围内,也就是在一个"民族"的范围内才有效。威尼斯人、热那亚人、汉萨同盟的人、荷兰人——每个民族都各有特殊的利润率,甚至每个销售市场当初都或多或少各有特殊的利润率。这些不同的团体利润率的平均化是通过相反的道路,即通过投资竞争实现的。首先,同一个民族在不同市场上的利润率得到平均;然后,在向同一些市场输出各种商品或类似商品的各民族之间也必然会逐渐发生利润率的平均化。

等量商业资本在等量时间内提供等量利润,这个在历史上早已存在的事实在资本生产中得到延续。近代大工业把复杂的手工劳动化为一般简单劳动,甚至连妇女都可以胜任;自由竞争把一向阻碍资本从一个部门转移到另一个部门的绝大部分障碍消除掉。

总之,社会范围内的供求就会趋向平衡,平均利润率趋向形成并不是因为"供求",供求平衡只决定利润能实现,但不能决定利润之多少。利润之所以要求平均是因为生产时间一样长。

## 二、资本流动

"等量资本取得等量利润"是等量资本要求等量权利,它既是资本生产的客观规律,也是资本生产的主观规律。

如果没有供求波动和劳动生产率的变化,就不存在超额利润和企业破产,社会必要生产时间决定利润直接体现为平均利润率和"等量资本取得等量利润"。反之,在自由竞争和需求不断变化的资本经济中,尽管等量货币就是等量生产要素的占用,就是等量生产规模,但不一定是同样的生产率。同样,不同生产规模表现为不等量生产要素的占用量、不等量货币资本,但可以是同样的生产率。这样,等量资本在等量时间内会获取不等量利润。作为社会必要生产时间决定利润规律,又怎样发生作用呢?

在一个生产部门内,超过平均劳动生产率的个别生产单位会在同一生产时间生产出较多的商品,因为具有较高劳动生产率,所以它取得一个超额利润,我们将其称之为超额利润(Ⅰ)。部门内个别企业获得超额利润必然刺激其他只获得一般利润的企业进行技术改造,提高劳动生产率,以求获得超额利润。结果,整个生产部门的平均劳动生产率会达到一个新的高度。部门劳动生产率提高后,同一时间会生产出更多的使用价值。如果此时供不应求,生产就会继续进行,继续提高劳动生产率,努力扩大再生产;反之,如果供过于求,生产过剩,那么一部分资本就会过剩。

过剩资本向何处转移呢?向生产不足的部门转移,这是必然的。向生产不足的部门投资会得到一个超额利润。一般说来,被排挤出去的是"低能"资本,是只获得低于平均利润收益的资本。但是如果这种资本能在生产不足的部门站住脚,就会因该部门生产不足而获得一个"超额"利润。从个别看,它仍然是"低能"的,得不到社会平均利润,但因该部门生产不足,实际所得至少可以达到原部门平均利润水平。这种由供求不平衡带来的超额利润,我们称做超额利润(Ⅱ)。供给小于需求会引起生产时间偏离社会必要生产时间,偏离的幅度就是超额利润(Ⅱ)的量。

现实中,要实现等量资本获取等量利润,往往需要投资者对预期利润进行测算,现代经济学称之为"事前"利润率。就是说,只有等量资本获取等量利润才能进行投资。对预期利润的估算,事实上并不是生产者的主观想象,而是在对市场预测和自己生产技术水平的客观认识基础上进行的。如果"事前"预期利润同"事后"实际获得的利润相符,我们就可以说该生产符合对社会必要生产的测算。因此,物化在商品中的生产时间不仅表现为成本,还表现为一份相应的利润。这是存在决定意识,经济运动规律支配生产者的意识、支配生产者的行为。

明显的供求不平衡会带来超额利润。超额利润的存在可以使等量资本获得不等量利润。超额利润和特殊利润率的产生是经济本身运动造成的,是供求不平衡和劳动生产率变动引起的。追求超额利润的结果就是超额利润的消失。特殊利润率的消失就是"利润"回到社会必要生产时间。在资本经济社会,以"利润"为波动中心和在简单商品经济以"价值"为波动中心的原理是一样的。生产率的变动和供求波动会带来超额利润,推动资本流动和资本构成变化;资本流动和资本构成变化消灭着超额利润。等量资本获取等量利润规律的基础是等量生产规模在等量时间生产等量价值的规律。在简单商品经济中,我们抽象出"价值规律",现在从利润规律出发又回到价值规律。

现实经济活动中,生产规模可以极不相同,面对社会需求会经常变动。在不同生产部门或相同生产部门内部,竞争可以导致规模不同的生产资本寻找标准资本收益的尺度,同复杂劳动化为简单劳动一样,复杂(大)规模化简为简单(标准)规模。等量资本获取等量利润,追求的不是生产规模的平均、技术结构的平均,而是等量资本的权利的平等。

等量资本获取等量利润规律是自由竞争的完全市场理论。

现实经济中,认为"供求平衡是不断波动的供求围绕的重心"只是对价格波动的一种说法,一种想当然的说法。绝对平衡只是一种抽象。社会必要生产时间只在供求和竞争中确立,价值规律只有在波动中才能显示出来。理论上,商品只有卖出才能证明它是社会必要的,商品生产中生产者不可能在出售(交换)结束前确切知道商品能实现的价值量。在交换中,个别生产表现为一般社会生产,它们究竟能在多大程度上这样表现,要看它们能够交换的商品的数量,要看市场的规模、贸易的规模等。

现实社会中的超额利润包含经济活动中超经济力量对经济运动的干预。竞争会使生产时间或生产规模平均化,垄断则会导致反平均化。因为垄断所有权、大资本对小资本的压迫,等量资本获取等量利润在现实中会发生种种偏离,垄断资本会获取垄断利润。垄断可来自资本和技术,也可以来自权力。例如,人为制造供给不足或国家垄断会在一般超额利润之上再获取一个垄断利润。在完全竞争中,对特殊利润率的追求形成平均利润率。相反,在垄断中不是追求平均利润规律,而是放弃平均追求超额利润,等量资本追求不等量利润才是现实中"人"的主观经济规律。

### 三、知识产品价值

直接的、具体的、现实的生产力包含科学技术因素在内。等量资本的生产规模若包含更多的科学技术含量,会表现为更高的生产效率和更好的产品质量,从而再获得一个超额利润。

科学技术对生产力的提高可以实现超额利润,我们赞同这样一种观点[1]:知识劳动所形成的价值,等于该知识产品在其所应用的一切企业、一切生产部门中所节约的社会必要劳动量的总和。在其实现形式上,等

---

[1] 详见马庆泉:《新资本论纲要》,中国人民大学出版社2004年版。

于该知识产品的应用而获得的超额利润总额。这种超额利润不是按某种价格出售商品凭空产生的,它们作为价值(劳动时间的积累)先于生产过程而存在,超额利润是它们最后得以实现的形式。该观点认为,生产物质产品的劳动所创造的价值,等于它直接加进社会总劳动中的社会必要劳动时间的量。而生产知识产品的劳动所创造的价值,则等于它在社会总劳动中所解放出来的社会必要劳动时间的量;就与社会总劳动的关系而言,前者是直接的加法,后者是先减后加,是以减法开始的加法。被节约下来的物化劳动和活劳动应当被视为活劳动投入的增量,①其经济学的本质等同于广义的社会必要劳动时间供应的增加。超额利润要能够实现,它必须代表一个实体价值,这个价值在生产过程开始之前已经存在,以劳动者的活劳动过程为充分条件并转移到产品中去。这个价值就是知识产品的价值,是创造知识产品的劳动所形成的价值。该观点指出,马克思本人也认为超额利润之所以产生,是由于"采用更好的工作方法、新的发明、改良的机器、化学的制造秘方等等,一句话,采用新的、改良的、超过平均水平的生产资料和生产方法"。因此,超额利润之所以产生是由于知识产品的应用。②

这种知识价值论用生产价值论的话说就是:科学技术可以缩短生产时间、产生超额利润。科学技术、发明、专利以及秘方等,是以它们所带来的生产时间的缩短和产品质量的提高作为生产成本在生产前投入的,在生产结束后会带来一个超过平均利润的增量。

## 第五节 关于生产价格

最后,我们简要说明一下马克思《资本论》中价值转型的问题。

马克思认为,一个商品的生产价格与其价值的比率完全是由生产它所用资本的不变部分和可变部分的比率,即由生产它所用的资本的有机构成决定的。

---

① 参见马庆泉:《新资本论纲要》,中国人民大学出版社2004年版,第21、24页。
② 参见同上书,第35、36页。

## 一、转型问题

价值转化为生产价格,通俗地说,就是虽然劳动价值论认为按不变资本产生的剩余价值形成价格,但在实际经济运动中,价格是依照等量的全部资本产出的平均利润(一般利润率或平均利润率)形成的。其结果是各部门所获利润量只与预付总资本相关,而与可变资本的大小无关。

斯密认为,一国土地一旦成为私有财产,地主都想不劳而获,也就会要求地租。劳动者把他所生产的产物的一部分交给地主,这一部分的代价就是地租。于是,在大多数商品价格中有了第三个组成部分。当资本家控制了生产资料、地主垄断了土地和自然资源之后,交换价值或价格变成三个组成部分即工资、利润和地租的总和。他写道,"只要资本积聚在个别人手中"[1],那么劳动者须与资本所有者共分他劳动的产物。一般用于取得或生产商品的劳动量,也不能单独决定这种商品一般所应交换、支配或购买的劳动量。很明显,还须在一定程度上由另一个因素决定,那就是资本的利润。

这一观点导致斯密认为适用于"早期原始社会状态"的劳动价值体现在价格中的利润构成与商品所包含的劳动没有任何必然关联。斯密意识到竞争倾向于使等价值的资本获得相等的利润。于是,他在其生产费用价格理论中区分了市场价格和自然价格。

市场价格与自然价格间存在非常重要的联系。自然价格是一种均衡价格,围绕着该价格,市场价格每天发生变动,而正是供给和需求的力量使市场价格趋近自然价格。自然价格就是一种由生产费用决定但在市场上由供给和需求力量确定的均衡价格,而市场价格总是倾向于围绕自然价格发生波动。在斯密的价格理论中,需求量将社会资本在不同的产业间进行分配,从而决定了所生产的不同商品的构成或相对数量。但是,生产费用本身将决定在市场上占主导的均衡价格或自然价格。

斯密的价格理论中,价格的三个组成部分——工资、利润和地租——本身就是价格或是从价格中衍生而来。如果要理解一种价格,我们必须

---

[1] 〔英〕亚当·斯密:《国民财富的性质和原因的研究》,郭大力、王亚南译,商务印书馆2004年版。

知道其他价格,随之产生的问题是如何解释其他价格。而如果对其他价格的解释又要依据另外的价格,我们就陷入循环论证之中。斯密的价格理论包含一种循环因素(依据其他价格来解释价格),而且斯密从来没能彻底摆脱这种循环性。

价格对应价值,不变资本对应死劳动、必要劳动,可变资本对应剩余劳动、对应利润或剩余价值。这就是货币价格与抽象劳动的经验表象相对应,是抽象劳动价值的经验表象得以确立的逻辑。

这种对应为什么不是成比例的,或者说为什么不是1比1的关系呢?这就引出了转型问题。"转型问题"是要找出劳动价值和经验表现形式价格的关系。在实际价格形成过程中,马克思相信资本家将生产成本累加后,价格上浮了一个百分比,它由社会平均利润率决定。因此,实际价格形成的公式是:生产价格=生产中耗费的商品成本+生产中耗费的劳动成本(不变资本)+利润加价(剩余价值)。

马克思知道不同部门的资本有机构成差异相当大。然而,他的理论却要求不同部门的利润率和剩余价值率相等,于是产生了明显的矛盾。马克思解决这一矛盾的办法是:一方面对"生产领域"中剩余价值的生产和创造进行区别,另一方面对流通领域(市场)中通过商品售卖实现的剩余价值进行区别。马克思认为无论资本有机构成差别有多大,剩余劳动和必要劳动之比率将总是趋于相等。当剩余价值率以这种形式表述时,它仅在生产领域有意义。但是,当它表述为剩余价值/可变资本时,它就既可以指生产领域创造的剩余价值,也可以指在流通领域通过商品销售而实现的剩余价值。

商品在市场上以占主导的生产价格销售之后,每个产业的剩余价值率都不相同(剩余价值被解释为在市场上实现的利润)。马克思相信,最初不同生产部门占统治地位的利润率非常不同。这些不同的利润率通过竞争而平均化为一般利润率,即所有不同利润率的平均值。按照这个一般利润率归于一定量资本(不管它的有机构成如何)的利润就是平均利润。虽然不同生产部门的资本家在出售自己的商品时收回了生产这些商品所用掉的资本价值,但是他们不是得到了本部门生产这些商品时所生产的剩余价值——利润,而只是得到了社会总资本在所有生产部门在一定时间内生产的总剩余价值或总利润均衡分配时归于总资本的每个相应部分的剩余价值。

这就是为什么货币价格对抽象劳动的反映是完全不成比例的。马克思本能地感觉到:"全部困难是由这样一个事实产生的:商品不只是当做商品来交换,而是当做资本的产品来交换。"①这个困难绊倒了劳动价值论。

价值向生产价格转形问题是一百多年来西方经济学家提出的用于反对马克思劳动价值论的主要论据。生产价格理论就是利润平均化理论,在劳动价值论中,生产价格是由于利润平均化而形成的。劳动价值论认为,平均利润率的形成过程,是不同部门的资本家通过竞争而重新瓜分剩余价值的过程。平均利润形成后,各部门所得利润就与剩余价值的生产量不等了。利润平均化过程变成了资本有机构成高的部门剥夺资本有机构成低的部门利润(有点像暴力分配论?!)的过程。最后,随着价值转化为生产价格,价值规律作用的形式发生了变化。在生产价格出现之前,市场价格围绕着价值上下波动;生产价格出现以后,市场价格围绕着生产价格上下波动,生产价格成了市场波动的中心。

在生产价值论看来,"新价值"和"利润"是同一个量。生产价值论并不排除不同部门的资本家通过竞争而重新瓜分利润。问题在于利润为什么能够趋向平均,平均利润的基础又是什么?即使用暴力和竞争来解释平均的过程,最终还是要对"平均利润"作出经济的说明。生产价值论认为,利润转化为平均利润的实质就是将大小不等的生产规模变成大小一样。正因为年利润本身是年生产时间的化身,生产时间都是以自然"年度"为基础,利润自然就应该是相同的。不同的是什么?是生产规模,是不等量生产规模。

从这个意义上说,竞争的最终结果是不等的生产规模(生产资源)转化为可以通约的等量生产规模,即按资本规模的大小、多少化为总量上不等但可等分的平均权利。这是建立在经济基础之上的资本权利的平等,而不是对剩余价值的争夺。等量资本要求等量权利,平均实为资本权利

---

① 〔德〕马克思:《资本论》第三卷,人民出版社 1975 年版,第 196 页。

的平均。而利润量的实现是由生产时间从各行业的现实具体生产时间转化为社会必要生产时间的规律所决定的。

## 二、转型起因

劳动价值"转型"的起因在马克思笔下是可变资本生产出来的利润最后在分配中却以总资本为依据。这是一个矛盾。也就是说,可变资本产生劳动价值,最后变成总资本的生产价格。这个矛盾在生产价值论中并不存在。在生产价值论中,整个资本本身(资本生产力)就是一个整体的可变资本(可运动、活的生产力)。没有不变资本与可变资本之分,自然也就不存在可变资本生产价值与总资本生产价格的矛盾。

生产力在使用过程中,除了转移了旧价值,还带来了一个新价值。旧价值和新价值是怎样补偿和实现的呢？是在商品定价中把这两部分加入到商品价格中,通过市场销售实现的。商品的价格结构表现为"成本＋利润"。生产价格本身是由成本和利润组成的,但在"社会必要生产时间决定利润"规律作用下,利润的实现就表明生产是社会必要的,作为成本的生产规模和生产投入也是社会必要的。

斯密认为自然价格是由生产费用决定,均衡价格则是由供给和需求力量确定的。用生产价值论的观点来说就是:利润由生产时间决定,利润实现(社会必要生产时间)由市场上的供求力量决定。因此,利润量是资本规模波动的中心。在资本看来,劳动力的消耗只是生产过程中总消耗的一部分,生产资料的消耗也是由总资本来负担的。所以,在资本看来,劳动与资本的消耗是没有什么区别的,资本只关心等量资本获取等量利润。

现实市场上,利润、平均利润、超额利润都是在货币价格形式下发生的,因此严格说来,通常经济学所说的"利润"概念并不是仅以社会生产时间为基础,还包含社会效用在内,综合为货币价格形式(我们将在本书下篇中论述这个问题)。但这并不能否定我们这里所说利润的生产时间本质。

解决价值转型为生产价格的真正途径是由生产置换劳动、由生产实体置换劳动实体、由生产规模置换劳动规模,进而从生产价值转向生产利润,从社会必要生产时间决定价值规律转到社会必要生产时间决定利润规律,从等量生产规模获取等量价值转到等量资本获取等量利润。最终,转型就是生产从简单商品生产转到资本生产。

借助讨论价值向生产价格转型,真正需要研究的是马克思生产价格理论提出的两个必然相等的等式:(1)社会的生产价格总额等于价值总额;(2)利润总额等于剩余价值总额。西方经济学家发现,上述两个相等同时存在只是特例,而在一般情况这两个相等并不能同时存在。这也是对生产价值理论提出的挑战问题。关于这两个等式,我们也将在本书下篇中予以讨论。

### 三、总利润分配

认为利润的生产就是为了占有利润,是对利润概念的一个误解。

生产要素商品化是社会生产表现为资本生产的决定因素。由这种资本生产所决定的"利润"本身不能用占有者的主观目的解释,利润本身是客观的而非主观的。

资本生产首先要对诸生产力要素进行购买。对生产力要素的购买就是对生产力的购买,是生产的前提。购买生产要素的过程,即货币转化为资本的开始,也是资本生产力形成的开始。货币转化为资本的第一步是货币化生产要素集合而成为资本化生产力。借用马克思的资本总公式,$G-W-G'$是价值增殖的过程。剩余价值作为全部预付资本这样一种观念上的产物,取得了"利润"这个转化形式。在劳动价值论看,其中,W 只代表一种商品,就是劳动力商品。而生产价值论认为,W 不是劳动力商品,W 是生产力商品。

商品生产是使用价值生产同价值增殖统一的过程。从概念上看,货币资本转化为生产资本,表现为生产过程的准备阶段;在价值形式上,表现为反复进行价值增殖过程的先导。在这里,生产过程的准备同价值增殖的准备是同一的。生产过程是生产力的运动作用于一定的生产对象,改变其性能使之具有新的效用。生产过程结束后,一定量的新产品摆在眼前。如果它能卖出,就会表现为一个增殖的价值。

在国民生产总值的计算中,教科书通常把总产值理解为总收入,认为从收入的角度看国内生产总值会分解为工资、利润、地租、利息和税收。这是三位一体的翻版。认为劳动得到工资、生产资本得到利润、土地得到地租、货币资本得到利息、政府得到税收,总产出等于总收入。实际上,从生产价值论的角度看,工资无疑是成本,而利息、地租、税收、利润则是新增价值在不同生产要素所有者及官僚之间的分配,实际上就是总利润的分配。

总产出等于总收入谬误的要害之处在于,认为劳动收入与资本利润同具收入性质,都是要素所得。也就是说,资本、土地、货币生产要素都是资产,应有相应收益。显然,说劳动要素不是资产、劳动不是成本、劳动所得就是收入且是没有成本的收入,不符合逻辑。但若说劳动要素是资产、劳动要素投入是成本,又说劳动要素所得是收入,那么工资到底是劳动成本呢,还是劳动收入呢?按照工资是收入的观点,投入的劳动要素又在哪里呢?按照工资是成本的观点,劳动要素所得又在哪里呢?

可见,"国民生产总值 = 工资 + 利润 + 地租 + 利息 + 税收"的公式,即"总产出等于总收入"之意,在于掩盖劳动不是资本,进而将劳动成本(工资)的补偿说成是劳动所得、劳动收入。尽管总产出等于总收入,但总收入中并不包括劳动要素,这就是剥削所在。国民生产总值的正确定义应该是:国民总产值(净产值) = 利润 + 地租 + 利息 + 税收。剥削的本质在于:全部生产要素共同参与形成的产出的总利润,只由机器、土地、货币等资本要素所有者分享。

利润(价值增殖)不是资本生产的主观(人为)目的和动机,而是生产力资本化的客观结果。但这不排除人们把利润掠夺当做目的。资本主义生产的不合理性不在于利润形式本身,而在于把总利润的取得当做资本的权力,进而可以通过压迫、垄断、掠夺、剥削等种种手段,榨取劳动和他人财产,从而独享利润所得。

# 第八章　生产要素占有与使用

**提要：**从生产力价值到生产力资本，到生产力资本分解为劳动、机器、土地、货币资本等生产要素，再到相应生产要素获取相应所得，是一个符合逻辑的推理，但现实并非如此。我们可以把马克思全部政治经济学实践归结为社会占有和社会生产能不能"直接社会化"，以及怎样实现直接社会化的问题。在劳动、土地、资本生产要素共同参与价值形成的前提下，自然资源的占有以及操纵国民生计的资本和资产占有应回归人民。人民是社会的主体。人民占有的结果是人民有了资本。人民有"按资分配"的权利，个人有"按劳分配"的权利。地租、国有资产利润、银行利息收益回归人民、劳动收入和劳动积累归劳动者个人，是社会主义经济的前提。

在主流观念中，在主流教科书中，劳动要素本质上是成本，而不是资本，但利润却能与劳动工资画等号，都是收入。生产价值论认为，劳动力价值无论高低，劳动要素都具有资本的功能。劳动力价值能转化为资本是社会的一个进步。消灭"剥削"和"无偿占有"是劳动价值论与生产价值论的共同取向。

人、工具、自然是生产的三位一体，劳动、资本、土地是生产力要素的三位一体。

在西方，劳动与生产资料分离有特定的含义，是特指劳动者与土地分离。这种分离产生的自由劳动者成为具有历史意义的资本主义生产方式的前提。然而,资产阶级革命所带来的是社会化的生产资料还像从前一样被当做个人所有的生产资料,为土地所有者或者资本家占有,占有形式仍然是以私人占有为前提。于是,生产者转化为雇佣工人。一方面生产者从隶属地位和行会束缚中解放出来,劳动者不再终身束缚于一小块土地之上,对劳动者来说的确是一种解放,劳动者自由了。另一方面,劳动也彻底改变了性质。劳动力成为商品,劳动者把自己看做所有者,他的劳动是创造价值以便为自己换取他人的产品。他们被剥夺了一切生产资料,自由劳动者变成了雇佣劳动者。对劳动者剥夺的历史是用血和火的文字载入人类编年史的。这就是资本主义的原始积累。

个人分散的生产资料转化为社会的积聚的生产资料,多数人的小财产转化为少数人的大财产,广大人民群众被剥夺土地、生活资料、劳动工具,这种剥夺包含一系列的暴力方法,形成了资本主义的前史。以各个独立劳动者与其劳动条件相结合为基础的私有制,被资本主义私有制,即以剥削他人的但形式上是自由的劳动为基础的私有制所排挤。生产是社会的,与生产条件私人占有是一个矛盾,这个矛盾发展到极端,一部分人只有劳动,另一部分人只掌握资本,就是"劳动和资本"的对立。在雇佣劳动与资本的关系中,工人不属于某一个资产者,而是属于整个资产阶级。社会的生存条件成为偶然的东西,使单个无产者无法加以控制。

在资本与劳动对立的前提下,占有可以分为劳动的占有和生产条件的(资本)占有,两种占有可以被看做两种私有制。生产条件在实物形态上是土地、生产设备、生产资料,在金融形态上是货币、资本。生产条件的占有包括对土地、生产资料、货币、资本、金融资产等的占有。消除"生产是社会的而生产条件的占有是私人"的矛盾,是马克思消灭私有制思想的基础。一旦消灭了"利用这种占有去奴役他人劳动的权力"的阶级性质,剩下的就是两极:一极是人民占有生产条件,一极是个人占有劳动。在马克思笔下,社会主义的原则就是个人"用公共的生产资料进行劳动,并且自觉地把他们许多个人劳动力当做一个社会劳动力来使用"①。

---

① 〔德〕马克思:《资本论》第一卷,人民出版社1975年版,第95页。

要实现真正的社会主义原则,需要进行不懈的努力和实践。在现阶段,社会主义经济的基本范畴是:(1)人民占有人民资本。在人民占有的前提下,人民是有资本的。人民占有的意义,体现在由此产生的生产目的上。人民资本是社会主义生产和分配的前提。(2)人民资本人民收益。人民占有的人民资本收益归人民。合理公正的占有和分配就是合理公正的社会化。在商品生产条件下,在生产要素共同参与价值形成的前提下,相应的占有收益分配是社会保障制度的基础。(3)人民资产人民经营。在人民占有的前提下,人人都有使用人民土地、人民资本、人民资金的权利。

## 第一节 人民资本

世界历史上,对不同国家来说,劳动与生产资料分离是在不同国情、不同历史条件下进行的,可以表现出完全不同的进程和结果。被分离的生产资料在西方形成资本主义的私有制。在新中国,现代工业的发展首先不是缺劳动而是缺资金,工业的奠基不是建立在大规模劳动与生产资料分离的基础上,而是建立在工农业巨大剪刀差的基础上。迄今为止,没有脱离土地的农民工仍占中国工人阶级的很大一部分。对近三十年真正脱离土地的那部分劳动者而言,大部分土地并没有变成生产资料(用地),而是变成政府资产和房地资产与他们相对立。

### 一、人民占有人民资本

马克思提出消灭交换,进而消灭商品、消灭价值、消灭价值规律、消灭货币……消灭资本主义的初衷,就是要消灭私人占有生产条件下社会生产的间接性。将间接的社会生产转变为直接的社会生产,转变的途径就是消灭私人占有生产条件(私有制)。从这个角度说,可以把马克思政治经济学实践归结为社会占有和社会生产能不能"直接社会化",以及怎样实现直接社会化的问题。

直接社会化问题的实质是社会生产条件和经济资源如何实现社会占有。站在马克思立场上看,消灭社会生产间接性就是消灭生产条件私有制下的交换。然而,消灭私有制与消灭交换是两个不同性质的问题(关于此,我们将在本书的中篇中进行分析)。消灭私有制不等于消灭交换。并非消灭了私有制代之以公有制,社会与个人的交换就可以被消灭。所谓"公有"也是一种占有,这种占有与个人占有之间的交换最终会发展到什么地步,如何去克服商品生产固有的矛盾,这些问题只能由历史和社会实践来回答。但这并不妨碍针对资本主义批判的种种社会主义的实践。

社会主义制度以生产条件(土地、资本)社会占有为基础,资本主义制度以生产条件(土地、资本)私人占有为基础。马克思笔下的"社会占有、社会化"是相对"私人占有、私有化"形态而言,社会本身并不是一个政治实体。当社会实践提出要确立统治权的政治实体时,马克思选用"无产阶级"政治实体取代"资产阶级"政治实体,用无产阶级专政国家代替资产阶级专政国家。但历史实践告诉我们,一旦无产阶级一极能消灭资产阶级一极,无产阶级一极也就不会存在了。取而代之的政治实体是"人民"与"个人"两极。唯有"官僚"作为国家机器的运行者,具有最典型的阶级组织特征,是当然的阶级。

实践中,人民占有同官僚(国家)占有是两个不同主体、不同性质的占有。对社会主义而言,国家所有并不代表社会所有。20世纪国际共产主义运动和社会主义实践中出现的最严重的偏差之一是认为"生产资料由无产阶级国家占有"便是社会占有。国家占有的结果是社会占有的政治实体、主体变成官僚。国家占有下,国家的做法是把垄断资产交给出资人委托的代理人经营,结果没有不失败的。失败的原因在于,这种委托的受托人只是官僚阶级的代理人,他们并不会对经营真正负责。解决这个问题的关键就是用"人民占有"代替国家占有,用"个人"使用代替阶级垄断。

国家所有制就是阶级所有制,人民占有(所有)制才是社会占有制。社会主体是人民而不是国家,社会占有的主体是人民而不是国家。人民占有即人民所有权,是一个定界清晰的政治概念(因为篇幅所限,我们不能展开论述)。国家占有与人民占有的根本区别在于:国家占有的主体是官僚,本质上是阶级的占有;而人民占有即人民不通过官僚而直接拥有所有权,社会占有只能是人民占有,社会主义占有制度的本质就是人民占有。社会是人类生命的存在形式。社会存在最终体现在人类生命的两种主体形态——个体和群体上。个体和群体是社会的两极,用政治术语表述就是"个人"和"人民"。从个人所有中派生不出"社会占有",只有人民才能行使社会占有。所谓社会主义所有制的基础就是人民占有,就是不能让任何阶级和私人资本"操纵国民生计"。只有用人民占有代替国家占有才能真正成为社会占有。人民占有本身将消灭阶级占有,消灭国家所有等"虚幻的共同体"。以人民占有代替阶级、阶层占有,是"把个人的自由发展和运动的(社会)条件置于他们的控制之下"①的必然之路。

人民占有意味着凡涉及"国民生计"基础的资源、资本、资金、科学技术,应为人民整体占用、拥有。首先是对自然资源及稀缺资源的占有,即对土地、森林、水、石油、煤、矿脉,以及空间资源、海洋资源等实行社会占有;其次,对涉及人民共同性、整体性、基础性利益的,即能主导国民生计的资产、资本的占有;再次是对储蓄货币、金融和银行的占有。简言之,社会主义经济首先是人民占有土地,占有主宰涉及国民生计的资源、资金、资本。

在西方经济学中,"社会"、"公共"、"共同",甚至"人民"等概念都处于一种产权不确定、所有权约束失效的模糊状态。通常只要是两种所有权范围互有交叉、各自的权利界线不确定,就会出现双方收益的不确定,以致一方损害另一方的利益。在这种情况下,所有权的排他性和利益的确定性被打破了,于是形成"共同财产"。所谓"共同财产",是指本应归某个所有者占有但却被其他人无偿占有的财产收益。在现代产权理论中称此种无偿占有为"分润"(residual claimant),科斯称此为"公共财产",德姆塞茨称此为"外在性",威廉姆森称此为"经济价值被剥夺",巴泽尔则称此为"共同财产"。共同财产则恰恰是指某个人无偿占有其他所有者的财产。"共同财产"是所有权约束失效的结果。②

这种产权界定不清的"共同财产",显然不同于我们所说的人民所有权下的"人民财产"。人民是社会主义的实体。人民占有的结果是人民有了资本!

---

① 《马克思恩格斯选集》第一卷,人民出版社1966年版,第121页。
② 参见王振中主编:《产权理论与经济发展》,社会科学文献出版社2005年版,第37页。

生产价值论认为,"人民权力"只有用"资源、资产、资本"所有权定位,人民才会有经济基础。人民资本就是人民占有的土地、资产、资金,就是人民的经济基础。在分配上,对自然生产要素而言,不是自然生产要素创不创造价值的问题,而是自然生产要素的主权者应该是谁的问题。与此相对应,参与价值创造的所得部分应该归谁?归自然的如何返还自然,归人民的如何返还人民,归个人的如何返还个人?正确处理三者关系是社会主义的实质。将全部自然资本要素和生产资本要素变成个人财产或官僚资本,用个人财产神圣不可侵犯的法律保护私人利益,用神圣不可侵犯的国家权力来保护官僚资本利益不是社会主义。

商品经济表面是一个市场体系,背后却是一套权力体系。在商品和市场经济中,对于生产要素占有的性质,社会的权力结构是决定性的因素。社会主义经济与资本主义经济本质区别在于:人民是"地主",人民是"资本家"。既然人民占有土地、自然资源、资本、资金,人民就是"地主",人民就是"资本家"。

## 二、人民资本人民收益

分配的本质是占有。经济制度的核心是生产要素的占有属于谁。占有是一个事实,是制度选择,不是任何计算的结果。占有之后才是占有之下的分配如何计算、如何公正合理。从生产价值论的立场看,地租、利润、利息是生产的结果,生产力要素的所有权性质是要素分配的依据。从表面上看,生产价值论和边际生产力论都是要素分配论,但其实质截然不同。传统经济学以"要素收入"概念替代"总利润"(总收入)的分配,从根本上转移了分配论的资本主义实质。新古典边际生产力分配理论所要证明的就是没有剩余,也不存在剥削,要素分配是在不触动私有制基础上论证要素占有阶级分配的所谓合规律性。

在劳动、土地、资本生产要素共同参与价值形成的前提下,什么是当下的社会主义分配理论呢?

生产价值论认为,分配问题的社会主义实质,不在于是否按生产力要素分配,不在于理论上应不应"按资分配",不在于地租归地主、利润归资本家,而在于自然资源及主宰国民生计的资本占有,用现代经济学概念说,即"资产所有权"应该属于谁。属于官僚?属于阶级?属于阶层?属于个人？还是属于人民？换言之，人民的资产所有权，人民当"地主"、当"资本家"，是分配问题的社会主义实质。

社会主义概念若从资产所有权角度理解，对中国而言应该是这样：依据国土资源部资料推算，到 2006 年年底，国有土地的总价值约为 50 万亿元；依据国务院国有资产管理委员会的说法，2006 年年底全国有 11.9 万家国有企业，总资产 21.9 万亿元，两项合计总资产的 72 万亿元。数字或许不准确，但足以说明问题，再加四大国有银行十几万亿的人民币存款，如果这些资产归属人民名下，由此产生的地租、利润和利息收益归人民所有，谁能说中国人民不是"地主"、不是"资本家"呢？如真正实现人民占用土地的原则，全部国土应不分国有和集体，统一归属人民名下，由此产生的地租总量可想而知。然而，现在人民仅有的是人民个人积累的社保基金。但国家审计署 2006 年 11 月 24 日公布的数据显示，我国近两万亿元社保基金中有累计多达 71 亿元社保基金被挪用，部分资金至今无法收回。

生产要素所有权只是生产要素占有的法律形式，法律本身并不直接创造价值，法律只是在生产要素所有者对生产结果进行分配时维护各自利益不受侵犯的保障而已。至于各种生产要素所有者所获得的收入份额的大小，则以各种生产要素价格在总成本中所占的比例为基础。假定有一个所有权生产要素，但这个要素并不参加生产，只想依靠所有权参与分配，显然这是不可能的。问题在于各生产要素必须共同参与生产过程，构成生产力和生产时间——价值实体和价值量。要素分配的依据是要素以价格形式在生产成本中所占的比重。作为确定分配量的一种可以计量的依据，与所谓单一要素具体边际生产力并没有直接的关系。

资本对自然力的垄断利用，就是资本把自然力纳入资本生产力的过程。在这个过程中，假定资本所利用的一切自然力都是没有所有权的、可随意使用的自然力，或者是资本者自己的，无须交换得到，这种自然力当然是"超额利润的一种自然基础"。但另一方面，资本利用的自然力往往是有所有权的，这时"超额利润的分配基础"就会变成自然力的所有者权力。这种权力的来源是他手中的自然资源已经变成商品，卖给了资本所有者。自然资源所有权者因其自然资源参加了价值创造而要求一份相应所得。这是因为自然资本变成了生产资本,变成了生产成本。

价值的创造和价值的分配是两回事,不能混为一谈。在现象形态上,劳动条件的分配直接支配着剩余价值的分配,决定不同社会制度下的"三位一体"的关系。劳动、资本、土地生产要素的合成才是生产力,而生产要素占有则发生在生产力之前。从占有到合成生产力有一个过程,在这个过程中,被占有的要素在生产中所发生的关系就是生产关系;在其后的所得分配中发生的关系是分配关系。要素分配的法律依据是占有,而要素分配的结果是"要素贡献"。土地所有者要求分得利润,不是暴力,也不是掠夺,是理所当然。

分配是在占有基础上的分配,分配问题是当然的社会制度问题。

人民的每一分子除了"按劳分配"以外,还应得到人民"按资分配"的部分。只有用人民的"资产所有权"收益建立起人民保障制度,才是真正的"用制度保障社会"。

社会主义是制度,人民民主是制度,土地属于人民是制度,人民按资分配是制度,人民税收归人民是制度,人民银行归人民也是制度。用制度保障社会,用制度保障人民,就是理顺土地(自然资源)与人民的关系,全部"地租"归人民;理顺国有资产与人民的关系,就是国有企业"利润"归人民;理顺货币金融与人民的关系,就是银行"利息"归人民。社会安全和发展首先是用"制度"保障,而不是用一部分个人的财富保障另一部分个人的生活。作为制度的一个补充,用富人收入保障穷人温饱是扶贫济困的"慈善"。慈善是文化,最终是个人的行为,永远不可能成为社会的制度保障。

人民有人民资本的收益权。一旦实现人民占有,理论界几十年来关于按什么分配的争论就显露出片面性。人民有土地和资本收入,个人有劳动和劳动收入,一旦实现人民占有自然资源和生产资本,人民就有"按资分配"的权力。人民有"按资分配"的权力,个人有"按劳分配"的权利,理论界关于社会主义分配原则的争论可以休矣。

## 三、人民资本人民经营

人民占有,人人使用。人民资本经由人民占有和个人使用的途径,一方面是人人享有人民资本的收益,另一方面是人民占有而每个人都可以使用,即实现人人有使用权。这一制度的实质是"把占有真正变成一种权利",把所有个人变成"公共财富的保管者和使用者"。"共同占有"的现代意义就是人民占有,但是要"把占有真正变成一种权利",还需要将个人变成"人民财富的保管者和使用者"。

人民资本人民经营。人民是怎样经营的呢?在商品经济条件下,一旦自然资源、国有资产、货币金融属于人民所有,接下来的问题就是如何使用。一方面,作为生产条件无论人民占有还是国家占有,问题最终都会归结为"谁去使用";另一方面,生产条件都是在商品形态上参与生产过程,作为资本生产力,"自然资源、国有资产、货币金融"资本需要保值增殖。因此,"人人使用"即会变成"人人经营",通过个人的使用而实现人民资产的效率和增殖。

人民经营之含义就在于全体个人都有权参与经营,同时也意味着经营的多种形式。原则上,人民资本可以由不同生产单位、生产实体,以不同生产规模和管理形式去经营。无论生产单位是个体、个人或不同性质的企业,人民资本选择(微观)经营对象的标准就是"合理、安全、效率"。个人(或其他生产单位)使用的本质是把效率作为原则。作为经营的组织方式,人民资本都可以采取多样化经营,而多样化的也只能是经营方式。这里,多种形式经营即经营的多样性可以理解为"人民所以是人民"的实现方法。

资源、资产、资金是人民的,个人(或生产单位)的使用是有偿的。有偿就是使用要支付地租、利润、利息。土地和矿产资源属于人民所有,生产单位则有偿使用。自然资源、资本、资金在人民占有的前提下,人民中的每一个个人都有使用的权利,人人有申请生产贷款的权利。个人使用生产条件就是个人的"劳动"。在人民占有资源、个人占有劳动的前提下,人民"按资分配"和个人"按劳分配"就是实现资源是人民的、资本和资金是人民的,而经营是微观的、企业的、法人的、个人的。

人民占有与个人使用,是所有权(占有)与使用权的最彻底分离。人民占有和个人使用最终会形成一组权利,形成"社会主义产权制度"。社会主义的产权原则就是:人民资本(资源、资金)个人使用,个人资产(劳动)人民使用。一旦人民权力用"资本、资产、资源"定位、劳动属于个人、资源属于人民(社会),必然会得出人民资本、人人经营的结论。人民占有个人使用和个人占有(劳动)人民使用的统一,就是"社会主义的产权"制度的实现。

说到所有权与使用权分离,当下的混乱见解无所不在。以中国农村土地制度改革为例,目前主张大致有五种:一是国家所有,农民永佃;二是土地所有权归集体,使用权归农民;三是以社区股份合作制改造农村集体土地所有制;四是实行有条件的土地私有制;五是实行国家、集体、农民多元化土地所有制度。迄今中国经济改革的主张归根结底到一点,离不开强调"有恒产者有恒心",即私有制可以提高生产效率,可以最合理地利用资源。

事实上,人民资本和资本经营是两个不同的问题:一个是资源占有;一个是经营方式。先要有资产然后才是讲经营。资源(生产要素)从价值形态看是资本,从实物形态看是资产,资本和资产是一物的两个方面。问题实质在于:人民资本、人民资产与官僚资本、国有资产是对立的。理论上人民资本(人民资产)可以由"人人"去使用、经营,现实中"国有资产"(实为人民资产)是由官僚去使用、经营而与人民无关。"谁的资产,谁去经营"并不是必然的。资产占有与经营形式两者之间没有必然联系。人民资产可以分由不同性质的个人企业去经营。经营的目标是"人民资产"保值增殖,而不是企业归谁,企业只是资产经营者,不同性质的企业只是资产经营的不同组织形式。其次,人民资产交给怎样的个人(法人)去使用是要有选择的。资产占有要求的是保值和收益,资产经营要求的是增殖、责任和效率。为实现资产增殖保值,人民资产人民经营,就是把人民资产交给有责任、有能力的人经营,并置于人民监督之下。激励制度离不开"有恒产者有恒心",然而人民占有人民资产与个人劳动的效率并不矛盾,因为人民资产人民收益。个人劳动的效率不但涉及劳动收入,同时也涉及资产收入。"合理地利用资源"在私有制度下是根本做不到的。

人民占有、人民经营,可以称之为社会主义生产方式的基本特征。它主要有以下三点:(1)以主要生产要素人民占有为前提;(2)以社会进步为衡量经济发展的原则;(3)以货币金融服务社会生产为根本。自然要素社会占有,资本要素服务生产实践,"劳动与资本"的内在矛盾得以削弱、根除,是社会主义的根本所在。

　　与人民资本同时存在的会有个人资本、企业资本、国家资本。人民怎样以政治、法律形式占有,以及个人如何使用这些资源,可在社会实践中解决,而且不难界定。一旦解决了哪些资源人民占有和怎样占有的问题,"私人资本"及"按资分配"问题也就会迎刃而解。

　　最后我们看到,人民占有个人使用、人民资本个人经营的末梢就是商品经济下个人的"劳动"。在人民占有人民资本的前提下,个人在为自己劳动的同时,也在为社会劳动,在为人民资本的增殖保值劳动。甚至个人性质的资产,比如个人存到银行的钱,也会变成人民的资本,因为它可以为需要的每一个人服务。

## 第二节　劳动资本

### 一、劳动力价值与价格

　　个人要使自己具有劳动技能,首先需要学习。学习、教育、保健、卫生费用在商品和价值形态下投入时,形成一个人的劳动力的价值。

　　学习和教育费用的真正价值化是伴随工业发展而来的。在传统的自给自足经济中,农业劳动技能的学习和教育是免费的。免费并不是说不需要投入,而是说直接投入的是非商品形态的生活资料和生产资料,尽管这些投入可以按市场上每种商品的价格计算出总成本,但这种计算对自给自足的小农经济来说意义不大。然而,一旦农业劳动力离开土地进入非农业领域后,劳动技能的学习与教育费用的计算就成为必要的了。因为如果不能"估算"出维持一定劳动能力的费用,雇主就不能在价值形态上补偿劳动能力,从而不能维持其正常的再生产。在这种估算的基础上,形成了"劳动力价值"的概念。一定的正常劳动力的价值,就是能补偿该劳动力在一定使用时间内(体力的和智能的)所消耗的学习、教育、保健等商品的价值。

　　倘若站在我们面前的是一个农民,当他脱离传统农业生产领域后,首先面对的就是劳动技能的转换。他的农业劳动知识完全无用了,他没有任何其他技能。他有什么呢?最简单的脑力加上一个正常的体力。形成这样一个劳动能力的费用，就是维持其生命和体力的生活资料费用。资本主义工业发展使农业劳动力、农业人口越来越多地转化为工业劳动力和工业人口。我们看到，伴随这一发展必然是正规教育制度的形成，是学校的发展和文化的普及。一个有远见的农民不仅会给自己的子女留下财产，而且会教育他们具有应变能力和为将来生活所需要的生产技能。

工业发展和农业人口向工业领域转移，改变了儿童接受教育和学习劳动技能的方式，越来越多的儿童不能依靠父母传授的知识和技能生活了。通过直接经验学习的方式，已经改变为通过间接经验取得知识、技能的方式。工业进一步发展的结果，造成了远远超出传统农业和工业化初期的信息丰富的环境。在这样的环境中，替代性经验已成为每一个儿童出生以来学习的基本来源，尤其是现代电子通信技术的发展，大大增加了替代性经验而不是直接经验的输入。许多竞争性过多的信息源泉，例如电视、报纸、书籍等大众传播媒介，使学校居于只是许多信息源泉之一的地位。就现代科学技术发展本身来讲，需要学校提供日益扩展的知识，但现在正规教育已经具有强迫性了。我们知道，文化越丰富，儿童越是得不到直接的劳动经验，所以当社会的正式教育代替原始农业家庭单位提供第一手劳动经验时，社会就必然要担负起提供职业技能、职业训练和再训练的责任。

科技越发达，对个人劳动质量的要求就越高；对个人劳动力质量要求越高，就越需要正规与多方面的教育和训练，越需要社会在教育领域投入更多的物质和人力。与此同时，每一个要求受教育的人必须付出一定的费用，正规教育越多需要付出的费用就越多。在正常情况下，形成一个复杂劳动力的平均费用比培养一个简单劳动力的平均费用高。不同质量的劳动能力所需要的费用形成劳动力价值的差别。

假定人力不是稀缺的，可以无限供给，并且不需要任何后天的教育和训练，不需要任何卫生保健就可使用，人力就会像取之不尽的空气一样。利用这样的人力进行生产，这种人力本身是有效用而无任何价值的。反之，如果人的生产技能的形成需要依靠前人或别人的生产物投入，劳动力进入交换以后，这些投资品价值形态总合构成劳动力价值。如果劳动力除了价值的投入仍面临稀缺，进入交换的劳动力的价格就会偏离劳动力价值。劳动力的需求和特定劳动力的稀缺可以使该种劳动力价格高于该劳动力价值。

经济学教科书告诉我们,在供求平衡的条件下,劳动力价值的货币表现就是劳动工资。工资是劳动力的价格。工资是由决定其他一切商品价格的供求规律决定的。

## 二、劳动力所有权

劳动力完全市场化是资本压迫劳动的手段之一。在生产要素价格上,不能将劳动要素等同于其他生产要素,不能将其归结为由供求决定价格,也不能将劳动者置于市场之中,任其自生自灭。生产价值论认为,劳动力是生产力要素之一,也是资本生产力要素之一。劳动力参与资本生产和分配,应当服从价值规律和利润规律,这同所有其他生产要素是一致的。劳动力价值是当然的资本,真正的人权应该从这里开始。

要使一切人力或劳动力具有资本性质,首先要实现劳动力所有权。

人要使自己的劳动能力成为资本,就必须有人身自由,必须是自由劳动者。我们知道,劳动并非从来就是自由劳动,劳动力并非从来就是商品。奴隶之为奴隶,是因为劳动连同人格一次而且永远地卖给自己的主人,因此,奴隶没有人身自由。这样的奴隶是商品,他可以由一个所有者手里转到另一个所有者手里。奴隶本身是商品,而他的劳动力却恰恰不是商品。① 对于自由劳动者来说,成为商品的不是劳动"者",而是他的劳动"能力"。对劳动者而言,作为一个"人",同他具有的劳动能力有着完全不同的意义。作为一个人,他只属于自己,他的劳动能力的所有权属于他,并永远属于他。劳动者的能力是他的财富、是个人的财富,劳动力商品属于劳动者,正像机器属于资本家一样。所以,作为这样的个人,他本身不像奴隶和农民那样直接属于生产资料之列,即使是他的劳动力处于生产过程之中发挥生产资料的功能,"他"也应该是有人格的、自由的。

劳动力所有权属劳动者。劳动力商品在生产过程中被使用,是劳动者把它(劳动力)的使用权让渡给生产过程的指挥者。一旦这种让渡和借用到期,劳动力商品仍然归劳动者所有。我们说自由劳动是"雇佣"劳

---

① 参见《马克思恩格斯选集》第一卷,人民出版社 1966 年版,第 337 页。

动,因为劳动力的实际运用具有契约性质。劳动者可以按照自己的意志,为不同生产组合提供劳动力商品,提供劳动服务。一旦达成协议,劳动力的使用权就不能再转化了,这是现代民法中所规定的劳务给付的专属性。雇用人非经受雇人同意,不得将其劳务请求权让与第三人,受雇人非经雇用人同意,不得为第三人服劳务。当事人之一方违反前项规定时,他方可终止契约。

现实经济中,工人事实上并不"出卖"劳动力,更不出卖劳动。准确地说是"转让"、"出借"或租赁劳动力使用权。工人首先提供劳动,然后得到工资的事实就是一个证明。但这个事实,并不妨碍资本在观念上仍然认为工人提供服务是出卖劳动力。在这种把"转让"使用权认做"出卖"所有权的基础上,我们看到现代经济学最基本命题之一:工资是收入,如同利润是收入、地租是收入。尽管现代西方国家在法律上不允许无期限出卖劳动力,规定允许出卖自己劳动力的最大期限,但这并不妨碍资本家认为在契约规定的时间内,劳动力的所有权是属于他的,所以他可以无偿占有劳动力创造的利润。资产阶级法律不允许无限期出卖劳动力,原因很简单,如果允许无限期地出卖包括一个工人的一生,那就立刻会把他变成其雇主的终身奴隶。

自由劳动者不"出卖"劳动商品,不出让劳动商品的所有权,这在资本经济生产方式中也是一个事实。正因为"不出卖"是一个事实,所以劳动者才能提出占有劳动所创造的利润的合理要求。劳动力商品才有可能成为劳动者的"资本"。如果劳动者必须出卖自己的劳动力给资本家,那么劳动者首先要求的就不会是利润,而是人身自由,是废除奴隶制。

### 三、工资是成本

实现了劳动力所有权的让渡,劳动力仍然可以不被看做是资本。

在资本看来,劳动工资在性质上是成本,而不是资本。资本通过购买占有生产力要素的所有权,进而占有生产力运动的产物——产品。在资本家的观念中,使用劳动是通过购买得到的,因此也就占有劳动力的使用权和收益权。就像他经过购买占有土地和机器的所有权一样,他们可以完全占有增殖的价值。

可事实上,资本家并不是购买劳动,也不能购买劳动,而是"租用"劳动力。用银行述语说是"借贷",除了还本,还有利息。但这并不妨碍资本家在观念上认为他购买了劳动,从而在事实上把劳动者看做现代奴隶。在资本主义生产方式中,工人在资本的监督下劳动,他个人属于资本。劳动过程是资本家购买的各种物之间的过程,是归他所有的各种物之间的过程。因此,这个过程的产品归他所有,正像他的酒窖内处于发酵过程的产品归他所有一样。

现代经济中,劳动者在劳动过程中先要为自己的劳动力价值——工资——生产出一个等价物,它只表示这样一个事实:如同旧价值补偿,劳动力价值在这里同机器价值一样,是转移到劳动对象上的,从而在生产结束时表现为成本和费用,表现为一个只是需要补偿的价值量——工资。

工资是生产成本并不是秘密。早在古典经济学时代,"国民经济学家对我们说,劳动的全部产品,本来属于工人,并且按照理论也是如此。但是他同时又对我们说,实际上工人得到的是产品中最小的、没有就不行的部分,也就是说,只得到他不是作为人而是作为工人生存所必要的那一部分以及不是为繁衍人类而是为繁衍工人这个奴隶阶级所必要的那一部分。"①

在资本经济中,生产实现了利润,而劳动力(旧)价值只是得到补偿,劳动者拿到工资。这个事实表明的并不是利润的实际生产过程,而是资本家投入的生产要素同利润占有之间的关系。许多情况下,资本首先要尽量保证利润,哪怕是通过克扣工资。资本家把货币资本转化为生产资本,要求这笔生产资本的运用得到社会承认,是社会必要的生产——是有利润的。如果他的产品无处销售,利润就不能实现。利润不能实现意味着白干,白白投资而一无所获。

## 四、劳动是资本

工资是成本并不排除劳动可以是资本。

生产价值论认为,每一生产要素都是资本生产力要素,劳动要素也一样,应有对应的资本所得。工资是成本,但劳动是资本。劳动力价值的高低,就是劳动力资本的大小。正像土地和机器是成本同时也是资本一样,

---

① 《马克思恩格斯全集》第四十二卷,人民出版社 1979 年版,第 54 页。

无论劳动力成本大小,劳动能力高低,劳动都具有资本的功能。现代资本理论不仅仅是要承认技术股、管理股,也应将劳动力资本概念纳入资本理论。劳动者通过在教育、培训、实践、学习、保健等方面投资,获得的知识技能和积累的劳动智能在价值形态下(劳动力价值)表现为劳动资本的大小,并应取得相应的利润分享。各种生产要素都是在商品形态下投入的,都是有价格的,因此,其所得与该要素在总成本中的比例相应。

现代教育经济学家对人力资本理论进行了许多论证,但他们并没有将"人力资本"概念纳入经济学中的资本理论。

最初出现的人力资本概念只同教育经济学相联系,至今仍是教育经济学的基本概念。教育在人类生活中的经济意义早在古代社会就受到了瞩目。随着经济的发展,近代社会的教育与生产效率之间的联系日益紧密,教育对经济发展的促进作用也就更加明显。对教育在经济发展中作用的研究,致使上世纪60年代初形成了教育经济学这样一门边缘学科。教育经济学研究教育的经济意义,是研究人的劳动能力、劳动技能的形成对经济发展的影响,以及教育在经济增长中的功效及其形成条件。

舒尔茨认为,人们需要有益的技能和知识,这是显而易见的,但人们不知道技能知识是一种资本,这种资本实质说来是一种计划投资的产物。利普赛和斯坦纳认为,人力资本是以较大的技艺、知识等形式体现于一个人的身上而不是体现于一台机器上的"资本",人力资本的主要构成是各种保健和教育。舒尔茨甚至得出以下结论:以往认为,人所获得的能力足以增加经济生产力,但未能把这种能力包括在资本之内,没把它看做是一种资本形式。人们已经获得了具有经济价值的大量知识和多种技能,从这个意义上来说,他们已经变成了资本家。[①]

古典政治经济学中的资本概念是同劳动力要素对立的,在实物形态上是非劳动力生产要素,表现为机器、厂房、工具等纯粹的物。如果承认劳动要素是资本,劳动力就应该具有资本的功能,即它应该是能带来利润的价值,它应该服从等量资本获取等量利润这一规律。事实上,所有教育经济学家都不是在这个意义上谈论"人力资本"的。人力资本概念至今

---

① 参见〔美〕舒尔茨:《教育的经济价值》,曹延亭译,吉林人民出版社1982年版,第8页。

在经济学理论体系中没有独立地位。

依照"三位一体"的理论,资本得利润,土地得地租,劳动得工资。劳动力为何不是资本?工资为何不算资本投资?为何不被看做是能带来价值增殖的资本?而机器、厂房、工具、土地则是能带来价值增殖的资本?

劳动事实上具有资本的功能,如果劳动不具有资本功能、增殖功能,利润也就无从谈起了。

## 五、无偿占有与剥削

我们对商品生产的利润形式分析否定了利润生产就是剥削的观点。"追求利润"、"生产以利润为目的"本身是规律不是问题。利润作为调节资本经济的尺度是合乎客观规律的,不以人的意志为转移。劳动、资本、土地作为生产要素并不必然产生剥削关系。随着商品生产变成了利润形式,利润成为生产者追求的目标就不可避免。证明利润的合理性并不等于承认为了追求利润可以不择手段。现实生活中恰恰如此。本来生产是为了消费,生产是为生活,现在生产变成是为了积累。为了利润最大化,资本甚至可以采取垄断、剥削、造假、欺骗等种种手段。历史告诉我们,利润在资本、劳动、土地、国家之间的分配,往往会发生不公正,但最受压迫的还是劳动者和小资本家。

同资本主义私有制并存的资产阶级的意识将劳动力仅仅看做是商品、是成本,劳动只需要在生产后给予补偿,除此以外没有其他意义,而生产条件(土地、设备、资金)则被当做资本来看待。劳动力商品投入生产过程,劳动力所有者只得到补偿劳动力商品价值的"价值",而生产资料商品投入生产过程,生产资料所有者得到的不仅是生产资料价值的补偿,还有一笔利润。在这笔利润中,本应归劳动力商品所有者的那部分被资本所有者占有了。为什么资本所有者能占有全部利润,因为他"占有生产资料";为什么资本所有者能占有劳动者应得的剩余价值,还是因为他占有劳动者。这种剥削和掠夺是依靠超经济暴力来维持的。

占有生产要素是分配的依据。现实中却是以政治和强权为依据,因此会出现以强权为基础的暴力掠夺——剥削、压迫、不公正,即无偿占有其他生产要素本应得到的数量和利益。

马克思认为,剩余价值与可变资本之比,即剩余劳动与必要劳动之比

（剩余价值率），是劳动力受资本剥削程度的"准确表现"。针对每一种生产要素，这一论断都是真理。而现实经济实践和经济学家告诉我们，工资是成本，是劳动力价值的补偿。资本理论并不把劳动力纳入其中，一般劳动不享有对利润的分享。

在对"无偿占有"的认识上，无论主张劳动价值论，还是赞同生产价值论，都可以说明现实生活中存在剥削和无偿占有的现象。生产价值论中，无偿占有的是新价值——利润。正因为新价值——利润——本身不需要补偿，才能表现为劳动价值论中一个预付价值的增殖——剩余价值。

消灭剥削是劳动价值论和生产价值论的一个共同结论。不同点在于，剥削和无偿占有在劳动价值论中是"剩余价值"，生产价值论中是"新价值"。劳动价值论认为，"剩余价值"即劳动者在生产过程中新创造的价值超过其劳动力价值的部分，被资本所有者无偿占有即是"剥削"。因为资本是不创造价值的，资本只是转移价值，剥削主要发生在资本对劳动方面。马克思认为，剩余价值与可变资本之比，即剩余劳动与必要劳动之比（剩余价值率），是劳动力受资本剥削程度的"准确表现"。

在生产价值论中，资本生产力是整体的可变资本，因此，各种生产要素理应分取相应的部分，其中也包括劳动力要素。

## 六、利润分享

生产价值论认为，建立劳动力资本理论应该是政治经济学的任务。如果劳动力是资本，每个人就会重新审视自己的一生。

在资产阶级的观念中，在资产阶级的教科书中，劳动力在性质上是成本而不是资本，但劳动工资作为劳动收入却与利润收入等同，共同被视为收入的范畴。这是很奇怪的。另外，虽说劳动力在性质上是成本而不是资本，但高级劳动、管理劳动、复杂劳动却具有资本功能，可以参与分红。

针对把普通劳动看做成本的分配方式，有许多研究者提出过改变的建议。如认为传统利润核算把工资、福利看做成本与原料成本等同，因此，经理可以通过减薪、裁员、削减福利降低成本、提高利润。事实上，人们已经发现，计算效率比计算利润有更好的尺度。例如把公司看做一个整体，脑力、体力、资本共同创造价值，创造多少价值根据公式测算。增殖价值，即每一产出单位使用资本总额的增殖价值、每一个雇员的增殖价值、某类总要素的增殖价值,都能被精确测量出其效率。由此,一部分能够平等地支付工资、薪水,给予资本(付债权人利息、股息、租金等)报酬;另一部分以税收形式支付给国家,以及支付给公司的折旧、利润保留、再投资部分。[①] 这是对传统制度的一个冲击,但还未达到"利润分享"的高度。

主张劳动者分享利润的观点早已有之,甚至还有利润分享的企业实验。与资产阶级革命不同,社会主义革命的目的就是要消灭剥削。马克思曾经设想,社会主义革命只能在生产力最高的国家发生,至少是在几个先进国家同时发生,但特殊的国际形势催生了十月革命,社会主义革命在落后地区发生了。这样的社会主义面临马克思未曾预料的困难:既要发展商品经济,又要消灭剥削。

社会主义的分配原则并不具有伦理色彩,只表明它在经济上的合理性。按这样的分配规律制定政策才能最大限度地提高内需,促进经济增长。我们的目的是要证明,无偿占有劳动要素创造的利润是违背资本经济规律的。这一点并不为现代资产阶级经济学家所认识。社会主义制度就是要消灭剥削,但迄今为止,社会主义经济学家所揭示的商品经济规律在很大程度上是同这一目的相背离的。这样,消灭剥削就变成不受经济规律支配的超经济的道德。消灭无偿占有劳动创造的利润的是资本经济分配规律本身。当我们不认识它的时候,它就像房屋倒在人的头上时重力定律强制地为自己开辟道路一样发生作用,一旦我们认识它并自觉地按照客观规律制定政策,社会主义商品经济会以比资本主义快得多的速度发展。

劳动力价值转化为劳动资本是社会的一个进步。这种转化是通过渐进的、强制的、不自觉的方式完成,还是通过自觉的方式促其实现,不在本书分析范围之内,笔者的任务在于提出资本经济的一般生产规律和分配规律。关键不是教育经济学家说的形成人力的投资对于人来说是不是投资,而是这种投资在现实生产过程中是不是表现为资本,是不是具有资本

---

[①] 参见〔英〕罗纳德·多尔:《股票资本主义》,"中文版序",李岩、李晓桦译,社会科学文献出版社2002年版,第14页。

功能并取得一份相应的利润。如果有谁认为提出"劳动资本"概念是贬低了人,那我们的认识就正相反。在资本经济条件下,否认劳动力商品具有资本的性质,恰恰是对劳动力所有者的一个贬低。劳动者把自己出卖给资本,他们没有取得投入劳动力所创造的那部分利润的任何权利。这样的自由劳动者是徒有虚名,因为他把自己降低到生产成本的水平。

在人类进步的长河中,个人的提高和自我改造是一个重要的前提,假若我们不能为这种改造提供现实的经济基础,改造就是一句空话,经济增长就会背离人类进步的总方向。人力资本概念的经济意义,就在于它为每一个劳动者的自我发展提供了经济学的基础。

## 第三节 分配论比较

### 一、生产价值分配论

在马克思笔下,资本从来是私人性质的,社会主义没有商品和货币,当然更不会有"人民资本"这一概念。在人民资本的概念中,人民资本所得收益,理论上不影响劳动资本的所得收益。但现实生活中,目前还不存在真正意义的人民资本。生产价值论认为,在现有制度下,分配的不公正就是剥削,无偿占有和剥削会发生在各个生产要素所有者之间。也有观点认为,传统的个人的剥削,比如家庭资产所有者或者企业主的剥削,相对于错误的社会调解体系产生的剥削来说已经逐渐消失。

理论上,资本所有者可以剥削劳动所有者,大资本所有者可以剥削小资本所有者,土地所有者可以剥削资本所有者,劳动所有者也可以与资本所有者一起剥削土地所有者……反之亦然。现实生活中,除了存在资本对劳动的严重剥削外,还存在资本和劳动对自然资源的严重剥削。自然资源的最大所有者——国家和私人,都不认为自然是需要补偿的,因此,国家和私有者会无视自然利益并无偿占有自然资本所带来的利润。传统的剥削理论都是针对劳动者、针对人的。李嘉图认为自然要素和机器之所以不创造价值,是因为它们所做的工作无须"补偿",而劳动是需要"补偿"的。笔者认为,这种理论是不正确的。第一,这不是事实;第二,商品价值总量包含新生产时间与过去生产时间转移两部分,不能用"自然要素和机器无须补偿"来解释。资本商品生产中,机器是有价值的,自然资源是有价格的,因此都需要补偿。

有学者认为界定剥削的标准是,"单纯凭借生产资料所有权而占有他人剩余劳动或剩余产品、剩余价值的收入"。坚持马克思劳动价值论所论证的"剥削"含义被视为政治问题,"在深化对劳动和劳动价值理论的认识中,如果认为土地、资本等各种要素都创造价值,不存在剥削,甚至回到'资本家养活工人'老调上去,那就必然会得出结论,资本主义制度是最完美的。"[1]为什么会有人认为土地、资本等各种要素都创造价值就不存在剥削了呢?

关于剥削,还有两种观点可以提及。

观点之一认为,所谓剥削,"无非是指对社会财富或别人劳动成果的无偿占有",是对要素贡献和合法产权的侵犯。马克思劳动价值论所认定的剥削仅仅是一种"特例"或"极端的情况"。现阶段,广大人民群众最为反感的反倒不是传统概念中的剥削者,而是那些滥用手中权力大肆侵吞国家资财和无偿占有别人劳动成果的贪官污吏。传统的"剥削"理论对这些真正的威胁无能为力,却会不加分析地将矛头指向为国为民作出贡献的民营企业家。[2]

观点之二认为,"劳动力价值"是生产工人工资收入的"下限",使资本的正常利润(不包括利息)接近于零的工资水平是"上限",在下限与上限之间是"工资争议区间",真实工资究竟落在哪一点上,取决于"工人与资本家之间的利益斗争和斗争双方的力量对比",这种观点将力量对比状况定义为一个"制度变量",即"对抗系数"。这种对抗性的分配不适用于社会主义条件下的分配,"在社会主义条件下,许多经济活动往往取决于计划会议上的讨价还价、上下级争议、计划指标的硬度、预算约束的硬度等不能由价值尺度、货币尺度或实物量等来测度的因素,它们起着比市场变量更大的经济作用。因此,必须在理论上找出某种抽象的方法将它们

---

[1] 参见刘昌用:"第一种价值论:价值与财富二分论",http://www.ycreview.com/?112/viewspace-284.html。

[2] 参见刘昌用:"第五种价值论:主客体关系价值论",http://www.ycreview.com/?112/viewspace-307.html。

表现出来。"①

## 二、修正的劳动价值分配论

为了突破经济实践中遇到的分配理论"瓶颈",中国经济学界对劳动价值分配论进行了修正,主要可分三类。

(1)认为中国社会主义初级阶段按生产要素分配的根据不是各要素都创造价值,而是"要素的所有权"。② 在价值创造中,工具、机器设备等的作用同劳动资料的作用并不完全相同,原材料虽然会成为财富或使用价值的构成部分,但它们对新价值的产生和增殖并无直接作用。至于厂房、道路、照明设备等,与财富和价值的创造关系更远一层。但先进生产工具和机器设备的利用则可以几倍、几十倍乃至几百倍地提高劳动生产率,可以使个别或少数企业获得超额价值(或超额剩余价值、超额利润)。

正统观点将是否坚持马克思劳动价值论所论证的"剥削"含义视为极其严重的政治问题,认为各种要素收入究竟是由各要素自己生产出来的还是由劳动(包括脑力劳动、管理劳动等)生产的,是涉及资本主义制度有无理由永恒存在以及要不要搞社会主义的重大问题。③

在探讨我国现阶段分配制度的理论问题时,为了避开有关价值论的争论,有学者认为价值创造以劳动价值论为基础,而价值分配的依据则是生产要素所有权。这一立场显然是不能自圆其说的。

(2)认为各种生产要素共同对使用价值的生产"作出贡献"仅仅是"物质或技术的关系",只说明了产品怎样生产出来,而不能说明产品应该归谁所有。对生产要素所有者的分配"仅仅是由于所有权在起作用,是所有权这种排他的社会关系的结果","因此,在分配问题上,起作用的只是社会关系,即基于所有权的分配权"。分配权同各种生产要素在使用价值生产中的贡献大小并没有"本质"的联系,它们只是"可以相关",因为

---

① 参见刘昌用:"第四种价值论:主客观综合价值论",http://www.ycreview.com/?112/viewspace-306.html。

② 参见刘昌用:"第一种价值论:价值与财富二分论",http://www.ycreview.com/?112/viewspace-284.html。

③ 同上。

分配总要以某种主观或客观的标准为依据,要素生产力是确定分配份额的一种依据。①

（3）认为"生产要素"就是分配的理论基础,"要素贡献论"和"合法产权收益论"是必然的分配原则。根据这个原则,认为所谓剥削"无非是指对社会财富或别人劳动成果的无偿占有",是对要素贡献和合法产权的侵犯。马克思劳动价值论所认定的剥削仅仅是一种"特例"或"极端的情况"。②

### 三、边际生产力分配

新古典边际生产力分配理论,通过假设生产中使用的劳动和资本的实物数量与边际产品实物数量对应的关系来解释工资和利息水平。从克拉克开始,新古典经济学家在其生产理论(以及之后的增长理论)中继续将资本总量视为是可衡量的实物数量。资本的数量决定边际生产力,反过来,边际生产力又决定了资本的价值。基于理论的一致性,他们无法将资本的价值形式视为衡量其实际数量的方法。

克拉克在《财富的分配》一书中全面发展了萨伊的收入分配理论。该书序言的首页开门见山地指出,该书的目的在于说明社会收入的分配是受着一个自然规律的支配,依据这个规律,每一个生产要素创造多少财富就得到多少财富。尽管工资可以根据人与人之间的自由磋商来调整,但是由自由磋商而产生的工资标准倾向于和产业中由劳动所生产出来的那一部分产品相等,这是该书的主张。③ 克拉克的贡献在于指出了每个人获得的收入,取决于要素在创造社会所需要的效用过程中作出牺牲的重要程度。

克拉克完成了从萨伊和西尼尔开始经济学家们就想要完成的任务,证明资本家和工人所获得的回报皆基于同一原理——没有剩余也不存在剥削。同工人一样,资本家获得的回报也是由他们自己所创造的。克拉

---

① 参见刘昌用:"第四种价值论:主客观综合价值论",http://www.ycreview.com/?112/viewspace-306.html。

② 参见刘昌用:"第五种价值论:主客体关系价值论",http://www.ycreview.com/?112/viewspace-307.html。

③ 参见[美]约翰·贝茨·克拉克:《财富的分配》,陈福生、陈振骅译,商务印书馆1997年版。

克提出了劳动和资本的替代原理。为了实现利润最大化,资本家必须了解劳动的边际产品价值和劳动的价格。对一个竞争性行业中的厂商来说,劳动价格由整个劳动力市场决定,厂商不论对劳动的价格还是出售产品的价格都没有明显的影响力。每个厂商都将继续雇佣劳动直到劳动的边际产品价值等于工资为止,这是厂商利润最大化的必要条件,也是克拉克得出的一个重要结论。

新古典边际主义有两个重要观点:(1)假设生产过程中使用的生产要素具有持续的边际可替代性,厂商理论在分析上与家庭效用最大化理论呈现出对称性;(2)给定要素的可替代性,厂商利润最大化理论既可以从生产和销售的单位产出收入和费用角度进行考察,也可以从购买和使用的生产投入的费用和收入角度进行考察,后者构成了新古典收入分配理论的基石。

在庞巴维克的分析中,通过将时间引入分析,把资本性质的定义完全纳入到效用最大化的过程中。因为生产中使用的初始生产要素的数量、生产时间的长度,以及使用投入品的时间模式可独立于价格而被先行确定下来。当我们继续增加相同的时间增量时,会发生两种情况:一是产出的边际增量会不断降低;二是等待的负效用边际增量会增加。显然,在某一点上可以使延长生产时间的产品效用边际增量刚好等于等待的负效用边际增量。而在这个点上,社会效用是最大的。在这一概念中,资本的数量表现为生产过程中的三个独立指数:一是使用的初始生产要素的数量;二是生产时间的长度;三是整个生产过程中使用初始生产要素的模式。庞巴维克似乎找到了克拉克资本衡量问题的解决方法。然而,它只是一些数字指数。[1]

边际生产力分配论的实质是要把分配问题从社会制度、从生产关系、从资本与劳动的关系中解脱出来,变成与直接生产力相关的直接生产问题。一旦把地租、利润、工资归结为土地、机器、劳动,所有矛盾都会迎刃而解,因为这里没有地主,没有资本家,没有无产者,只有生产力。

---

[1] 参见〔美〕E.K.亨特:《经济思想史———一种经济思想史》,颜鹏飞总校译,上海财经大学出版社2007年版,第260页。

## 第四节　关于社会主义分配

### 一、社会主义和人民原则

在资本经济下,个人除了劳动所得以外,积累的劳动也会形成个人的财富和资产,进而依靠资产升值取得个人资产性收入或财产性收入。从一定意义上讲,这种建立在占有个人劳动基础上的个人资产,可以看做是私人资本。另外一种私人占有是私人占有社会生产条件,特别是占有和掌握主宰国民生计的生产要素、生产条件。这是两种不同性质的"私有制"。后者若利用占有的生产条件对劳动进行压迫和剥削,就形成以"利用这种占有去奴役他人劳动的权力"的私有制。这就是《共产党宣言》中所要消灭的私有制,也就是消灭私有制的阶级性质。这里所谓消灭私有制,是消灭"利用这种占有去奴役他人劳动",而不是消灭个人所得和个人财产差别。

新中国建立初期,毛泽东得出结论说,富裕中农、百分之九十的中小资本家是小资产阶级,民族资产阶级不是反革命阶级;"有益于国计民生的私人资本"不在限制之列;"劳动"可以是个人的,但控制国民生计的资本和资源不能属于个人。但在随后的发展中,毛泽东指出,总路线,概括的一句话就是:逐步实现国家的社会主义工业化和对农业、手工业、资本主义工商业的社会主义改造。社会主义改造就是消灭私有制,"私有制要逐步变为不合法"。这里的消灭私有制,也应当理解为事关国民生计的资本和资源不能属于私人,只能属于社会、属于人民。

在生产条件社会占有的前提下,个人依据每个个人的劳动能力参加分配,即"按劳分配"。马克思在《资本论》中这样论述重建个人所有制"从资本主义生产方式产生的资本主义占有方式,即资本主义的私有制是对个人的、以自己劳动为基础的私有制的第一个否定。但是资本主义生产由于自然过程的必然性,造成了对自身的否定。这是否定的否定。这种否定不是重新建立私有制而是在资本主义时代成就的基础上,也就是说,在协作和对土地及靠劳动本身生产的生产资料共同占有的基础上,重新建立个人所有制。"①重建个人所有制本质上并不完全是劳动私有,劳动在这里一开始就表现为社会的劳动,只是在分配上还是以一个不变的(劳动)标准为基础。

个人所有是以劳动者依靠各自占有的生产资料来进行劳动为基础的个人的劳动所得。"重建个人所有制"其内容除了个人劳动所得外,还包括建立在劳动积累基础上的个人财产、资产。劳动能力是个人的,每一个人有权获得个人劳动所得,有权积累个人财产。一个人能占有的首先是个人的劳动能力。分配以"劳动"为统一标准,个人所得以劳动为基础。以劳动能力的差别为基础,就是承认个人差别,承认个人占有(资本)差别、个人能力(劳动)差别、个人利益(分配)差别。这种以同一标准(按劳分配)为基础的分配而不是依据每个人实际需要的"按需分配",还带有资产阶级性质,马克思称之为"资产阶级法权"。资产阶级法权的本质,就是法律承认和保护在个人权利、能力、差别的基础上形成的个人所得收益的差别。所谓社会主义的"资产阶级法权",是承认在共同占有基础上的个人不平等,是在共同占有基础上的保护个人劳动差别和承认个人能力差别。"资产阶级法权"的法理、前提、基础是承认个人劳动差别和个体权利差别,承认不同的劳动者以一个不变的"劳动"为法定分配依据。

"群体"和"个体"是物种的两种生命形态,是人类生命的两种形态,也是人类社会的两个实体、两个主体、两个存在。在个人与人民的关系上,保护群体是保护个体的一种方式,发展个体是发展群体的一种方式。人民原则和个人原则共同组成社会的价值原则,人民原则是人类的"整体性",个人原则是人类的"多样性"。作为社会价值,人民原则和个人原则具有同等意义。同样,资本主义、社会主义都是社会的一种实现方式,是不同社会价值取向的结果,作为社会价值选择的实现,它们具有同等的意义。

在人与人分离的基础上,"个人"是私有制的基本前提。个人进行生产只是为了占有。生产的目的就是占有。生产有这样一种功利的目的,

---

① 马克思:《资本论》第一卷,人民出版社1975年版,第832页。

而且有一种自私自利的目的,他生产的物品是他直接的、自私自利的需要的物化。人本身在未开化的野蛮状态下,就是以他自己直接需要的量为生产的尺度。马克思把人类社会建立在个人基础上这种观点称之为"直观的唯物主义"、旧的唯物主义,即不把感性理解为人类实践活动的唯物主义,至多只能做到对"市民社会"的单个人的直观。而新的唯物主义立脚点则是人类社会或社会化了的人类。任何一种解放都是把人的世界和人的关系还给人自己。

在马克思时代,所谓资本主义私有制就是指以私人占有为基础的社会制度。现在我们看到,以国家名义实为"官僚"占有的制度,其实质也是一种私有制,一种阶级私有制。社会主义分配以社会占有为前提,体现在政治概念上就是人民占有。人民是一个政治实体,也是有质的定量。"人民"作为一个政治概念,一个实体,不仅仅是代数和,不仅仅是指数量上的"个个",而是指数量上的"全部"。人民本质上是指相互联系、不可分割的"整体"。全部"个人"就是全部的个人,全部的个人是"公民"而并不一定就是人民。人民作为一个有质的定量,它的"质"是必须经过组织。组织起来的人民,有权力、有利益的人民才是真正的自为的人民。社会主义经济的真正本质是"社会",是人民占有和分配。凡社会的就应归社会,凡人民的就应归人民,哪些资产、资金、资本属于人民必须要通过政治实践去完成。按生产要素分配,只能说是合乎经济规律,并不是社会主义。社会主义不是劳动创造的价值归劳动者,也不是所谓"个个有财产",更不是劳动创造的价值归国家。社会主义是人民有权力、人民有财产、人民有利益。个人有产、人民无产的社会不是社会主义。

马克思劳动价值论中所说的商品的"价值决定",是专指在一个私人生产者组成的社会里,由私人生产者按照私人的打算生产出来并被相互交换的物品的价值决定。因此,恩格斯在《反杜林论》中才会说"价值是私人产品中包含的社会劳动的表现"[①],没有什么"绝对价值",价值范畴并不适用于任何社会形态。尽管如此,这并不妨碍我们对"生产价值"的

---

[①] 《马克思恩格斯选集》第三卷,人民出版社1966年版,第412页。

研究,但在生产价值论中,从劳动者应该得到劳动创造的价值同样不能得出其社会主义应用。

## 二、劳动价值"社会主义应用"的错误

马克思早已指出,劳动价值论的社会主义应用在经济学的形式上是错误,是把道德运用于经济学。因此他"从来不把他的共产主义要求建立在这样的基础上"。但在经济学的形式上是错误的东西,在世界历史上却可以是正确的。"现代社会主义,不论哪一派,只要从资产阶级政治经济学出发,几乎没有例外地都同李嘉图的价值理论相衔接。"李嘉图提出了两个原理:(1)劳动量决定商品价值;(2)全部劳动产品分配于土地所有者(地租)、资本家(利润)和工人(工资)这三个阶级。在英国,早在1821年,就已经从这两个原理中做出了社会主义的结论。①

劳动价值的"社会主义应用"是错误的。马克思反对把道德应用于经济学,是因为他避免把社会发展的规律建立在道德基础上;相反,他把道德建立在经济基础上,把理想社会建立在社会经济发展的必然性上,因此共产主义才有客观的基础。毫无疑问,从劳动创造财富,进而劳动者占有财富,进而产生社会主义,这是一种道德(权利)理论。从权利的角度出发争取劳动利益当然是无可非议的,然而这与马克思所论述的共产主义的必然性是两回事。

尽管马克思、恩格斯对李嘉图劳动价值理论的社会主义应用思潮进行过批判,但这不妨碍在当代中国劳动价值论还是相当直接地诱导出社会主义应用。例如认为"劳动价值论实际上是以劳动者的人身权和劳动力所有权为依据,对产品和财富所有权根据的论证"。马克思的伟大功绩就在于他论证了劳动者的劳动力所有权及据此要求生产资料所有权的理论根据——劳动价值论,而剩余价值论则是他对资本所有权的不合理性的揭示和论证。也正因为马克思的理论,劳动社会主义才得以奠基,并为劳动者确认自己的权利创造了前提。认为劳动财富属于劳动者所有,这

---

① 参见《马克思恩格斯全集》第二十一卷,人民出版社1965年版,第206页。

显然不是对马克思劳动价值论的本质理解。①

曾有权威认为,各种要素收入究竟是由各要素自己生产出来的,还是由劳动(包括脑力劳动、管理劳动等)生产的,是涉及资本主义制度有无理由永恒存在以及要不要搞社会主义的重大问题。这种从劳动价值论导出社会主义,用劳动价值论证明社会主义,通过劳动价值论确立劳动者的崇高地位,即以马克思劳动价值理论等同于社会主义经济制度的逻辑是不能成立的。为什么呢?

因为个人劳动是私有制的主体本质。从承认个人劳动(无论是权利还是所得)中只能推导出个人所有、个人占有和按劳分配,根本推导不出"社会主义",推导不出自然资源主权、人民资本主权、货币主权应属于社会、属于人民、属于全人类。

同时,"劳动创造价值"这一命题是不正确的。劳动本身没有价值,也不创造价值,正像人类生产铁不生产"吨"一样。吨是铁的重量单位,是重量的尺度。劳动创造财富,不创造价值。价值是财富的"尺度",且只是因为交换才产生财富交换的价值尺度。正如同我们定义价值是生产时间一样,可以说劳动创造劳动时间,生产创造生产时间,但我们不能说劳动创造价值,生产创造价值。因为价值只是生产时间与生产时间交换的一种历史表现形式。这种表现形式(价值形式)本身不是"财富",也没有"价值"。价值形式本来就是一个尺度。人们常识性地认为财富天生就有价值,所以讲"价值尺度"就是指商品或财富的价值尺度。然而这种常识所说的"价值"概念只是物的有用性,并不是价值理论中的价值概

---

① 以下观点,我们可以认为是对马克思劳动价值论社会主义的现代应用:社会主义公有制作为一个新的权利体系,它的基本权利就是劳动力所有权,其次是对共同占有生产资料的个人所有权。按照劳动价值论,生产资料是劳动者以其劳动力对物质资料改造的结果,因而也应当属于劳动者所有。从这个意义上说,对共同占有生产资料的个人所有权是劳动力个人所有权的直接派生形式。社会主义市场经济与资本主义市场经济的根本区别就在于劳动力的所有者不是被他人"配置"的"资源",而是经济活动的主体。劳动者根据自己的利益和素质技能,以主体的地位和身份来配置生产资料和自然资源,使之与自己的劳动力相结合。劳动价值论实际上是以劳动者的人身权和劳动力所有权为依据,对产品和财富所有权根据的论证,这里也包括生产资料的所有权。早期的社会主义者已开始依据劳动价值论这个理论,展开了与西斯蒙第不同的对资本私有制的批判——他们不再要求退回小生产,而是要在协作和机器大生产的基础上建立公有制,并在现实中鼓动工人依劳动价值论争取自己的权利和利益。参见刘永佶:《民主中国 法制经济》,中国经济出版社2002年版;刘永佶:《民主的权威》,中国经济出版社2005年版。

念。马克思劳动价值学说从来都不是要证明"劳动创造价值",也不证明"劳动创造的财富是有价值的"。

"价值学说"只是在财富已经大量生产出来以后才被确立,在中世纪"劳动价值"才开始作为经验的交换尺度存在。对价值作不同的规定会形成不同的价值学说。认为价值实体是劳动,只是对价值认识的观点之一。一件事物可以有许多不同的侧面,每个侧面都可以成为人们认识的对象。一枚硬币,你说是圆的,我说是扁的有何不可?概念取决认识的角度。在不同角度,针对不同对象或侧面,对立的见解都可以是真理。但处在同一角度,面对同一侧面,真理只能有一个。

事实是,无论怎样的"价值"都同社会主义没有必然的联系,同现存的社会主义制度更没有必然的联系。社会主义的主要特征是"生产要素"同"人民占有"的关系,而不是"劳动价值"同劳动者的关系。

在马克思那里,私有制并不是资本主义灭亡的原因。相反,资本主义崩溃的原因是生产力高度发展同私有制冲突、社会生产力与财产占有的生产关系发生冲突的结果。这就从根本上否定了把单纯的道德应用于经济科学研究的必要。换言之,就是私有制促进了生产力,生产力的发展又否定了私有制。于是我们可以说,资本主义制度毁于它的高度发展的生产力(生产力大量浪费、社会差距扩大、过度竞争)与占有本身之间的矛盾。相反的命题也是正确的:正因为资本主义私有制度才有资本主义生产力,正因为有资本主义生产力才有私有制的最终否定。

历史唯物主义的观点认为,社会变革产生于生产力同现存制度的冲突,因此才不以人们的意志为转移。在公有制基础上的生产力,如果不能促进社会进步和发展,那么这种生产力也会反过来摧毁"公有制"。这也是历史唯物主义的常识,同样是不以人们意志为转移的。

# 第九章　马克思价值学说回顾

**提要**：马克思的劳动价值论的核心阐述了两个问题：一是个人劳动与社会劳动的关系；二是雇佣劳动与资本的关系。马克思经济学范畴都包含这两种关系在内。马克思劳动价值论是关于"人类的、社会的、生产的、政治的"经济理论，从根本上区别于资产阶级所谓"个人的、拜物的、交换的、中立的"经济理论，因而对主流经济具有彻底的批判性、革命性。

劳动价值论的"社会主义应用"是错误的。马克思反对把道德应用于经济学，是避免把社会发展的规律建立在道德基础上。但同时，劳动价值论又从主体出发、从劳动者的权利出发、从劳动的社会性出发，形成与资产阶级经济学的根本对立。

## 第一节　古典劳动价值论

古典劳动价值论在说到商品、商品的交换价值以及规定商品相对价格的规律时，总是指数量可以由人类劳动增加、生产可以不受限制地进行竞争的商品。这一思想的实际内容表明，古典政治经济学研究的是"商品的交换价值"，而"商品"是专指通过人类劳动增加的那一部分物品。李嘉图在考察了使用价值以后，又分析了交换价值，把它作为不同使用价值之间直接交换的比率，然后从交换关系中排除掉使用价值，把交换价值的决定因素归结为商品中所体现的人类劳动力。从交换价值中排除掉使用价值归纳出价值实体，是古典劳动价值论的基本论点。这一理论的特点是把价值直接归结为劳动、直接等同于劳动,因此不同于马克思的劳动二重性理论。尽管如此,古典劳动价值论提出的观点仍很有意义,只是李嘉图并没有把劳动商品的思想贯彻到底。就在其著作的同一页他又说,"有些商品的价值,单只由它们的稀少性决定"①。这样,他对价值的说明便同前一认识处于尖锐对立之中。

李嘉图批判地继承了亚当·斯密的学说。在斯密那里,对价值的认识是很混乱的,但对劳动价值论的认识还是很明确的,可是当斯密把价值分解为"工资"、"利润"、"地租"时,已经暗含了他所建立的学说不再适用,因为他无法解释除去劳动以后的其他收入的来源。斯密虽然否定剩余产生于让渡利润,承认存在纯产品,但他发现在把劳动价值论运用于分配理论时,不能不借助于其他的解释。最后,迫使他把劳动价值学说的有效性局限在"还不存在货物积累和土地占有的那种早期和未开化的社会情况"。李嘉图在很大程度上澄清了斯密的混乱,但最后也被分配论绊倒了。

倘若说李嘉图把稀少性同价值概念相联系有可能导致其理论破产,那么在他把交换价值仅仅同"劳力"相结合时,其理论破产就是必然。事实上,真正导致李嘉图理论瓦解的不是他的观点不彻底,而是观点本身的片面性。李嘉图认为,人类劳动就是特指人的"劳力",他写道:"除开不能由人类劳力增加的东西外,这一点实际上是一切东西的交换价值的基础。"②

李嘉图的后继人为使古典劳动价值论能解释实际经济运行问题,作了种种修正,但这许多修正本身无疑也是对原有学说的一种否定。麦克库洛赫因把生产时间完全等同于劳动时间而被马克思批评道:"不仅是李嘉图的庸俗化者,并且还是詹姆斯·穆勒的庸俗化者。"③。麦克库洛赫坚定地认为"劳动才是财富的唯一来源";"只有劳动,人才能获得具有交

---

① 〔英〕李嘉图:《政治经济学及赋税原理》,郭大力、王亚南译,商务印书馆1962年版,第8页。
② 同上书,第9页。
③ 《马克思恩格斯全集》第二十六卷(第三册),人民出版社1975年版,第182页。

换价值的东西"。① 而资本则是积累的劳动。在解释葡萄酒增值现象时，麦克库洛赫认为，借助于机器的作用与发酵的作用，以及在桶内完成的其他过程，除了一个能看见、另一个看不见之外，在本质上根本没有一点不同的影子。只不过是不同的力被用来把资本转变成制成品而已，并无其他。使这些力得以活动并在其上发生效果的资本数量，在两个情况下都完全相同，因此两种产品都由相同的劳动量而产生出来。也就是说，在生产所投资本量上，只要数量一样，那么在同一时间内生产出来的房子和葡萄酒"便是等量劳动的产品"。结果是，自然力、机器力的生产时间都变成了劳动时间。为了彻底贯彻劳动价值论，麦克库洛赫以"一株树"的价值增殖为例：价值完全由对它支出的劳动量决定，投放在一株树上的原始成本很小，但资本经过一个较长的时期后，"将会产生相当大的效果"、"相当大的价值"。就好比一个价值 1 英镑的机器，用 100 年不坏，不用保养维修，100 年以后它的价值就会增加到 100 镑。这里最关键的是麦克库洛赫认为"在计算商品价值中"除了必须提到劳动时间因素外，"时间因素一般是不加入计算的"。② 事实上，这里所说的"时间"已经不能再用劳动时间来概括。麦克库洛赫的《政治经济学原理》一书被看做李嘉图体系解体的一幅悲惨图景是很恰当的。

随着商品经济和交换的发展，首先是剩余农产品转化为商品，表现为价值。这一现象不仅导致重农学派认为剩余价值只存在于地租形式中，而且造成了一种假象：劳动要素和土地要素成了相互独立的价值源泉。生产表现为价值，不是单一生产要素运动的结果。

李嘉图劳动价值学说瓦解以后产生了另一个学派，即否定劳动价值论的"替代"学派。在德国有李斯特、法国有库尔诺、英国有贝利。替代或否定的意念在库尔诺和贝利那里表现为超历史的均衡理论，而李斯特则把交换价值同生产力进行比较，从否定单纯劳动价值说中产生了"生产力"理论。

李斯特要求建立一个与价值理论相对立的理论，用他的说法就是"生

---

① 参见〔英〕约·雷·麦克库洛赫：《政治经济学原理》，郭家麟译，商务印书馆 1975 年版，第 38、43 页。

② 参见同上书，第 179—180 页。

产力理论"。其批判重心是反对把交换价值看做是财富的唯一对象,反对"把单纯的体力劳动认为是唯一的生产力"。结论是:一个国家的发展程度不决定于它所蓄积的财富和交换价值的多少,而是决定于它的生产力发展程度;生产力的重要组成部分包括"现代人类的精神资本"。其中"基督教,一夫一妻制,奴隶制与封建领地的取消,王位的继承,印刷、报纸、邮政、货币、计量、历法、钟表、警察等等事物,制度的发明,自由保有不动产原则的实行,交通工具的采用——这些都是生产力增长的丰富源泉"。"法律和公共制度虽然不直接生产价值,但它们是生产生产力的。"李斯特想用一种能为德国现实经济发展服务的"国家经济学"理论、用财富的生产力替代财富本身,替代抽象一般的交换价值研究。①

## 第二节 批判与继承

马克思早期思想是建立在对"劳动"和"私有财产"(私有制)的认识与批判上的,劳动价值论是这种批判认识的最重要的成果。

一、废除"劳动"

马克思在《1844年哲学经济学手稿》中着手分析了"劳动异化"。

首先,马克思把"劳动"当做分析的对象,尤其把物化劳动、活劳动当做分析的对象,借以批判李嘉图的古典经济学。其次,马克思以黑格尔的"异化"概念当做分析的关键环节。黑格尔发现异化是生活中的基本事实,但他把这个概念只放在了精神领域,放在哲学的中心位置;相反,马克思则是以经济事实本身的见解为出发点,完成了对黑格尔精神哲学的进一步批判。

在马克思看来,劳动不仅仅是物质财富的源泉、"生产的真正灵魂"、"人的本质",还是作为人类生命外化的表现。而财富和物质产品只是人类本质力量的对象化和外化。只有当对象对人来说成为社会的对象,人本身对自己来说成为社会的存在物,而社会在这个对象中对人来说成为

---

① 参见〔德〕弗里德里希·李斯特:《政治经济学的国民体系》第十二章,陈万煦译,商务印书馆1961年版。

本质的时候,人才不至于在自己的对象中丧失自身。

但是,异化劳动把这种关系颠倒过来,以致人正因为是有意识的存在物,才把自己的生命活动、自己的本质变成仅仅维持自己生存的手段。私有制使我们变得如此愚蠢而片面,以致一个对象只有当它为我们拥有的时候,也就是说,当它对我们说来作为资本而存在,或者它被我们直接占有,被我们吃、喝、穿、住等的时候,在它被我们使用的时候,才是我们的。尽管私有制本身也把占有的这一切仅仅看做生活手段,而它们作为手段为之服务的那种生活是私有制的生活。

国民经济学是从私有财产运动之结果得到外化劳动这一概念的。与国民经济学认识不同,马克思认为,与其说私有财产是表现为外化劳动的根据和原因,还不如说它是外化劳动的结果。马克思说:"从外化劳动这一概念,即从外化的人、异化劳动、异化的生命、异化的人这一概念得出私有财产这一概念。"但是"对这一概念的分析表明,与其说是私有财产表现为外化劳动的根据和原因,还不如说它是外化劳动的结果……后来,这种关系就变成相互作用的关系"。①

由此,马克思得出一个重要结论:私有财产的主体本质,作为自为的活动、作为个人的私有财产就是劳动。就是说,真正的私有财产体现为个人本身、个人本身劳动的私有才是私有财产的真正本质——主体本质。"主体"和"劳动"是私有的,从而个人劳动本身被当成了私有财产的规定。在私有财产关系下,不存在没有私有财产的劳动,"私有财产"与"主体本质"视为同一。创造财富的劳动就是私有财产的主体本质,从这个意义上说,"私有财产无非是物化的劳动……'劳动',按其本质来说,是非自由的、非人的、非社会的,被私有财产所决定的并且创造私有财产的活动。因此,废除私有财产只有被理解为废除'劳动'……的时候,才能成为现实"。②

## 二、对"人"的彻底否定

马克思多次指出,他的出发点就是国民经济学的出发点,不过得出的

---

① 《马克思恩格斯全集》第四十二卷,人民出版社1979年版,第100页。
② 同上书,第254页。

结论却完全不同。"国民经济学虽然从劳动是生产的真正灵魂这一点出发,但是它没给劳动提供任何东西,而是给私有财产提供了一切。蒲鲁东从这个矛盾得出了有利于劳动而不利于私有财产的结论。然而我们看到,这个表面的矛盾是异化劳动同自身的矛盾,而国民经济学只不过表述了异化劳动的规律罢了。"①

在马克思看来,古典政治经济学是建立在未能证明其必然性的基础之上,即建立在私有制基础之上的,因此势必要研究资本主义制度下的劳动方式。但他们研究的对象不是现实的活的劳动,不是现实活劳动的异化,而是"抽象劳动"。尽管这种抽象的、一般的认识比起重农学派对劳动的认识来说是一个进步,但它排除了活的劳动者,掩盖了正在产生的异化,而不是通过劳动去研究劳动者和生产的直接关系。

在李嘉图的劳动价值论看来,劳动者是无,创造财富的劳动才是一切。古典经济学对劳动者和劳动之间关系的这种看法,引出了马克思对李嘉图劳动价值论的批判和否定。显然,只承认创造财富的"劳动"而不承认劳动者,只讲一般劳动、不谈具体劳动者,对马克思来说是不可容忍的。因此,他认为这种无视劳动者的劳动价值论、这种抽象劳动创造财富的论点,其本质是"敌视人"的。

为什么说国民经济学中"劳动是财富的唯一本质"的论点是敌视人的呢?

在《1844年哲学经济学手稿》中马克思写道,私有财产的主体本质是劳动,国民经济学把劳动视为自己的原则,把私有财产看做人的本质,不再认为私有财产处在人之外;这种学说是现有私有财产运动的产物,也正是这种学说反过来促进并赞美这种运动的发展。因此,在把私有财产和它的主体本质视为同一的国民经济学看来,货币主义和重商主义把私有财产看做人的对象性,他们是拜物教徒。亚当·斯密是国民经济学的路德。路德把宗教观念变成人的本质,而扬弃了外在的宗教观念;斯密把人本身视为私有财产的本质,而把在人之外不依赖于人的财富扬弃了。以此出发,人本身被当成了私有财产的规定,就像路德把人当做宗教

---

① 《马克思恩格斯全集》第四十二卷,人民出版社1979年版,第100页。

的本质规定一样,因此,国民经济学虽然以劳动为原则承认人,但实际上是对人的彻底否定。一方面他们发挥了"劳动是财富的唯一本质"的论点,其结果"毋宁说是敌视人的",劳动价值论并没给劳动者应有的地位;另一方面,以一般劳动为原则的国民经济学,在承认个人的假象下,毋宁说是彻底实现对个人的否定。

马克思认为,地产是私有财产的第一个形式。在科学地理解私有财产的主体本质即劳动时,这一过程也在重演。劳动起初只作为农业劳动出现,然后才作为一般劳动得到承认。劳动在现实生活中被分离异化,与自身对立,随之变成劳动和积累的劳动(资本)相互排斥。劳动和资本的对立一旦达到极限,私有制就必然崩溃。马克思意识到国民经济学的一切范畴都不过是这两个基本因素的特定的展开了的表现而已。他认为,可以借助"异化劳动"和"私有财产"这两个因素阐明国民经济学的一切范畴。

### 三、恢复人的权利

既然经济学的逻辑与历史是统一的,经济学的起点应该与历史唯物主义的起点一致,为什么马克思在从历史研究转向经济研究过程中选择了"劳动"这一范畴作为他对价值、货币、资本研究的逻辑起点,在商品交换中抽象出的是劳动、劳动时间,而不是生产与生产时间呢?

马克思选择"劳动"的原因可以归纳为以下三点:

第一,强调在人类经济活动中劳动是第一性的,是主导。人类之所以为人类(经济的意义),首先是人类积极的劳动生产的实践活动,而不是"交换"和"需求"。从而使剩余价值或利润产生的资本主义的本质特征不可能在流通领域内被发现,剩余价值只能产生于生产领域。

第二,强调只有劳动才能表现为价值,就是为了把"劳动者"从生产中提炼出来。在自然和劳动之间、在自然力和劳动力之间、在生产主体和生产客体之间恢复"人的"权利,恢复"劳动者"的权利。正是以上两点,使马克思政治经济学与当时一切资产阶级的经济学划清了界限。

第三,由于历史局限性,直接劳动时间与生产时间还未实现完全分离。在多数工业生产领域,直接劳动时间与生产时间还是重叠的。

在《神圣家族,或对批判的批判所做的批判》(以下简称为《神圣家族》)

中马克思第一次正式表述自己的劳动价值概念。《神圣家族》一书在马克思劳动价值理论形成史中的意义,是在肯定了蒲鲁东对政治经济学所做的批判以后,特别指出了劳动价值理论具有决定意义的两点:

(1)"蒲鲁东既把劳动时间,即人类活动本身的直接定在,当做工资和规定产品价值的量度,因而就使人成了决定性的因素;而在旧政治经济学中决定性的因素则是资本和地产的物质力量,这就是说,蒲鲁东恢复了人的权利,虽然还是以政治经济学的、因而也是矛盾的形式来恢复的。"①

(2)"蒲鲁东最先注意到:付给单个工人的工资的总和即使在每一单个人的劳动都完全得到了报酬的情况下,也还是不足以偿付物化在大家的产品中的集体力量;因此,工人不是作为集体劳动力的一部分而被雇佣的。"②

这里,马克思指出劳动价值论与庸俗价值论之间的区别。"它使人成了决定性的因素",它"恢复了人的权利",这促使马克思第一次正面肯定了李嘉图劳动价值原理。在这以前,他是从李嘉图劳动价值论否定"人的权利"开始对李嘉图学说进行批判的。由此可见,马克思继承劳动价值理论的"无产阶级立场":一半是"劳动者",一半是"人权"。

马克思对李嘉图价值学说的继承在《神圣家族》中迈出了明确的但却是未加证明的一步。马克思在这里更多地表现出对"恢复了人的权利"的理解,虽然这种理解同其他"现代社会主义"流派是有区别的。马克思看到比劳动产品更多的东西。要说明这一点,就"必须说明劳动和资本的相互关系,也就是说,必须去探究资本的实质"。即对于剩余价值起源和本质的研究。

1845年初,马克思和恩格斯不约而同地产生了批判李斯特生产力论的想法。3月,马克思在"评弗里德里希·李斯特的著作《政治经济学的国民体系》"一文中,把"人"与"力量"的本质作了比较,最终确立了"交换价值完全不以'物质财富'的特殊性质为转移。……把物质财富变为交换价值是现存社会制度的结果,是发达的私有制社会的结果。废除交

---

① 《马克思恩格斯全集》第二卷,人民出版社1957年版,第61页。
② 同上书,第65页。

换价值就是废除私有制和私有财产"①。而劳动正是交换价值的唯一实体。

在李斯特看来,生产力的本质是无限的,而交换价值的本质是有限的,生产力表现出比交换价值无限高的本质。生产力是非物质的、交换价值是物质的这种对立,使得李斯特产生了对生产力的崇拜,但是这种崇拜的实质是把人贬低为一种创造财富的"力量",并把这种力量同其他的生产力、同牲畜和机器进行比较。马克思特别批判李斯特生产力论的这种贬低"人"、贬低劳动者的性质,同他对李嘉图价值理论的批判是一致的。他指出:"为了破坏美化'生产力'的神秘灵光,只要翻一下任何一本统计材料就够了。那里谈到水力、蒸汽力、马力,所有这些都是'生产力'。人同马、蒸汽、水全都充当'力量'的角色,这难道是对人的高度赞扬吗?"②

### 四、"劳动二重性"的不朽意义

《德意志意识形态》一书的完成标志着马克思唯物史观的形成,其后马克思进入政治经济学研究。

以"异化劳动"和"私有财产"为基础,马克思在《资本论》论中,把"异化劳动同人类发展的关系",把"物质财富变为交换价值"的命题,发展成"劳动二重性"命题。

从"劳动价值论"中我们看到:(1)没有劳动的社会、没有劳动的经济是不可思议的。人的活动是"劳动"活动,是构成一切生产力和生产产品的内因,"劳动"是一切人类经济活动的本质。因此,人类一切经济活动的本质都是"劳动的"、生产的、实体的、实物的,而不是非劳动的、非生产的、无实体的、无实物的、"虚拟的"。(2)在一切参与人类生产活动的经济要素中,必须恢复"劳动者"的权利。恢复"人"的权利,就要尊重劳动,确立"劳动者"和"社会劳动"的真正地位。资本是积累的社会劳动,资本无偿占有剩余价值就是无偿占有劳动。因此,没有所谓纯经济、纯数学、纯科学。一切现代经济学范畴都包含人与人的生产(政治)关系。

马克思"劳动二重性"学说的真正不朽意义是他指出,在私有制下,

---

① 《马克思恩格斯全集》第四十二卷,人民出版社1979年版,第254页。
② 同上书,第261页。

私人的、具体的劳动通过交换,在交换中表现为抽象的、一般的社会劳动。正如马克思自己所说:"劳动就它表现为价值而论,也不再具有它作为使用价值的创造者所具有的那些特征。商品中包含的劳动的这种二重性,是首先由我批判地证明了的。这一点是理解政治经济学的枢纽。"① 何以这样说? 因为这一表述揭示了马克思对整个古典劳动价值论批判的实质,因此成为"理解政治经济学的枢纽",同时也是理解"马克思政治经济学"的枢纽。这一"枢纽"用马克思的话说就是,古典劳动价值论"只看到交换价值的量的规定,……交换价值等于一定量的劳动时间,……忘记了交换价值的质的规定,就是说,个人劳动只有通过自身的异化才表现为抽象的、社会的劳动"②。

产品变成商品,时间变成价值,社会生产通过价值要素来表现,说明社会还不是直接的社会,相对而言是抽象的社会。由此可见,生产一般和效用一般是合理的抽象、正确的抽象。

劳动抽象依据的不是逻辑而是历史。抽象劳动的实质,不是指抽去劳动的具体内容形成抽象劳动,而是指社会共同。个人的劳动通过交换形成社会劳动,也就是个人的生产通过交换形成社会生产。这其中不仅存在"劳动二重性",同时还存在"资源二重性"——个人占有的自然资源通过交换形成社会自然资源。

社会的抽象性(间接性)导致社会劳动表现为抽象劳动。在资本主义生产中,事实上不仅存在社会生产(社会劳动)的抽象,还存在社会资本的抽象、社会自然资源的抽象、社会关系的抽象,等等。在私有制前提下,社会抽象性是普遍规律,凡是带有社会性的范畴,都在不同程度上具有抽象性(包括国家本身)。有谁能证明自然资源和生产资料就一定是个别的、具体的,而不能是一般的、抽象的呢? 恰恰相反,正因为不同所有制的存在导致自然资源和生产资料变为抽象的、一般的,只有通过交换才能实现其社会性。

劳动价值论中,价值实体是劳动,在劳动价值论基础上谈及资本时,

---

① 〔德〕马克思:《资本论》第一卷,人民出版社1975年版,第55页。
② 《马克思恩格斯全集》第二十六卷(第二册),人民出版社1973年版,第575页。

自然而然把资本看做积累的劳动,而把土地排除在外。生产价值论则要证明,恰恰是在私有制前提下,个人的、私有的、具体的土地、矿产、河流、机器等非劳动生产要素,同样会在交换中表现为抽象的、一般的、人类的、社会的性质。如果说商品价值范畴本身代表一种生产关系,那么,商品价格范畴本身同样代表一种生产关系,而货币是所有生产关系的总和。这些生产关系的基础首先就是个人对个人劳动的占有,以及人类对"自然"和"生产资料"的分割与占有。

# 中篇　交换—价格论

物质效用本没有价格,因为交换,
物质效用有了价格形式。

# 第十章 商 品

**提要**：除了生产商品,自然资源也是一种财富。在个人占有劳动及人类(团体、阶层、阶级、民族、国家)分割、占有自然的前提下,生产的开端,以个人占有劳动和不同权利主体占有自然资源与自然力为前提条件。社会性是商品的本质。凡被占有并进入交换从而具有社会性的生产产品、有用物品和自然资源都是经济学意义上的商品。商品包含自然资源商品化或商品化的自然资源。生产产品和自然资源在广义商品形态上的统一是资本经济(商品经济)的前提。在不同占有制度中,交换是社会实现的形式,也是个人实现的形式。交换是不可能被消灭的,能改变的只能是占有的不同权利主体。

个人劳动和个人占有的资源、私有财产在交换中完成向社会化劳动、社会资源、社会财产的转换。同时,社会占有的资源和社会财产也会完成向个人需求的转换。交换的性质是双向的:一方面,个人占有之间的交换意味着劳动生产和有用物的社会化;另一方面,社会占有与个人占有之间的交换意味着社会生产和有用物的个人化、个性化。如果没有提供不同质量、款式、品牌、材料、色彩商品的市场,个人最终还是无法实现自由选择和消费。生产与消费构成经济行为的起点和开端,生产与交换构成商品经济的起点和开端。

## 第一节 两种占有

人类有两种占有:占有个人和占有自然。

占有的本能是占有欲。所谓占有人（劳动、权力、名誉）与占有物，从社会的角度看，占有个人劳动和占有资本、资源是两种占有，形成两种占有事实；从生产的角度看，两种占有形成对劳动的占有和对生产条件的占有，形成生产关系。无论从哪一个角度说，"占有"都是经济活动毋庸置疑的前提。

一、占有自然

除了生产财富，自然也是一种财富。

"溥天之下，莫非王土"。迄今为止，人类不仅是把自然界当做"人的无机的身体"，而且也把自然界当做占有、利用、掠夺的财富对象。直到现代，只有极少数的民族能与自然和谐相处。而人本身也不再是一个单纯的"类"。就像不存在抽象的人类、不存在抽象的个人一样，如今抽象的自然界也不存在了！人类分解为不同利益集团和权利单位：个人、团体、阶层、阶级、民族、国家。现实中的自然则被不同的利益主体分割、占有，变成个人、团体、民族、国家的财产，以及有主权的领土、领空、领海。只有少数流动的、不能被分割、无法被占有的自然资源才能保持自然的本质，如阳光、风、雨、雷电、空气、公海等。

现代研究成果表明，人类占有行为非经文化的熏陶形成，而是人类的本能。占有欲是所有个体生物的共同本性，在动物、孩子和处于任何一个文明阶段的成人身上都是普遍存在的。正因为如此，"不贪婪"一向是道德教育的目标，但在最基本的层面上，它是自下而上本能的一个反映，构成了人类个性的基本特征。占有欲成为人性中永恒不变的品性，不受立法和制度的影响。尽管"私有财产是不平等的本质"，但获得财产又是自由最重要的内容。

人类学家在进化社会学研究中，把占有欲归结为人所具有的自我保存本能的体现。社会生物学家称，几乎所有的脊椎动物和大多数高级无脊椎动物"都严格地依照占据地盘、空间划分和各自为王的规则来生活"，严格遵守彼此间特定的、精确的距离。

无论是最原始的原生动物还是最高级的灵长类动物，对地盘都有很强的占有欲。这些发现的重要推论之一就是，动物需要拥有自己的地盘，不仅仅是为了摆脱食肉动物的威胁以及为自己及后代觅食，而更为重要的是为了繁殖后代。动物占有行为的首要目标是地盘和空间。与动物的占有欲一样,人类的占有主要是由经济和生理两方面原因所引起,即拥有地盘和物品以维持生存和繁衍后代。因此地域化是人类生存最基本的因素之一。

洛伦茨、丁伯根以及其他一些动物行为学家认为,动物和人类侵略性的根源是"占据地盘的本能",但也有人类学家如阿什利·蒙塔涅(Ashley Montagu)反对洛伦茨等关于人类天生拥有侵略性的学说,认为这种观点毫无价值可言。人类之所以是人类是因为人类没有"本能",因为人类的行为和所继承的一切都是从其文化、从其所创造的环境中、从其他人身上学习获得的。这种否定的见解面临的风险是人类固有的占有欲和侵略性在限制放松的时候就会立即死灰复燃。因此,"天性的教养"对于那些立志重建社会的有志之士来说具有极端的重要性。

总之,要证明占有欲是文化环境熏陶的产物,就必须证明小孩子没有占有欲行为。实际上,研究孩子心理的心理学家所收集的证据表明事实恰恰相反,也就是说蹒跚学步的婴儿占有欲极强,他们在成长过程中才学会了与别人分享东西,因为有人教他们这样做。[1]

## 二、占有自己

占有的另一方面是个人占有自己、占有自己的劳动和劳动所得。与占有自然相比,"个人占有自己"是晚近时代的产物。

作为自为的活动、作为个人的私有财产,私有财产的主体本质就是劳动。私有财产体现为个人本身,而个人本身被认为是私有财产的本质,因而在个人之外,只以外在方式来保存和保持的财富被扬弃了。正是因为这个缘故,个人本身被当成了私有财产的规定。

占有,从欲望到行动,在古代是以征服的名义,在现代是以法律的名义。占有首先是一种强力行为,其次,由占有的对象我们可以定位占有的具体性质。换言之,财产占有本质上不是经济的问题,而是社会、法律、制度的问题。经济学不可能越过生产关系、财产关系、社会制度。制度经济中的制度首先就是财产占有制度。

---

[1] 参见〔美〕理查德·派普斯:《财产论》,蒋琳琦译,经济科学出版社2003年版,第84页。

作为经济理论和经济实践前提的占有,是指在不具备正式的所有权时从物质形态上控制资产,不管它是有形的还是无形的。这是实际上具有的所有权,而不是法律上拥有的所有权,可以由长期的使用人或从前人继承,即在英国法中所称的"取得时效"而合法化。

马克思指出:"私有财产的权利是 Jus utendi et abutendi(任意使用和支配的权利),是随心所欲地处理什物的权利。罗马人的主要兴趣是发展和规定那些作为私有财产的抽象关系的关系。私有财产的真正基础,即占有,是一个事实,是不可解释的事实,而不是权利。只是由于社会赋予实际占有以法律的规定,实际占有才具有合法占有的性质,才具有私有财产的性质。"①古代个人的所有权局限于简单的占有,"仅仅涉及地产。无论在古代或现代民族中,真正的私有制只是随着动产的出现才出现的。"随着生产方式的发展,到了大工业时代,私有制就变成了"抛弃了共同体的一切外观并消除了国家对财产发展的任何影响的纯粹私有制。现代国家是与这种现代私有制相适应的"。结果是"国家只是为了私有制才存在"。②

法律所有权概念强调物质占有方面的排他性。"我的,不是你的。"我可以使用获利,你不能。哈佛大学出版的《中英辞典》(*Chinese-English Dictionary*)中,对"property"的解释仅为"财产",并将其划分为三类:公有财产、特有财产、私有财产。1999 年由美国出版、Roger L. Miller 撰写的《当代经济学》教科书中将"property rights"划分了两类:一类是私有产权(private property rights),另一类是"共同产权"(common property)。私有产权为所有者对使用、转移和交换财产的独占权;共同产权定义为财产为每个人拥有,但也非每个人专有。例如空气和水就是共同财产资源。③

把"占有"作为一种社会制度,将其本质表述为"私有制"是正确的。迄今为止的人类社会,占有是绝对的,占有的"公"与"私"是相对的。小公面对大公就是"私",大私面对小私就是"公";多数占有比之少数占有

---

① 《马克思恩格斯全集》第一卷,人民出版社 1956 年版,第 382 页。
② 〔德〕马克思、恩格斯:《德意志意识形态》,载《马克思恩格斯全集》第三卷,人民出版社 1965 年版,第 70 页。
③ 参见王振中主编:《产权理论与经济发展》,社会科学文献出版社 2005 年版,第 8 页。

为"公";集团占有比之个人占有为"公";民族占有比之集团占有为"公";国家占有比之民族占有为"公";世界占有比之国家占有为"公"。大到人类占有自然,小到个人占有自己(劳动、权力、名誉)。最高阶段的政治制度就是私有制,政治情绪的最高阶段就是私有财产的情绪,时至今日并不过时。"只有资本才创造出资产阶级社会,并创造出社会成员对自然界和社会联系本身的普遍占有。"①

在个人对劳动占有、人类对自然占有的前提下,社会生产以不同利益和权利主体占有自然资源、自然力为起点。换言之,社会生产以自然人、法人、政治人(国家)占有劳动、土地、资本为起点。

## 第二节 从占有到交换

面对"占有自己和占有自然"的现实,人们能做的就是"交换"。

人类生命的维系需要消费并自我生产。当社会发展到个人不是依据自己的生产供自己消费,而是自己为别人生产并换取别人的东西来做自己的消费时,生产与消费分离,交换经济随之形成。"要出售一件东西,唯一需要的是,它可以被独占,并且可以让渡。""产品成为商品……仅仅因为这些产品并只是作为生产者本人的直接生活资料,而是作为商品,即作为只有通过变为交换价值,通过转让才变成使用价值的产品来生产的。"②因此我们看到,资本主义生产方式占统治地位的社会财富,首先表现为"庞大的商品堆积",单个的商品表现为这种财富的元素形式。商品首先是一个外界的对象,一个靠自己的属性来满足人的某种需要的物。

但是,随着占有劳动和占有自然的发展,不仅是产品成为商品,不仅是生产产品进入交换,被占有的自然资源也进入交换。交换的结果是凡进入交换的物质对象都变成了商品。

### 一、三种交换类型

上篇我们从利用自然力和消耗自然物质得出生产力的自然要素概

---

① 《马克思恩格斯全集》第四十六卷(上册),人民出版社 1979 年版,第 393 页。
② 〔德〕马克思:《资本论》第三卷,人民出版社 1975 年版,第 714、718 页。

念,现在,从占有和交换出发,我们来分析商品。

一物成为商品,需求性是当然的前提。但仅有主观需求性还不能使一物"成为商品"。要成为商品的一物,在经济学领域中,首先是客观存在的物质能够被占有。空气、阳光、雨不能成为商品,不是因为它们没有主观需求性,而是因为它们不能被分割占有。只有客观存在的物质能够被占有,一物才可能用以交换。一物如果不是"我"所占有,"我"没有就不能出现"我"的"主观需求性"。所以,交换首先肯定的是交换对象本身,是被他人占有的事实,其次才是交换形式背后的双方的主观动机。

生产力中自然要素的特点有二:(1)尽管自然要素对人类是有用的,被人类所利用,但它们本身是自然存在的物质,是自然物,没有物化的生产时间在其中,不是价值实体,也不含任何价值量。(2)如果自然要素仅仅是被占有,没有进入交换,它们就不具有社会性,不会转化为商品。

按照劳动价值论的逻辑,一切经过生产和劳动形成的产品、生产资料和劳务都被称做有价值的商品(生产价值论中的商品也是指生产商品);反之,未经人类生产劳动,只因其有用性或稀缺而进入交换的自然资源等是无价值的自然物,属于非商品。因此,我们可以把经济交换归纳为三种类型、三种性质:

第一类,有价值的与有价值的东西交换。

第二类,无价值的与无价值的东西交换。

第三类,有价值的与无价值的东西交换。

二、广义商品

何为商品?马克思认为凡商品均具有两个因素:使用价值和交换价值。用亚里士多德的话说,商品有"两种用途":一是可以自己用;二是可以用来交换。由此可见,商品不仅仅指一物的生产性,也不仅仅指一物的有用性,更重要的是指一物具有社会性。除物的生产性和有用性外,必须加之社会性,商品定义才可能完整。换言之,有用性和生产性之所以不能定义商品,是因为商品不进入交换就不能称其为商品。交换本身意味着社会性,离开交换就是离开社会,离开社会商品就不复存在。

社会性是商品的本质,由此形成生产价值论的商品定义:凡被占有并进入交换,从而具有社会性的生产产品、有用物品和自然资源,都是经济学意义上的商品。

进入交换之前的劳动产品是潜在的劳动商品,完成交换的劳动产品是实现的劳动商品。在此基础上,生产价值论称劳动商品为生产商品。从再生产的角度看,劳动力本身也可视为生产性商品。相对而言,将未含劳动而进入并完成交换的自然资源、自然生产要素等称做自然商品或资源商品,例如土地、森林、矿脉。我们可以把前者视为狭义商品概念,包含后者视为广义商品概念。

若对自然商品作进一步规定,又可以区分为潜在的自然商品和实现的自然商品。未进入生产和交换的自然商品可被视为潜在的自然商品。如,未开采的石油是潜在的自然商品,已开采并进入交换的石油就是实现的自然商品;原始森林是潜在的自然商品,被砍伐并进入交换的树木是实现的自然商品。由此,我们说有两种商品:生产商品(或称劳动商品)和自然商品(或称资源商品)。依照我们对商品的定义,前文所说三种类型的交换,可以理解为生产商品与生产商品交换、自然商品与自然商品交换、生产商品与自然商品交换。

如果把人的活动视为劳动,绝对不含劳动的商品就会大大减少。比如地上一块宝石,我弯腰把它拾起,弯腰就可视为是"劳动"。严格地说,生产商品与自然商品的区分在于:就商品有用性及效用(将涉及价格)而言,我们说商品本身可以是生产性的,也可以是非生产性的、天然的。就是说,商品的有用性及效用可以是经过劳动加工的(即生产过程),也可以是没有经过加工的、天然的。因此,我们可以把经过生产加工改变了性能的劳动商品称做生产商品,把未经过生产加工改变性能的自然商品称做资源商品。例如,开采出来的原油就是天然的资源商品,汽油就是经过加工的生产商品;砍伐下来的原木就是天然的资源商品,木条、木板就是经过加工的生产商品。

只占有而不进入交换,"自然资源"就没有社会化。在交换过程中,我们看到被人类分割、占有的自然要素,在交换中实现其有用性、商品性。就是说,被个人占有的自然资源在交换中具有了人类的社会性质,自然变成了"社会化自然"。在马克思劳动价值论中,商品形式"谜一般的性质"只体现为生产劳动与总劳动的关系,社会劳动关系表现为商品与商品、物与物的关系。现在,商品"谜一般的性质"体现为占有与占有、使用与使用的关系,而非仅仅是劳动与劳动的关系。

在马克思那个时代,对商品范畴和财富性质认识的分歧始终是劳动价值论与反劳动价值论之间的争论问题。从争论的立场上看,马克思是站在"劳动"和"劳动者"的立场;相反的一方是站在"财富"和"所有权"的立场,马克思将其称之为资产阶级庸俗经济学。实际上,财富所有权的重要对象就是被分裂占有的自然资源。萨伊就认为"社会财富的基础是交换与财产权受到承认"①。瓦尔拉斯则认为"有价值和可以交换的事物"叫做"商品"。②

现代生产的社会化是从生产要素的交换开始,以生产产品的交换结束。交换的前提是占有;反之,在占有前提下,要想实现互利,就只有进行交换。交换是占有的必然结果,但是"占有者"与"交换者"不一定是私人,交换主体可以是私人,也可以是法人、集体、民族、国家。交换与占有制性质并不相关。

### 三、交换的本质

马克思认为,不论是生产本身中人的活动的交换,还是人的产品的交换,其意义都相当于类活动和类精神,其真实的、有意识的、真正的存在是社会的活动和社会的享受。因为人的本质是人的真正的社会联系,所以,人在积极实现自己本质的过程中创造、生产人的社会联系、社会本质,而社会本质不是一种同单个人相对立的、抽象的、一般的力量,而是每一个单个人的本质,是他自己的活动、他自己的生活、他自己的享受、他自己的财富。真正的社会联系并不是由反思产生的,它是由于有了个人的需要和利己主义才出现的,也就是个人在积极实现其存在时的直接产物。有没有这种社会联系是不以人为转移的。一旦人不承认自己是人,因而不按照人的样子来组织世界,这种社会联系就以异化的形式出现。

同样道理,在交换过程中,如果只是个人劳动在交换中表现为社会化,而个人占有的自然资源和自然要素并不参与其中,这就等于说——

---

① 〔法〕萨伊:《政治经济学概论》,陈福生、陈振骅译,商务印书馆1963年版,第15页。
② 参见〔法〕莱昂·瓦尔拉斯:《纯粹经济学要义》,蔡受百译,商务印书馆1989年版,第69页。

"自然资源"与人类社会、人类活动、人类生产的社会化和社会性无关。这不是事实。人类生产的本质就是人与自然的关系。在人与自然的关系中,人对自然的利用是生产力,人对自然的占有是生产关系。任何劳动生产和交换都是在占有的前提下进行的。

任何时候都不存在没有生产关系的生产力,不存在脱离生产关系的生产力。产品的交换就是生产力的交换,生产力的交换就是生产关系的交换。

"交换"因此成为社会化的媒介,成为社会之为社会不可缺失的主要环节。交换的本质就是"社会的形式"。社会的原则(交换)就是公平、互利以及回报。在交换中,直接体现他的占有如何变成他自己为别人的存在,同时这个别人的存在也是为他的存在,"社会性质是整个运动的一般性质"。

当马克思说人们交换的不是产品而是劳动时,他肯定了个人占有自己的劳动和劳动产品,舍弃了个人占有自然。进入交换的不仅有劳动还有自然资源,社会化的不仅是劳动还有自然资源。生存引出占有,交换生成社会。这里真正用得上马克思的这段名言:"只有在社会中,自然界才是人自己的人的存在的基础。只有在社会中,人的自然的存在对他说来才是他的人的存在,而自然界对他说来才成为人。因此,社会是人同自然界的完成了的本质的统一,是自然界的真正复活,是人的实现了的自然主义和自然界的实现了的人道主义。"①在社会中,人同自然界完成了形式的统一。但只有在人类与自然界的交往不是掠夺、征服、滥用,而是本着互利、平衡、回报的原则,才能真正算是人的"自然主义"和自然界的"人道主义"。

### 四、使用价值与物质效用

《资本论》中指出"物的有用性使物成为使用价值",这里的"物"是特指生产商品而言。使用价值概念是特指生产商品而言的,并非一切有用之物。对生产商品而言,物的有用性在交换中成为使用价值,是来源于物

---

① 〔德〕马克思:《1844年经济学哲学手稿》,载《马克思恩格斯全集》第四十二卷,人民出版社1979年版,第122页。

的有用性交换。准确地说,使用价值是生产商品的一个属性,使用价值的载体是生产(劳动)商品,是特指与生产(劳动)商品交换价值对应的商品效用而言,使用价值是人类劳动生产的结果。我们把这种生产劳动商品中包含的有用性称做"使用价值",与商品中包含的交换价值(生产时间)相对应。

在经济学中,"使用价值"与"效用"几乎是完全通用的,至少可以通用而不引起误会。使用价值概念往往被应用于商品之外的一切有用物品。于是,我们可以说空气是使用价值而不是价值,但这样一种表述在经济学上是不严谨的。准确地说,经济学中使用价值与效用通用的前提在于它们是针对广义商品而言的。

与生产商品使用价值不同,有效用的物品可以指非生产劳动物品,也可以指任意一个进入交换的有用物。在非生产交换中,对人类最重要的应属自然资源的交换。自然资源的有用性与劳动的消耗无关。我们把这种不依附于生产劳动的有用性称做"物质效用"。"物质效用"可以是针对地球上所有自然资源的有用性而言。"物质效用"与"使用价值"都是有用的意思,它们的经济学意义都是针对商品的有用性而言,但是商品载体不同。前者是生产商品,后者是自然商品。

以上区分仅仅具有理论上的意义。针对现实中的交换,物质效用概念的外延要大于使用价值概念。本书所用的商品概念是广义商品概念。对本书而言,使用价值就是物质效用,物质效用就是使用价值。劳动商品概念中的"使用价值"与广义商品概念中的"物质效用"可以通用。为了方便,本书将"物质效用"简称为"效用"。

## 第三节 关于"消灭交换"

既然讲交换本质是社会的形式,就说明现阶段社会性、社会化是间接的,必须通过交换才能实现。那么真正的社会化是怎样的?是不是就意味着消灭交换?消灭交换就要消除交换的前提,这个前提就是马克思笔下的私人占有制。

首先看看马克思是怎样论述交换的。

## 一、个人劳动向社会劳动转换

在一定的历史阶段,劳动产品必须进入交换,交换的前提是私人占有。因此,商品所有者他们必须彼此承认对方是商品的所有者。商品必须全面转手。这种转手就形成商品交换,而商品交换使劳动彼此作为价值发生关系并作为价值来实现。商品在能够作为使用价值实现以前,必须先作为价值来实现。交换对于交换者只是个人的过程。劳动在交换中异化。另一方面,交换对于交换者是一般社会的过程。所谓一般社会的过程,就是在私人劳动和私人占有的情况下,个人、私人劳动只有通过交换才能成为一般的劳动。因此马克思说,等价形式(交换)的特点之一,就是具体劳动成为它的对立面,即抽象人类劳动的表现形式。

在劳动私人占有制度下,个人劳动和社会劳动表现为商品的具体使用价值和一般交换价值,这是个人劳动和社会劳动的一种异化的历史的表现形式。因为存在私人占有和个人劳动这一前提,所以相对于原本的社会劳动,交换就成了劳动性质转化的载体,进而"价值"成了社会劳动的现实形式。

一句话,在私有制下,社会、社会性、社会化只能是抽象的,社会、社会性、社会化只能通过个人"交换"来实现。因此,要实现直接的社会劳动,就要实现社会主义,就必须消灭私人占有和私人劳动,消灭商品、价值、货币和个人交换。在马克思看来,"今天是资本以及工人们相互竞争的结果的东西,如果一旦取消劳动和资本的关系,明天就会成为以生产力总额对现有的需要总额的关系为基础的一个实在的协定。……但是这样的协定就是个人交换的死刑。"①

那么,如果没有私有制,个人交换的社会是什么样子呢?

马克思认为,在消灭了私人占有和个人劳动的前提下,不是交换赋予劳动以一般的性质,而是事先确定的劳动的共同性决定对产品的分享。生产的共同性一开始就使产品具有共同性、一般性。生产中发生的交换不是交换价值的交换,而是由共同需要、共同目的决定的劳动的交换。在交换价值的基础上,劳动只有通过交换才能成为一般劳动。而在共同生

---

① 《马克思恩格斯全集》第四卷,人民出版社1965年版,第116页。

产的基础上,劳动在交换以前就应成为一般劳动。在单个人独立生产情况下,产品交换是个人参与一般生产的媒介,商品交换、交换价值、货币都是同一关系。在共同生产情况下,共同性是生产的前提,单个人的劳动一开始就是社会劳动。他用自己的劳动所购买的不是一定的特殊产品,而是共同生产中的一定份额。他的产品不是交换价值(劳动不需要变成货币才具有一般性)。在私有制下,生产的社会性是通过产品变成交换价值"事后确定下来"的。在共同生产下,生产的社会性是前提,个人分享产品,参与消费,并不以产品交换为媒介。① 最后,让我们设想一个自由人联合体,他们用公共的生产资料进行劳动,并且自觉地把他们许多个人劳动力当做一个社会劳动力来使用。

这样,劳动时间就会起双重作用:一方面劳动时间的社会的有计划的分配调节着各种劳动职能同各种需要的适当的比例;另一方面,劳动时间又是计量生产者个人在共同劳动中所占份额的尺度,因而也是计量生产者个人在共同产品的个人消费部分中所占份额的尺度。在那里,人们同他们的劳动和劳动产品的社会关系,无论在生产上还是在分配上,都是简单明了的。接下来是,在社会公有的生产中,货币资本已不再存在了。社会把劳动力和生产资料分配给不同的生产部门。生产者们也许会得到纸的凭证,以此从社会的消费品储备中取走一个与他们的劳动时间相当的量。这些凭证不是货币。它们是不流通的。②

在一个社会的劳动中,个人把自己的劳动献给社会,得到一个贡献的凭证,然后去领取相应的消费产品。这是一个相当美好的理想。没有流通的货币,就意味着没有、也不需要"一般等价物"媒介。在这样一个没有交换媒介的世界里,生产和消费具体是怎样进行的呢?

马克思、恩格斯认为,在共产主义社会里,无论生产和消费都很容易估计。既然知道每一个人平均需要多少物品,那就容易算出一定数量的人需要多少物品;既然那时生产已经不是掌握在个别私人企业主的手里,而是掌握在公社及其管理机构的手里,那也就不难按照需求来调节生

---

① 参见《马克思恩格斯全集》第四十六卷(上册),人民出版社1979年版,第119页。
② 参见〔德〕马克思:《资本论》第二卷,人民出版社1975年版,第397页。

产了。

恩格斯指出,中央管理机构也可以同样容易地知道全国各地和各公社的消费量。只要这种统计工作组织就绪,这种工作在一两年内就可以很容易地完成,每年的平均消费量就只会同人口的增长成比例地变化;因此就容易适时地预先确定,每一种商品要有多少才能满足人民的需求。所需的这些商品也可以按批购的方式直接在产地订购,并且可以直接取得,不必经过中间人,不需要任何停顿和装卸,除了运输条件确实要求这样做而外,这样就大大节省了劳动力,而且不必付给投机商、大小商人以利润。[①]

一旦社会占有生产资料,并以直接社会化的样式来把它们应用于生产之时,每一个人的劳动,无论其特殊的有用性是如何的不同,一开始就成为直接的社会劳动。日常的经验直接地显示出它平均需要多少数量的社会劳动。社会可以简单地计算出:在一台蒸汽机中,在一百公斤的最近所收获的小麦中,在一百平方英尺的一定质地的棉布中,包含着多少工作小时劳动。因为到那时,产品包含的劳动量,社会可以直接地、绝对地知道,所以它不会想到继续用相对的、动摇的、不充分的尺度来表现这些劳动量,就是说,用它们自然的、相当的、绝对的尺度——时间来表现劳动量。那时人可以非常简单地处置这一切,而不需要著名的"价值"插手其间(恩格斯注:在决定生产问题时,上述的对效用和劳动花费的衡量,正是政治经济学中的价值概念在共产主义社会中所能余留的全部东西……)。[②]

二、社会劳动向个人需求转换

个人劳动进入交换表现为社会劳动,是个人劳动向社会劳动的一个转换。我们完全可以在这个转换中消灭任何中间环节,消灭交换媒介,使无数个人的劳动一开始就表现为"集体性的劳动",把"许多个人劳动力当做一个社会劳动力来使用"。如果说价值是社会劳动在私人占有和个人劳动前提下的一种表现形式,那么消灭了私人占有和个人劳动这个前

---

[①] 参见《马克思恩格斯全集》第二卷,人民出版社 1957 年版,第 607 页。
[②] 参见《马克思恩格斯选集》第三卷,人民出版社 1966 年版,第 411 页。

提,当然也就不需要有价值形式。

但是,我们在完成个人劳动向社会劳动转换的同时,还要完成两个反向转换:一是社会生产、社会劳动成果向个人"劳动所得"的反向转换,即社会生产与个人劳动的交换。二是社会劳动成果向"个人需求"的反向转换。

也就是说,"一个社会劳动力"有一个总生产产品,总产品必须转换并满足"许多个人"的消费需求和使用。在这个社会总劳动和总社会产品转向个人需求的过程中,不仅仅是要针对"一个人平均需要多少物品",还要满足每一个带有个人偏好、个人特性、个人兴趣的"自由人"的选择。试想众多生产企业生产出不同款式、颜色、大小、风格以及内含不同"劳动量"的四季服装,不可能仅按"一个人平均需要多少物品"来进行需求分配。如果真是这样,那就必须生产同一规格、同一款式、同一颜色的男女老少服装,否则很难想象如何满足个人选择如何不产生矛盾。

假定在"劳动的集体性"同时,需求是"集体的需求",消费是"集体消费"。人民的需求是一个总量,当然可以从中算出每一个个人的"平均需要"。反过来说,每年的平均消费量只会同人口的增长成比例地变化,因此知道了个人平均需要,也就可以知道"每年的平均消费量"。要完成这种计算,只要假定社会总需求中每个个人需求都是平均规格、平均款式、平均质地、平均消耗、平均功能以及平均的胃、平均的身高、平均的寿命……否则不存在有计划社会生产。理论上这是说得通的。

这里的问题是,社会生产可以有计划地进行,人民的需要和个人的平均需要也可以算出,即使生产品里面所包含的劳动量,社会能直接地绝对地知道,但个人需要的类型、个人的偏好、个性的满足是社会永远无法知道、无法计划的。而共产主义"社会总产品"与劳动者个人的交换,恰恰是在满足了个人"平均需要"基础上,还能最大限度地满足每个"自由人"个性的选择。

在消灭了个人交换和价值形式的共产主义社会中,在"一个"社会总产品中,只有表示产品劳动量差异的符号,除劳动时间外,没有表示劳动产品"使用价值"区别的符号。尽管每个个人这里都是按劳动得到合理的报酬——"一种纸的凭证",凭此在社会的消费品储存中取去一个与他们的劳动时间相符的数量,但是在这个领取而不是选择的过程中,个人能换取的仅仅是与他们的劳动时间相符的数量"等量劳动产品",个人只知道"个人在共同产品的个人消费部分中所占份额的尺度"。

### 三、没有交换就没有自由

交换是社会实现的形式,交换也是个人实现的形式。

归根结底,社会生产与个人劳动之间的交换以及社会生产是可以计划的,个人消费的选择是无法计划的;社会生产可以直接进行,消费还要通过个人选择。社会计划生产无法做到按个人"特殊的"使用需要进行生产,而只能按个人"平均的"使用需要进行生产。换言之,计划的社会生产可以满足平均的、基础的人民需要,但满足不了特殊的、有差别的个人需要。商品经济之所以被称之为市场经济,是因为市场是选择的场所。没有市场就没有选择,没有选择就没有(个人)自由。

凡被用来进行交换的东西当然都是被占有的,占有是交换的前提。但交换与占有的性质及所有制性质并无关联。占有可以与各种所有制并存,因此交换也可以与各种所有制并存。交换是不可能被消灭的,能改变的只能是占有的历史表现形式。

市场又是展现交换的载体,交换行为以集中和分散的形式出现的地点和范围,我们都称之为市场。市场可以是有形的、近距离的,也可以是无形的、远距离的。市场规模表示交换具有的社会广度和深度。因此,专门立足交换的市场经济学会产生市场与制度不相关的立场。

体现在社会、经济、政治、文化等各个生活领域中广泛的"利益"交换,是"社会商业化"、"社会市场化"——直到现在这种性质的交换范围还在扩大。人们甚至可以为此写一部无所不包的人类社会"交换史"。未来最广义的政治经济学或许不是研究经济的生产和交换,而是研究交换中的"政治和经济"。

# 第十一章　商品价格

**提要**：交换不创造价值，但创造价格。历史上发生的价格形式具有直观的、经验的、实践的简单性。简单价格形式就是有用物直接交换的"比例形式"。生产价值论认为，无论在历史上还是逻辑上，价格概念都产生在货币概念之前。价格并不像马克思描述的，是价值形式"通过一系列的形态变化，才成熟为价格形式"。交换价值与交换价格、价值概念与价格概念不是种属关系，而是同一层面上的矛盾关系，是逻辑学上称之为正负的概念。自然资源、自然要素商品化、社会化的标志就是它们的价格形式。自然资源价格说明价格的源泉是物质。正是物质客观存在的多种用途才会产生人们主观上的选择。对生产商品而言，价值和价格是对立统一的两个因素，所以交换价值才能首先表现为一种使用价值同另一种使用价值相交换的量的关系或比例。只有同时抽象出交换价值和交换价格，才能使价格范畴与效用相连接，才能建立起真正有理论意义的效用学说。

现在我们面前"庞大的商品堆积"是生产商品和自然商品。生产则是以占有和购买生产要素为起点，从购买劳动、土地、工具、原料开始。生产从购买开始，就是从交换开始。自然资源效用本没有价格，因为交换，自然资源效用有了价格形式。

## 第一节 价格是怎样产生的

### 一、价格误区

关于价格,马克思认为,一种商品在已经执行货币职能的商品上的相对价值表现就是它的价格形式。同时他又指出,简单价值形式是不充分的,是一种胚胎形式,它只有通过一系列的形态变化才成熟为价格形式。简单的价值形式是货币形式的胚胎。总之,马克思认为理解了简单价值形式、理解了一般等价形式、理解了一般价值形式,也就能理解价值商品是怎样变成货币的。价值商品变成货币的过程,也就是简单价值形式"通过一系列的形态变化,才成熟为价格形式"的过程。

针对简单价值形式,马克思清楚明确地说明了价值等式的意义。他指出,"20码麻布=1件上衣"或"20码麻布值1件上衣"是一个简单价值形式;简单价值形式的两端,一端是相对价值,一端是等价形式;这个简单价值形式是针对劳动商品与劳动商品相交换,即"有价值的东西与有价值的东西交换"而言的。

简单价值形式之所以简单,就在于价值在这里是直接通过一个实物对象得到表现,或者说是简单通过一对一的具体交换对象得到表现。用马克思的话说,就是在商品B的使用价值上表现出来的商品A的价值。这里还没有一般等价物,没有货币。在这种情况下,我们说一件东西所"值",不能说值多少"镑、元、卢布",只能说值什么东西,比如说"值1件上衣"。

在劳动产品与劳动产品的交换中,也就是在价值与价值交换的前提下,说简单价值形式通过一系列的形态变化成熟为价格形式,就是说在价值与价值交换的前提下,作为等价物的价值商品,通过一系列的形态变化成熟为"货币",此时用货币表示商品价值就是商品的价格形式。由此可见,马克思从来是把"商品的价格"理解为"货币形式"。然而,依照直观将"价格形式"直接理解为"货币形式"是一个认识上的误区。

### 二、商品简单价格

历史上发生的价格形式并不像马克思描述的那样,是价值形式"通过一系列的形态变化,才成熟为价格形式"①,而是具有直观的、经验的、实践的简单性。那么,商品为何具有价格形式？价格形式又是怎样发生的呢？

借助马克思对简单价值形式的分析,我们看到简单价格形式是这样发生的:2 分地 = 1 棵树或 2 分地值 1 棵树。

"2 分地 = 1 棵树"是一个简单的价格形式。为什么说这里发生的是简单价格形式呢？第一,双方交换物根本没有价值,双方交换的都不是生产产品,是无价值的物品与无价值的物品交换,不包含任何价值。不是价值交换,自然无所谓价值等量。第二,这里没有货币中介,交换是直接发生的,一商品的价格是用另一商品表现。

"2 分地 = 1 棵树",交换双方表现为相对价格。简单价格形式之所以"简单",是因为在商品 B 的数量上表现出来的商品 A 的价格。这里没有货币。交换是在没有货币媒介的前提下进行的。简单价格形式的两端,一端是相对数量,一端是比例形式。这是用直接交换比例(简单)表示相对商品的效用。在以上交换中,我们说 1 亩地所"值",不能说值多少"钱",只能说值什么"东西",比如说"值 1 棵树"、"值 2 棵树"、"值 3 棵树"。此时,值几棵树就是 1 亩地的"价格",比如"值 1 棵树",1 棵树就是 1 亩地的价格。价格发生在价格形式中,实质上就是指在交换比例中产生了物的相对价格。在价格形式中,即在交换比例形式中,双方可以不含任何价值——生产时间。

以物物"交换比例"显示相互交换的商品比例数量是商品的简单价格。

商品有价格并不是因为有货币,而是因为有交换。因为有交换,从而有交换比例。正是在"2 分地 = 1 棵树"的交换比例——2∶1 中,简单价格形式形成了,商品价格诞生了。"2 分地 = 1 棵树",不是一个虚构的交换,而是一个事实上可以存在的交换。效用通过商品交换比例表现出来。在直接交换中,交换双方以彼此实物数量的比例关系作为价格形式发生。我们把这种体现在简单(物物)交换中、用商品数量交换比例表示的社会

---

① 〔德〕马克思:《资本论》第一卷,人民出版社 1975 年版,第 77 页。

效用称做商品简单价格(简单商品价格)或商品交换价格。换言之,如果要给"商品价格"或"交换价格"下一定义,就是:一商品在与另一商品直接交换中,商品效用通过与另一数量商品的交换比例表现出来,此商品数量就是彼商品的价格或交换价格。显然,这是一个简单商品价格形式。商品的简单价格形式就是两物直接交换的数量"比例形式"。

由此可见,"价格形式"本身作为一种形式并不说明内容。价格形式与交换比例的相关性在价格形式只是表示一种交换比例关系。前面所说的三种形式的交换内容,决定"交换尺度"的不同内涵。交换的内容可以是生产商品与生产商品交换,也可以是自然商品与自然商品交换,也可以是生产商品与自然商品交换。

## 三、简单价格与货币无关

人们将"价格形式"直接理解为"货币形式"并不困难,因为二者形式上都表现为数量交换比例。但要把事实上存在的"价值"变成与价值偏离,甚至不含价值量的"价格",就困难重重了。一方面价值确实常常偏离价格,使价格看上去与价值无关;另一方面,价格确实有个波动的中心,不会没有边际的上下波动(除了被人为操纵)。问题出在人们直观地将"价格形式"直接理解为"货币形式",而事实上价格形式就是交换的比例形式,简单价格与货币无关!

何为"简单价格与货币无关"?就是说无论在历史上还是在逻辑上,价格概念都产生在货币概念之前。正像价值形式是通过一系列的形态变化,才成熟为货币形式一样,价值概念产生在货币概念之前,价值形式只是货币的胚胎形式。因此可以说价值与货币无关,价值并不是因为有货币,价值才成其为价值。价格概念亦是如此。显然,这与传统价格概念相背离。

传统观点认为价格的基础是价值,尽管对价值可以有几种完全不同的理解(劳动或效用),但价格是价值的货币表现却是被一致认同。"价值形式通过一系列的形态变化,才成熟为价格形式"这一句话正确的表述应该是"价值形式通过一系列的形态变化才成熟为货币形式"。货币概念产生在价值概念之后。商品流通领域有一个口,金(或银)是作为具有一定价值的商品从这个口进入流通领域的。流通领域内的价值,在货币执行价值尺度的职能时,即在货币决定价格时,是作为前提存在的。显然,货币在执行价值尺度职能时,是价值在前、货币尺度在后;在执行价格尺度职能时,则是价格在前、货币尺度在后。

"简单价格与货币无关",价格产生在货币之前,是一个颠覆传统的论断。这一论断认为,交换价值与交换价格、价值概念与价格概念不是种属关系,而是同一层面上的矛盾关系,是逻辑学上称之为正负的概念,是对立统一的概念。同时,这一论断意味着:交换不生产价值,但创造价格。

从"交换不生产价值,但创造价格"的论断中,我们得出以下三个结论:

(1)传统经济学教科书中的价格定义是指货币价格,即货币形态价格。商品价格完全不同于货币价格。所谓货币价格,是以货币为交换对象、以货币数量表示交换比例的价格形式。商品价格是指以商品为交换对象,即以基础的、简单的、直接的、商品数量表示交换比例的价格形式。商品价格是简单价格,是在商品直接交换中体现出来的价格形式。商品价格是货币萌芽的一部分。

(2)"价格本身不过是价值的货币表现罢了"①。马克思从来都是把"商品的价格"理解为"货币形式",认为是"商品价值转化为货币","交换价值成为货币"。② 也就是把货币形式直接等同于价值形式,等同于社会劳动量,"一切商品的价值都经由这个过程获得独立的和一致的形式,换句话说,一切商品的价值都经由这个过程表现为同一的社会劳动量。"价格并不完全像马克思所说,只是"价值形式"通过一系列的形态变化才成熟为价格形式。马克思所谓"一种商品在已经执行货币职能的商品上的相对价值表现,就是价格形式",以及"当商品不再作为劳动时间来衡量的交换价值,而作为用金来衡量的同名量相互发生关系的时候,金就从价值尺度转化为价格标准"③。这里所说的"价格"是货币在前、价格在后,先有货币、后有价格,实际上是指"货币价格"。总之,简单价值形式与简单价格形式,以及价值抽象与价格抽象,无论逻辑上还是历史上,都

---

① 《马克思恩格斯选集》第二卷,人民出版社1966年版,第282页。
② 《马克思恩格斯全集》第四十六卷(上册),人民出版社1979年版,第84、97页。
③ 《马克思恩格斯全集》第十三卷,人民出版社1962年版,第60页。

发生在货币形式和货币概念之前。

（3）价值与价格，前者生成于"生产时间"的交换，后者生成于"物质效用"的交换。效用可以与生产时间并存，也可以与生产时间无关。正因为价值与价格是两个平行且矛盾的范畴，交换价格才能与交换价值偏离，价格才能与价值偏离。最终商品经济的规律不仅有从价值范畴产生的价值规律，以价值规律调节生产，还有从价格范畴产生的价格规律，以价格规律调节交换。

通俗地说，交换不生产价值，但创造价格。价值是针对生产时间的："生产时间"表现为价值（等量交换），价值的源泉是人类的生产力，价值量由社会必要生产时间决定，而"物质效用"表现为价格（比例交换）。价格是针对进入交换的物质效用，价格的源泉可以是人类的生产力，也可以不是人类的生产力，而是自然资源的效用、有用性。

## 四、两种价格形式

商品有两种价格形态：一种是简单价格，一种是货币价格。

当货币还没有最后找到适合自己职能的材料时，以货币为媒介的交换范围还相当有限。最后，当通过实践找到金比麻布更适合充当一般等价物材料时，金就在交换中被确定为货币。接下来，按照马克思的说法就是："一种商品在已经执行货币商品职能的商品（金）上的简单的相对的价值表现就是价格形式。"20 码麻布的价格形式是"2 盎司金"（铸币 2 镑）。事实是，一种商品在已经执行货币商品职能的商品（金）上的相对价值表现，是指商品的货币价格形式。

在简单价值形式和简单价格形式中，我们说"20 码麻布值 1 件上衣"、"2 分地值 1 棵树"。有了货币，我们就可以说"20 码麻布值 1 镑"、"2 分地值 1 镑"。1 镑就是商品的货币价格。在市场和习惯中，将商品"价格"理解为货币价格或商品价值意思都是一样的，都是指"货币形式"，都是指以货币单位表示的交换比例。人们问一物"值"多少，并不是问值多少"亩地"，也不是问值多少"木材"，而是问值多少"银子"，值多少"钱"，即问值多少货币——多少元、英镑、法郎、马克、第纳尔，而不是问值什么东西。货币经济中，无论价值（社会时间）还是价格（社会效用），离开货币尺度就根本无法度量。我们可以说"供给了 1 件上衣"，但如果

1件上衣没有一个(货币)价格,也就没人能说出1件上衣供给的效用有多大。边际效用论是从反劳动价值角度提出的"价值学说",但就其实质来说,只是从一个极端走到另一个极端。

"价值"和"价格"是一组矛盾的范畴。使用价值成为它的对立面即价值的表现形式,价值成为它的对立面使用价值的表现形式,价格商品"必须把另一商品当做等价物来同它发生关系",或使另一商品的价值形式成为它自己的自然外形。"1件上衣＝1棵树",这个简单的交换证明,价值"通过一系列的形态变化"成熟为价格形式的说法是片面的。效用价值论和劳动价值论,共同忽略了商品的商品对象价格不同于商品的货币对象价格这样一个历史事实。

尽管所有的价格形式都是比例形式和比例关系,但商品以什么为对象显示交换的比例,具有完全不同的性质和结果。马克思认为,"一切商品要作为价格确定下来必须与货币相交换";在简单的物物交换中"商品还没有成为交换价值,因而也没有发展成为价格"。[①] 其实不然。我们把以物物"交换比例"显示相互交换的商品比例数量称为商品效用的简单价格。"简单"就简单在是物物交换,没有中介。反之,若商品以货币为中介、为交换对象,商品用货币表示的交换尺度就是商品的货币形态价格即货币价格,显示的就是商品值多少货币(值多少金币、银币、美元、英镑)。价值与价格本是对立统一的矛盾概念,用货币表示的商品价格与简单商品交换表示的商品效用价格是两个完全不同的概念。

换言之,说商品有"商品价格"与"货币价格"两种形式,也就是说商品有两种交换"模型":一种是物物交换的易货经济;一种是与货币交换的货币经济。在易货经济中,每个商品原则上可以交换任何另一个商品。于是我们会看到,假定有100种不同的商品,就有近5000种"兑换比率"。就是说,100种商品可以有5000个商品价格。而1000种商品需要50万种"兑换比率",有50万个商品价格。在货币经济中,所有的商品都只能与货币交换,无论多少商品,各自只有一个用货币表示的价格。正因为如此,易货经济会被克洛尔误认为"是所有的商品都是货

---

① 《马克思恩格斯全集》第四十六卷(上册),人民出版社1979年版,第118、141页。

币商品的经济"①。反对者指出,每一样东西都具有像货币一样的特性,也就没有哪一个商品具有货币特性了。如果所有的人都是国王,也就没有国王了。实际上,克洛尔说的并没有错,理论上易货经济中所有的商品都是货币商品。然而普通商品与货币商品毕竟有质的不同。克洛尔其实是混淆了"商品的商品对象价格"与"商品的货币对象价格"。

区分两种不同性质的价格,证明商品交换事实上有两个历史阶段。与历史统一的概念表明,"价值"与"价格"的矛盾并不是在随"价值量转化为价格"表现为与"货币的交换比例"时发生的。而是在货币产生之前,在简单商品交换中就已经发生。"价格"并不像马克思说的,是"价值形式"通过一系列的形态变化才成熟为价格形式。因此,马克思关于"价格是物化在商品内的劳动的货币名称"②这一命题是错误的。

这种说法恰恰反映了直观的经验与抽象思维相反,是用后来的货币概念去说明早先的价格概念。最直观的经济表象是:一物所值是通过与货币交换的数量比例表现的,与货币交换的比例形式正是一物的价格形式。因此才有价格就是货币形式、货币就是价格形式的混淆;才有产品交换者实际关心的问题首先是他用自己的产品能换取多少别人的产品,以及产品按什么样的比例交换。

马克思本能地感到,虽然价格作为商品价值量的指数是商品同货币的交换比例的指数,但不能由此反过来说,商品同货币的交换比例的指数必然是商品价值量的指数。商品的价值量表现着一种必然的、商品形成过程内在的同社会劳动时间的关系。马克思认为,随着价值量转化为价格,这种必然的关系就表现为商品同在它之外存在的货币商品的交换比例。这种交换比例既可以表现商品的价值量,也可以表现比它大或小的量;在一定条件下商品就是按这种较大或较小的量来让渡的。可见,价格和价值量之间量的不一致,或者价格偏离价值量的可能性,已经包含在价格形式本身中。

事实是货币可以最终表现生产商品的价值和使用价值;自然商品的

---

① 〔英〕杰弗里·M.霍奇逊:《经济学是如何忘记历史的:社会科学中的历史特性问题》,高伟、马霄鹏译,中国人民大学出版社 2008 年版,第 20 页。
② 参见〔德〕马克思:《资本论》第一卷,人民出版社 1975 年版,第 119 页。

效用与其中所含的生产价值，以及在所有商品交换中产生的价值与价格、生产时间与效用的偏离，是因为货币本身包含了商品价值和商品价格两个部分。

为什么直观的经验会与抽象思维相反，人们会用后来的货币价格去说明早先的商品价格概念呢？这是因为在现实中，自货币诞生以来，货币就不是一个抽象概念，而是一个现实的、直观的、具体的对象。货币本身看得见、摸得着，不需要抽象。对交换者而言，货币的等量形式与比例形式都是具体的、看得见的。经验不会关心"商品价格"与"货币价格"的区别，因此才会产生"价值的价格表现是货币"这种观念上的误差。然而，经济学会透过货币现象探索到货币下面的价值和价格。交换价值是一个抽象，交换价格也是一个抽象，社会效用和社会生产同样是抽象。"交换价值"或"交换价格"是人们头脑中的抽象，是用来把握货币现象的逻辑。正是只有商品共同的货币表现才导致对商品价值和价格性质的确定，没有对价值尺度和价格尺度的寻找，也就无法说明货币。

## 第二节　价格形式的意义

### 一、价格命题

为什么物的有用性不能直接表达，而要表现为价格呢？

占有使有用物的社会效用不能直接体现，即社会一般有用性不能得到直接的表现，不能直接体现在物的有用性上，如，1棵树＝1棵树，2吨沙＝2吨沙，6亩地＝6亩地。原因同价值概念的形成一样，个人占有物品只有通过交换才能迂回抽象地表现出社会一般有用性。

"20码麻布＝20码麻布"不是价值，"20码麻布＝1件上衣"才是价值。"1棵树＝1棵树"不是价格，"1棵树＝2吨沙"才是价格。

商品的价值与商品本身不同。生产商品仅仅在交换中才有价值，资源商品只有在交换中才有价格。① 具体有用性是交换的前提，一般效用、

---

① 参见《马克思恩格斯全集》第四十六卷（上册），人民出版社1979年版，第84页。

抽象社会有用性是交换的结果。通过交换的简单价格形式,个别具体有用物转化为社会一般有用物、转化为社会的一般效用。一个具体有用物成为它的对立面,即抽象人类有用物的表现形式。

需要特别指出的是,社会效用的抽象性使社会效用不能使用直接度量的方法。物的效用只能通过交换比例表现出来,1 棵树效用需要用 2 吨沙来表达,看上去荒谬,实际上顺理成章。社会效用只有比例化为"价格",通过价格才能体现出效用的社会一般属性,这就是效用的社会形式。有些研究者认为,因为"效用涉及人类的主观判断方面,还没有有效的直接度量方法"。实际上,至今未设计出或发现效用的直接度量方法,是因为社会效用根本不可能直接度量,只能在交换中通过交换比例决定。

一物可以没价值而有价格,也可以有效用而没有价格,也可以又有价值又有价格。如果只肯定生产商品是商品,否定自然商品是商品,必然会陷入斯密的"水—钻石悖论"。我们将价格直接定义为效用或使用价值,而斯密反对将使用价值看做是价格决定因素。他指出,"价值"一词有两个不同的意义。它有时表示特定物品的效用,有时又表示由于占有某物而取得的对他种货物的购买力。前者可叫做使用价值,后者可叫做交换价值。使用价值很大的东西往往具有极小的交换价值,甚或没有;反之,交换价值很大的东西往往具有极小的使用价值,甚或没有。例如,水的用途最大,但我们不能以水购买任何物品,也不会拿任何物品与水交换;反之,钻石虽几乎无使用价值可言,但须有大量其他货物才能与之交换。[①]效用价值论的经济学家通常将这一段话称为"水—钻石悖论"。后来的效用论者曾试图通过区分钻石的总效用(也是斯密所提及的)和边际效用来解释这一矛盾。

在我们看来,水的用途最大,但它如果不是所有权控制下的交换物质,也就不会具有价格形式,不会具有社会财富形式;钻石几乎无使用价值可言,但它是所有权控制下面的交换物质,所以会有一个价格形式。这里,水与钻石都与劳动或生产价值无关。然而一旦水可以变成所有权控

---

[①] 参见〔英〕亚当·斯密:《国民财富的性质和原因的研究》,郭大力、王亚南译,商务印书馆1972年版,第25页。

制下面的交换物质,就具有"社会财富"形式,就会有一个价格。

在"2分地＝1棵树"的交换式中,两端不含任何劳动价值原子,但都有各自的主人——所有权者。2分地与1棵树自己并不能交换,它们之所以能进入交换,是因为背后的所有权人,交换是人的行为。"社会性是商品的本质"的观点是我们定义价格概念的一个基础。

商品概念表明,交换可以与劳动没有关系,但不能与效用没有关系。同时,有用物没有所有权就不存在进入交换;不进入交换,其效用就不会具有社会形式,不会有价格。只有所有权,没有被占有的有用物,交换更无从谈起。占有物的交换同时也是占有权利的交换,体现出人们在物质交换中的社会关系。价格是社会效用的抽象。通过对物质效用的社会形式分析,我们得到以下商品价格命题:

价格形式是商品具体效用转化为社会效用的形式,即商品在交换中形成的交换数量之"比例形式"。

价格源泉是具有所有权的一切有用物质,包括人类生产的物质产品和自然界存在的自然资源。

价格实体是物质效用。生产商品效用经由生产形成,自然商品效用依靠自然生成。

价格或价格生成是物的具体效用(个别效用)进入交换转化为抽象效用(社会效用),该社会效用就是商品的交换价格。价格是个别效用表现为社会效用。简单地说,价格是效用的社会表现(价格是一种社会关系,因此不具有所有权的有用物质自然不会具有价格)。

价格量或称价格实现是由社会必要效用决定,即社会必要的交换数量比例决定价格量。也可以说,效用最终的价格实现量是由双方交换的数量比例决定的。

价格规律是指社会必要效用通过数量交换比例决定价格,所以价格的高低反过来能调节商品交换数量的比例,实现对具体商品供给的调节。社会必要效用决定价格可以看做是市场的价格规律。

价格是效用的社会表现,商品效用的表现形式就是商品数量交换的"比例形式"。效用的比例形式也是效用的比较形式,即商品的社会效用通过交换的数量比例显示出来。

## 二、价格生成

我们在上篇中指出"舍象使用价值的抽象方法是有问题的",理由有以下两点:

第一,抽象方法在舍象使用价值的同时,事实上把使用价值给舍弃了。这就不再是方法问题,而变成与事实相悖。

价值因素与价格因素的统一直接体现在生产商品中。作为生产商品二因素,价值与使用价值在交换中是同时进行的。没有人在交换中只为得到"生产时间",人们需要的是生产时间提供的效用,是生产时间与在该时间内生产出的效用交换。生产品是在一定生产时间中生产出来的,所以对生产品效用的交换不可能不包含这个生产品的生产时间,我们在讲到具体生产时间时总是指效用的生产时间。生产时间交换与效用交换是统一在一个商品之中,不可能绝对分开,更不可能分开交换。如果我们把交换价值规定为劳动或生产时间,很明显,我们在对交换价值进行分析时,是假定交换价格不变;反之,我们在研究交换价格时也可以抽象掉交换价值。这只是分析方法,并不意味价值与价格事实在交换中可以舍弃其中任何一个。

第二,马克思在商品交换中排除了效用的一般性、社会性,没有建立起具体使用价值向社会使用价值的过渡概念。

因为商品具体的效用不能直接体现为社会有用性、社会效用,只能通过交换间接地得以体现,故价格就是具体效用的"社会效用形式"或具体效用的"抽象社会形式"。如果套用马克思的方法,把效用也规定为"效用二重性",那么我们就可以说,具体效用决定商品使用效用,抽象效用决定商品交换价格。实际上,这是把具体效用与交换价格割裂开来,是对价格的一种误解。正像我们对价值生成的分析一样,交换价格不是主观臆断、随心所欲,而是由具体效用生成的。

商品价格生成就是具体效用变成抽象效用、个别效用变成社会效用。为什么"1棵树=1棵树"不是价格,"1棵树=2吨沙"才是价格,原因就在于此。就是说,抽象效用是由具体效用转型而生成,社会效用是由个别效用转型而生成。同理,抽象效用形成商品价格是从(交换)事后说,具体效用形成商品价格是从(交换)事前说。这是一个效用的两个面,也像一个铜板的两个面。因此,与其说抽象效用形成商品价格,不如说具体效用形成商品抽象价格,社会效用形成商品具体价格(货币价格)。

价格生成原理对生产商品(价格)同样适用。

当具体生产时间在交换中表现为社会一般生产时间、表现为价值时,具体生产品的使用价值(效用)恰恰会在交换中表现为社会一般效用,表现为"价格"。就是说,具体生产时间转化为社会一般生产时间的同时,包含在具体生产时间中的具体使用价值会随交换的发生同时转化为社会一般效用,转化为价格。具体使用价值向抽象使用价值的过渡、个别使用价值向社会使用价值的过渡,其概念就是"价格",即"交换价格"。

为什么马克思没有建立起具体使用价值向抽象使用价值过渡的概念呢?因为在劳动价值中,价格概念与货币概念平行,价格概念是价值的上位概念,自然不能使用。而"效用"概念显然不能用,因为它与"使用价值"是一个意思,都是针对具体效用和个别效用而言。没有抽象的效用,是因为没有表达抽象效用(社会效用)的概念。生产时间与物质效用同为具体,社会生产时间与社会效用同为抽象。然而,正像马克思所说,我们通过简单价值形式或简单价格形式分析,抽象出交换"价值"和交换"价格",都是思维用来掌握具体,并把它当做一个精神上的具体再现出来的逻辑方式(概念),并不是具体本身的产生过程。[①] 在研究交换价值时抽象掉交换价格——效用,在研究交换价格时抽象掉交换价值——生产时间,也是思维用来把握具体的一种抽象方法,并不是具体本身。

换言之,思维把握历史与历史生成是反向的。思维用来把握历史(具体)使用"从抽象上升到具体"的方法,是历史哲学;而历史本身的发展则体现出"从具体到抽象"、从个别到一般的运动,是实践历史。价值生成与价格生成都是如此。

### 三、价格的源泉

无论是生产商品还是自然商品,所含效用都是指"物质效用",即效用是针对物质性而言。因此我们说,价格的实体是效用,效用的实体是物质,价格的源泉是物质。因为正是物质(产品)客观存在的多种用途才会

---

① 参见《马克思恩格斯选集》第二卷,人民出版社 1966 年版,第 215 页。

产生人们主观上的选择。表面上看,需求可以因人而异,可东可西,可大可小,实际是主体对客观存在用途多样性的选择。主观需求所以可以选择,是以物质客观存在的多种效用为依据的。

说到效用,首先我们看到,进入交换的物品无论交换双方主观上如何评价,都是以物质客观存在的具体有用性为基础。这个客观存在的具体有用性的基础,首先是它的物质性,其次才是有用物质的多元性。物质的有用性是物质的属性。实际上,一物往往存在多种用途,比如说土地有什么用?石头有什么用?一棵树有什么用?一件衣服有什么用?鱼有什么用?没人不能回答。任何一物的有用性都有其特定的物理和化学性质,它的各种用途都是客观存在的,可以以经验和科学认定,可以定性、定量。

再比如一瓶香水卖 20 元,香水是客观存在的,但买来自己用还是送给别人,则效用完全不一样。此时所谓效用就是主观的评估、主观的选择。如果送礼者用 50 元买下,这 50 元价格正是以 20 元价格的物质存在为基础。如果要问:商品交换比例(价格)到底是从客观来,还是从主观来呢?我们的回答是:价格的源泉从客观来,从物质来。

### 四、什么决定价格量

价格的高低是在交换比例中表现出来的。所谓"交换比例",当然包含通过交换比例表达交换双方的主观需求。尽管物的有用性是客观存在的,交换必然含有主观需求的因素,交换比例(价格)体现出交换者的相互需求,然而双方的主观需求会使交换比例受到相互的制约,从而主观需求会被迫表现出相对客观性。从"交换是克服对象纯主观的价值意义的起因"上讲,交换价格也是对交换双方主观评估(对物的主观价值)的一个客观测量(方法)的结果。通过交换,一个物品的有用性在被交换的另一物品上得到证实。交换比例有着相互的对象化,双方交换物从具有主观意义的领域转化为具有其客观意义的领域,即对他人有用。

一物有效用或有使用价值,所有者可以留下自己用,这种物的具体有用性是直接的、个别的。在交换中,个别物的社会有用性通过交换比例表现为价格,因此它成为社会的(然而是间接的)。只有实现了的交换价格才是社会必要的效用需求。一有用物进入市场后没有人愿意接受,这一物虽是具体有用之物,但没有社会需求,该物也就没有交换比例,没有交换价格实现。价格形式既然是交换比例形式，也就是说价格是在交换比例中实现，但并非所有有用物进入交换都会实现"交换比例"。我们把完成交换、最终能实现的有用性称做"价格量"，意味着该价格是由"社会必要效用"决定或价格量由社会必要效用需求决定。

当我们说价值由社会必要生产时间决定时，直接生产时间是客观存在的，而数量需要多少是由社会选择的。同样，当我们说价格量是由社会必要决定时，具体有用物质是客观存在的，数量需要多少也是由社会选择的。价值实现和价格实现都要由"社会必要"决定。

### 五、商品中的价值与价格

现在来看"生产商品"中的价值与价格因素。

在劳动价值论中，生产商品具有价值和使用价值两个因素，同时马克思又指出，"物的有用性使物成为使用价值"。依照交换价格的定义，如果我们把生产商品作为使用价值与使用价值来交换，交换表现出来的就是"价格"，即物的有用性使物成为价格。如果我们用交换价格概念代替使用价值概念，就会得出这样的结论：商品具有价值和价格两个因素。生产商品的两个因素——物的效用和生产时间——可以表述为价格与价值、交换价格与交换价值两组因素。

在商品生产中，具有同等交换价格的商品所耗费的生产时间不一定等量，同一时间生产出的商品的价格可以不等。在实际经济运行中，交换是由价格与价值两个因素共同决定的。"交换价值首先表现为一种使用价值同另一种使用价值相交换的量的关系或比例"这句话，确切地说，应该是商品中包含价值和价格两个因素，所以交换价值才能首先表现为交换价格，即一种使用价值同另一种使用价值相交换的量的关系或比例。换言之，在进行价值交换、交换生产时间的同时，也在进行价格交换，交换生产的效用。马克思也承认，社会需要即社会规模的使用价值，对于社会总劳动时间分别用在各个特殊生产领域的份额来说是有决定意义的。也就是：商品的使用价值是它的交换价值的前提，从而也是它的价值的前提。

对生产和劳动产品而言，等量劳动与等量劳动相交换是劳动时间内在的等价，而外在表现形式则是使用价值与使用价值数量交换的比例。

如果按照我们对交换价格的定义,"交换价值首先表现为一种使用价值和另一种使用价值互相交换的数量关系或比例"就可以直接理解为:交换价值首先表现为交换价格(交换比例)。就是说,劳动时间物化在商品使用价值中,劳动时间与劳动时间交换表面上是看不出来的,表象上交换就是使用价值与使用价值的交换,所以交换才会"首先表现为"交换价格、交换比例。

商品生产的量就是多少生产时间生产多少;商品生产的质就是每个商品具体的有用性。按照劳动价值论,一年劳动时间中生产出一定数量的使用价值。但在交换中,只有劳动时间表现为价值,表现出一般性和社会化,而使用价值(效用)则只表现为使用关系、具体关系,没有一般性概念和社会表现形式。这当然是不合逻辑的,也不符合历史。同样,认为劳动时间是同质的,只有量的差别,因此可以比较,而使用价值是不同质的,所以无法作量的比较,当然也是不符合逻辑、不符合历史的。

除了生产商品中的价值与价格,我们还可以看到价值的渗透,就是指没有价值的商品可以有价值。在自然资源商品中,除了价格因素,往往还包含一定的价值(生产劳动)因素。例如,地下的石油具有潜在的价格,开采出来的石油就是含有价值的自然商品,尽管价值量很小;森林的木材具有潜在的价格,砍伐下的木材就是含有价值的自然商品。再如,土地中追加的生产资料、化肥等都是人类生产劳动的产品,可以投入土地用以提高土地肥力。

生产商品交换中,价值因素和价格因素各有自己的生成规律,最终实现的价值和价格会在交换中出现偏差。一个数量过多的生产商品,可以有很大的价值、很小的价格;一个数量稀缺的生产商品,可以有很小的价值、很大的价格。对生产商品而言,上边所说"价值与价格是两个平行的范畴,价格才能与价值偏离"的观点同样适用。

## 六、一个有待解答的问题

关于交换价值和使用价值的关系,我们需要特别引述马克思在《〈政治经济学批判〉(1857—1858年草稿)》之"资本章"中谈资本和劳动的关系时所作的一个注释。全文如下:

是否应把价值理解为使用价值和交换价值的统一？价值本身是同使用价值和交换价值这些价值的特殊形式相对立的一般东西吗？这在经济学上有意义吗？使用价值在简单交换或单纯交换中也是前提。但是在这里，在双方只是为了相互使用商品而进行交换的地方，使用价值，即内容，商品的自然特性本身，不是作为经济上的形式规定而存在的。相反，商品的形式规定是交换价值。这种形式以外的内容是无关紧要的；它不是作为社会关系的那种关系的内容。但是这种内容本身不会在一个需要和生产的体系中发展起来吗？使用价值本身不会作为经济形式本身的决定因素，加入形式本身吗？例如在资本和劳动的关系中？在劳动的各种形式中？——农业、工业等——地租？季节对原料价格的影响？等等。如果只有交换价值本身在经济学中起作用，那么，那些只同使用价值有关的要素后来怎么能加进来呢，例如就像在作为原料等等的资本的场合那样。在李嘉图那里怎么会突然出现土地的自然属性呢？等等。"商品"这个词……包含着关系。价格表现为商品的纯粹形式规定。这与交换价值是主要规定并不矛盾。但是，使用只由交换决定当然并不会使使用停止；虽然使用的方向当然是由交换决定的。无论如何，在研究价值时必须对这一点加以详细的研究，不能像李嘉图那样索性把它抽掉，也不能像庸俗的萨伊那样，只是把"有用性"一词郑重其事地当做前提。在阐述各篇章时，首先要并且必须说明，使用价值在怎样的范围内作为物质前提处在经济学及其形式规定之外，又在怎样的范围内进入经济学。……无论如何有一点是确实无疑的：我们在交换中（在流通中）看到商品——使用价值——表现为价格；它在自己的价格之外是商品，是消费对象，这是不言而喻的。两个规定根本不会彼此发生关系，除非特殊的使用价值表现为商品的自然界限，从而同时使货币，即商品的交换价值，表现为商品本身以外的货币存在，不过只是在形式上表现为这种存在。货币本身是商品，它以某种使用价值为实体。①

---

① 《马克思恩格斯全集》第四十六卷（上册），人民出版社 1979 年版，第 223 页。

这个注释的意义,在于它特别指明了把使用价值与交换价值分开在马克思经济学中的意义。这是因为"商品的自然特性本身,不是作为经济上的形式规定而存在的",也就是说,它与"经济形式"无关。所谓经济形式,就是指经济的社会形式,因此,产品内容与作为(社会的)商品的形式规定的交换价值无关。但同时,马克思也发现这里存在另一些问题:使用价值本身"不会在一个需要和生产的体系中发展起来吗?使用价值本身不会作为经济形式本身的决定因素,加入形式本身吗?"如果只有交换价值本身在经济学中起作用,那么,"那些只同使用价值有关的要素后来怎么能加进来呢?"马克思没有回答这些问题,因为依据劳动价值理论无法解答这些问题。既然与劳动无关,当然也就与价值无关,这是显而易见的。但是它们的"价格"又是怎么来的呢?马克思用"价格表现为商品的纯粹形式规定"、"这与交换价值是主要规定并不矛盾"两句话绕了过去。马克思心中明白,他对这个问题并没有令人满意的解答,但最终也是绕不过去的,所以他特别提出:"在研究价值时必须对这一点加以详细的研究,不能像李嘉图那样索性把它抽掉,也不能像庸俗的萨伊那样,只是把'有用性'一词郑重其事地当做前提。"也就是说,经济学要回答"使用价值在怎样的范围内作为物质前提处在经济学及其形式规定之外,又在怎样的范围内进入经济学"。我们的回答是"使用价值"、"有用性"是在价值的范围内作为物质前提处在经济学及其形式(价值)规定之外的,但同时它又在"价格"的范围内进入经济学。依据生产价值论的观点,这里没有矛盾,因为"价值"与"价格"就是一对矛盾概念,体现着真正的对立统一。没有独立于价值与货币的"价格"概念,有用性和使用价值不可能"进入经济学"。

## 第三节 价值与价格的混淆

古典政治经济学以劳动作为价值对象和逻辑起点。古典政治经济学虽然承认劳动和自然要素一起构成财富,但他们在分析具体生产时,把劳动工具和劳动对象从价值形成中排除出去。于是,古典政治经济学体系的逻辑起点即价值概念的内涵便只同活的劳动相关。同古典政治经济学相反,边际效用学派以效用作为价值对象和逻辑起点。边际效用学派不是从生产出发,而是从交换出发,把效用交换作为价值的起点,从而形成对价值的一系列主观评价。

一、价值是效用

以交换价格理念重新探讨古典效用理论,会发现混淆价值与价格概念所带来的理论混乱。

古典效用论认为,所有的价值都是以效用为基础,如果一物没有用,不可能有任何价值。边沁宣称"财富的大小通过价值大小的程度才能得以确定",他站在效用论的立场上指出,效用的增加提高了商品的价值,因此增加了其所有者拥有的财富。斯密通过列举水和钻石的例子证明价值与效用相关的关系是不存在的,但这一理论受到了边沁的批判,他提出的最初的边际效用理论,随后成为新古典经济学的基石。边沁认为,水是由自然供给的,而无丝毫的人力可言,人们很容易就发现水是十分丰富的,花钱补偿它完全是多余的。但在很多情况下,它又是具有交换价值的,比如当人们用水酿酒时。显然,如果边沁这里所说的"价值"概念修改为"价格"或"交换价格",立论就会顺理成章。

1831年,理查德·惠特利在其否定劳动创造价值的论著中,有这样一个被人多次引述过的段落,他说,珍珠并不是因为人曾为之潜水而取得高价;与此相反,人之所以潜水正因为珍珠能获取高价。同样,如果对惠特利的观点加以注释,将他的"高价"概念解释为交换价格,他的表述就没有问题。事实上,他这里所说的"高价"确实与劳动价值无关,而只与交换价格有关。

在萨伊那里,更是直接混淆了价格和价值。萨伊通过完全否定劳动价值论及生产视角,试图消除阶级矛盾的困境。萨伊认为,物品的价值渊源于这些物品对人类的用处。生产不是创造物质,而是创造效用,他称这种效用的创造为"财富的生产"。财富是同价值成比例的,价值总和大,财富就大;价值总和小,财富就小。萨伊称,商品的价格或是交换价值完全取决于商品使用价值或效用。物品的效用是价值的基础,而它们的价值则构成了财富。但因此,萨伊也就无法从效用出发解释价值量,无法解释当物品效用不变时,为什么生产率的提高会降低它的价值。最终他否认存在绝对价值,认为价值是用别的物品表现物品相对价值。用货币表现的相对价值就是价格。从"价格是测量物品的价值尺度,而物品的价值又是测量物品的效用的尺度"①可以看出,由于萨伊完全混淆了交换价值与交换价格概念,因此根本无法理清生产率与效用以及价值与价格的关系,最后会得出"价格是测量物品的价值尺度"这种没有任何信息量的结论。

萨伊认为效用的创造就是"财富的生产",西尼尔则认为财富的特性有三:可转移、相对稀缺、效用。财富是有价值的东西,所以只要具有以上三性的物品都有价值。如果把西尼尔所说的价值改为交换价值,西尼尔应该这样说,财富所值就是交换价值,财富是有效用的东西,所以只要具有以上三性的物品都有价值。这样,他下面的发问才会顺理成章。西尼尔问道:"假若我沿着海边漫不经心地闲步时拾到一颗珍珠,它就不会有价值么?麦卡洛克会回答说,珍珠的价值是我俯身拾起它的专有勤劳的结果。然后假定我在吃牡蛎时碰到它,那又怎样呢?或者假定陨铁是那种金属所能生产的唯一形式,那么从天堂供给的铁会不会比任何现有的铁更有价值得多呢?"他得出结论说:"必须借劳动来生产的东西固然是价值的根源,可是其他限制东西供给的原因,也同样可以成为价值的根源。"②

瓦尔拉斯认为,稀少物质"一经被占有以后就取得了交换价值"。有限量的有用物质是有价值的和可以交换的,一切可以被占有的物质,一经被占有之后,这些物质彼此之间就有了一种关系,"这就是交换价值的现象"。在他看来,小麦以货币计的价值就是小麦的价格。③

庞巴维克反对马克思所说的两种使用价值不同的商品在价值上可以相等,是因为他认为两种商品中凝结的一般劳动即抽象劳动在质上相同、在量上相等。他提出了另一种属性,即两种商品中共同的可以相等的东

---

① 〔法〕萨伊:《政治经济学概论:财富的生产、分配和消费》,陈福生、陈振骅译,商务印书馆1963年版,第60页。
② 〔英〕E.惠特克:《经济思想流派》,徐宗士译,上海人民出版社1974年版,第209页。
③ 参见〔法〕莱昂·瓦尔拉斯:《纯粹经济学要义》,蔡受百译,商务印书馆1989年版,第49—53页。

西还有"一般使用价值"。庞巴维克说:"在交换过程中,使用价值的特殊形式,不论是衣的使用,食的使用,或者屋的使用,当然是不相干的。可是商品的一般使用价值绝对不是不相干的。一件东西,如果没有使用价值,它便没有交换价值。"[1]没有使用价值,就没有交换价值。这样说并不是完全没有道理。但因此断言效用就是交换价值无疑是混淆了价值与价格。

混淆价值与价格的实质是混淆了生产"时间"与物质"效用",即混淆了"生产时间"与"生产效用"。按照萨伊的说法便是:"所谓生产,不是创造物质,而是创造效用。"也就是说,所谓生产,并不需要时间,生产创造效用与生产时间无关。显然这是不合理的,这同劳动价值论的问题如出一辙。"时间"的交换是按"等量","效用"的交换是按"比例"。只有区分交换价值和交换价格才能使价格范畴与效用相连接,才能建立起真正有理论意义的效用学说。

## 二、效用的测定

巴斯夏1850年出版的《经济和谐论》首次对效用方法展开连贯的探讨,他主张用劳务代替劳动,劳务包含相互交换的提供和接受。"劳务包含任何一种努力"。他认为,"价值就是两项交换的劳务之间的比例关系"[2],如果承认现存的财富分配制度是理想和公正的(或者如果我们完全忽略分配),那么自愿的市场交换将使所有人的效用都增加。

站在效用就是价值的立场说价值的定量是效用,那么效用的测定尺度是什么呢?效用测定尺度的寻找曾是众多经济学家努力解决的课题,并导致主流经济学由古典经济学转变为新古典经济学。

19世纪最后30年,产业集中加速发展。1871年发端的边际革命,由杰文斯、门格尔和瓦尔拉斯首先发起,此后新古典边际主义开始完全支配经济学中的正统。

杰文斯是边际革命中最早发表观点的经济学者。杰文斯的最后结论是"价值完全取决于效用"。如果他这里说"价格完全取决于效用"会怎

---

[1] 〔奥〕庞巴维克:《资本与利息》,何崑会、高德超译,商务印书馆1959年版,第313页。
[2] 参见〔法〕弗雷德里克·巴斯夏:《和谐经济论》,许明龙译,中国社会科学出版社1995年版,第136页。

样呢？既然杰文斯所用价值一词总是指交换价值或价格,不妨我们就以交换价格概念代换交换价值概念,以便看出杰文斯到底想说些什么。

杰文斯仅对交换率感兴趣,他将其经济分析局限于市场流通领域。杰文斯认为价格一词的正确含义是对其他物的交换比例条件。使用为总效用,估价为效用程度(边际效用),价格为两物品之交换率。所谓交换率,就是现代经济学中消费者均衡的条件。这样说是对还是错呢？当然没错。但这是经过我们修正过的表述。实际上,以上文中所用价格一词的地方,杰文斯原本都是用价值或交换价值概念表述的,这显然是一种混淆。如果我们要使杰文斯的论述合乎逻辑,那他要说明的应该是边际效用决定价格。在价格已定的情况下,消费者怎样安排交换以实现效用最大化。尽管当一种商品的消费量增加时,总效用通常的确会增加,但是最后"效用程度……终将随着数量增加而下降",杰文斯所关心的就是这"最后效用程度"或者边际效用。尽管他构造的理论问题并没有得到确定的结果,而将论证边际效用理论转化为价格理论的问题留给了其他新古典经济学家,但用边际效用递减规律解释价值,仍然是构成新古典主义重新表述的基石。

杰文斯、门格尔和瓦尔拉斯建立的效用论版本,至今仍然是新古典主义传统的核心,边际革命的主要贡献在于改变了效用经济学的形式,并使得马尔萨斯、萨伊、西尼尔和巴斯夏的理论体现出更一致的逻辑性,表现为完美的数学形式。而效用观点的基础,它的功利主义观,其坚持理性的、可计算的效用最大化原理,以及与劳动价值对立的实质,并未发生变化。边际主义只是使效用以微分学的形式表达出来,而并没有在理论上实现突破。

效用论必然是价格论,而不是价值论。讲效用并没有错误,效用的真理是价格,价格只能通过交换比例体现。交换比例天然具有边际的性质,现实中效用和边际效用的绝对度量最终被无差异曲线替代是交换比例逻辑发展的必然结果。无差异曲线实际上就是各种交换比例。

费雷多·帕累托依据埃奇沃思发明的"无差异曲线"重塑了瓦尔拉斯的思想。[①] 无差异曲线表明,效用不能用基数加以测定,但完全可以用序

---

① 参见〔美〕E.K.亨特:《经济思想史——一种批判性的视角》,颜鹏飞总校译,上海财经大学出版社2007年版,第316页。

数排列效用大小,并经无差异曲线推演出瓦尔拉斯一般均衡体系所需要的需求函数。帕累托的无差异曲线可以比边际效用论借助更少的数据提供一种均衡体系,这就等于把效用的可测量性取消了,剩下的只是几种货物的一系列数量组合。递减边际效用与效用本身一起消失了,取而代之的是边际替代率。从效用论出发的现代西方经济学是没有价值论的经济学,这是必然的。细读帕累托几个必要的假设,在现代资本主义经济下,成千上万的相互依存的市场任何时候都会存在无数对帕累托最优的偏离。

斯蒂德曼的"实物价格理论"是用实物直接代替价值的理论。该理论认为,可以用实物方程式计算出货币利润率和货币生产价格,因此,在利润率和生产价格的计算上不需要马克思劳动价值论的概念。实物价格决定理论认为,价值范畴是多余的,利润只不过是产出超过投入的一定货币量或者一定实物量,利润率只不过是这一数量对投入量的比率而已。

边际效用价值论遇到的主要困难是效用和边际效用在交换中的测量和尺度问题。边际效用价值论者面对效用的完全主观测定最终放弃了基数效用论,转而采取所谓"序数效用论",用"序数效用论"来说明价格决定问题。由"基数论"转向"序数论",把对社会财富效用的度量问题彻底变成了一个客观的交换价格问题。事实上,边际效用论就是价格论,不是价值论。正如人们所说,现代西方经济学是没有价值论的经济学。然而,放弃劳动生产因素,序数效用论很难达到经济学生产与效用的统一性和客观性,结果边际效用价值论迄今不能自圆其说。

以生产价值论的观点说,效用或边际效用在交换中的尺度完全是相对的,不存在绝对的测量和通约基准,这是因为"效用"与"时间"不同。生产时间或劳动时间在具体生产过程中是可以直接测量的,它们的绝对尺度就是一个物理时间量。在交换中,社会生产时间可以因不同需要产生不同的交换比例,但它总有一个绝对的具体时间量作基础。效用概念与时间概念的不同在"效用"上具有客观和主观双重且多元的意义。首先我们回到生产领域。在生产线上,效用或使用价值的生产就是多元的。例如,生产同样形状的"一块木料",它可以被用来做箱子、做椅子、盖房子、做雕刻,等等;生产同样"一个面包",它可以有各种用途,被消费者买去消费、送人、储藏、救灾,等等。就是说,在生产过程中,一物的多元使用价值和效用就已经客观地存在着,它们可以被准确、科学、具体地罗列出来。在交换过程中,面包的效用被不同的"主观"消费者分类、选择、购买。由此可见,"效用"(即有用性)在客观生产领域本身就存在 N 种可能,在主观交换领域又存在 N 种可能,两种可能性结合所产生的"交换比例"是不可能有绝对尺度和标准尺度的。除非取消市场,用指令性计划生产,才可能使一个效用直接对应一个生产。

总之生产时间本身就是物理单位,与时间的量度不同,物质效用的实现首先是它效用的多样性,其次是效用的主观选择性。我们会看到,在均衡价格中,绝对效用的度量会变得更没有意义而被舍弃。

### 三、效用论的功利主义立场

最后需要指出的是效用论的功利主义立场。

在斯密和李嘉图的著作中,劳动者收入同占有生产资料者所获得的收入有着本质的不同,一旦澄清各自不同的来源,必然会得出资本主义生产是以阶级矛盾为特征的结论。而以效用论反驳劳动价值论的目的则是维护经济社会的个人功利主义的立场,即从个人交换中寻找快乐的尺度而不是立足社会生产的立场。这种以效用交换论证社会的和谐,以交换理论取代生产理论,否认阶级矛盾,最终成为自由资本主义意识形态的核心。

效用论认为,在任何时期、任何地点,人类的所有动机都可以归结于一个简单的原理,即追求效用最大化。边沁是边际效用理论的重要先驱。边沁、萨伊和西尼尔构建了效用论的大部分理论框架。边沁的功利主义认为"人类所有的动机都起源于对快乐最大化的追求"。他写道:"一般就每个人心中关于生命的意义而言,自我利益要比其他所有利益加起来还重要,……这种对自我的偏爱无处不在。"[①]

杰文斯在 1871 年出版的《政治经济学理论》前言中声明,边沁的思想是该书理论的出发点。他坚信功利主义是科学的经济理论唯一可能的基

---

① 转引自〔美〕E. K. 亨特:《经济思想史——一种批判性的视角》,颜鹏飞总校译,上海财经大学出版社 2007 年版,第 106 页。

础,"在本书中,我试图将经济问题视为快乐与痛苦的微积分,而且勾画了……这门科学……应有的形式。"①在杰文斯看来,人们仅具有两个特征使其被称为经济人。第一个特征是他们从消费品中获得效用:"个人需要的任何物……必须具有效用。在经济科学中,我们尊重人的本性,而不是要求人应该怎么样。"第二个特征是每个人都是理性的、计算效用最大化的。换言之,"快乐最大化,就是经济学问题。"②

### 四、价值研究的几个观点

除开西方经济学对劳动价值论的批判和替代,中国学界研究价值论也有几种思路,我们简略介绍一下,可与本书的立场作一个比较。

(1)将劳动价值论与边际效用论融合

该观点认为,可以用生产商品的社会必要劳动时间来度量边际效用,用社会总劳动耗费来度量社会总效用。如果将人类劳动看做财富生产中人类的投入,将效用看做财富生产中人类的产出,效用劳动系数就是财富生产中的人类投入产出系数。这个系数也表明了劳动生产率,表明了劳动的社会生产率。这样就使边际效用价值论重新具有了价值论特性,而且使边际效用价值理论摆脱"序数效用论"的烦琐和强假定约束,纠正了一百年来所走的弯路。

结论是:一种商品的边际效用与生产该产品的社会必要劳动时间成正比,因此,可以用生产商品的社会必要劳动时间来描述和度量产品的边际效用。

该观点持有者认为,效用总量和耗费的劳动总量表达的是同一个社会财富总量的值,社会财富的总量既可以用效用的总量来度量,也可以用耗费的劳动总量来度量,因此,两者是相互联系的,即社会效用总量等于"效用劳动系数"乘以社会劳动耗费总量。社会劳动效用系数就是社会劳动平均效用。同时,商品的边际效用与生产商品的社会必要劳动时间也是相关的,具有相关性。一方面,根据边际效用递减假定,一种商品的数量越少,其边际效用越高;数量越多,其边际效用越低。另一方面,一种

---

① 转引自〔美〕E.K.亨特:《经济思想史——一种批判性的视角》,颜鹏飞总校译,上海财经大学出版社 2007 年版,第 210 页。

② 同上。

商品的数量越少,得到这种商品就越难,生产这种商品所耗费的劳动量也就越多;一种商品的数量越多,得到这种商品就越容易,生产这种商品所耗费的劳动量也就越少。①

我们不否定学者们对劳动、效用和财富的研究,但他们认为这就是劳动价值论与边际效用价值论的相关性却是错的。商品经济中,时间与效用以及价值与价格是两回事。另一方面,直接具体的生产与社会劳动及社会效用的历史表现形式有质的不同,因此认为效用与劳动生产相关,实际上与马克思劳动价值论讲的是两回事。

(2)直接把交换价值与使用价值等同为一体

该观点认为,效用和边际效用理论把使用价值从物质外在形式中抽象出来定义为对欲望的满足,使使用价值的内容和形式有了彻底的区分,也使价值理论得以突破物质决定论的影响,把商品交换价值和使用价值的内容联系并等同起来。该观点认为商品的交换价值其实就是社会标准的使用价值,商品交换价值的相等就是其社会标准的使用价值的相等。商品交换价值其实就是效用。交换价值就是和使用价值同质的东西,它是从使用价值中抽象出的与其物质形式相区别的社会内容——物化的社会标准的现实效用。该观点又认为,马克思的《资本论》对使用价值论述极少,他认为使用价值不过是商品的自然属性,和它的社会属性关系不大。使用价值中共同的社会属性未被马克思抽象出来,就是它们对人的需要来说都是有用的,都具有能够满足人的某些需要的一般性质,是一种和人有关的性质。从这种一般的有用性中又可抽象出只和人的主观要求相联系的效用。价值形式的发展过程就是交换价值与使用价值相等的过程。

最后,"以现实需求表现的现实欲望在物上等了起来"。现实效用的比例就以物量的比例表现出社会等一性,物量的相对交换比例就使物性不仅是附上了人性,而且是附上了社会等一的人性,每一定的交换物上附属了等比例的社会标准的物化的人性。人和人按照社会效用的比例交换

---

① 参见白暴力:《价值价格通论》,经济科学出版社2006年版,第136页。

商品的关系表现为物和物的相对关系。①

持该观点的作者认为马克思一直不明白商品的相对价值表现到底是为了什么,作者不明白为什么马克思"甚至幻想没有货币的劳动证书式的交换和全社会总劳动时间的直接分配"。而作者要证明"交换价值就是和使用价值同质的东西"。然而,认为"商品的交换价值其实就是社会标准的使用价值"是一种混淆,以此否定马克思对效用的理解是对马克思的误解,说明研究者没有理解马克思劳动价值论的本意。

(3)认为商品交换价值是由劳动生产和效用共同决定的

该观点是从生产时间与劳动时间不等出发,认为生产劳动过程是劳动力的智力与自然资源互相作用的过程,自然资源包括自然界资源和劳动本身的自然力。这本来是一个正确的出发点,但其他的论述并未作出正确的抽象和逻辑推理,而是进入了一个感觉世界,认为价值不是劳动时间的凝结,价值是劳动力在生产劳动过程中耗费体力和智力利用自然力凝结在劳动对象中形成的。以此推理,得出两个结论:第一,资本家未付报酬的、工人也未出分文,而是由自然力无偿提供的阳光、空气等自然力转化而来的劳动力的体力耗费属于剩余劳动范畴。第二,商品交换价值由买卖双方共同决定,商品交换价值是产品价值与效用价值相交换,商品交换价值具有二重性:即产品价值和效用价值。②

认为"商品交换价值由买卖双方共同决定",实际上是一种不同表述形式的"均衡价格"论,事实上已经不是价值论,更与马克思劳动二重性学说无任何关联。持该观点的学者把"抽象劳动"定性为产品的"实体价值",以为价值就是凝固的劳动,抽象劳动就是"一般共同体力"和"一般共同智力"的耗费。这说明他们没有真正理解马克思笔下"抽象劳动"的概念。马克思笔下的抽象劳动并不是指"劳动"的抽象,而是指"社会"的抽象。正因为社会是抽象的,是在交换中存在的,所以社会劳动才是抽象的,才在商品(劳动)交换中表现为"价值"。

(4)直接主张能量价值论——物理经济学

该观点认为,现有经济学体系存在的一个根本问题,是资源在创造财

---

① 参见杨芳洲:《价值论》,中国社会科学出版社2006年版,第42页。
② 参见万英、万小鹏:《生产劳动价值论》,甘肃文化出版社2006年版。

富过程中所起的作用以及资源自身的价值如何确定。现有经济理论认为资源本身是没有价格的,但实际上资源是有价的。资源价格的内在机理是什么呢?从物理学的能量观点上来看,粮价与油价上涨紧密相关:粮价与油价的联系是等能量的等价值关系,即按多少粮食生产的能源与一份石油能源的等能量关系来确定粮价的涨价幅度。粮价与油价通过单位土地面积产量最高的玉米来实现价格传递,大约是2—3公斤玉米相当于1公斤石油(2—3公斤玉米能生产1公斤石油当量的液体燃料)。资源价格也是如此,煤炭是按约4公斤煤炭能生产1公斤石油当量的液体燃料来实现与油价的同步上涨。

货币无法度量资源的根本特性:能量特性。如果资源是有价的——这种有价不是靠资本、劳动度量,它本身是独立的,那么整个传统经济学将不可避免地作出全面变革。经济学最基本的问题就是经济学有没有根,它的根在哪里,是抽象价值还是物理本性?如果最终落脚到物理学的能量观点上,那问题就简单了。在劳动、资本、资源中,在产品与资源之间,经济规律与自然规律都可以从物理学找到共性,找到相互转化的规律。[①]

这种将经济价值直接等同于物理能量的观点,同把经济学归结为数学一样,可以称做是经济研究的一种角度。

迄今为止,试图将生产劳动与价值直接相连,或将具体效用与价格直接相连即建立在直接劳动时间基础上的绝对价值尺度的寻找,以及建立在直接效用度量基础上的绝对价格尺度的寻找之所以没有结果,是因为无论是社会生产时间还是社会效用,都不能在交换前被直接测定。无论是"数字"、"能量"还是"快乐",社会生产时间和社会效用只有在交换中并通过交换才能实现从而被对象测定。具体生产时间和具体效用中包含的社会劳动生产时间和社会效用,在"市场"经济下,永远是抽象的,在"计划"经济下,永远是不真实的。

---

① 参见《第一财经日报》:《拯救全球金融》,中信出版社2009年版,第92页。

# 第十二章　地租与自然资本

**提要**：生产力是整体的资本。"可变"所指是"生产时间"，从而整个资本生产力是一个整体的可变资本。被占有的自然力和自然资源进入生产和交换，形成价格。土地商品具有纯粹的价格属性。土地价格的性质是要素价格，地租的性质是产品价值。如果土地要素从根本上与地租产品没有内在的关联，仅靠暴力，土地占有者是得不到地租的。劳动价值论以土地所有权暴力和流通领域来解释超额利润转化为地租，这与劳动价值规律显然是相违背的。我们应该用生产规律（生产价值规律和价格规律）来解释超额利润转化为地租。自然力作为生产前提变成自然资本已是普通常识。人与自然之间矛盾的激化，表现为过剩的产能和日益严重的生态问题。现有国民生产总值计算中，以自然的不断被破坏来体现人类"福利"的增加，这种与自然对立的经济学意味着人类与自然的对立，意味着与自然对立的经济增长是不能长久的。

人类对自然的利用有两个方面：自然能量的利用和自然物质的利用。为表述统一，本书把具有所有权并被生产利用的所有自然资源和自然力统称为土地（广义土地）。例如具有所有权的耕地、河流、山岭、渔场、矿藏、野生林、水域，等等，都把它们作为可以进入交换的"土地"来理解。自然要素在多大程度能被人类利用形成生产力，要看生产技术的进步。在不同历史阶段,自然要素能参与人类生产的数量是不同的。广义土地的供给可以分为两类:自然供给,可开发利用的土地数量;经济供给,已经开发利用土地的数量。进入交换的广义土地在原始形态上是只具有价格属性而无生产属性的自然商品。

## 第一节 马克思资本理论

### 一、不变资本与可变资本

可变资本与不变资本理论是马克思劳动价值在资本生产领域的具体应用。可变资本是指创造价值的劳动要素;不变资本是指不创造价值的非劳动要素。劳动价值论认为,劳动最终形成的价值量应当与可变资本量对应,由可变资本量的大小决定所得利润的多少。但实际分配不是这样的,而是与总资本相对应,结果是"不变资本"也参加到分配之中,并按比例取得对应的一份利润。这种分配表现在商品买卖中,就是商品定价不是按生产的总资本加上与可变资本对应的利润,而是按生产的总资本加上与总资本对应的平均利润。就是说,生产商品的定价不是按劳动价值,而是按"生产价格"。

马克思承认,"生产价格以及它所包含的一般利润率的存在和概念,是建立在单个商品不是按照它们的价值出售这样一个基础上的。生产价格是由商品价值的平均化产生的。在不同生产部门各自耗费的资本价值得到补偿以后,商品价值的平均化使全部剩余价值不是按各个生产部门所生产的、从而包含在其产品中的剩余价值的比例来进行分配,而是按各个预付资本的量的比例来进行分配。只有这样,平均利润和以平均利润为特征要素的商品生产价格才会产生。"[①]

为什么"不变资本"分配中也要取得一份利润呢?为什么与可变资本对应的利润会转化成与总资本对应的平均利润呢?

马克思的解释是:"剩余价值转化为利润既是由生产过程决定的,也同样是由流通过程决定的。利润形式的剩余价值,不再和它得以产生的

---

① 〔德〕马克思:《资本论》第三卷,人民出版社 1975 年版,第 857—858 页。

投在劳动上的资本部分相比,而是和总资本相比。……从而也使资本的实际机构越来越隐蔽。由于利润转化为平均利润,价值转化为生产价格,转化为起调节作用的平均市场价格,情况就更是这样了。在这里,一个复杂的社会过程插进来了。这就是资本的平均化过程。这个过程使商品的相对平均价同他们的价值相分离,使不同生产部门(完全撇开每个特殊生产部门内的单个投资不说)的平均利润同特殊资本对劳动的实际剥削相分离。在这里,不仅看起来是这样,而且事实上商品的平均价格不同于商品的价值,因而不同于实现在商品中的劳动。"①

马克思指出:"地租分析上的全部困难在于,说明农业利润为什么会超过平均利润,不是说明剩余价值,而是说明这个生产部门所特有的超额的剩余价值;……要能够谈论超过平均利润的余额,这个平均利润本身必须已成为标准,并且像在资本主义生产方式中一样,已成为生产的调节器。"②在这种情况下,马克思认为:"商品中包含的一部分剩余劳动,从而一部分剩余价值,有可能不直接加入平均利润的平均化过程;这时,商品价值的一部分就根本不会在商品的价格中表现出来。"③

怎么会出现这样的结论呢?

马克思认为:"绝对地租的本质在于:不同生产部门内的各等量资本,在剩余价值率相等或劳动的剥削程度相等时,会按它们的不同的平均构成,生产出不等量的剩余价值。在工业上,这些不同的剩余价值量,会平均化为平均利润,平均分配在作为社会资本的相应部分的各个资本上。在生产需用土地时,不论是用于农业上还是用于原料的开采上,土地所有权都会阻碍投在土地上面的各个资本之间的这种平均化过程,并攫取剩余价值的一部分,否则这一部分剩余价值是会进入平均化为一般利润率的过程的。"④

马克思用"一个复杂的社会过程"来解释资本的平均化过程,解答了地租问题。

---

① 〔德〕马克思:《资本论》第三卷,人民出版社1975年版,第936—937页。
② 同上书,第882页。
③ 同上书,第941页。
④ 同上书,第869页。

## 二、自然力与超额利润

自然力是怎样带来超额利润的呢？

马克思以自然瀑布利用为例阐述道：一个国家的工厂多数用蒸汽机推动，少数利用自然瀑布推动。假定这些蒸汽机部门一个耗费资本 100 的商品量的生产价格是 115，产生 15 的利润；用水推动的工厂成本价格是 90 而不是 100，他按 115 的市场价格出售，利润会是 25，其中有 10 是超额利润。所使用劳动的这种较高的个别生产力会减少单位商品的价值，也会减少商品的成本价格，从而减少商品的生产价格。超额利润的关键点在于，获得超额利润不是因为高于生产价格出售，而是按照生产价格出售。①

马克思指出："价值由社会必要劳动时间决定这一点，是通过商品变得便宜和商品不得不按同样有利的条件进行生产而表现出来的。但是，利用瀑布的工厂主的超额利润，却不是这样。他所用劳动的已经提高的生产力，既不是来自资本和劳动自身，也不是来自对一种不同于资本和劳动、但已并入资本的自然力的单纯利用。它来自劳动的某种较大的自然生产力，这种生产力和一种自然力利用结合在一起，但这种自然力不像蒸汽的压力那样，可以在同一生产部门让一切资本自由支配，所以并不是凡有资本投入这个部门，这种自然力的利用就会成为不言而喻的事情。这种自然力是一种可以垄断的自然力，就像瀑布那样，只有那些支配着特殊地段及其附属物的人能够支配它。"②

马克思指出生产过程中有两种自然力：一种是"并入资本的自然力"（指在蒸汽机内部运作的压力等）；一种是"可以垄断的自然力"。对于后者，这种自然力的占有，在它的占有者手中形成一种垄断，这是所投资本有较高生产力的条件，这种条件是不能由资本本身的生产过程创造的，能够这样被人垄断的这种自然力总是和土地分不开的。利用瀑布而产生的超额利润不是产生于资本，而是产生于资本对一种能够被人垄断的自然力的利用。

---

① 参见〔德〕马克思：《资本论》第三卷，人民出版社 1975 年版，第 721—722 页。
② 同上书，第 726 页。

被垄断的自然力的利用,如果属于生产者本人,而不是经交换得到的,自然力的利用就是超额利润的自然基础。从生产力和生产时间角度看,并入生产的资本自然力是参与价值形成的要素,自然也是利润的源泉。但在马克思看来,"可以垄断的自然力"不是超额利润的源泉,而只是超额利润的一种自然基础,是特别高的劳动生产力的自然基础,但与价值无关。为什么呢?因为价值不是商品的生产时间,而是商品中人的活劳动时间。

### 三、土地资本的权力

超额利润是利润超过平均利润的部分。按照传统解释,因为土地私有权的垄断,土地可以不参加"平均化"。农业中之所以存在地租,是因为地租可以不参加资本利润的平均分割,不受平均利润率规律支配。农业有机构成低,创造的价值多,又不参加平均化过程,农产品是按生产价格出售,所以地主可以得到一个"超额利润"。

事实并非如此。

只要是在资本经济的前提下,农业不仅要参加利润平均化的过程,而且必须参加。这是不以人的意志为转移的;否则,就不会有资本经济了。如果投向农业的资本可以不参加利润平均化过程,有谁会向工业投资呢?分析地租的困难似乎在于说明农业利润为什么会超过平均利润,实际不然。农业当然要参加平均利润过程,投向农业的资本也是按平均利润率获得利润,等量资本取等量利润,这是不言而喻的。

农业生产正像我们前面分析的,同样要受平均利润率规律制约,同样要受价值规律调节,因为它是社会生产的一部分。我们关于利润形成的逻辑也适合于农业生产领域。也就是说,农业生产时间要参加社会生产时间平均化过程,要参与竞争。因此,土地作为成本也是资本,必然有等量资本的权利。

## 第二节 土地所有权

### 一、地租从何而来

具有所有权的农业土地只要以交换方式进入生产领域,就会得到一个地租。通常人们把地租理解为土地的价格。

马克思说,资本化的地租表现为土地价格或土地价值,即土地价格不外是资本化的因而是提前支付的地租。按照马克思的价值观点,"在生产一种物质产品例如小麦时,土地是起着生产因素的作用的。它和小麦价值的生产无关。"①小麦价值是劳动时间,土地不是生产出来的劳动资料,因此土地本身没有任何劳动时间的价值含量。但土地的价格却可以由一系列非常偶然的情况来决定。只要具备一个前提,即要出售一件东西,唯一需要的是,它可以被独占,并且可以让渡。这与马克思早期认为"私有财产和财富泉源的最后一个个别的、自然的、不依赖于劳动运动的存在形式即地租"的思想是一致的。②

现在我们要问,按照价格是价值货币表现的逻辑,土地本身没有价值,只起生产因素的作用,而且与小麦的价值也无关,它怎么会有价格呢?一个没有价值的东西何来价格?土地又怎么会创造一个价值量、一个社会规定的劳动量,恰恰又是它自己的产品中形成地租的那个特殊价值部分呢?这不是自相矛盾吗?如果我们再进一步断定"一切地租都是剩余价值",那么说土地价格就是(资本化)地租不就更自相矛盾吗?

按照马克思的地租学说,一切地租都是剩余价值。既然地租是价值,而且土地又与价值的生产无关,自然资源和土地就不是资本。只要土地本身没有价值、不参与价值形成这个前提不改变,那么,土地所有者得到的地租从何而来的问题就只有一个答案:土地所有权把资本所生产的并且已经由资本直接占有的剩余价值的一部分"再从资本手里夺走"。不依赖劳动形式的地租是土地所有者把土地所有权当做敲诈的权力,"一些人垄断一定量的土地,把它作为排斥其他一切人的、只服从自己个人意志的领域。"③

土地所有权和具体的生产过程无关。它的作用只限于把已经生产出来的剩余价值的一部分从资本的口袋里转移到它自己的口袋里。土地所有者在资本主义生产过程中起作用,不仅因为他会对资本施加压力,也不

---

① 〔德〕马克思:《资本论》第三卷,人民出版社 1975 年版,第 922 页。
② 参见《马克思恩格斯全集》第四十二卷,人民出版社 1979 年版,第 113 页。
③ 〔德〕马克思:《资本论》第三卷,人民出版社 1975 年版,第 695 页。

仅因为大土地所有制是资本主义生产的前提和条件,而特别是因为土地所有者表现为最重要的生产条件之一的人格化。① 可见,地租的特征是随着农产品发展为价值的条件和价值借以实现条件的发展,土地所有权的权力,使其可以从不费它一点气力就创造出来的价值中占有一个日益增大的部分,剩余价值中一个日益增大的部分也就转化为地租。②

于是,资本遇到了一种外力,对这种外力,资本只能局部地克服或完全不能克服,这种外力限制资本投入特殊(农业)生产部门,只有在完全排斥或部分地排斥剩余价值一般平均化为平均利润的条件下,才允许资本投入特殊生产部门。③ 凡是自然力能被垄断并保证使用它的产业家得到超额利润的地方(不论是瀑布、富饶的矿山、盛产鱼类的水域,还是位置有利的建筑地段),那些因对一部分土地享有权利而成为这种自然物所有者的人,就会以地租形式,从执行职能的资本那里把这种超额利润夺走。④

## 二、暴力论

由于土地所有权的制约,土地占有者要求在总"剩余价值"中分得相应部分价值,这个相应价值就是地租。于是,没有价值的土地用应得的地租的产品价值表示,地租(价值)就变成了该土地的价格。结果是:没有价值的东西只要出售或让渡就会有一个价格。

这个过程在马克思地租理论中被看做是土地本身与剩余价值(利润)的创造,与商品的价值创造,没有任何关系。土地所有权本身不是使超额利润创造出来的原因,而是将它转化为地租形式的原因。土地或自然力的所有权是一部分利润被占有的原因。就是说,自然资源所有者、土地所有者会对资本施加压力,把超额利润夺走,将它转化为地租。如此看来,地租产生的原因就是土地所有权者的暴力。

土地所有权的暴力论带来了三个问题:

第一,既然土地所有者会对资本施加压力,把超额利润夺走,为什么

---

① 参见〔德〕马克思:《资本论》第三卷,人民出版社1975年版,第928页。
② 参见同上书,第720页。
③ 参见同上书,第858—859页。
④ 参见同上书,第871页。

资本所有者不可以对土地所有者施加压力,把土地连同超额利润夺回来呢?土地所有权有什么"权力"阻碍投在土地上面的各个资本之间的平均化过程呢?显然这不再是一个经济领域中的问题了。仅靠暴力,土地占有者并非必然得到地租。

第二,认为土地价格(土地私有权的形式和结果)本身表现为对生产的限制。对大农业和以资本主义生产方式为基础的大地产来说,这种所有权也是一种限制,因为它会限制租地农场主的不是对他自己有利而是对土地所有者有利的生产投资。这种情况同样也会发生在资本所有权对土地所有权的限制和压迫上。资本对土地的掠夺从来是资本固有的冲动。

第三,土地只起生产因素的作用,而与商品价值的生产无关,也应与超额利润无关。因为对社会总生产而言,总利润量只同劳动量相关。无论价格与价值如何偏差,差额也总是劳动的差额。如果土地从根本上与地租没有内在的关联,仅靠暴力是无法确定土地应得份额大小的。

在劳动价值论的基础上,用土地所有权的暴力论加供求论(流通领域)来解释超额利润转化为地租的原因,这与劳动价值论立场显然是相违背的。相反,我们应该用经济规律来解释超额利润转化为地租。这里说的经济规律就是生产价值规律和价格规律。

### 三、土地与"成本"

土地是生产的投入,为什么地租归地主?因为土地所有权的垄断。所谓土地所有权和土地的垄断只决定土地地租的归属,不能决定机器利润的归属。当土地所有权同经营权合二为一时,地租归生产经营者。一旦土地所有权与经营权分离,地租归地主,资本利润归资本经营者。在资本经济中,生产要素商品要求在交换后得到补偿、要求所有参与生产的自然商品都得到同等的回报是天经地义的。

首先,土地的原始地力无须生产费用,没有价值含量。如果它们的供给无限,不需要通过交换取得,这样的土地也没有价格。反之,土地改良投入了价值(如肥料等)使土地肥力增加,这样土地本身就有了一定价值量。当土地产出通过投资不断提高的时候,土地中包含的价值量就会伴随这种投资增加。如果土地变得稀缺,那么在土地市场上,土地的市场价格会高于原始土地的货币价格。因为它们不再是纯"自然免费赠品",而是经过加工了的"自然免费赠品"。虽然它们的原始存在没有物化人类生产时间,但它们在改造形态上物化着人类生产时间,因之成为有价值物。

其次,从生产角度看供给过程,在自然商品的供给中,需要工具、机器、运输等价值资本的介入。正如我们在前面所说,在价值形态上生产包括转移的旧价值(成本)和创造的新价值,但是在"转移的旧价值(成本)"中,实际上包含有一部分价格而非价值,即一部分被占有,并进入交换的自然商品的价格(如土地、矿产、森林)。在货币价格的总供给中,包含价值成本和价格成本两部分。

## 第三节 从不变到可变

### 一、何为可变

劳动价值论认为,利润就是剩余价值。剩余价值只与劳动时间对应,成本中的非劳动资本都是与利润无关的不变资本。但在以货币表示的最终价格构成上,以货币单位表示的利润部分是与总成本、总资本相对应的。实际上,劳动价值论最终无法解释的不仅是价值转型,而且是在生产价格上表现出的总成本以及利润为什么从根本上会与劳动成本以及剩余价值的量不符。劳动价值论的资本理论运用到分配领域的全部困难在于只有"可变资本"可变、可产生价值,而"不变资本"不变、不产生价值。

对生产价值论而言,土地资源的(生产)投入被看做是成本或生产费用,不仅合乎逻辑,也合乎历史。劳动价值论中可变资本产生劳动价值与总资本产生生产价格这对矛盾,在生产价值论中并不存在。站在生产价值论立场看,生产时间的基础是生产实体,产出"生产价格"的基础是"资本"。

何为"可变"?"可变"就是指体现在"时间"上的生产力的运动状态。何为"资本"?资本是指生产力实体或生产实体,即用货币表现的生产规模。劳动时间可变,因此劳动资本才为可变资本。对生产价值论而言,"资本"是生产要素在货币形态下的组合,"可变"所指是"生产时间",从而整个资本生产力是一个整体的可变资本(可运动、活的生产力)。资本生产力本身没有不变资本与可变资本之分,自然也就不存在可变资本生产价值与总资本生产价格的矛盾。地租的存在证明,只有人类生产力才是财富的唯一本质,个人劳动并不是财富的唯一本质。没有人能说土地不是小麦生长时间的基础。

自然要素在它原始存在形态上没有任何价值,也没有价格。在这个意义上,我们说"人"、"土地"、"原料"本身没有价值,也没有价格。同样,被占有的自然力和自然资源不进入交换,就只是所有者自己使用的单纯自然资源。反之,自然力和自然资源无人占有,人人可以使用,也就不存在交换,不存在商品化。

凡被占有并进入交换的自然资源,我们称其具有商品性。被占有和被垄断的自然要素可以看做是潜在的自然资源商品。一旦进入交换并参与生产,自然资源商品会形成一个商品"价格",并以价格形式构成生产成本和费用,进而参与生产价值的形成,最终成为商品售价中需要返还的一个组成部分。

二、投入产出

教科书上说,土地价格不是土地价值的货币表现;垄断的资源决定谁拥有所有权谁就有权利获得土地收益;土地价格由对土地的需求决定;土地价格有地域差异。

在生产价值看来恰恰相反。地租可以是土地价值的货币表现,这个"土地价值"是什么呢?并不是土地本身的价值,而是土地价格取得相应生产产品(农产品)的价值部分。这种情况意味着土地价格与产品价值的统一。土地没价值,但土地要素只要被占有并进入交换就会有一个价格。依照生产价值论的价值与价格概念,地价的性质是要素价格,地租的性质是产品价值。没有经过人类生产过程的自然商品(自然资源)不会具有价值,但会有一个价格。从概念上说,土地、土地价格中并不含价值,因此地价不属于利润范畴,而属于成本范畴。

我们对价值与价格范畴的定性,在土地要素上得到完全的证明。"地价"是资源商品投入,即生产要素(成本)投入,是土地(资源商品)买卖的货币价格,其中并不包含价值。而"地租"属于价值部分中对应土地价格的部分,是生产产品的价值。这一部分价值对土地所有者而言是收入。

投入是没有价值只有价格的自然商品(土地),产出则是价值与使用价值统一的生产商品(小麦),这种转换只能用生产价值论解释。土地所有权者的合理行为是"投入价格产出价值",投入资源产出产品。一目了然,这里没有暴力。

参与价值形成的土地肥力是物质本身包含的能量。正是地力能量,以运动的生产时间形态参与了产品价值的形成。耕地本身是没有价值的,但在整个农业生产中,会将自己的自然力物化在小麦的生产时间中,从而以一个生产要素的形式参与小麦价值的形成。显然,在形成价值的生产时间上,我们不能说土地做功的时间是超额生产时间。最终,小麦商品的价值和使用价值因素是用货币价格表示的。

在货币形态上,商品价值与商品价格已经取得统一。因此,作为生产要素财富的土地投入(本身不含价值),作为货币价格表现为生产成本的一部分。各种生产要素都是在商品形态下投入的,没有价值也有价格,因此其所得与该要素在总成本中的比例相对应。对这一部分有主权的资源投入,要在相应的最终产品总货币价格中,在商品货币形态的总价格中,补偿一个成本量,返还一个利润量(收益)。这个量通常是从小麦总货币价格中分离出来的,表现为地租。土地地租正是这一部分产品的价值,因此地价可以用累积的地租折算。

生产供给最初投入的价值部分和价格部分,在生产结束后表现为统一的总产品货币价格。对于投入的(理论上)是价值还是价格,在货币形态上已无法区分,也没有区分的必要。成本和生产费用在货币价格上统一了商品价值和商品价格。具有现实意义的是成本与利润的区分、生产费用与收益的区分。

知道土地价格与地租的差异,以下现象就可以理解了。

土地作为劳动的原始活动场所,作为自然力的王国,作为一切劳动对象的现成的武库在一般生产过程中所起的作用,和生产出来的生产资料(工具、原料等)在一般生产过程中所起的作用,似乎必然表现在它们作为资本和土地所有权各自应得的份额上,也就是表现在它们的社会代表在利润(利息)和地租的形式上应得的份额上,就像工人的劳动在生产过程中所起的作用,会以工资的形式表现在工人应得的份额上一样。①

另外,土地产品的平均市场价格不管是怎样决定的,级差地租,即质量较好的土地或位置较好的土地所享有的商品价格的余额部分,显然和在资本主义生产方式中一样,必然是存在的。即使这个形式是出现在一般市场价格根本还没有发展的社会形态内,这个级差地租也还是存在。不过它是流入了在比较有利的自然条件下实现自己劳动的农民的口袋。正是在这种形式下,土地价格也会作为一个要素,加入农民的实际生产费用,……在分配遗产时,土地会作为一定的货币价值来接受。②

土地价格用地租价值来表现,造成地租就是土地价格的假象。这正与我们在本书下篇中分析得出的"价值与价格的假象"结论一致。在这一假象中,"土地价格是资本化的地租"这一命题因此成立。而资本化的地租这一概念更说明地租是资本生产力的结果,而不是土地自身的"价格"。

### 三、绝对地租

马克思认为,"价值超过生产价格的余额产生绝对地租","级差地租形成是超额利润转化为地租"。③

只要利用土地就要提交地租这种情况说明,是否利用自然力取得超额利润,对产业资本无关紧要,因为相应收入不会归产业资本,而是归土地所有者。所以,土地所有权不会"阻碍投在土地上面的各个资本之间的平均化过程",防止"一部分剩余价值会进入平均化为一般利润率的过程"。

对生产价值论而言,凡是可以利用的土地,只要进入交换(市场)就会有一个价格,就是资本。这个价格最终要参加到商品市场价格中并直接得到返还。这里的差别只是直接生产与社会实现之差,而这个差额由市场供求决定是很好理解的。在生产价值论看来,"资本的平均化过程"是资本所有权理所当然的要求。生产价格是由以货币为尺度衡量生产规

---

① 参见〔德〕马克思:《资本论》第三卷,人民出版社 1975 年版,第 933 页。
② 参见同上书,第 907 页。
③ 同上书,第 861 页。

模中"价格量"和"价值量"相加的总规模而"平均化产生的",即是由生产力和生产力规模、生产实体规模的等量平均形成,而不是单由商品中活劳动价值(商品价值)的平均化产生。

这里,劳动价值平均与生产价值平均的不同是显而易见的,它们直接表现在劳动价值与生产价格概念上。其中的过渡环节并不是"劳动价值转形",而是在生产实体、生产资本规模基础上,直接生产时间要求利润平均化。"资本的实际机构越来越隐蔽",是因为资本有机构成只是一个生产实体的内部技术构成,对等量资本要求等量利润的这种资本权利均等而言,不是一个层次上的问题。

对马克思而言,土地价格对生产者来说是成本价格的要素,但对生产产品来说不是价值形成的要素。如果认为地租是来自这个投资部门本身的一种特别的作用,是来自土地本身具有的各种特性,这就是放弃价值概念本身。因此他反对把地租看做不是由农产品的价格产生而是由总量产生的观点,认为凡不是由社会关系产生而是由土地产生价值的种种观点都是错误的。

从生产价值论看,利润(企业主收入加上利息)和地租不外是商品剩余价值的各个特殊部分所采取的独特形式。平均利润加上地租就等于剩余价值。马克思认为:"利润是归资本所有的那部分剩余价值时,我们所指的是平均利润(等于企业主收入加上利息),它已经由于从总利润(数量上和总剩余价值相等)中扣除地租而受到限制;地租的扣除是前提。因此,资本利润(企业主收入加上利息)和地租,不过是剩余价值的两个组成部分,不过是剩余价值因属于资本或属于土地所有权而区别开来的两个范畴、两个项目。它们相加起来,就形成社会剩余价值的总和。"[1]这是完全正确的。从生产价值论出发,我们不会遇到马克思地租分析中的困难。

土地供给的绝对有限构成绝对地租。假定土地供给无限,农产品供求不平衡就是相对的。一旦供不应求,就会有新的土地投入生产,在一个长周期内生产会恢复供求均衡,这种情况下绝对地租就不会产生。然而,

---

[1] 〔德〕马克思:《资本论》第三卷,人民出版社1975年版,第927页。

一旦所有可利用土地全部被开垦,土地供给就会失去弹性。此时,若供给仍然不足,而农业劳动生产率的提高又无法补偿这种不足,就会产生绝对地租。顾名思义,"绝对"就是供求绝对不平衡,需求绝对大于供给,绝对稀缺才有"绝对"地租。

绝对地租的本质在于,它(绝对)是不同土地所有者收取地租的一个共同底线。在此基础上,级差地租的形成实质上是土地收入的"平均化"过程,即以土地肥力和位置的好坏本身为标准形成级差。这与复杂劳动化简的道理一样,复杂劳动等于多倍的简单劳动。绝对地租和级差地租的形成是土地资本在社会生产过程中的"价格平均化"过程,是工业资本平均化之前的农业资本的平均化。

四、级差地租

绝对地租与级差地租追求的是土地收益的平等权力。

在农业生产领域,土壤的自然肥力越大,气候越好,维持生产和再生产所必需的生产费用就越少。不同肥力的土地差别会产生不同的级差剩余产品,这一点构成级差地租的依据。在历史上,级差地租的归属也是同土地私有制发展一致的。从劳务地租到实物地租,再到货币地租,有着一个共同基础,即农业生产率必须高到使产出大于投入才能付出级差地租。这里,劳动生产率是同自然条件相联系的,这些自然条件可以综合为一个地力。

土地的相对等级构成级差地租。初级原料进入交换的情景同土地是大致相同的。假定所有土地的肥力同一,没有等级之分,那么级差地租就不会存在。在工业生产中,资本技术构成可以改造,尤其在竞争中,同一部门所有劳动生产率会趋于一致,因为竞争将迫使企业进行技术改造。但农业生产的情况就不同了,在生产投资不足和生产技术落后的情况下,农业劳动生产率主要是由自然条件决定的。土地、水源、日照等综合产生的自然生产力会极不相同且难以改变。正因为如此,越是在落后阶段,级差地租越是存在。

效益好的土地表现为更大的生产规模和更高的生产效率,绝对地租与级差地租的区分符合等量资本要求获取等量利润的规律。然而现实中会发生种种偏离。造成偏离的原因是劳动生产率和供求的波动。因为,不仅对农业土地来说存在级差收益,对每一种生产要素来说,平均能力和实际运行能力都会产生一个差额,造成这种差别的原因可以是多方面的。例如,对劳动力来说就是如此。一种劳动技能形成所需要的费用可以大致相等,但在实际生产过程中可以表现出完全不同的生产能力。

## 第四节 自然的补偿

生产和消费的基础是资源,用于生产和消费的经济资源包括自然产生的经济资源和文明创造的经济资源。

### 一、自然资源补偿

1995年,世界银行提出了新的国家财富度量体系,将财富的范围进行扩展,作为衡量全球或区域可持续发展能力的指标,其中包含"自然资本"、"生产资本"、"人力资本"、"社会资本"四组成要素。自然资本是构成财富的有机成分之一。

作为衡量发展的新指针,世界银行界定的自然资本要素主要包括土地、森林、金属与非金属矿产等,而这些还仅仅是自然生态系统为人类提供服务的一部分。美国生态经济学家赫尔曼·E.戴利对自然资本是这样定义的:"指产出自然资源流的存量——大洋中能为市场再生捕鱼流量的鱼量;能再生出伐木流量的现存森林;能产生原油的流量的石油储量。自然资本产生的自然收入是由自然服务以及自然资源组成的。"[①]

人们把利用自然力和自然资源称做"人造资本",把被利用的自然力称做"自然资本"。这里,自然资本的资本既不是对马克思资本概念的沿用,也不同于西方经济学所使用的资本概念。自然资本揭示人与自然的根本的协调共生的关系,是人与自然之间的一种互动平衡机制。自然资本可以分为两种:可再生的(如森林、鱼等)与不可再生的(如石油、矿藏等),其物理存量及质量均呈下降趋势。

自然力和自然资源作为生产前提变成自然资本,现在已是普通常识。自然资本从狭义角度讲,它是可以与人造资本相互替代的自然力。

---

① 转引自翁志勇:《价值与财富的现代分析》,上海大学出版社2004年版,第239页。

自然资本与人造资本基本上是互补性的,只有小部分是替代性的,如对水力、风力、火力等的利用。在一定程度上,自然资本在开发利用后可以转化为人造资本,如电力。同时,人造资本的增大,如技术水平的提高使生产效率提高,可以减少对自然资本的消耗,等同于替代了自然资本。如化肥作为农业生产资料,作用等同于提高了土壤肥力。再如公海里的鱼是流动的,不能分割也没有所有权者,这时谁的资本大、船大,能远航,谁获得的利润就大。反之,同样的鱼若人工海水养殖,则成本会大大降低。人工养殖的鱼就代替了自然的鱼。

自然资本从广义角度讲,它是所有生产的基础和前提。自然资本存量直接体现着环境资源状态。假如有渔船而没有鱼群,有炼油厂而没有石油矿藏,有灌溉农田而没有地下河流,那么渔船、炼油厂与农田的存在也失去了意义。无疑,人造资本的开发与生产,要以自然资本为前提与基础。现代社会已经公认,环境不再是生产以外的因素,而是包容、供应和支持整个经济的一个外壳。

人们对自然资源的占有和利用,使自然资本在满足人类的各种需求的同时,其自身的质量与数量正呈现下降趋势,甚至会给人类带来相当程度的危害,导致人与自然之间矛盾的激化,表现为日益严重的生态问题,如土壤侵蚀、渔场衰落、牧场退化、沙漠扩大、水土流失、物种锐减等。在人类开发和利用自然资本时,为了满足人类日益膨胀的物质产品要求和欲望而过度开发和消耗自然资本,盲目扩张生产规模却造成了生态失衡和环境危机等问题。

现在人们发现,不仅参加生产的自然要素需要补偿,而且被生产破坏的环境也需要进行补偿。对自然的补偿也需要钱。环境治理的费用显然是人类生产时间即价值的投入,环境治理产出清洁的资源、水、空气,即便它们是没有被占有且未进入交换的真正自然资源,它们也会在自然状态下,形成人类生产生活的良好环境。这笔投入会使使用该环境的企业付出一个补偿(通常通过税收)。然而,自然资本的过度耗费与丧失花费成倍的代价也难以弥补。

人类在历史上第一次面对这样的事实:自然不是无穷无尽的,在人为破坏下,它濒临毁灭,而能保护自然的力量只能是人类联合的力量。与自然统一的原则是人与自然界的互动,无论人类怎样将资源配置得合乎人类需要,一旦损害了自然界,人类必会遭到报复。

劳动价值论与西方主流经济学在与自然的关系上都是与自然对立的经济学,只是两者对立的方向不一样。劳动价值论是从价值形成上否定自然的意义,把自然要素割裂在价值生产过程和价格交换之外,将人与自然、主体与客体对立起来。主流经济学则从利用自然要素参与价值形成上压榨自然,否定自然;或者相反,利用对自然的垄断谋取人的最大利益,也是把人与自然对立起来。

与自然对立的经济学意味着人类与自然的对立。

这种与自然对立的经济学在使原料的存货日趋减少的同时,使自然的货币价值趋近于零。主流观点认为,供求最终会调整到一个自然均衡状态。因为稀缺物品的价格必然上升,并且稀缺度越高,价格上升得就越多。实际上,对于未来具有决定意义的均衡点理论与实际并不相符。尽管一些重要的原材料如石油价格上升了,但由涨价所带来的利润并没有解决能源材料的替代性。同时,原始森林、淡水、物种多样性、纯净的空气及未开垦的土地越稀缺,其消耗的速度就越快。

目前,世界已由知识经济跃变为资源经济,每个国家为了自己的需要都努力试图在更小的蛋糕上切给自己更大的一块。主要发达国家都已自觉不自觉地将国家的政治、经济、外交、军事力量服从于对资源(包括对劳动资源)的争夺。

一方面,产能过剩和资源浪费是当今世界经济的通病。在竞争和扩大市场占有率的目标下,以贷款的方式扩大产能,产能过剩则带来利润下降;利润下降导致垄断企业以提高价格方法增加利润,或以降价的方式扩大市场占有。社会作为整体存在时,要求节约资源以获得最大利益,但企业利益最大化要求采取与社会要求相反的措施来获取利润。能源节约并不能使经营具有太大的竞争优势。多边投资协定应该算是最激进的尝试,它将个人命运的决定权从国家手中交到个人和私人团体手上。居住地居民的权利已经被降到了最低点。事实上,通过多边投资协定实现全球内的经济联合,这只有在社会和人民统一时才有可能实现。也就是说,只有私人利益与大多数人(人民)的利益整体一致时才是可行的。目前,西方社会的国家制度还根本无法实现这种一致。

另一方面,发达国家拥有强大的经济和军事力量,它们可以利用原料供应者间的竞争从降低生产成本中获利。降低生产成本的一条简化途径就是使原料能源保持低廉的价格。

与自然对立的经济学意味着与自然对立的经济增长。

在发展中国家,落后和被压迫促使它们把经济赶超作为自己的发展战略。按照这种战略,只有更多地掠夺自然才能赶超工业国家。赶超的指标就是国民生产总产值。

## 二、国内生产总值

无论国民生产总值还是国内生产总值,生产目的究竟是什么?是为生产而生产,还是为福利而生产?

目前,经济学并没有把对自然的毁坏作为借方项目从国民生产总值的计算中扣除,用以抵消谷物产量和家畜产量的增加;相反,经济学把它记入贷方项目。当人们采取一些补救措施建立复杂的污水净化设备时,是作为投资项目计入到国民生产总值的贷方。这样,根据目前规则计算的国民生产总值,对自然的不断破坏就成了人类"福利"的增加!

一旦自然被掠夺、受污染或者自然平衡受到严重威胁,人们必须在借方扣除损失。借方项目包括物种的灭绝、森林的消失、水和空气受污染等,这些根本无法还原,或者在几代人时间里难以还原。它们导致人类生存环境的破坏。由此形成的国民经济产值增加是与自然对立的。

处理垃圾的费用一旦作为借方项目出现在国民生产总值的账目上,只要损失成本不超过收益,那么,损失成本可与收益成本叠加。如果从国民生产总值中扣除这些成本,工业活动就不会这么大幅度地增加,甚至会减少。用国民生产总值计算社会进步,是典型的带有资本主义性质的计算方法,这种计算性质的荒诞可以从收益成本和损失成本的对比中看出来。按照这种计算方法,国民生产总值的增长率不是接近零,而会虚假增长,因为处理垃圾和治理污染的成本被作为贷方项目计入。

而对发展中国家来说,工业过程中产生的有害物质更带来沉重的负担。相对于生活垃圾而言,这些所谓的"危险材料"的数量是生活垃圾量的两倍。如将一个产品的寿命从 10 年缩减到 5 年,它的销量就会加倍。

用这种方法不仅可获得个人利益,还可以保持或扩大就业岗位。当代人会从这种措施中获利,但后代人会成为牺牲者,本来归他们使用的资源都变成了垃圾。不仅如此,政府购买商品和劳务的开支一律被统计进了国内生产总值,这样的 GDP 不仅与反映经济成果的产值相去甚远,其造成的巨大浪费和低效率足以抵消任何生产的意义,根本不能成为社会经济进步的尺度。①

产品寿命周期缩短,式样不断翻新,产品就越来越多地变为垃圾。这种模式的工业文明,导致人类把物质产品的无限取得和消耗作为自己的生活目标,甚至作为首要的生活目标。大量的工业设备每天制造出大量的代谢物,永久地改变着地球。这一独特的工程没有办法通过自然界来化解,因为大自然从来没有产生过这些材料,因此也没有办法分解它们,而最终带来的是埋葬整个文明的危险。

如果一开始人们就把产品的长期性、重复使用和重新加工作为首要目标,能源消耗、污染和垃圾就会大大减少。为此,近年来国际经济学者提出了衡量一国经济发展水平的新的综合性指标"国民净福利"。即在扣除固定资本消耗之外,加上为改善环境资源质量的投入,减去破坏环境为代价而得到的产出,以及将闲暇时间的活动价值予以虚拟并计算在内,由此反映社会福利的提高。然而这种指标最终还是建立在"人类福利"的提高上,而不是建立在人与自然的平衡发展上。

真正的经济是人类生产与自然平衡的经济,是自然损耗能得到补偿和修复的循环经济,这就需要将自然"创造的价值"返还修补自然。经济学需要人与自然互动、平衡、共同发展的新指标。

---

① 参见〔德〕格罗·詹纳:《资本主义的未来:一种经济制度的胜利还是失败?》,宋玮、黄婧、张丽娟译,社会科学文献出版社 2004 年版。

# 第十三章 交换的经济学

**提要：** 西方个人主义哲学认为，个体可以认识而总体不可知。经济学家能够科学地了解个体经济、个别家庭或企业，却永远不可能把握社会总体。私有制、自由生产和自由买卖是社会的制度基础，社会总体福利依靠每一个人追求各自的利益来实现是社会的制度前提。这些个人主义理念反应在经济学中，就是宏观经济学必须以微观经济学为基础，交换优于生产。只有交换和交易是经济学的真正基础。交换的普遍有益性是新古典经济学的标准核心。萨伊、西尼尔和巴斯夏以及当代自由主义经济学家的理论顶点就是断定"经济学就是交换"，经济学的所有问题都可以归结为交易问题。交换经济学把现有的所有权法和现有的财产分配权看成是理所当然的交换前提，在此基础上，每一个交换都被认为是对双方互惠互利的。

19世纪初产业革命起始阶段，资本家思考的主要问题是理解资本积累的源泉。劳动价值论给出了关于资本积累过程的一种最有用的见解，尤其是区分了生产性劳动和非生产性劳动。它表明，生产性劳动是剩余劳动的源泉，而利润的积累又使得资本扩张成为可能。劳动价值论在其形成的最早期反映了产业资本家的利益，有利于满足他们的客观需要。但从生产的角度分析资本经济，不可避免地会遇到生产所得在各要素所有者之间的分配问题，从而引起阶级冲突和社会动荡。为了平息社会冲突和阶级矛盾，从"交换"和"个人"的角度分析经济的理论应运而生。

## 第一节　交换增加价值

　　自从人们接受"可交换物品"的定义开始,自愿交换就成为社会活动之一,同时参与交换的人们之间也达成了一致。这种一致性需求及在交换中的实现,对于西方新古典经济学直至现代主流经济学都具有特别重要的意义。1853年,海因里希·戈森就从"个人经济"和"交换经济"出发,主张必须使一生中的享受总量成为最大值,认为人的行为目标就是使他的生活享受总量最大化。交换能使物品的价值极大地增加,价值的增长只是通过交换并且仅仅是通过交换而产生。

### 一、经济学是交换

　　一般说来,通过交换实现社会和谐的原因在于:交换把现有的所有权法和现有的私人占有权看成是理所当然的交换前提。当所有权法和财产分配权被认为理所当然时,每一个交换都被认为是对交换双方互惠互利的。劳动者除了劳动力别无他物可卖,如果他们能找到买主的话——不管工资多么低廉——总比挨饿要好。因此,劳动力的交换对于资本家和劳动者双方都是有益的。

　　商业资本家和地主通过所有权和市场交易获得收入,他们的权益使他们最需要建立维护资本和土地私有权、通过交易实现社会福利的经济理论。马尔萨斯、萨伊和西尼尔等人的著作中所反映的交易或效用观点都维护了个人私有财产为基础的所有权利益。由于产业资本家的经济作用越来越类似于地主阶级,利润和利息日益成为纯粹所有权的收益,因此,产业资本家的理论意识趋同于地主和商业资本家。偏爱提倡所有权和赞美交易好处的理论成了主张自由主义和个人主义者的共同思想基础。

　　马尔萨斯强烈地意识到决定英国社会性质的阶级冲突,从而提出了交换及供需优先与生产的立论。马尔萨斯基于交换优先论认为财产所有权是"自然的"和不可避免的。生产被看做是一种生产性投入的交换。每个阶级都拥有不同但同样必要的投入。同在《人口原理》中一样,马尔萨斯在《政治经济学原理》中喜欢提到"碰运气",一些人碰巧只有他们自身劳动的所有权,而另一些人碰巧拥有资本和土地的所有权。

理查德·惠特利在其 1831 年出版的《政治经济学导言的报告》中,开门见山地提出了他的研究思路。他建议最好称经济科学为交换学或者交换的科学,因为"人的定义可以是'一种运用交换的动物';甚至那些在其他方面很接近理性的动物,在无论哪些表现上看,都没有任何物物交换的想法,或者用任何方式换另一种东西"。在惠特利看来,效用和财富是相对的和主观的。现代的主观主义学派时常采用惠特利的术语——交换学,以便强调选择是经济问题的实质。

巴斯夏宣称:"交换就是政治经济学,就是社会的全部。因为没有交换的社会和没有社会的交换都是不可想象的。"在宣称交换就是政治经济学之后,巴斯夏开始证明如果人们的行为都以个人利益为动机,那么整个社会将达到和谐状态。① 巴斯夏认为他的书是为所有的阶级而写的,劳动者及其雇主之间显然存在着利益的和谐。

所有者阶级和劳动者阶级不可避免地共存,以及建立在交换关系上的经济学理论,可以归纳为三段论:一切交换对所有参与者都是互惠的;一切人类活动都可以简化为交换;因此,一切人类活动对所有参与者都是有利的。萨伊、西尼尔和巴斯夏等人理论的顶点便是新古典经济学的"经济学就是交换"。交换的普遍有益性成了新古典经济学的标准核心。

## 二、交换是和谐

生产不过是为了交换。西方主流经济学把握经济现象、揭示现象规律的基础就是"市场和交换"。主流经济学就是"市场经济学",其所有基础理论都可以简化为对市场交换的分析。通过市场完成生产资源配置和个人消费的选择。交换是自愿的,能实现双方利益最大化,因此交换是公平的、互利的。

瓦尔拉斯与萨伊、西尼尔以及所有遵循效用论传统的经济学者,都是从交换的角度考察经济的。"生产只是某种交换"是瓦尔拉斯理论的精

---

① 参见〔法〕弗雷德里克·巴斯夏:《和谐经济论》,许明龙译,中国社会科学出版社 1995 年版。

华,其观点在现代经济学界仍有大量拥护者。即使涉及生产时,他也与大多数效用论者一样,将生产视为一系列交换,以此越过生产中的阶级关系。不过瓦尔拉斯的分析停留在所谓的流通领域,按照他的观点,谁成为企业家纯粹是偶然的。

瓦尔拉斯提出了比巴斯夏的"政治经济学就是交换"更为精细、更为复杂的理论,但结论是相同的。他断言:真正的经济学者都知道交换理论正是整个经济学大厦的基础。从假定"财产所有权……与正义是一致的"角度出发,瓦尔拉斯证明经济学的所有问题都可以归结为交易问题。在遵循自由竞争规则的市场中的商品相互交换过程,能够使所有商品所有者获得需求的最大满足。[1] 从交换出发,所有个人都是拥有各种可交换物的效用最大化的交换者。亨利·福特与他生产流水线上最贫穷、收入最低的工人之间没有什么差别,二者都是最大化交换者。

瓦尔拉斯在其《纯粹政治经济学纲要》中的很多内容论证了巴斯夏的观点:在当今资本主义社会,自由交易使总效用实现最大,因此,自由放任的资本主义是最理想的世界。而杰文斯所提出的资本理论的主要目的,就是驳斥李嘉图关于利润与工资率成反比的结论。因为所有人作为交易者时在本质上都是平等的。每个劳动者必须像地主和资本家一样,被看做整体的组成部分,要争取收获的最佳份额,而市场条件使他能够成功地做到这一点。[2] 在主流经济学理论中,没有劳动者和资本家,只有参与交换的个人。

### 三、交换是自由

帕累托最优原理是社会和谐路线的典型,也是对"李嘉图定律"的反动。它主张:一个人福利的增加、效用水平的提高不能使其他任何人的福利和效用水平受到损害,一部分人受益而另一部分人受损的资源配置就不是帕累托最优。帕累托最优的所谓基本规则就是:当在没有使其他人情况受损的条件下没有任何变化能使一些人的处境得到改善时,经济状况就是最优的。"任何不损害其他人并使一些人境况变好的变化,一定被

---

[1] 转引自〔美〕E.K.亨特:《经济思想史——一种批判性的视角》,颜鹏飞总校译,上海财经大学出版社2007年版,第232页。

[2] 参见同上书第十章。

认为是一种改进。"

在精神和伦理享乐主义的基础之上构建的帕累托最优标准也是现代福利经济学的核心概念。新古典微观经济理论在帕累托标准下达到顶点。该理论导出这样一个结论:自由市场的、竞争性的资本主义制度必然能够合理配置资源、分配收入,在消费者中分配消费品,没有任何通过消费、交换或生产上的变化实现的资源再分配能够明显增加生产和交换的商品的价值。这是新古典经济学帕累托最优的基本标准。在帕累托分析中,唯一有用的价值观是由其购买力估价的单个个人的偏好。新古典主义经济学的观点认为政府是一个虚幻的存在。只要帕累托最优存在,就绝不会提到政府。

奥地利学派和芝加哥学派在保护现存市场体系力量(也就是对私有财产的保护和契约执行)之外,不承认扩展政府行为的理由。他们把人类所有的行为都归结为交换行为。他们否认资本主义的存在。用他们的观点来看,不存在一种被称为资本的普遍东西,因此无需计算资本的生产力。最终,掩盖劳动与资本之间差异的过程,从萨伊、西尼尔和巴斯夏开始,经由这两个学派完成。

弗里德曼认为,经济活动绝非人类生活的唯一领域,无数个人为追求自身的利益而相互协作,这种协作的无意识的结果便是在人类生活中建立起错综复杂的结构。一个社会的各种价值观念、文化、社会习俗等都是以同样的方式发展起来的,都是通过自愿的交换和自发的协作成长起来的。斯密在其著作《国富论》中给出了极为重要的洞见:如果交易是自愿的,那么除非双方都认为自己能从交易中获益,否则交易便不会发生。价格体系正是这样一种机制,它既不需要中央指令,也不需要人与人之间彼此沟通或相互喜爱就能够完成这一任务。自由市场、价格体系协调着千百万人的活动,他们每个人都追求自身的利益,并且这种行为使每个人过得更好。经济秩序是许多人无意识行动的结果。自由市场是一种分散权力的机制,因此即便出现某种政治集权,也能够被自由市场所克服、消化掉。斯密和杰斐逊都把集权政府的权力视为对普通公民的巨大威胁,他们认为,保护公民免受专制政府的暴虐统治是必需的,而且永远都是必需的;应当抓机遇促成其事,说服民众更多地依靠个人主观能动性和彼此间的自愿协作,而不是依靠极端、彻底的集体主义。在土地与房屋等实物资本的占有上,一些国家实行了由政府所有的公有制。但是这样一来的结果便是缺乏激励和动力去维护和改善实物资本。如果某种资源为全民所有,也就没有人有兴趣去维持或改善它的状况。①

根据弗里德曼的说法,在由自愿交换组成的社会中,由许多单位自由交换所组成的经济构成了一个发生作用的模型,我们称之为竞争的资本主义。以它最简单的形式而论,这类社会包含着许多独立的家庭——好像是许多不同的鲁宾逊。每个家庭利用其所控制的资源来生产物品和劳务,并与其他家庭生产的物品和劳务进行交换,这种交换是根据双方的意愿进行的。

在消费者效用最大化理论和厂商利润最大化理论(生产理论)中,消费理论涉及个人之间的交换,而"生产理论则是与自然'相交换'"。所有经济活动仅仅是不同的交换行为。交换经济学最主要的思想在于:如果交换是自愿的,参与交换的双方一定全体受益且和睦共处。②

## 四、交换优于生产

交换优于生产的实质,是认为收益和利润的取得可以不通过"生产时间",不通过生产领域,而在流通领域中产生。利润在流通领域产生并非完全是虚拟,但由此以来"交换优于生产"理论便直接为这样一类目标服务:在等量生产时间不能获取等量利润的情况下,通过提高商品价格谋取利润。同时"交换优于生产"理论为这样一类人服务:即拥有丰富资产组合的纯粹所有者。这种人拥有大量股票、债券、土地及其他资产,完全凭借所有权获取收入。他们可以通过专业交易经纪人不断买卖股票、转换长短期债券,从边际上调整资产,理性计算出如何使收入流或资产价值增长率达到最大的资产组合。这类人在新古典边际主义理论中得到了最好的描述,边际主义为个人得出了最符合其利益的意识形态的结论。相反,对于"生产优于交换"者来说,大多数依靠劳动和生产收入的劳动者从来就不了解什么理性计算边际效用、比较效用比与价格比以及调整购买结

---

① 参见〔美〕米尔顿·弗里德曼:《自由选择》,张琦译,机械工业出版社2008年版,第23页。

② 参见〔美〕E. K. 亨特:《经济思想史———一种批判性的视角》,颜鹏飞总校译,上海财经大学出版社2007年版。

构达到的"快乐最大"。

个人主义和自由主义有它存在的合理性和客观性,个人追求个人利益、企业追求平均利润并不算极端资本主义。极端资本主义是在个人主义基础上形成的贪婪和强权。正像每个人都有优缺点一样,个人身上存在的不好品质就是贪婪和仗势欺人。个人的贪婪一旦与资本结合,资本极端的本质就是贪婪和强权。资本加个人主义等于资本主义,资本加个人贪婪等于极端资本主义。

在"交换优于生产"的引导下,自由变成强势个体的理论成为少数人称霸的幌子,市场被少数人操纵,生产和流通完全成了对立面。财富并非源自劳动而增长,财富只是基于资产而增长。在生产领域,劳动和资本的对立达到了前所未有的程度。在全世界,极端富裕和极端贫困之间的两极对立几乎都是一样的。据经济合作与发展组织的报道,1996年夏天,358位大多数来自西方国家的百万富翁所拥有的财富超过了世界人口的一半靠劳动所得的工资收入。没有人敢说,他们中的每一个百万富翁带来了他同时代的劳动者3000万倍的效率。[1]

## 第二节 中立与纯科学

### 一、纯科学

现代主流经济学中,奥地利学派(门格尔—哈耶克)和芝加哥学派(奈特—弗里德曼)最耳熟能详的言论之一,是声称他们的理论是纯粹的、价值中立的、不包含任何规范性判断的科学。芝加哥学派的继承者弗里德曼就曾表示,"从原则上讲,经济学中是没有价值判断的"。[2] 所谓价值中立,就是不包含任何政治的规范性判断。我们看到,价值中立被认为是纯科学研究的基本原则,是现代经济学基本方法之一。

然而,在门格尔提出其方法论的第一个观点即"纯科学"总是非价值

---

[1] 参见〔德〕格罗·詹纳:《资本主义的未来:一种经济制度的胜利还是失败?》,宋玮、黄婧、张丽娟译,社会科学文献出版社2004年版。

[2] 参见〔美〕E.K.亨特:《经济思想史——一种批判性的视角》,颜鹏飞总校译,上海财经大学2007年版,第391页。

取向之时,他又提出了第二个方法论原理,那就是经济学家仅仅能够科学地了解"个体经济"、个别家庭或企业,但永远不可能类似地把握阶级和国家这些社会总体。这就在事实上推翻了"非价值"取向。因为对个体和社会总体的选择本身就是一种价值取向,要求宏观经济学应以微观经济学原理为基础。认为个体可以认识而总体不可知,本身就是一种价值观。门格尔的个人主义方法论及其关于理论与价值判断无关的信念,决定他相信现存体制和法律高于改革。按照他的观点,改革行为是不科学的,是对社会有害的。社会将使得消费品以比目前更大的份额分配给劳动者,提供给他们更舒适的生活标准,实现消费品和生活负担的更均等分配,这样解决问题需要完全转变社会秩序。

## 二、纯数学

现代经济学所谓的科学方法之二,就是经济学规律可以归结为用数学术语来表现的一些原则,经济学最终规律的性质是一般化的,可以恰当地和自然科学规律相比拟,从而经济学应该和自然科学一样在本质上是数学的。

以均衡研究为重心的数理经济学派,力求建立消费者均衡与生产者均衡的一般均衡体系。其特点是:以交换为中心,使用适应函数方程式的中立的数学语言,把经济研究的"生理"分析变换为经济行为分析。数理经济学派把经济现象归结为数,正像毕达哥拉斯学派把万物之源归结为数那样。他们从经验里接纳一些综合命题,接受规定好的现实事物关系的命题,且只在这些前提上应用相应的数学公式。例如,在微观经济学层面上,没有劳动者和资本家,仅仅有表示为 a、b、c 等投入的所有者。

在现实经济生活中,一般是存在的,例如"生产函数"和"效用函数"。无论从方法上还是经验上,我们都不可能把特定社会和历史的形式(价值和价格)直接还原为现实中的具体数字。帕累托在建立供给函数时并不去说明货币价格是何物。例如,帕累托的均衡论必须经过转化,用供给函数代替生产函数,用需求函数替代效用函数,否则就不能把他建立的模式用于实际经济分析。转化本身就是引入"货币价格"范畴,即只能在货币形态上刻画供给和需求才能使之有实际意义。于是,我们又回到对"货币"的说明。瓦尔拉斯告诉我们,价格的形成是"喊价"。

数理经济学的形成确实标志着一种方法,它注重考察数量或概念的数量关系。尽管许多经济范畴的关系可以用函数关系表述,但数量之间的关系并不能阐明所有社会关系的本质。数理经济学派在说明例如生产函数和供给函数关系时,常会遇到两者不可通约的问题,无法回答概念之演进的历史原因。如果人们对这种逻辑加以批判,就可以指明数理逻辑的界限,从而指明历史认知的必要性。应用数学所做的,以及被认为是证明的那些所谓证明,只是一种数学逻辑。一个亿万富翁和一个领薪金的工人永远不可能是"1 = 1"。数学并不依靠制度前提来分析。库尔诺说,我们的科学应该是数学的,主要原因是它所研究的是数量。只要所研究的事物可多可少,那其规律和关系就必须在性质上是数学的。

马克思笔下的古典政治经济学偏重研究生产领域以及它牵连的阶级关系,无论揭露还是粉饰,都在一定程度上把自己的经济分析与社会结构结合在一起,其立场始终是站在"资本"和"生产"一边。而马克思政治经济学正是研究数学后面的社会制度——生产关系、社会关系、政治和法律关系。最终,马克思站在"社会"和"劳动"一边,完成了对资产阶级经济学的批判,建立了一种完全不同于西方主流的政治经济学体系。

## 第三节 个人主义经济学

个人主义的、自由主义的和交换的经济学,其共同思想基础是基于"社会的基础是个人"这样一种判定之上。因此,作为个人的精神——自由和个人的行为——交换,自然会集中于"自由市场"和"市场经济"范畴,这也是当今主流经济的思想基础。与此相反,马克思经济学的思想基础是建立在社会的基础是"类"这样一种判定之上,因此他总是从"多数人"、从"社会"、从"人类"出发。作为人类发展与社会存在的基础当然首先就是"劳动"和"生产"。

主流经济学要求宏观经济学以微观经济学原理为基础,理由是:在研究诸如市场之类的高度复杂的现象时,永远不可能获得我们作出一种完整的解释所必需的一切真实信息。宏观经济学克服这一困难的办法是通过统计方法获得的总量或平均数;微观经济学的方法依靠的是模型建构的方法,通过缩小规模,应付由于我们对全部相关事实不可避免的无知而带来的难题,其做法是将独立变量的数量减少到最低限度,据此形成一个结构,它可以揭示市场体系所能出现的所有类型的变动或变化。①

最小的经济规模就是"个人"。

所谓个人主义经济和资产阶级经济学,就是建立在自由主义意识基础上的一套生产方式、财产制度和经济理论。其目标就是一个:保护个人财产,追求个人利益,实现个人享受。为什么呢?因为保护个人财产和个人利益可以保持经济的效率。在此基础上,社会的总体福利依靠每一个人追求各自的利益来实现,但在18世纪中叶以前,这种思想大都被认为是不合理的,我们确信自己是个体,是一个近代的发明,尽管它的根扎在早期的基督教中。"社会总体福利靠每一个人追求各自的利益来实现"的思想也是晚近才出现的。边沁的个人功利主义为后来新古典经济学和效用论奠定了理论基础,而且至今仍然是主流经济学的基石。

最能体现个人意志的概念就是"自由"。在经济领域,最能体现自由的概念是"市场"和"竞争"。市场是交换的同义语,两者的区别在于交换是行为,市场是行为场所而已。一旦人们接受现实的财富和收入分配,那么市场交换就是这种一致性存在的唯一社会状况。交易双方在交易中满足各自欲望,即得到的比失去的更多。因此,仅就交易而言,自然是一致的,于是社会达到和谐。从交换角度看,资本主义是一种和谐的制度。

个人被视为交换的前提。自由主义的市场思想就是:人们做他们所需要做的事情,不是出于某种法律或政府的强迫。一个自愿交换的系统,其中的每一个能动者都可以"在市场所能承受的范围之内"进行自由竞争或垄断生产买卖,而不受任何外在权威的干扰或标准的限制。

在个人自由地追求功利以及个人利益、私有财产、自由竞争基础上,形成了新古典主义经济学的三个基本思想:(1)分配的边际生产力理论,认为自由竞争的资本主义制度是达到公平分配的最理想方式;(2)"看不见的手"理论,将资本主义制度看做是实现理性和效率的一个理想方式;

---

① 参见〔英〕弗里德里希·冯·哈耶克:《货币的非国家化——对多元货币的理论与实践的分析》,姚中秋译,新星出版社2007年版,第90页。

(3)对市场自发的自我调节本质的信仰,认为政府的主要功能是保护契约的执行并维护私有财产的特定所有权。

效用论的交换观点认为,财产所有权的现存规则是自然的、永恒的、无可非议的。为此,个人主义要求主流经济学必须为私有财产的现存规则和财产运用自由作出道德上的辩护。在效用最大化和利润最大化基础上,主流经济学家构建了一个数学大厦,以此证明在竞争性条件下,追求效用最大化交易的消费者和追求利润最大化交易的企业家都将自由行动且相互影响,最终使社会福利最大化。最大化原理很容易用微积分说明。当数量增加到边际效用为零时,总效用达到最大。这一点并不深奥。弗格森主编的《微观经济理论》(修订版)最后一章的标题是"福利经济学理论"。弗格森写道,我们现在希望证明所用的一个完全竞争的、自由的企业系统保证达到最大社会福利,其结论的得出依赖于生产者和消费者的最大化行为。

在奥地利学派和芝加哥学派关于资本和利息的讨论中,所有的物品都被赋予了现期价值和未来价值:工资率(付给现在或者将来的劳动)同任何一种商品的价格一样也是一种价格形式;投资仅仅是与自然或与其他交换者进行现有商品与未来商品之间的交换;利率也仅仅是现在商品和未来商品价格比率中的一个因素;资本被定义为所有未来消费品的现值(它们的未来价值除了要以利息率来贴现外,还与从现在到未来消费时点之间的时间长短有关),根据此定义,每个人都必然拥有资本(只要他或她将在未来消费商品)。由于每个人都能进行相同的跨期的和自身效用最大化的交换,他们每个人也都成了资本家。[①]

对个人利益而言,个人作为理性计算最大化者,通过边际买卖不断寻求最大化是理所当然的。个人重于社会,因此凭借所有权而不是凭借劳动和生产赚钱;交换优于生产,就成了交换经济的核心所在。个人重于社会、交换优于生产,迄今仍是现代主流经济学的理论基础,是金融衍生产品的指导思想,是一切金融危机的文化源头。

---

① 参见〔美〕E. K. 亨特:《经济思想史———种批判性的视角》,颜鹏飞总校译,上海财经大学出版社 2007 年版。

# 下篇　形式—货币论

本质不同的"时间"和"效用",因为交换而取得形式上的通约,这个形式就是货币。

# 第十四章　货币之谜

　　**提要**：生产品与自然资源在商品形式上取得等同性，生产时间与物质效用、价值与价格的矛盾对立要求得到统一。货币是价值尺度与价格尺度的统一，是社会生产时间及社会效用的等价物，是商品等价物的法定凭据。货币是商品，因此才能与商品交换，才能充当交换媒介；货币作为流通手段，实现生产时间、效用、生产商品、自然商品四方面之间的相互组合与交换；无论货币使用什么样式的符号，货币发行都要以一定商品储备为基础。货币只有建立在等价可兑换商品基础上才有所谓真价值。交换的"形式统一"、"形式等价"潜伏着未来货币发展的一切矛盾。货币之谜在于"货币形式的起源"以及货币何以成为生产商品和自然商品的共同等价物。当生产商品与自然商品中所包含的占有与使用的矛盾、个别性与社会性的矛盾、价值与价格的矛盾、内容与形式的矛盾统一在货币形式上时，社会经济内在的固有的制度矛盾与法权矛盾就会在货币政策上暴露出来。

　　为什么会有货币？一般来说，货币可以使交换（买卖）在时间和空间上方便进行。为什么货币可以使交换（买卖）在时间和空间上方便进行呢？是因为契约和信用呢，还是因为它作为一般等价物本身是商品？纸币究竟有没有内在的价值？它凭什么能置换商品和劳务？什么是优质货币？货币的各种职能可否分属于不同的资产？一个国家内可否存在多种货币？

对货币数量、货币政策、货币发行的种种争论，最终都会回到对货币本质的分析上，即货币具有从结算到投资再到储蓄的功能，其机理究竟何在？换言之，货币结算的是什么？货币投资的是什么？货币储蓄的又是什么？

# 第一节 问题的提出

### 一、相互对立的价值论

生产价值论继承了劳动价值论，从生产本身而不是从交换（商品流通）中寻找价值源泉。以效用的交换否定商品中包含劳动时间是站不住脚的。同样，认为价值就是劳动时间交换，没有效用交换，也是站不住脚的。效用同劳动是对立统一的概念。以效用价值论替代劳动价值论是经济学的一个发展，也是一个倒退。

效用价值论与劳动价值论同时产生是可以理解的。从交换出发，得出否定劳动价值而肯定效用价值的观点，反映了生产商品与自然商品交换的矛盾。效用价值论否定劳动价值，用效用这个与价值（劳动）完全不同的内涵充填价值概念，形成相互替代的论证。显然，如果我们认为价值就是效用，那就要另给"劳动"一个概念，而不是否定劳动。简单地以效用取代劳动，结果是要么违反逻辑，要么违反历史。劳动价值论认为价值的货币表现是价格，把劳动继续认做货币的内涵，最终把社会效用从交换中排除，在价值中完全放弃和否定了效用。同样，劳动既然填充了价值概念，就不能再占据价格概念。这里，劳动价值论犯了同样的错误，违反了逻辑，也违反了历史。

马克思在研究价值与价格关系时发现，二者之间包藏一个质的矛盾，以致货币虽然只是商品的价值形式，但价格可以完全不是价值的表现。有些东西本身并不是商品，例如良心、名誉，但可以被它们的所有者出卖以换取金钱，并通过它们的价格取得商品形式。因此，没有价值的东西在形式上可以具有价格。最终马克思得出结论："在这里，一方面，价格表现是虚幻的,就像数学中的某些数量一样。另一方面,虚幻的价格——如未开垦的土地的价格,这种土地没有价值,因为没有人类劳动物化在里面——又能掩盖实在的价值关系或由此派生的关系。"[1]

劳动价值论认为,(除开非物质现象不说)没有价值的东西在形式上可以具有价格,这种"价格表现是虚幻的"。但在生产价值论看来,没有价值的东西在形式上可以具有价格,并不是虚幻的,而是现实的、历史的、真实的存在。

假定我们面前是一个有价值的与一个无价值但有效用的东西交换,是生产商品与自然商品交换。例如,1件上衣交换1棵树,情况会怎样？1件上衣交换1棵树,这里似乎没有等价依据,但这并不能否定这个简单交换形式成立。"一个商品的等价形式就是它能与另一个商品直接交换的形式",也就是说,倘若我们用一个无价值物同一个有价值物交换,用1件上衣交换1棵树,这就意味着"1件上衣 = 1棵树","或1件上衣值1棵树",但它们之间怎么会等价呢？

## 二、价值与价格互为表现

"1件上衣交换1棵树,1件上衣 = 1棵树",是一个简单等价形式。

使用价值成为它的对立面即价值的表现形式。在这种对立下,作为价值尺度,价值一端的衡量物是无价值的;而作为价格尺度,价格一端的衡量物是有价值的。换言之,用有价值的商品表现的是无价值的商品;而没有价值的商品表现的却是有价值的商品。价值与价格互为表现,也就是等量与比例互为表现。

交换前——1件上衣的拥有者拥有的是生产劳动商品,1棵树的拥有者拥有的是自然商品。上衣拥有者想得到1棵树,而树的拥有者想得到1件上衣。就是说,在一个劳动商品与一个自然商品交换,即一个有价值的东西与一个无价值的东西交换中,交换两极一端有价值一端无价值。我们能不能把这个直接交换形式叫做等价交换？如果无从"等价"又能是什么呢？

交换中——如在"20码麻布 = 1件上衣"交换中,20码麻布和1件上

---

[1]〔德〕马克思:《资本论》第一卷,人民出版社1975年版,第121页。

衣都是劳动产品，都含有价值，所以"表现价值的商品"会表现为"等价形式"。价值表现的两极是"相对价值"形式和"等价形式"。现在是1件上衣交换1棵树。1件上衣是有价值商品，1棵树是无价值商品。在"1件上衣＝1棵树"中，表现价值商品的1棵树本身是无价值的，而表现无价值商品的上衣本身却是有价值的。相对价值位置上是上衣，等价形式是1棵树。换言之，原本时间与时间交换，价值用价值表现；效用与效用交换，价格用价格表现，都是成立的。现在是价值与价格交换，变成价值等于价格、时间等于效用、等价等于比例。于是，1件上衣会表现出一个所谓的"价格"，而1棵树会表现出一个所谓的"价值"。在这个价值与价格的交换中，交换等式两端一个是相对价值的等量形式，一个是相对价格的比例形式。等价性质消失了。

在"1件上衣＝1棵树"中，一端是价值形式或价值物，一端是价格形式或价格物。简单价值形式与简单价格形式之间的同质性消失了，交换固有的可通约性消失了！上衣不再被一个价值物表现，而是被一个价格物表现，上衣有了一个"价格"。相反，1棵树被一个价值物表现，取得了一个价值形式，有了一个"价值"。生产商品与自然商品两极现在直接表现为相对价值和相对价格。于是，生产商品有了"价格"，自然商品有了"价值"。严格地说，上述马克思笔下"交换价值表现在两极：相对价值形式和等价形式"的命题，准确表述应该是——交换价值表现在两极：相对价值形式和等量形式，而非等价形式。因为这里还没有出现"价格"。同理，交换价格表现的两极，应该是相对价格形式和比例形式。

从"1件上衣＝1棵树"形式上看，等量形式与比例形式重叠在一起，该等式既是等量形式又是比例形式，也可以说既不是等量形式又不是比例形式。现在，1件上衣的价格是"1棵树"。由于相对价值形式的位置是完全相对的，若把相对价值形式的位置调换，以上表述同样可以反向表达：1棵树的拥有者需要1件上衣，在交换中，他用自己拥有的但不是劳动产品而是"自然赠与"的1棵树去交换1件上衣。1件上衣就是1棵树的相对价值。"1件上衣"本身是有价值的，用价值表示就是1棵树。1棵树的价值是"1件上衣"。

交换完成后——上衣拥有者得到树，树拥有者得到上衣；生产时间拥有者得到"效用",效用拥有者得到"生产时间";价值拥有者得到价格,价格拥有者得到价值。

### 三、价格与价值的假象

价值与价格互为表现,必然造成交换价格等于交换价值的假象。

1 件上衣的价格是 1 棵树,1 棵树的价值是 1 件上衣。这一概念转换说明:"1 棵树"作为 1 件上衣的价格,其自身可以没有价值,而"1 件上衣"作为 1 棵树的价值,其自身是有价值的。于是,一个无价值的自然物因为与一个有价值物交换,也就似乎有了"价值"。反之,一个有价值的物因为与一个无价值自然物交换,也就似乎没有"价值"只有价格了。

生产商品与自然商品交换可以看做"价值"与"价格"的交换、生产时间与社会效用的交换。价值交换价格,价格交换价值,两者互为需求和互为供给,最终造成有价值的价格变成不含价值的价格、而没有价值的价格变成含有价值的价格的假象。

商品经济历史中,凡是一物被人占有并进入交换,该物就会有一个价格。关于这类交换以及用这类交换攻击劳动价值论的例子,在经济学文献中屡见不鲜。前文提及的西尼尔的"吃珍珠"就是一个很好的例证。他问道:"假若我沿着海边漫不经心地拾到一颗珍珠,它就不会有价值么?……假定我在吃牡蛎时碰到它,那又怎样呢?"这种"价值",按劳动价值论观点是无法解释的,因此它会说这是偶然的、没有意义的。

生产价值论的回答则很简单:无论是拾到的还是吃到的,这颗珍珠都没有价值。但是如果这颗珍珠对另一个人有用,而那人愿意用他生产出的粮食同珍珠的所有者交换,那么这颗珍珠的"价格"就会在交换中表现出一个"价值"。粮食本身具有价值,所以这颗珍珠在交换中,效用价格相对变成了劳动价值。事实上,这颗珍珠是没有价值的,但只要进入交换,这颗没有价值的珍珠便会有一个"价格",这个价格通过与有价值的粮食交换,表现出一个"价值"假象。这种表现绝不证明珍珠本身有价值,而是因为希望得到珍珠的人是用"价值"来交换,所以珍珠才有了所谓价值。如果珍珠占有者不用珍珠换取粮食,珍珠就只是珍珠所有者的个人占有物。反之,倘若珍珠所有者遇到的卖主不是一个,而是几个,珍珠的"价值"就会在"喊价"中被确定。此时珍珠的卖价就完全由买主的竞价而定了。一个珠宝商会比普通人出更高或更低的价格。

我们对交换价格的重新认识无疑打破了常规,颠覆了"价值的货币表现是价格"的传统经济学定义。事实是,在货币产生之前,不仅有简单"价值形式"存在,还有简单"价格形式"存在。价值等于价格的假象就是:价值(时间)会表现为价格(效用),价格(效用)会表现为价值(时间)。在这种假象下面,隐藏着等价(通约)的困难。等价形式哪里去了?难道"等价形式"真就消失了?没有。

### 四、等量形式与比例形式

"价值"与交换比例毫不相干,而"价格"与生产时间毫不相干。两种毫不相干也会在两种不同性质的交换形式上表现出来。

第一类交换:"20 码麻布 = 1 件上衣"或"20 码麻布值 1 件上衣"。

第二类交换:"2 分地 = 1 棵树"或"2 分地值 1 棵树"。

这两种交换在形式上都是简单的形式。它们都是直接成立的物与物的简单交换,但在简单交换形式中,包含两种不同性质的交换。第一类交换是生产商品与生产商品交换,"等价"发生在生产时间交换上。第二类交换是自然商品与自然商品交换,通过效用与效用交换比例表现出"等价"。也就是说,无论是生产时间交换还是效用交换,都可以通过交换表现出商品的社会性质而没有困难,交换形式成立。

通过生产时间交换得到价值范畴,通过效用交换得到价格范畴。依照交换价值概念,"20 码麻布 = 1 件上衣"或"20 码麻布值 1 件上衣"是一个直接交换行为、一个简单价值形式。在这个简单价值形式中,交换价值表现在两极:相对价值形式和等量形式。同理,依照交换价格概念,"2 分地 = 1 棵树"或"2 分地值 1 棵树"也是一个直接交换行为,是一个简单价格形式。在这个简单价格形式中,是交换价格表现在两极:相对价格形式和比例形式。在有货币的情况下,商品效用的表现形式就是商品同货币数量交换的"比例形式"。

将价值形式与价格形式作一个比较,则价值形式就是生产时间交换的"等量形式",价值形式体现的是社会生产时间在交换中的等量,是指两个生产商品按照社会生产时间等量进行平等的交换。这里价值形式是一种"共有的表现形式",是一种不同于它与其他商品交换的那些不同比例的东西,"是与这些比例毫不相干的独立的东西"。① 反之,价格形式则是商品效用交换的数量"比例形式",价格形式体现的是商品按各自社会效用交换,不同商品数量在交换中形成交换的比例形式。这里价格形式也是一种"共有的表现形式",是与这些比例中所包含的生产时间毫不相干的独立的东西。

"20 码麻布 = 1 件上衣"体现的是时间交换"等量","2 分地 = 1 棵树"体现的是效用交换"比例"。价值等量形式与价格比例形式,是生产时间交换与效用交换各自不同的抽象社会形式。

## 第二节　形式等价

### 一、两极对立

20 码劳动麻布与 1 件劳动上衣是同质的。"20 码麻布 = 1 件上衣"并不算真正的"使用价值成为它的对立面即价值的表现形式"。"20 码麻布 = 1 件上衣"的含义是"劳动时间 = 劳动时间"、"N 小时简单劳动时间 = X 小时复杂劳动时间",是同质的等量形式。在"20 码麻布 = 1 件上衣"等式中,谁是价值形式谁是等价形式只在表现位置不同,A 的价值可以用 B 的使用价值表现,B 的价值可以用 A 的使用价值表现,位置可以互换。交换是可以通约的。

相反,在"1 件上衣 = 1 棵树"中,"1 棵树"与"1 件上衣"不同质。生产商品与自然商品的差别发生在本质上,二者是性质不同的商品。价值表现为价格,价格表现为价值,能成立吗? 回答是肯定的,这种肯定不仅在逻辑上是成立的,在经济史上也是成立的。

在"1 件上衣 = 1 棵树"中,尽管双方可以是互为需求和互为供给,但永远不会单以劳动尺度交换或单以效用尺度交换,因为双方中的一极是价值商品,另一极是效用商品。现在交换就是直接的供求,社会生产和社会效用互为需求。是价值与价格互为需求、互为供给。通约在哪里呢? 等价就是寻找通约尺度。劳动价值论会认为通约在劳动上,效用论会认

---

① 《马克思恩格斯选集》第二卷,人民出版社 1966 年版,第 277 页。

为通约在效用上。

"1棵树交换1件上衣"一旦成立，简单价值形式与简单价格形式就不存在了。有的是价值表现为简单价格，价格表现为简单价值，我们说它们"简单"，是因为它们是一物对一物、一对一的交换。价格和价值交换直接转化为互为需求、互为供给。然而，一旦实际交换变成一对二、一对十、一对百，变成一个交换系列，就会遇到许多困难。等价的困难，也就是寻找通约尺度的困难必然发生。交换基准以何为依据？交换是以等量为基准，还是以比例为基准？是以生产商品为媒介，还是以自然商品为媒介？显然，否定任何一方都是不可能的。

生产商品与自然商品交换，交换在这里没有一个共同基准，不能通约。共同的、统一的尺度必须既能衡量生产商品的社会劳动量，又能衡量自然商品的社会效用量；既能代表价值，又能代表价格。有什么既代表生产时间，又代表社会效用呢？有什么能化成一种"共同东西"的等量交换，同时又能化成"不同东西"的交换比例，成为通约交换的尺度呢？

## 二、形式统一

或许有人认为，"1件上衣=1棵树"就是一种交换，其中并没有什么相等的意义，只是一种契约而已，"相等"、"等价"并没有实际意义。这是一种曲解。"1件上衣=1棵树"中，确实不能说是"上衣"等于"树"。然而"="的问题关键在于：交换成立的依据是什么？上衣与树交换的尺度是什么？寻找这个"="的"尺度"就是货币的诞生。那么交换的尺度（货币）在哪里呢？

实践给出了解决的办法：就在交换形式本身——一种形式上的统一。

亚里士多德认为，商品交换价值是商品价格的前提，但他也发现在"没有货币的时候，就已经有交换了"，然而，商品只有通过货币（必须有一个价格）才可通约，为了摆脱这个"难关"，亚里士多德假定本来不可通约的物借助货币变成可通约的物。本质上不同不能通约的，"由于实际需要，这种情况却发生了"。这个"难关"不仅绊倒了亚里士多德，也绊倒了马克思。因为马克思认为:"以为商品的可通约性是由货币造成的想法,纯粹是流通过程的假象。"①事实上,流通中货币通约并不是假象而是事实。这个事实就是货币通约的真正对象是"价值"和"价格",是交换价值与使用价值,是生产时间与物质效用。在劳动价值论中,仅从"价值"的角度看,劳动时间与物质效用当然是不可通约的。

恰恰就是"1件上衣=1棵树"的"形式"本身,价值与它的真正对立面价格实现了对立中的统一、形式上的统一。

"1件上衣=1棵树"是"简单价值形式"与"简单价格形式"的扬弃。同质的等量变成一种不同质的交换比例。"上衣=树",价值等于价格,实践中交换用形式上的统一化解了通约的困难。在"1件上衣=1棵树"的形式统一中,等价形式不再是性质相同的生产商品,而是由性质相反的两种属性的商品构成。价值商品与它的对立面价格商品相互交换,建立了形式上的等价——这个实践的、经验的、简单的交换形式就是"生产时间"和"效用"、价值与价格形式上的统一。

对立交换的统一形式使等价成为一种真正的、名副其实的"形式",即所谓真正形式上的等价。就是说,本质上不能等的东西现在在形式上"等了"——等值了、等价了、通约了、统一了。有了形式统一、形式等价,鸡和米不等,现在等了;牛和羊不等,现在等了;稻米和石头不等,现在等了;鱼和床不等,现在等了;"劳动"与"土地"不等,现在"等"了……总之,"价值"与"价格"不等,现在"等"了。"等价"终于又回来了。

劳动价值论中,交换的两极形式是同质的。既然劳动时间调节交换价值,那么它就不仅是交换价值内在的尺度,还是交换价值的实体本身,因为作为交换价值的商品没有任何其他实体,没有自然属性。②生产价值论中,交换的两极形式是不同质的、对立的。不同的两极交换的形式统一,决定了未来参天的货币大树必定具有完全不同的性质,结出完全不同的政策果实。

若将生产价值论的对立交换与马克思对等价形式分析作一个比较,则:

---

① 《马克思恩格斯全集》第十三卷,人民出版社1962年版,第58页。
② 参见《马克思恩格斯全集》第四十六卷(上册),人民出版社1979年版,第116页。

其一，按马克思的说法，等价形式的第一个特点是：劳动商品中所包含的劳动量不能直接表现出来，必须用另一个具体有用的商品表示，就是用另一个商品的使用价值表现。但这个商品必须也是劳动商品，这里发生的只是社会劳动量"不能直接表现出来"的问题。现在不同了，现在是真正的"使用价值成为它的对立面即价值的表现形式"。价值不是迂回地表现在价值商品的使用价值上，而是直接表现在一个不含价值的商品使用价值上。同时，一个不含价值的效用物也变成用它的对立面——价值物来表现了。换言之，在"A = B"中，在商品 B 的效用上表现出来的商品 A 的价值，具有相对价格形式；而在商品 A 的价值上表现出来的商品 B 的效用，具有相对价值形式。

其二，等价形式的第二个特点是："具体劳动成为它的对立面即抽象人类劳动的表现形式"，现在有了双重的意义。除了劳动和生产成为它的对立面即抽象人类劳动的表现形式，个人占有的具体自然资源和有用物也"成为它的对立面"，成为抽象的社会一般有用性、一般社会效用。

其三，在劳动价值论中，价值与使用价值只是同一商品中的两个因素，所以价值的形成与使用价值无关。在生产价值论中，价值与使用价值扩展为"价值与使用价值交换"，扩展为两种对立商品交换，因此交换的尺度（货币）必然包括价值尺度与使用价值尺度两个因素。

货币是简单价值和简单价格的成熟形式，对立的价格和价值在货币中实现了统一。这里，一系列商品的价值和价格在已经执行货币职能的商品上得到表现，表现为商品的货币价格；而一系列自然商品的效用，在已经执行货币职能的商品上也表现为商品的货币价格。货币价格既是等量交换的尺度，又是比例交换的尺度。

对立交换的形式统一和形式等价本身就潜伏着未来货币发展的一切争论。

### 三、货币胚胎

我们是从商品的货币表现中探寻到商品的价值属性和价格属性的。现在我们从商品的价值属性和价格属性出发，探索货币是怎样形成的。

在马克思货币学说中，"20 码麻布 = 1 件上衣"这个简单的价值形式同时也是货币最初的胚胎形式。马克思指出："等价形式恰恰在于：商品体例如上衣这个物本身就表现价值,因而天然就具有价值形式。……从这里就产生了等价形式的谜的性质,这种性质只是在等价形式以货币这种完成的形态出现在政治经济学家的面前的时候,才为他的资产阶级的短浅的眼光所注意。……最简单的价值表现,如 20 码麻布 = 1 件上衣,就已经提出了等价形式的谜让人们去解决。"①

马克思这里说的"等价形式的谜",实际是指货币的谜,即货币本质的揭示。在简单价值形式中,作为等价形式中的等价物——1 件上衣——具有两个特点:第一,"使用价值成为它的对立面即价值的表现形式";第二,"具体劳动成为它的对立面即抽象人类劳动的表现形式"。这是货币的本质。从这个基础出发,决定了成熟货币的最终性质:第一,货币实体是劳动商品;第二,货币代表抽象人类劳动或一般社会劳动。

劳动商品中价值与使用价值的内在矛盾,在广义商品中扩展为生产商品与自然商品外在的、真正的矛盾对立。这种真正的、外在的对立取得形式上的统一是在实践中解决的,是随着交换的扩大完成的。一旦交换扩大,两极交换变成多极交换,必须形成统一的中介环节。这个中介环节显示,不能以价值与价格交换(1 件上衣 = 1 棵树)的直接对立形式,更不能以马克思的简单价值形式等同货币形式。货币的萌芽必定由第三极发育而成。只有在交换中,形成两极交换的中介才是货币的真正胚胎形式——最简单的货币形式。

例如:"20 码麻布 = 1 件上衣 = 1 棵树",这是一个简单货币形式。

在这个形式中,价值与价格是对立的两极,交换系列的中项——1 件上衣——就是货币的胚胎、萌芽:一般等价物。价值和价格对象化在一个共同的第三者商品上,这个共同的第三者商品就是货币。换言之,价值与价格的对象化就是货币萌芽。"形式统一"、"形式等价"现在有了载体——货币。

通过"20 码麻布 = 1 件上衣 = 1 棵树",我们可以看到 20 码麻布的价值和 1 棵树的价格都在 1 件上衣上得到了体现。"1 件上衣"既是 20 码麻布的价值形式,又是 1 棵树价格的价格形式。换言之,"1 件上衣"既是

---

① 〔德〕马克思:《资本论》第一卷,人民出版社 1975 年版,第 72 页。

20 码麻布的价值尺度,又是 1 棵树的价格尺度。1 件上衣——作为价值对象化与价格对象化的载体——就是货币萌芽或货币商品。此时"1 件上衣"既是一般社会生产时间的对象化,又是一般社会效用的对象化;既是价值尺度,又是价格尺度。1 件上衣作为生产商品,现在是既代表生产商品,又代表自然商品,变成了广义商品的代表。

如果我们把"20 码麻布 = 1 件上衣 = 1 棵树"的中项"1 件上衣"与"1 棵树"调换位置,变成"20 码麻布 = 1 棵树 = 1 件上衣",交换系列照样存在,交换可以照样进行。唯一的不同是交换中项,即货币萌芽由"1 件上件"变成"1 棵树"。可见作为货币的商品可以是价值商品,也可以是价格商品;可以是生产的,也可以是自然的。

现在,数量比例形式和时间等量形式被扬弃了,价值(社会生产)与价格(社会效用)得到统一,这个统一就是货币形式,或称价值与价格的"等价物"、"尺度"。价值与价格的"等价物"就是简单货币形式。货币是价值与价格的"一般等价物"。这里,货币的等价本质在于:货币既可以以社会生产时间的数量等量尺度,与任何生产商品交换;也可以以社会效用的数量比例尺度,与任何非生产商品、自然商品交换。

在以上这个既包含简单价值形式,又包含简单价格形式,同时还包含简单货币胚胎的交换系列,源于交换形式本身"不同质对立的交换"导出两种性质不同但同时又都可以充当货币中项的商品。这个中项商品本身具有通约价值和价格的尺度功能。这样问题就出来了:作为等价物的货币商品,两种不同性质的商品究竟应该怎样选择呢?如果"上衣"和"树"、"价值"和"价格"都是货币尺度的胚胎形式,那么,成熟的货币又会是什么样子呢?

### 四、成熟货币

假定简单商品交换的两极扩展为两个数量庞大的商品堆,一方是价值商品堆,一方是价格商品堆。情况又会怎样?价值商品堆和价格商品堆会形成"总和的或扩大的"交换系列。

如果把类似"1 棵树 = 1 件上衣"、"20 码麻布 = 10 磅茶叶"这种不同性质的无数商品堆放到同一个市场上,我们就会得到一个由众多交换组成的"总和的或扩大的"价值对象与价格对象:20 码麻布 = 10 磅茶叶 = 1

夸脱小麦＝1件上衣＝1棵树＝1亩耕地＝1粒钻石……可见，问价值为什么要用它的对立面表现，等于问为什么会有生产商品与自然商品交换。回答是因为占有和互通有无。人类历史在发展中，必然会通过实践找到解决问题的办法。成熟的货币即货币的成熟。一方面，我们看到"价值商品堆"中的等量社会生产时间对象化到货币：

$$
\left.\begin{array}{l}
10\ 磅茶叶\ =\\
40\ 磅咖啡\ =\\
1\ 夸脱小麦\ =\\
1\ 件上衣\ =\\
0.5\ 吨铁\ =\\
X\ 量商品\ A\ =\\
其他商品\ =
\end{array}\right\}\ 2\ 盎司金（等量形式）
$$

在简单价值形式中，显示出来的等量内容，即在直接交换上显示出来的等量生产时间，我们称之为商品的"交换价值"。在扩大的交换系列中，通过在"一般等价物"或"一般等价形式"上显示出来的，即在总和的或扩大的交换形式中，显示出来的一般社会时间，外化或对象化在货币上，我们称之为用货币表示的价值——货币价值。

另一方面，我们看到"价格商品堆"中的一般社会效用，以比例形式对象化到货币：

$$
\left.\begin{array}{l}
10\ 斤鱼\ =\\
1\ 棵树\ =\\
3\ 方石头\ =\\
2\ 分耕地\ =\\
1\ 亩草场\ =\\
0.5\ 吨沙\ =\\
X\ 量物品\ B\ =\\
其他物品\ =
\end{array}\right\}\ 30\ 个贝币（比例形式）
$$

在简单价格形式中,显示出来的数量交换比例,即在交换比例数量上显示出来的相对效用,我们称之为商品的"交换价格"。在扩大的交换系列中,通过在"一般等价物"或"一般等价形式"上显示出来的数量交换比例,即在总和的或扩大的交换形式中,显示出来的抽象"社会效用"的交换比例,外化或对象化在货币上,我们称之用货币表示的价格——货币价格。最后,"价值商品堆"与"价格商品堆"的交换,价值堆(社会时间)与价格堆(社会效用)相互表现,我们得到一般等价形式——成熟货币:

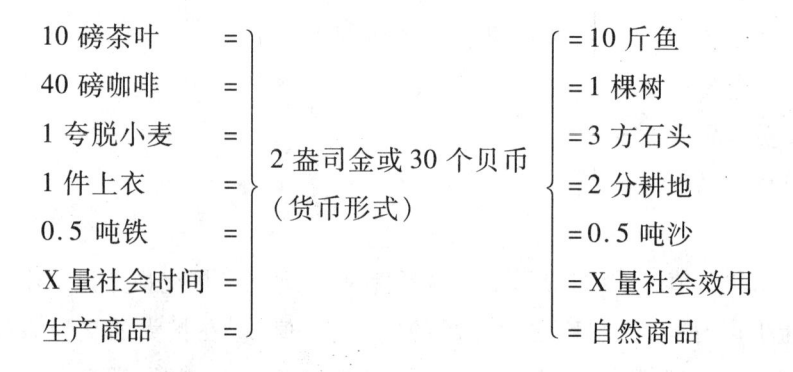

$$
\left.\begin{array}{l}
10\text{ 磅茶叶} = \\
40\text{ 磅咖啡} = \\
1\text{ 夸脱小麦} = \\
1\text{ 件上衣} = \\
0.5\text{ 吨铁} = \\
X\text{ 量社会时间} = \\
\text{生产商品} =
\end{array}\right\} 2\text{ 盎司金或 }30\text{ 个贝币} \left\{\begin{array}{l}
=10\text{ 斤鱼} \\
=1\text{ 棵树} \\
=3\text{ 方石头} \\
=2\text{ 分耕地} \\
=0.5\text{ 吨沙} \\
=X\text{ 量社会效用} \\
=\text{自然商品}
\end{array}\right.
$$
(货币形式)

劳动价值论中,随着商品生产和交换范围的扩大,生产和交换经过简单的价值形式、扩大的价值形式和一般价值形式最终形成货币。这一逻辑同样适用于广义商品发展的历史。在生产价值论中,我们从简单交换到扩大的交换;从简单价值形式和简单价格形式,到一般价值形式和一般价格形式;最终,货币的萌芽在一般价值形式和一般价格形式的基础上,成熟为一般等价形式——货币。换言之,逻辑与历史同步,生产和交换经过简单的等价形式、扩大的等价形式、一般的等价形式,最终诞生通货,形成货币。

归根结底,货币从其胚胎形成向成熟货币的转化,就是随着商品生产和社会交换的扩大,逐渐找到最适合做货币的商品材料以及能完全实现货币功能的技术手段。

在没有货币的社会中,假定有 1000 种不同的商品、1000 种可能的"时间"和 1000 种可能的"状态",就会有 10 亿种不同的市场。这会超过任何人的计算能力。①

## 五、货币论补充

劳动价值中,所谓一般等价物,就是说,当一种劳动商品被其他一切劳动商品当做等价物排挤出来、最终限制在一种特殊的劳动商品上时,商品世界的相对价值形式和相对价格形式就获得了客观的固定性和统一性。马克思是这样表述货币的:货币结晶是交换过程的必然产物;交换的扩大和加深的历史过程,使商品本性中潜伏着的使用价值和价值的对立发展起来;为了交易,需要这一对立在外部表现出来,这就要求商品价值有一个对立的形式,这个需要一直存在,直到由于商品分为商品和货币这种二重化而最终取得这个形式为止。②

从以上论述出发,生产价值论认为:

第一,劳动价值货币论丢掉了自然商品这一大块。

排除自然商品是劳动价值论阐述货币概念时出现困难的原因之一。丢掉了一般效用在货币形成中的位置,最终导致马克思认为世界货币就是"金和银"。就社会生产和交换而言,交换不仅是生产产品的交换,还有大量非生产品和自然资源的交换。生产与流通外在的对立形式,如果不能在价值尺度和价格尺度上统一于货币尺度之中,如果货币本质上不具备自然商品的价格尺度功能,就不可能行使真正流通手段的职能。价值尺度与价格尺度的统一也就意味着社会生产与社会流通的统一。正因为如此,货币尺度必须首先是价值尺度与价格尺度的统一,进而才是、才能充当流通手段。

第二,货币价格波动的中心,不是交换价值一个中心,而是有交换价值和交换价格两个波动中心。货币之所以成为流通手段,不是价值尺度与流通手段统一,而是价值尺度与价格尺度统一。正因为货币形式是价值形式与价格形式的统一,所以货币是价值与价格的统一、是生产时间与效用的统一;正因为只有货币才能反映价值与价格、反映生产时间与效用,所以货币价格才能调整价值与价格的偏离、调整生产时间与效用的偏

---

① 参见〔英〕杰弗里·M. 霍奇逊:《经济学是如何忘记历史的:社会科学中的历史特质问题》,高伟、马霄鹏译,中国人民大学出版社 2008 年版。
② 参见〔德〕马克思:《资本论》第一卷,人民出版社 1975 年版。

离。商品社会生产时间不变,货币价格随社会效用变化而变化;商品社会效用不变,货币价格随社会生产时间变化而变化。

## 第三节 社会形式要素

### 一、货币定义

什么是货币?《现代经济辞典》中货币定义的是:用做交换媒介、计价单位和具有价值储藏作用的商品或者法定凭据。这个定义并没有回答货币为什么可以用做交换媒介、计价单位、价值储藏。马克思对货币的定义是:"价值尺度和流通手段的统一是货币"①。"等价形式"与特殊商品"社会地结合在一起"就是"货币商品",可以执行货币的职能。生产价值论认为,货币是价值尺度与价格尺度的统一,是两极对立的形式统一。这里正应了马克思对辩证法的论述:两个相互矛盾方面的共存、斗争以及融合成一个新范畴,就是辩证运动的实质。②

生产价值论的货币定义是:货币是生产社会时间和物质社会效用的共同表现形式;货币是价值等量和价格比例的统一尺度;货币是生产商品和自然商品等价物的法定凭据;货币可以用本身数量显示(计量)进入交换的商品包含的社会生产时间与社会效用量的大小。

上述定义表达三层含义:

第一,不同性质的东西在形式上取得统一。货币实现了社会生产中完全不同性质的广义商品以及不同性质的生产要素在统一形式下的计量、流动、分解、组合。

第二,交换在尺度上统一。货币形式是生产商品的价值形式及自然商品的价格形式的统一,因此货币可以作为一切商品的流通媒介和支付手段。

第三,商品用货币数量单位显示(计量)本身包含的社会生产时间与社会效用量,意味着货币的发行必须要以生产商品或自然商品的储备为

---

① 《马克思恩格斯全集》第十三卷,人民出版社1962年版,第113页。
② 参见《马克思恩格斯选集》第一卷,人民出版社1966年版,第106页。

基础,社会生产时间及社会效用不可能通过印钞机印出来。

马克思曾指出:"产品只有在一定的社会联系中才成为价值和商品。第一,这个产品是社会劳动的表现,从而,他自己的劳动时间也是整个社会劳动时间的一部分;第二,他的劳动的这种社会性质,通过他的产品的货币性质,通过他的产品的由价格决定的普遍的可交换性,表现为他的产品所固有的社会性质。"①现在我们可以对马克思的表述作一个补充:在具体生产时间成为它的对立面即抽象社会生产时间的同时,具体效用也会转化为它的对立面即抽象社会效用,货币是具体生产时间与具体效用的社会化形式。

货币所谓"一系列的形态变化",就是商品价值和商品价格属性对象化、外化为货币的过程。这里不仅仅是价值"成熟为价格形式",成熟为货币。既然价格与价值可以相互表现,我们会看到,所谓货币"所值"既可以用生产商品表示,也可以用自然商品表示;所谓货币"数量",既包含表示时间等量的意义,也包含表示效用比例的意义;所谓货币"载体",既可以取自商品自身,也可以采用象征符号。在此基础上,货币具有计价单位、交换媒介、支付手段和价值储藏作用。

我们看到,一旦劳动力商品进入交换就会表现为劳动力货币价格,土地商品进入交换就会表现为土地货币价格,我们就可以在"劳动"和"土地"之间建立一种"费用相加"。这种费用相加关系是由生产力要素商品化的历史发展造成的,资本生产就是以这个事实为前提的。劳动与土地的自然功能是不可比较的,但在货币形态下却可以"相加",正像两个不同的使用价值可以"相加"一样。由此相加出来的资本规模——资本生产力,是可以比较的。一旦生产力表现为资本生产力,生产力的比较就会变成资本生产力的比较;生产规模的比较,就可以表现为资本规模的比较;生产效率的比较,就可以变成资本有机构成的比较。

另一方面,货币作为社会生产时间及社会效用的等价物,这种特有的社会职能使货币本身成为独立的财富等价物,具有储藏的价值和"社会独占权"的意义。但无论货币本身是商品还是符号,社会时间和社会效用对

---

① 〔德〕马克思:《资本论》第三卷,人民出版社 1975 年版,第 720 页。

象化在货币中,是以货币本身就是生产商品(自然商品)为基础的,一旦货币脱离了真实存在的生产和物质效用基础,货币财富就会变成泡沫而消失。

## 二、货币历史

在逻辑上,我们已阐明:价值和价格概念先于货币概念存在,交换的价值形式和价格形式先于货币形式存在。因此,货币的源头可以是没有价值含量的自然物,也可以是有价值的生产商品。价值与价格是抽象的,而货币从来都是具体的。我们从"价值"和"价格"抽象上升到具体货币的方法,只是思维用来掌握"货币"、把货币当做一个精神上的具体再现出来的逻辑方式,并不是货币本身的产生过程。

按照传统的解释,辅助货币是在本位货币单位以下的小额货币,供日常零星交易和找零之用。现代信用货币制度下,铸币主要用做辅币。按照马克思的分析,铸币是从货币作为流通手段的职能中产生出的货币形式。其实质就是金的名称和金的实体,但其名义含量和实际含量分离。一旦铸币变为它的法定金属含量的象征,金的铸币存在同它的价值实体就完全分离了。由于货币流通本身使铸币的实际含量同名义含量分离,使铸币的金属存在同它的职能存在分离,货币流通中就可以用其他材料做记号或象征来代替金属货币执行铸币的职能。相对地说没有价值的东西,例如纸票,就能代替金来执行铸币的职能。

但历史告诉我们,所谓"金属铸币"本应产生在金、银之前。货币最初可以是由生产商品中诞生,也可以由非生产商品中诞生,例如贝币。中国在殷周时代就曾以齿贝为货币,以若干贝为一"朋"。后因真贝不足,乃用仿制品,如珧贝、蚌制贝、骨贝、铜贝等。这种由非生产商品中诞生的货币,无论是何种材料,本身必须具有"象征"(象征劳动时间或效用,象征生产商品或自然商品)的意义,如果它没有这种象征意义,就不可能作为交换媒介。而由这种象征意义(货币)产生的交换比例,自然是由当时当地生产生活所赋予的,是经传统与习惯而被人们接受的。

假定人们以"牛"为货币,那么"一头牛"必然具有象征多少只羊、几件衣服、多少木材、几块土地等意义。韦伯认为,历史上,统治者之间的礼品往来是以两个民族之间和平相处为前提的。不送礼品就意味着战争。

这种交换被认为是酋长之间的半商业交换。酋长贸易是从这种交换之中发展出来的。当氏族和部落贸易对某种当地无法得到因而很受重视的物品赋予一种交换手段的职能时,这种对外货币在进行半商业支付、缴纳关税、通行税时就具有对内职能,因为不能不准许商人以随身携带的手段进行支付。① 显然,在货币发展的初期阶段,货币是以多种形式出现的。历史上最初产生的货币,它的真实的、公认的、被人们接受的象征意义(用后人的概念说,就是象征价值、财富、财产等意义)必定超过货币材料本身的意义。个人装饰物诸如小珠、琥珀、珊瑚、象牙以及皮毛、皮革和织品,再扩大至粮食、牲口、奴隶、烟草、酒、食盐、铁具和武器,都可以充当货币。所有可用来交换的东西都是货币的胚胎。

现在回过头来看历史,展现在人们面前的是当然的主币与辅币之分,是金名义含量和实际含量的分离。事实上,具体产生的过程不同于抽象认识的过程,货币几千年的历史发展与几千年后人们对货币的抽象认识是相反的。"金本位"不是货币发展的开始,而只是货币发展的一个结果。多种形式的、不成熟的、小范围使用的货币必定早于成熟的、大范围使用的金币、银币。这不仅符合逻辑,也符合历史。

单纯看货币的历史,大致可以分三个方面:(1)货币商品如何在不同地区诞生;(2)各地区如何选择货币商品材料;(3)各地区如何确定货币商品价值。

货币是从物物交换中发展出来的,多种货币并存是必然的。古代人们意识中具有货币功能的东西自然会有很多种,而且人们也知道它们之间的交换比例,因此可以想象出贝币、马币、战俘币等多种货币并存。否则,我们就很难理解货币怎么可能越过一个繁杂的物物交换历史,突然跳到金属货币时代。社会经济的发展和区域市场的形成,各种货币萌芽在不断扩大的交换中优胜劣汰,发展为成熟的货币。从历史上看,各种货币是在不同国度、不同区域、不同市场范围中是相继产生的,一国之内存在几种货币相当普遍。例如,18世纪的米兰,市面流通的硬币多达50种。又如,18世纪的孟加拉,并存流通不同的银币,在比希努尔布地区,索诺

---

① 参见〔德〕马克斯·韦伯:《经济通史》,姚曾廙译,上海三联书店2006年版,第149页。

托卢比用在与谷物、竹、粗糖交换上;古·达斯马夏卢比用在与油脂、金属交换上;阿廓特卢比用在与布交换上。① 货币从其胚胎形成向成熟货币的转化是伴随着商品生产和社会交换的扩大,逐渐找到最适合做货币的商品以及能完全实现货币功能的技术手段。一国一通货制度,只是相当近代的产物。

货币发展的第一个历史阶段是"海选"的时代。

作为货币本身的材料必须是"商品"。在这个前提下,作为一般等价物的货币商品理论上可以属于任何一种商品。货币商品可以是柴、米、油、盐、猪、牛、羊……也可以用一个"象征"代表。"不同价值的商品用不同种类的货币来做交易"。成熟货币的选择就是(大宗交易)找到最适合做货币的商品材料,以及能完全代表货币职能的新技术手段。最合适做货币的商品材料应具有便于携带、分割、储藏、不变质等特点。成熟的货币是在扩大的支付手段和流通媒介基础上发展起来的。"通用货币"的概念据说是一个名叫达万沙蒂的人在佛罗伦萨作"论硬币"的演讲中提出的。他强调虽然可以用"铁、皮革、木头、软木、铅、纸、盐等物"制造货币,但这样的货币不能在领地以外流通,因此不能成为通用货币。②

在人类历史的早期,货币材料是多种多样的。马克思也指出,人们过去常常把奴隶本身当做原始的货币材料,但是从来没有把土地当做这种材料。这种想法只有在发达的资产阶级社会里才会产生。土地作为货币材料出现在 17 世纪最后的三十多年里,但只是在一个世纪以后的法国资产阶级革命时期,有人才试图在全国范围内来实现它。

"海选"时代的特征是众多小交换、小市场的存在。

货币发展的第二个历史阶段是货币被通用在"金属"一类。因为金属类货币便于携带、分割、储藏、不变质。在中国,铜贝就是向金属货币过渡的一种形态。战国时期的楚国就有了金币,亦称"金爱"、"印子金"、"饼

---

① 参见〔日〕黑田明伸:《货币制度的世界史——解读"非对称性"》,何平译,中国人民大学出版社 2007 年版,第 69 页。

② 参见〔美〕查尔斯·P. 金德尔伯格:《西欧金融史》,徐子健、何建雄、朱忠译,中国金融出版社 2007 年版,第 77 页。

金"。秦始皇统一中国后,统一币制,废刀币、布币、贝币等铜币,以半两钱(重十二铢)为统一铸币。而自汉代始,中国就有熔铸成锭的白银货币。随着社会经济的发展和市场的进一步扩大,以一般金属为货币材料,已经不足以应对(象征)大批量、大规模的商品流通以及不断增加的货币贮藏的需要。

货币发展的第三个历史阶段是货币除了由一般金属承担外,普遍发展到由贵金属金和银充当流通的货币。一般金属货币被赋予(法定)"金"和"银"的含量意义。货币金本位和银本位由此诞生。金币超越铜币,金币所含的金象征着更大的交换价值、更稳定的币值、更高效率的贮藏,等等。

商品货币时代,货币的意义与货币本身的商品性是直接相关的。不管货币材料是什么,材料本身必须具备商品性、有用性。"齿贝"无疑是最早期的自然商品。正因为如此,随着生产商品交换的扩大,金属币替代了贝币。这是因为金属更适合做货币材料,同时也因为金、银、铜、铁本身是生产出来的,自身就有价值,在作为交换尺度上更具有生产和劳动的意义。只要具有商品性的东西原则上都可以充当货币,比如"牛货币"。牛可以与其他有用东西交换,"牛货币"也就可以与其他商品和有用的东西交换。以此类推,可以有羊货币、米货币、盐货币、铁货币、铜货币、金货币、石油货币,等等。在中国,历史上的通货主要有三种:(1)以一文为单位铜钱;(2)作为大面额通货的纸制通货;(3)以称量货币使用的白银。纸币是中国首先发明的,早于欧洲几个世纪之前,中国就已经开始尝试使用纸币了。

货币发展的现代阶段,货币载体已经脱离了商品实体,只具备象征(法定)意义。货币发展的历史也是不同市场发育形成的历史。随着世界市场的扩大和新市场的不断形成,货币的历史发展也在继续。

三、货币本位

"货币本位"即货币以何定值、定价,也就是货币意味着什么、象征着什么。这里包含两个问题:第一,货币本身何以定价,即价值高低;第二,作为流通手段的货币商品数量上够不够。"本位制"只有在一国之内全体流动性形成同质才具有意义。①

货币本身是单一商品,我们把这种商品称做"货币商品"。金属货币的共同特点是金属本身是有价值的。金、银、铜、铁充当货币商品在历史上很早就发生了。除金属本身具有交换价值之外,铸币制造的成本也极高,小铸币的成本高达其价值的价值的1/4,在14、15世纪仍不低于10%,而20世纪铸币制造的成本则在10‰左右。② 货币按纯金定义时是实行金本位,即货币是可以自由兑换、自由进出口的黄金。在金本位制下,黄金储备是货币发行的基础,法定货币的发行就是规定不同货币单位的法定含金量。含金量的多少表示货币价值的高低。货币本身既有价值因素,又有价格因素。

当货币以非金属商品为本位时,货币可以以生产商品的价值或自然商品的价格确定其"所值"。这样自然带来一个问题:给货币定价的商品本身——"锚"的价格(价值)又怎样确定呢?

20世纪上半叶,中国发生过关于货币本位的讨论,现在看仍然是有意义的。

1919年,朱执信在《中国古代的纸币》中论述了宋朝至明朝的纸币流通史。他把飞钱、交子、会子、盐钞、茶引作为纸币起源,分为两类:一类是代表货币而产生,一类是代表货物而产生。两类后来汇合在一起。北宋的钱引是交子和盐钞合流而成,金国的交钞是取盐钞和交子各一字而成。他认为代表货物是中国古代纸币的最后归宿,所以只要使纸币有能换取一定货物的确实保证,就能保有它的价值。同时期,日本有主张废止金本位制实行米本位制的文章。朱执信也提出:"把米扩充一下子,就是我们现在的提案"。即扩大纸币兑换商品的范围,以防止只代表米可能出现的币值波动。他设想以米、布、丝、茶、盐、油、煤、糖八种生活必需品来做兑换品。纸币兑换商品的标准按物价指数计算。物价总指数稳定就表示纸币购买力稳定。原来纸币发行数量受金属准备数量限制,现在受国家掌

---

① 参见叶世昌、李宝金、钟祥财:《中国货币理论史》,厦门大学出版社2003年版。
② 参见〔德〕马克斯·韦伯:《经济通史》,姚曾廙译,上海三联书店2006年版,第152页。

握的八种商品数量的限制。要维持纸币购买力稳定,以物价总指数作为纸币发行数量的依据被认为是正确的。

但是,朱执信没有提到本位问题,廖仲恺则正式提出过"货物之本位"概念。他认为货币都没有价值,货币的价值就是购买力。他主张的货物本位制包括贵金属和必需品共十二种货物:金、银、铜、铁、煤、米、麦、豆、糖、盐、丝、棉。但储备相同数量的生活必需商品放在仓库会造成浪费。

何以作为"保值支付"的依据呢?徐青甫于1932年提出了虚粮本位论。"以本国多数地点人民通常食用平年中等产地粗粮若干,定为货币一单位。其少数地点人民所食之他粮,以分析成本效用法,定其比代分量,而为各该地之货币单位。"刘子亚在1941年出版的《物工化币论》一书中将物产和人工直接化为货币。刘子亚说:"人类日常生活交换之范围,不外物换物、工换工及物工互换而已。是人类交换之目的,物工二字足以尽之。……故分拆能力为物工,而称能力本位为'物工合本位',有何不可!"薛暮桥主张物资本位论,认为马克思虽然提出货币是一般等价物,但货币不一定只同金银联系,也可以同其他商品联系,与掌握充分的物资相联系。王怡柯于1937年在其编译的《货币学》中讨论过的货币本位制就有单一货物本位制、多数物本位制、计表本位制即以物价指数为本位、劳动时间本位制、劳动费用本位制、劳动牺牲本位制、边际效用本位制、总效用本位制、购买者剩余本位制,等等。[①]

货币的本位是货币的"锚"。这个锚是货币数量呢?还是有价证券,或是真实商品呢?当通货膨胀无法控制时,人们最终提出的办法都离不开用商品做"锚"。1923年德国出现恶性通货膨胀,对此人们提出了各种货币重建建议,其中包括以下两种建议:一种是建议与某种商品(黑麦)相联系的"黑麦马克";另一种是建立黄金券银行,授权它按2∶1储备率发行钞票。最后产生的是"土地银行"和"土地马克"。1923年11月德国政府宣布废除旧德国马克,以租金马克取而代之,其比率为每租金马克兑

---

[①] 参见叶世昌:《中国货币理论史》,厦门大学出版社2003年版。

换1000亿旧马克。① 土地马克的实行是因为黑麦收成不稳定,而黄金数量又不足,只有用有生产能力的土地支持新货币。新马克是由德意志土地银行以土地抵押32亿金马克为信用基础发行的。也有资料说,帝国银行停止发行货币,土地银行以10亿马克换1土地马克的比价接管了巨大债务,并发行了24亿土地马克。农业与工业用地的抵押构成德意志土地银行的唯一资产。然而,32亿金马克的抵押只占德国财富的一个很小的比例,当时德国的财富估计约为1500亿金马克。②

哈耶克主张,保持货币价值稳定的办法就是保持"初始的生产要素"的平均价格之平稳。货币本位应当以所有重要的生产要素为基准,包括土地和劳动。但由于对土地和劳动的平均价格很难找到有效的统计指标,不可能有一个普遍的、有形的衡量单位能使我们据以推导出清晰的市场价格。所以,近似且又可行的办法就是:保持原材料以及其他商品批发价格稳定;将某种可行的国际性单位局限于在国际商品交易所交易的那些商品;使用批发价格的加权指数,以大量(三四十种)在国际市场上交易的原材料和食品牌价为基准,并按照在交易所交割的数量进行加权。③

为什么"以一组原材料的价格作为商品准备本位制的基石似乎最恰当"呢?哈耶克认为,对于企业经济计算和会计(也是对资源利用的效率)来说,最重要的是企业广泛交易的那些产品,如原料、粮食、工业半成品。事实上,直接以保持原材料价格稳定为目标而调控货币发行量对消费品价格保持稳定的效果,非常有可能大于直接以消费品为目标调控货币量的效果。哈耶克认为,不管怎样,这可能是主流的选择,因为用原材料价格衡量能保持稳定的通货也许是最有希望成功的办法,借此得到有利于各种经济活动保持稳定的货币。在更大地区范围,以其组合商品批发价格作为保持稳定的通货本位。④ 概括地说就是,货币要依据稳定的

---

① 参见〔英〕约翰·F.乔恩:《货币史——从公元800年起》,李广乾译,商务印书馆2002年版,第435页。

② 参见〔美〕查尔斯·P.金德尔伯格:《西欧金融史》,徐子健、何建雄、宋忠译,中国金融出版社2007年版,第343页。

③ 参见〔英〕弗里德里希·冯·哈耶克:《货币的非国家化——对多元货币的理论与实践的分析》,姚中秋译,新星出版社2007年版,第99、217页。

④ 参见同上书,第84页。

生产要素平均价格发行,货币的价值才稳定。生产要素价格不好测定,就用"一篮子"原材料和食品的批发价格为基准。生产的依据是生产资料,生产资料价格稳定是基本的,所以应直接以保持原材料价格稳定为目标,调控货币发行量。

问题是,我们所说的价格都是离不开货币的定价。没有稳定的价格,就没有稳定的货币。同样,没有稳定的货币,也就没有稳定的价格。

在现代,针对发行的纸币和硬币,某些国家建立了"双重补偿体系"安全保证。安全保证或抵押由外汇、黄金、有价证券(以实际价值为准)、货币债券(票据)组成。如德国联邦银行供给的货币中有1/4是通过直接购买外汇、黄金和有价证券加以保证的(公开市场交易),剩余的3/4中的70%由短期有价证券(转期交易)来保证,30%则由票据提交(贴现业务)来保证。抵押贷款的地位不太重要,只占很小的份额。① 流通货币的双重补偿体系是第二次世界大战前后黄金补偿的延续,被认为在经济上是必要的,但失去了黄金补偿的优点。原因就是双重中的一部分是虚拟资本。

货币真正的"锚"不是以债抵债,不是金融资产、有价证券,只能是真实的商品。现在呼吁中国建立次级金本位的也大有人在,即以石油、黄金、煤炭、土地、铜、钢、森林、水源及稀缺资源构建的人民币货币体系。他们担心,非不如此,中国未来就会成为全球化与美元扩张的殉葬品。这种说法也不能说没有道理。

### 四、法定价值

当货币载体不是商品(比如纸币),其本身没有价值也没有价格,而只是一个符号时,就需要"法定"(习惯定、权力定、约定)货币的价值——法定货币具有什么意义,象征什么。无论货币本身的材料是什么,货币所值必须有所指,如果它什么都不象征,它就什么都不是。

法定货币就是法定货币的价值。货币既然是"商品等价物的法定凭据",货币的发行就必须具备相应的等价物。货币发行本质上是指货币发

---

① 参见〔德〕格罗·詹纳:《资本主义的未来:一种经济制度的胜利还是失败?》,宋玮、黄婧、张丽娟译,社会科学文献出版社2004年版,第268页。

行的依据——你发行的货币是什么，你发行的货币值什么。如果货币本身是商品，货币即以该货币商品本身的价值定价；如果货币本身是商品符号，货币符号即以所代表的商品价值定价。货币以等价商品作为发行基础，以等价商品实现与发行货币的自由兑换。

法定货币也是信用货币，信用在于它是货币发行者以自有商品基础担保该货币能够实现一般等价性，(具有)可以索取等价商品和劳务(的权利)。信用之所以是信用，就是要你相信它"有"。有什么呢？有商品。脱离商品基础，货币等价性就是一句空话。按照现在的说法，现代货币——等价物的法定凭据本身——可以既不是物质，也不是能量，而只是一种债权信息，一种证明、保证。它是债权的等价尺度，保证可以与任何商品交换。法定货币也表示一种债权关系，即债权人要求他人清偿欠他之债务时，他人不得拒绝。对货币持有人而言，政府赋予法定货币等于其合同规定的债权价值。法定的支付手段未必就由法律指定，只要法律能使法官裁定可以用何种货币清偿债务就足够了。一笔货币就是一笔债权。纸币可以与任何自然资源、生产商品、劳动服务相交换。法定货币的基础并不是法律，而是对发行一般等价物进行兑换担保的商品和自然资源的垄断。主权货币发行的基础是主权资源，一旦失去这个基础，任何法定的货币都会一文不值。

形式最终要为内容服务，没有生产商品和自然商品做兑换基础，货币发行就是虚设。信用不是现代的产物，"信用"并不是独有的经济现象和经济特征，而是社会行为，是社会道德特征。人类社会从信用诞生的那一刻起就依赖其运转。说现代金融是一种信用经济，即它必须要依靠社会道德维持其运转。尽管金本位崩溃，但货币的商品兑换基础仍然是货币发行的依据。

## 五、货币之谜

简单价值形式的秘密是价值尺度的秘密；简单价格形式的秘密是价格尺度的秘密；而货币形式的秘密就是简单价值形式与简单价格形式统一的秘密，是价值尺度与价格尺度统一的秘密。我们可以把货币的这种"二重性"概括为"货币之谜"。

历史上，价值现象和价格现象是先后发生还是同时发生、孰先孰后有待学者考证。但不论谁在先,价值形式和价格形式发生在货币形式之前是可以肯定的,即两极交换早于三极交换,三极交换早于多极交换。当交换发展到货币媒介诞生,凡进入交换之物就会标有一个货币价格,于是自然商品在市场上有了"价格"。调节这类交换的规律是什么呢?古典劳动价值论没有找到答案,这也是导致古典劳动价值论破产的原因之一。

马克思认为,商品的谜一般的性质"是从这种形式本身来的",即生产者与总劳动的社会关系变成了物与物的"虚幻的形式"。"货币拜物教的谜就是商品拜物教的谜",只不过更"耀眼"了。因此,一切价值形式的秘密都隐藏在这个简单的价值形式中。"使用价值成为它的对立面即价值的表现形式",本意上是指用有形的具体商品(使用价值)去表现抽象的、社会的一般人类劳动。由于货币在某些职能上可以用它本身的单纯的符号来代替,于是,又产生了另一种误解,以为货币是一种单纯符号。金属货币的诞生,使"价值由劳动时间决定这一事实,从此在商品交换的表面上再也看不出来了"。

把商品理解为"用物的形式掩盖了私人劳动的社会性质以及私人劳动者的社会关系"以及"劳动的一般的人类的性质形成劳动的特殊的社会的性质"的观点,详尽贯穿在马克思整部《资本论》中。马克思认为,只有在那些从货币的完成的形态出发而从后往前分析商品的人看来,"货币是商品"才是一种发现。还在17世纪最后几十年,人们已经知道货币是商品。困难不在于了解货币是商品,而在于了解商品怎样、为什么、通过什么、怎样成为货币。理解货币形式的困难是理解一般等价形式、从而理解一般价值形式即是第三种形式。简单的商品形式是货币形式的胚胎。

然而,马克思没有意识到,正是劳动商品与自然商品的对立,使得上述命题变成了货币内在的真正矛盾。货币作为价值尺度,本身是有价值的;货币作为价格尺度,本身又是没有价值的。当生产商品与自然商品内在的社会生产及社会效用外在化、对象化到货币时,货币性质会发生巨大的反差。货币的"谜一般的性质"绝对超过了商品形式。货币金融的谜比商品形式的谜更加迷人。

三类商品交换决定"交换尺度"的三种内涵:生产商品与生产商品交换(生产与生产交换),交换尺度是"价值";自然商品与自然商品交换(效用与效用交换),交换尺度是"价格";生产商品与自然商品交换(生产与效用交换),交换尺度是"货币"。生产商品与自然商品的对立,社会时间与社会效用的对立,价值与价格的对立,交换价值与使用价值的对立,对立范畴的发展要求双方统一。生产商品和自然商品的矛盾首先在广义商品概念中取得了统一,随后价值形式与价格形式在货币形式中被扬弃。价值尺度和价格尺度的矛盾在货币尺度中获得了统一;社会生产及社会效用在成熟货币上得到统一。

在有价值物与无价值物的交换中,人们最后找到价值与价格的统一尺度,人们把这个尺度称做"货币"。价值的主体是劳动,而货币是主体与客体的统一、劳动与自然的统一、价值与价格的统一。从此,货币本身有价值还是没有价值,是商品还是不是商品,是劳动还是效用,是实体还是符号,就成了永远争论不清的问题。货币之谜在于货币二重性。其实质是:如果我们把价值(时间)当做正题,价格(效用)当做反题,货币就是"合题"。如果我们把价格(效用)看做"质",把价值(时间)看做"量",货币就是"度"。货币是一个真正对立统一的合题,是进入交换的一切商品的尺度。

货币成为合题,成为交换的度,恰恰体现在"货币形式的起源"之中。货币诞生在交换(形式)中,正因为货币本质存在于货币形式的展开中,所以形式对本质是非常本质的东西。货币之谜,不是商品本身含有价值,由另一个使用价值表现,而是由"上衣 = 树"这一直接的、本质的不等、对立和矛盾关系引起。在这个过程中:

其一,货币本身既是价值又不是价值。在"树 = 上衣"交换形式中,价值尺度表现的是没价值的东西,价格尺度表现的却是有价值的东西。说明人类既有针对劳动生产商品的需求,也有针对自然资源的需求。本来不具有劳动生产的性质、不包含任何一点人类劳动的大量自然资源进入交换,以商品形式在货币价格上取得了"相对价值形式",表现出一种价值。这种价值与价格的假象、形式与内容之间的颠倒产生了货币。如果说价值的货币表现是价格,那么说"价格的货币表现是价值"也就成立了。当我们说商品有两种价格:一种是商品的简单价格,一种是商品的货币价格;我们也说商品有两种价值:一种是商品的简单价值,一种是商品的货币价值。货币既是成熟的价值形式又是成熟的价格形式,从这个意义上说,货币无论作为价值尺度,还是作为价格尺度,货币都是"假象"。货币因此成了一个谜。

其二,货币是商品又不是商品。

马克思说:"货币本身是商品,它以某种使用价值为实体。"①就是说货币本身是商品因此也是财富。的确,货币本身是生产商品,因此货币才能与生产商品交换,才能充当流通媒介或支付手段。然而货币作为支付手段,如果它购买的是自然资源、资源商品,似乎就无须货币自身具有价值,作为"价格",货币只具有显示数量交换比例的功能即可。正因为货币本身可以只表示交换数量比例,因此可与生产商品和交换实体无关,货币发行的就是"数量"而与质量无关。货币本身是商品又不是商品,货币因此成了一个谜。事实上,无论货币本身是什么符号,货币发行都要以广义商品储备为基础。货币既要以生产商品为基础,又要以自然商品为基础。货币能购买土地因为货币是山林,货币能购买粮食因为货币是衣服。如果货币只是一张纸,那么,显然不能充当生产商品之间以及自然商品之间的流通手段。

其三,货币是物又不是物。

货币是商品的社会关系。说货币是物,因为货币是商品;说货币不是物,因为货币是生产关系。"上衣 = 树"背后是占有者和占有者的交换,说明货币下面隐藏着占有和所有权的社会关系。社会内在的、所有权制度固有的矛盾在货币形式下转化为商品的等价交换。一方面矛盾取得了形式上的统一;另一方面货币是矛盾的产物,等价交换掩盖的个人与社会的矛盾、人与自然的矛盾、生产与交换的矛盾等会在货币政策上暴露出来。"货币所以能拥有社会的属性,只是因为各个人让他们自己的社会关系作为物同他们自己相异化。"②货币因此成了一个谜。

关于货币价值、货币政策、货币发行的种种争论不仅仅是货币数量问题,而且是经济制度和社会组织问题。当价值与价格统一化、形式化、对

---

① 《马克思恩格斯全集》第四十六卷(上册),人民出版社 1979 年版,第 223 页。
② 同上书,第 107 页。

象化在货币上时,社会固有的占有与使用的矛盾、生产与交换的矛盾、内容与形式的矛盾、个别生产与社会生产的矛盾、生产者与总劳动的矛盾等同时也对象化在货币上了。理解货币形式的真正困难在于:货币既不是单纯时间的通约,也不是单纯效用的通约。当"时间"与"效用"(商品)都以货币为交换尺度时,货币客观上成了"时间"与"效用"共同的尺度,从而实现了"时间"与"效用"之间的通约,完成了一切商品交换的可通约性。本质不同的"时间"和"效用",因为交换而取得形式上的等同,这个形式就是货币。

劳动价值论把使用价值和社会效用排除在价值形成之外,自然也就把社会效用的对象化排除在货币本质之外。因此无法合乎规律地论述以下论点:(1)除了劳动的社会关系,还有自然和资源占有的社会关系。即自然商品的货币形式掩盖了私人占有自然资源的社会性质以及私人占有资源的社会关系。(2)货币固有的矛盾既存在于生产商品的价值与使用价值的矛盾中,又存在生产商品与自然商品的矛盾中。

效用价值论把劳动和社会生产时间排除在价值形成之外,自然也就把社会生产时间的对象化排除在货币本质之外。因此,货币的发行可以完全脱离生产商品基础,最终导致全世界走上通货膨胀之路。

货币的载体可以是实物、金属、纸币、信用货币、电子货币等。然而无论货币采取何种形态发行,货币的商品本质不会改变。

## 六、四位一体

马克思批判古典经济学"把价值形式看成一种完全无关紧要的东西",这一批判同样适用于现代经济主流学派。

马歇尔、庇古等古典剑桥经济学家认为,个体持有货币的动机有两点:交易媒介和财富储存。凯恩斯认为持有货币基于三种动机:交易、预防、投机。弗里德曼在分析个体持有货币的因素时,把货币看做一种个人的资产,认为影响其他资产需求的因素一样会影响到货币需求。总之,货币在个人心目中是什么、个人持有货币的动机是什么,才是最重要、最需要研究的。

实体经济的货币化、资本化形式,使得实体经济得以在社会层面上交换、组合、分割、流动、积累,即实体经济具有了得以在社会层次上进行交换、组合、分割、流动、积累的社会"形式"。只有以"可交换性"通约,个别生产、生产要素、生产实体才会具有可以流动的形式。货币作为"可交换性"形式,其实质就在于:通过产品由货币决定的普遍的可交换性,表现出该产品所固有的社会性质。从现实出发,社会形式本身产生于交换领域,货币是由交换引起的一种社会形式,即生产时间和效用的社会形式。换句话说,生产时间(数量)和效用(质量)是商品内容(质和量统一),货币则是内容的社会形式。比如说,"3吨铁"是具有数量和质量的产品,是具体商品;"300元铁"就是商品铁的生产时间和效用(内容)的社会形式,是铁的生产时间和效用的抽象社会概念。在货币形式下,300元铁可指30公斤铁,也可指30吨,完全要看300元"钱"的含金量。

现在可以对"社会生产的历史表现形式"作一个概述:

社会生产的历史表现形式就是个别生产表现为社会生产的历史形式,也是个别生产力表现为社会生产力的历史形式。价值形式是社会生产时间的表现形式,价格形式是(生产要素和产品)社会效用的表现形式,货币形式作为价值与价格的统一,是社会生产时间和社会效用的统一表现;货币的本质是社会生产时间和社会效用的抽象表现形式,资本的本质是社会生产时间和社会效用的抽象积累;探索社会生产历史表现形式的实质,就是探索货币的本质,揭示货币与实体经济的关系及与实体财富的关系。

"社会生产的历史表现形式"指的就是生产的"货币"形式:(1)货币是社会生产时间和社会效用的形式统一。(2)生产品和自然资源通过由货币价格决定的普遍的可交换性,表现出生产品和自然资源所具有的社会性质。产品和自然资源通过货币定价表示具体生产是社会的生产、个别的生产时间是整个社会生产时间的一部分。(3)在生产领域,货币资本是生产力的分解组合、替换、流动、积累的社会形式。(4)在交换领域,货币数量是需求表达的社会形式——购买力。(5)货币是实体财富的抽象形式,货币资产是实体财富在抽象财富形式上的积累。简言之,个人占有的产品和自然资源,"只有通过物的媒介作用,通过与它不同的货币,才能获得"社会形式。

货币之所以能转化为资本,是因为生产要素的商品化、货币化使生产力转化为货币形式的生产力,从而使货币转化成可以"自行增殖"的资本。货币资本与实体经济之间的区别,归根结底是生产的社会形式与具体生产实体的区别。准确地说,生产力要素是劳动、工具设备和土地,而"货币、资本"则是生产和生产力要素的社会历史形式。

在实体生产要素组合中,除了劳动、工具设备、土地三个生产要素之外,还有第四个要素:社会生产的形式要素。与劳动、机器、土地要素不同,货币(资本)是实体经济的社会形式要素,是实体经济得以社会化的运动形式。这是社会生产的"四位一体"。马克思说"货币是资本的形式"固然不错,然而资本不过是生产要素商品货币化的组合。因此"货币是资本的形式"的说法最终可以归结为:货币(资本)是生产的一种社会历史形式,是社会生产力的形式和当然的生产关系。商品交换、交换价值(交换价格)、货币是同一关系的表现,是"物的社会性离开人而独立"。①生产价值论中社会生产是"劳动、工具、土地、货币(资本)"四位一体。

货币到底有没有价值?是"内容"还是"形式"?是商品实体还是数量符号?我们说货币以商品为基础,货币是有内容的形式,货币是有质的定量,是"度"。

---

① 参见《马克思恩格斯全集》第四十六卷(上册),人民出版社1979年版,第107、119页。

# 第十五章 货币定价

**提要**：迄今经济理论中的一切价格范畴、现实生活中的一切价格现象都是指以货币进行的定价。货币用本身代表的社会生产时间与社会效用量显示(计量)商品进入交换的尺度就是商品的货币定价。商品活动以货币为计量单位、记账单位，意味着所有商品(生产商品、要素商品、自然商品)可以成为相互替代、合并、流动的社会资源。均衡价格是用供求决定的价格取代价值决定的价格和效用决定的价格，进而摒弃了劳动价值和效用价值的争论。但"供求决定价格"是一个误导的命题。商品市场价格的决定因素是由供给、需求、货币三方决定。"供求决定价格"只适合于完全自由竞争和小资本范围。现实中的商品价格，包括市场均衡价格，都可以变成垄断操纵下的价格。定价权的争夺和控制已成现代经济的发展方向。除了垄断资本对微观价格的操纵，国家通过垄断货币发行也可以操纵社会物价总水平。

定量的真理是尺度，尺度是有质的定量，尺度是质与量的统一。在货币形态下，价值和价格的统一是有质的定量。有了货币以后，交换价值和交换价格是你看不见的，你看得见的只有货币单位、货币定价、货币数量。抽象的价值和抽象的价格不见了，一切价值和价格被货币单位替代，融化为统一的货币。衡量交换的一切商品价值尺度和价格尺度统一为货币尺度。

## 第一节　货币尺度

用货币本身代表的社会生产时间与社会效用量的大小（计量）进入交换的商品就是商品的货币定价，即以"货币"单位显示进入交换的商品价值或价格是商品的货币定价（货币价格）。迄今为止，人们眼中的一切商品价格、市场中的一切价格现象、经济学中的一切价格范畴都离不开货币单位，都是指货币定价。

我们前面说过，商品有两种价格：如果商品直接与商品交换，显示的就是商品价格；如果商品是与货币交换，显示的就是货币价格。现在，我们把货币的存在作为当下一切生产和交换的前提，所有进入生产和交换的商品都要经由货币定价。但这自然会引出一个问题，经由货币定价的商品定的是商品的价值呢，还是商品的价格？实际上这个问题并不存在。价值的货币表现是价格，价格的货币表现是价值。货币作为价值尺度和价格尺度的统一，货币定价当然是既指定价值也指定价格。"货币价格"既包含商品价值也包含商品价格。现实生活中，人们在商品的货币形式上并不区分什么货币价格或货币价值，因为这种区分没有意义。相反，人们认同一个概念：值多少钱。

比如从供给的角度，我们可以说"供给了一个面包"，但如果这个面包没有一个货币价格，也就没人能说出这个面包供给的价值或价格有多大。从需求的角度，我们可以说"我需要一个面包"，但如果我手中没钱，或钱不值钱，也就无法得到面包。正如我们问一件东西"值"多少与我们问一件东西"价格"是多少是一回事。然而，在"货币"下面，在值多少"钱"下面，确有值多少生产时间（价值）和值多少效用（价格）两个问题。

一旦生产与交换都以货币为媒介，货币经济就成了简单商品经济和资本商品经济共同的形式。以货币为交换媒介，货币充当实在货币；以货币单位计算，货币就成了计算货币。其中最重要的是以货币单位标明商品价格，表示商品中包含的具体生产时间和具体效用是社会生产时间与社会效用应该交换到相应的货币量。

在简单商品形式中出现的"概念与内容之间的颠倒",在成熟的货币形式中取得了统一。生产商品堆本身所含的价值量在交换完成之前理应不能表现出货币价值,现在却可以用货币单位(预计的、主观的或经验的)定价商品包含的"社会生产时间"或"社会劳动时间"。而自然商品堆本身所含的效用在进入交换之前同样也不能表现出货币价格,但现在也可以用货币数量(预计的、主观的或经验的)定价商品包含的"社会效用"或"社会使用价值"。

社会一般生产和社会一般效用对象化在货币上,货币就成了"一般等价物"。在没有货币的经济中,商品价值或价格是不可能在交换之前知道的,一切要在商品交换后才能得到显示。现在有了货币,商品以货币数量标明自己,人们可以用一定数量的货币表示商品的社会性、有效性和交换性。这就等于是商品生产者、占有者的一个潜台词,货币定价成了其商品投入交换之前的一个宣言——我的东西是社会需要的,它值100元,有谁愿意与我交换?

商品的货币定价,使得一切未进入交换或准备交换的商品中的"社会生产时间"或"社会效用"可以事先以货币单位来显示——多少英镑、美元、法郎、马克、第纳尔,等等。尽管这种"事先显示"还是预计的、主观的或经验的,但直接交换的简单价值形式和价格形式被扬弃了,价值和价格的矛盾被扬弃了。"货币定价"所起到的革命性作用在于:具体的生产和交换历史地找到了它的社会表现形式。

第一,有了货币定价,商品生产者或交换者可以把他们商品的直接生产时间和具体效用——在没有进入交换之前,不用交换就可以——显示为并"等价于"社会生产时间和社会效用,尽管社会时间和社会效用的最终实现还要在交换中完成。但是货币定价不等于货币价格实现,事先预期的社会时间和社会效用并不一定能完全实现,只有商品最后的货币实现才能表明该商品是社会需要的。

第二,有了货币定价,一切生产和交换均以货币为计量单位和交换尺度,意味着所有生产商品、要素商品和自然商品都成为可以相互替代、合并、流动的社会资源。

## 第二节 供给与需求

### 一、以货币为中介

交换以货币为中介,交换双方商品都将有一个货币价格,此时,简单物物交换中的商品价格转化为货币价格。在以货币为中介的交换中,可以说商品货币定价就是价格,价格就是通过货币的商品定价。前提是,在货币价格中不仅包含商品的效用,也包含商品的价值。

从生产的角度,我们可以把经济分为生产和消费两部分;从交换的角度,我们可以把经济分为供给和需求两部分。一般而论,我们可以把生产视同供给,把消费视同需求。在直接交换中,交换双方互为买卖,互为供求。

一旦交换以货币为媒介,那么,货币将会把所有生产交换分解成了买与卖两极,生产和消费也表现为供给和需求的分离。买方变成货币所有者,卖方变成商品者供给者。所有卖方都是为了得到货币,而买方则代表货币持有和货币使用分配的一方,表现为需求方。货币经济的现代特点是:无论生产还是生活,一切从买卖开始。买者之前必当卖者,卖者之后必当买者。

以货币为媒介的交换关系变成以货币价格表示的供求关系,本质上的"商品—货币—商品"关系演变成时空分离的"商品—货币"、"货币—商品"供求关系。供求以货币为媒介是在经济实践中自然形成的。从货币前提出发,抛弃物物交换的两极形式,采用商品—货币的两极交换,现在人们所看到的两极就是一极执有货币一极执有商品。在买卖关系下,供给和需求在开始之时,供给方供给多少生产时间和效用、需求方需求多少生产时间和效用都会以货币单位计量并统一表现出来。生产供给首先表现为供给价格,消费需求首先表现为需求价格。

### 二、供给价格

供给的商品用与货币的数量交换比例表示就是该商品的供给价格。供给价格意味着用货币数量表示供给的社会生产时间量及社会效用量。如果我们撇开货币范畴,供给是什么呢?是生产时间的供给和有用物质的供给。

对生产商品而言,在生产开始之初,由货币价格表现出的各种生产要素的总和构成一个生产实体的生产费用,表现为总生产成本,总成本涵盖一切生产条件的准备。对自然商品而言,首先我们看到,凡被所有权占有和垄断的自然资源,只要作为生产条件进入生产领域,就会取得一个用货币表现的价格——货币价格。即交换之前,自然商品会给自己的具体效用标定一个可以让社会接受的货币价格,表示它相当于多少社会效用量,可以与多少货币交换。

大量被占有的自然资源,土地、水、石油、天然气、矿产等进入(生产领域)交换,会在一定时间内(比如一年)显现出一个自然资源总供给量。这些自然资源在进入生产领域时,其社会效用的大小会通过与货币交换的比例反映在该资源的价格上。地价、水价、油价、天然气价、煤价会总合显示出一个自然资源总供给价格。在自由竞争条件下,自然资源的供给价格由市场(供求)决定。在垄断条件下,自然资源的供给价格由垄断方决定。除此我们还看到,由以前经生产取得的大量机器、工具、厂房、设备、半成品等,它们本身就是生产的积累,具有价值,也会表现出一个货币价格。

生产中,作为生产商品的价值(生产时间)和自然商品的价格(效用)融为用货币定价表现的生产成本、生产费用。生产过程中生产出新价值,生产结束以后,商品中所包含的新旧社会生产时间和新旧社会效用形成成本和利润两个部分,表现为商品的总价值。以社会平均生产规模和生产效率为基准,供给商品会给自己一个可以让社会接受的生产价格(成本加平均利润),总价值表现为新商品的总货币价格。此时,因为商品还未能进入交换,所以供给价格可以看做是一种形式上或名义上的价格,一个等待实现利润(剩余价值)的供给价格。

生产供给费用的直接效率是可以度量的,从而以生产要素的直接供给作为自变量的生产函数也是成立的。如果生产函数成立,那么,以生产函数为出发点推出的供给曲线也就有了基础。微观经济学中,生产理论与厂商理论的区别就是:生产理论从生产函数出发,讨论在不同投入组合下如何达到最大产量问题,是直接生产中的技术问题,与生产过程的货币价格形式是无关的；而厂商理论是从资本利润最大化假定出发，讨论资本投入如何能使利润最大化。

社会总供给就是社会总的生产与服务的提供，最终体现在总供给成本及费用的货币价格上。对生产供给而言，直接生产中的技术问题从属于或者说是服务于生产在商品经济形式下的资本—利润最大化。无论生产理论与厂商理论如何，生产最终都要以产品供给价格（社会）的形式走进市场。

### 三、需求价格

商品需求用与货币数量的交换比例表示就是该商品的需求价格。需求价格意味着用货币数量表示需求的社会生产时间量及社会效用量。

就需求而言，我们首先看到是由人的肉体和精神需要引起的一种欲望。尽管欲望带有主观的性质，但它又不可能是绝对的、完全主观的，因为一个人能吃多少、穿多少、消费多少即人的生理和社会需求的关系也有其客观规律。瓦尔拉斯认为，某种商品的有效需求和供给分别等于与其交换的另一种商品的按相对价格计算的有效供给和需求；在两种商品交换的情况下，需求应当被看做基本事实，而供给是附带的，没有人会为供给而供给；供给某种物品的唯一理由是只有如此才能满足需求，供给只不过是需求引起的。

需求的基础是欲望，需求的本质是选择。表面上看，商品供给似乎是客观的且往往是多元的，而需求是相对主观的。需求带有主观性，因人而异的主观评价最终通过手中的货币表现为需求价格，从而需求价格具有主观性质。但商品的效用并非"只和人的欲望相联系"。

一个物的效用可以不变，对它的主观评价却可以因人而异。一个物的供给价格可以不变，对它的需求价格却可以因人而异。譬如说，"1棵树"有什么用途是客观的，可以通过科学技术手段度量测算。但在交换中，第一个人想用一件衣服换来烧火，第二个人想用两件衣服换来造房，第三个人想用三件衣服换来观赏。于是"1棵树"就可以"或=1件衣服；或=2件衣服；或=3件衣服"。这种情况下，衣服如换成货币，1棵树就有三个需求价格。但1棵树的价格到底是几件衣服呢？按照通常规则，对树的所有者而言，"一比三"成交是最划算的。

有用物、自然商品都是客观的,效用的基础是物质、实物、实体所具有的客观有用性。客观存在的物质不排除在交换中人们对它产生主观评价。同一个对象、同一个有用物,在主观方面、在不同人的主观中,可以是废物、无用物,也可以是有用物,甚至是珍品、极品。这个主观的评价就是评估,是选择,而不是物本身客观存在的效用。

效用和边际效用理论把效用定义为"对欲望的满足",认为效用和有用的差别体现在有用是和人的需要相联系,而效用只和人的欲望相联系。就是说,效用是通过欲望评价的。一物因能满足欲望而有效用,这当然是无可争议的,但因此把效用看做单方面的主观评价,甚至完全等同于主观评价、忽略效用的客观物质性和物质实体性,则是效用论的一个弱点。

对商品的需求通过付出货币的数量比例形成商品的需求价格。无论生产需求,还是生活需求,人们购买商品时所愿意支付货币数量,即特定的交换比例,形成针对该商品的需求价格,构成该商品直观的实现价格。需求价格实际上是人们用社会生产时间及社会效用交换(实现)具体生产时间及具体社会效用。需求价格的实体就是人们手中积累的社会生产时间及社会效用——货币。

具体效用和具体生产时间是商品的具体属性,我们可以把付出一定数量货币交换商品称做该商品社会效用和社会生产时间的实现,因为货币是社会效用和社会生产时间的等物。然而对生产和交换而言,生产并不等于交换,有生产并不等于有交换。教科书上所谓供求平衡只是理论上的抽象平衡,并非真实经济中的供求关系。现实中,卖不一定等于买,买卖有各种中断的可能,交易因此无法实现。除此以外,我们还可以看到对生产商品价格和资源商品价格的人为操纵。

## 第三节 摒弃价值论

### 一、一般均衡

均衡价格来自供求平衡。

边沁信奉在自由市场中总供给总是等于总需求。在这样一个市场中,不可能出现衰退或任何非自愿失业,因为所有的储蓄都会自动转化成资本去雇佣更多的劳动力。萨伊认为,自由市场总是能够自动调节到均衡状态。在自由市场中,所有资源——包括劳动——都能被充分利用,达到劳动力和工业能力充分使用的均衡状态。市场经济是一个专业化的生产者交换各自产品的场所,货币不具有内在的必要性,只是有助于交换。萨伊说,除非想要同别人交换自己的商品,否则没有人愿意生产。因此,供给创造自身的需求,"生产为生产自身打开缺口"。个别的短缺和过剩将通过价格变化以及资本从低利润行业进入高利润行业的迁移而消除,通过市场自由竞争而自动消失。这些结论构成了萨伊定律。

在供求平衡基础上,自然会出现均衡价格。均衡论认为,均衡表现在微观均衡价格和宏观一般均衡两个方面。均衡价格意味着单个供给和单个需求平衡,一般均衡意味着总生产与总需求的平衡即总收入与总再生产的平衡。主流经济学一般均衡理论和局部均衡理论之间的差别在于:前者通常解释某个时期整个经济系统中所有交易价格和成交量;而后者将一个或两个之外的所有其他交易价格和成交量视为已知,在这些已知价格和成交量的前提下说明选定的一个或两个市场。

门格尔在其《国民经济学原理》一书中开始以供给和需求为基础说明价格。他不使用数学公式,而是借助数字例子以文字表述其理论,对总效用和边际效用的表述与杰文斯类似,门格尔以一张数字表格说明该原理。他认为在所有商品的边际效用均等处达到个人效用最大化的均衡。效用论以完全不同的方式理解定价过程:供求决定价格,供求由效用解释。因此,效用是消费品价格的最终决定因素。生产要素——土地、劳动和资本——的价格同样由供求决定。它们的供给取决于要素所有者的效用计算,而需求取决于它们生产消费品时的生产率和享用这些消费品的消费者的效用。买卖双方的效用意愿共同决定价格。

瓦尔拉斯的一般经济均衡原理被认为是经济思想史上重要的理论与分析突破之一。瓦尔拉斯独立提出了边际效用递减规律,他用稀缺代表边际效用,讨论了消费者通过交换实现效用最大化的方程。他认识到任何特定市场上供求力量不同程度地依赖于大量其他市场上的价格水平,要确定一种商品的价格,所有其他商品的价格必须为已知。但是,所有其他商品的价格,同样取决于其他的商品价格。因此,需要一种价格决定的一般理论。在这种理论中,所有价格必须由所有消费效用总和以及市场之间的相互作用同时决定。瓦尔拉斯一般是假定超额需求立刻引起价格上升,超额供给立刻引起价格下降,此等价格变化将自动重建均衡。

瓦尔拉斯以一般经济均衡原理这种理论框架,来说明所有价格是如何通过所有市场的相互作用而确定的。以现存所有权分配、完全竞争市场、抽象给定的不变效用表为前提,瓦尔拉斯建立方程组说明各种商品的成交量及其价格的确定。瓦尔拉斯建立了四组方程以求解他的因变量值。在他看来,"生产性服务"所有权的现有分配是理所当然的,生产中个人的作用也是理所当然的,社会经济系统中最重要的因素就是人们的主观偏好,即边际效用表。

19世纪70年代被看做是划分古典经济学和现代新古典经济学的分水岭。杰文斯、门格尔和瓦尔拉斯建立的以效用价值论为基础供求学说,至今仍然是新古典主义传统的核心。①

## 二、均衡价格

经济理论是解释经济现象的一套概念体系,当一个理论不能合乎逻辑、合乎事实地解释现象时,这个理论就会被修正或被摒弃。

所有传统经济学家都以供求为基础解释短期市场价格,在这方面,古典经济学、马克思和新古典经济学从来没有分歧。分歧在于解释什么是供求的基础。斯密、李嘉图和马克思试图说明地租、工资和利润属于劳动价值范畴,认为地租、工资和利润是社会按阶级分配收入的组成部分,也是个别企业产品成本的组成部分。其总和就是斯密的商品"自然价格"或马克思的"生产价格"。当某一行业处于均衡时,供求决定的市场价格便等于自然价格或生产价格。劳动价值论重在强调生产成本价值。在劳动价值论中,定价过程的实质是:价值独立于价格,同时又是价格波动的中心。边际效用论是从否定劳动价值的角度提出的一种价值论,是用一种价值论替代另一种价值论。

当两种对立的价值论点争论不下时,经济学家便回到最现实、最实证

---

① 参见〔美〕E. K. 亨特:《经济思想史———一种批判性的视角》,颜鹏飞总校译,上海财经大学出版社2007年版。

的表象,让"供求决定价格"。供求不需要研究货币性质,无须争论商品价值,也无须争论货币价值。何为商品价值、货币值在何处都是形而上学的问题。最无可争议、不证自明的就是需求和供给决定价格。当经济发生学变成经济现象学时,均衡价格的出现是必然的。市场上需求与供给处于平衡状态时,成交点上的市场价格自然是均衡价格。

商品从生产供给的角度说是费用,从需求的角度说是效用,一旦费用和效用在市场上相遇,双方各自价格决定的意义就随之消失了,有决定意义的只是供求平衡那一点上的均衡价格。以均衡价格为起点,主流经济学最终抛弃了"费用"价值和"效用"价值的争论。价值消失了,价格也消失了,只有供求决定的均衡价格存在。

虽然均衡价格论扬弃了关于价值性质的争论,但商品本身离不开生产和效用。于是,均衡价格论将其概念与新古典生产函数和效用函数衔接,从生产函数推导出了供给曲线,从效用函数推导出了需求曲线,并在此基础上建立了一个庞大的市场价格理论体系。均衡价格论认为,相对的边际效用比例决定需求,需求和供给、生产供给与边际效用两组因素共同决定商品价格。这样,经济理论与经济实践就达到了无缝衔接。

### 三、摆脱矛盾

19世纪90年代以后,从矛盾中摆脱出来而不是揭示矛盾成了主流经济学的特点。马歇尔认为,均衡价格就是供给价格与需求价格相等时的价格,表现为市场供给曲线与市场需求曲线的交点。稳定的均衡价格是古典学派所说的正常价格,它为市场价格的摆动提供了一个环绕的轴心。马歇尔把均衡价格分为四种类型。在"讨论价值是由效用所决定还是由生产成本所决定"的问题上,他认为,价值是由需求和生产成本共同决定的。在暂时均衡中,价值可以看成是单独由需求决定,而"商品的价值在长时期内有等于它的生产成本的趋势"。[①]

而卡塞尔认为,马歇尔把边际效用作为价值的决定因素,是个"捉摸不定的东西实在无从计算"。马歇尔的这种缺点"只有在经济学中开始

---

① 参见蒋自强等:《经济思想通史》第三卷,浙江大学出版社2003年版,第129页。

阐明价格概念"、放弃价值范畴方能免除。①

帕累托指出了他和瓦尔拉斯等人用经济变量间的相互关系来决定价格的观点及其与其他人用唯一的最终决定因素来决定价格的观点之间的区别。"价格或交换价值是在经济均衡时同时决定的,交换价值来自障碍和需求之间的对抗。只看其一方面,而且只考虑需求的人认为,需求决定价格,并且相信价值的原因是效用(满足欲望的能力)。看到另一方面,而且只考虑障碍的人认为,唯有障碍决定价格,并相信价值的原因在于生产成本。如果在障碍中他只看到劳动,他发现价值的原因仅仅在于劳动。"②

凯恩斯之后,将凯恩斯宏观经济理论与新古典微观经济理论综合便是顺理成章之事。前者标榜研究资源利用程度问题,后者标榜研究资源的合理配置。此后宏观经济学与微观经济学被综合在萨缪尔森所著的《经济学》教科书中。

一方面是生产成本(生产费用),另一方面是效用选择,使它们得到统一的并不是"均衡"交换,而是"货币"尺度。当代经济学放弃了价值论和效用论,只注重均衡价格层次上的交换,用供求决定价格是理论发展的一个后退。劳动价值论和效用价值论以各自立场解释"价格现象",而不是以统一的立场解释货币,导致后来的经济学研究出现了两种趋势:一是摒弃劳动价值和效用价值的讨论,扬弃了对货币的定性,放弃了对货币本质的研究;二是放弃研究财富的生产的社会形式和历史特征,最终否定了构成货币本质的是人类经济活动的生产特征。这虽然为日后货币摆脱黄金本位扫除了理论障碍,最终使货币发行完全脱离商品,但却酿成了2008年全球性的金融危机。

## 第四节 产品与资源

### 一、生产品价格与资源价格

供给不仅体现生产时间供给,还体现具体效用的供给,供给是商品数

---

① 参见何炼成主编:《价值学说史》,陕西人民出版社1984年版,第360页。
② 蒋自强等:《经济思想通史》第三卷,浙江大学出版社2003年版,第82页。

量与质量的统一。需求除了对商品质量的选择,也包含对数量的选择。供求双方在商品质量和数量上往往会出现偏差,体现在货币价格的波动上就是社会时间与社会效用存在偏差、价值与价格存在偏差,商品供给的数量质量与需求的数量、质量不符。供给两件衣服,买者只需要一件,只愿意支付一件的钱。对供给者来说,要么卖两件收一件的钱,要么只卖一件,另一件作废。供给者希望的交换比例是2(件衣服):2(元),而实际完成的交换比例是2(件衣服):1(元)。对需求者来说,对衣服和裤子两种商品,他可以有选择地购买。

这种时常发生的偏离表现在货币价格上,就是供给价格与需求价格的偏离。

供给内容上包括生产产品、生产要素、生产工具、劳务服务以及自然资源、物质资料、土地在内的一切物质供给。从生产过程即投入产出的角度看,生产前的供给是生产要素商品的投入,生产后的供给是生产商品的产出。在商品形态上,投入的商品可以分为生产商品与资源商品两大类。在有货币的前提下,我们看到生产商品的价值会表现为生产价格,资源商品的效用会表现为资源价格,即生产商品价格与资源商品价格(这里讲的生产价格不是马克思笔下的生产价格,而是生产价值的货币表现被称做生产价格,资源效用的货币表现被称做资源价格)。

生产商品价格与资源商品价格是怎样决定的呢?按照现代经济学的概念,生产商品价格与资源商品价格都是由供求决定的。

商品未能进入交换,供给价格可以看做是一种计量或名义价格,购买者手中的货币未能进入购买,需求价格也是一种计量或名义价格。货币价格从名义到实现,第一步就是货币定价从个别价格转化为市场能接受的价格。对自然商品而言,它进入交换之前取得一个供给价格。供给价格中体现的效用是尚未实现、等待实现或等待购买的效用,需求者手中的货币则是实现自然商品社会效用的等价物。自然商品同样也会在交换中出现供给价格与需求价格的偏离。

有效需求(购买力)是对需求主观性的制约。

商品经济中,人的各种欲望或现实需求要满足,单有主观欲望还不行,需求的满足必须通过购买,购买必须使用货币。因为这些商品为别人所有,要满足需求,必须用自己的东西去交换——手中要有货币。于是,满足需求的主观欲望受到自己手中货币数量的制约,个人的主观需要受制于手中的货币数量的制约,需求最终转化为自己的生产和资本收入,转化为"有效需求"。

需求是购买决定的。购买,是对手中货币使用的分配。尽管我们说需求和选择是相当主观的因素,是真正的自由,但只要需求必须通过货币形式表达,就不能随心所欲。货币使人类自然的生活生产需求表现为"购买力",需求必须通过付出一定量货币才是可以实现的需求。需求首先要转化为人们手中货币形成的购买力。手中货币的多少表现为购买力的大小,而人们能得到货币的途径和数量是有限的。

人的需求同货币的本质没有任何关系。需求受两方面制约:第一,受供给物客观的物质性和多元有用性制约;第二,受购买者手中货币数量的制约。在此基础上,货币才可以被主体支配,表现出相对主观的选择。最终需求选择的质量和数量由付出的货币数量表达,从这个角度上说,主观与需求价格具有一致性。

## 二、一个假问题

资本生产方式占统治地位的社会的财富表现为庞大的商品堆积,这个庞大的商品堆积实际上是两类不同性质的商品:一堆是生产产品、价值商品;一堆是自然资源、价格商品。

按照我们对价值和价格的定性,在没有货币的情况下,这两大堆商品会有相应价值形式和价格形式,理论上表现为一堆价值和一堆价格。如果两堆商品相交换,生产产品即价值商品堆会表现出一个总价格,而自然资源即价格商品堆会表现一个总价值。如果我们把货币加入,在它们之间有一堆货币,我们就得到了一个"总价值—总货币—总价格"的关系。用简单的形式表示,就是"价值商品—货币—价格商品"。没有货币堆,商品堆就无法生产和交换。总价格与总价值的存在,在没有实现货币价格的前提下,是准备进入社会的商品总量;在已实现货币价格完成交换的前提下,是进入社会的商品总量。

由此看来,总价值和总价格是否相等的问题,在价格是价值的货币表现命题下不立;在价格与价值是平行范畴的前提下,是一个假问题,因为价值与价格根本就是两码事。可以还原为最简单的交换等式:1棵树＝1件上衣。"1棵树＝1件上衣",只是交换比例,相等是抽象的、形式上的。可见,在没有货币媒介时,教科书上总价值和总价格是否相等的问题是一个假问题;而在有货币媒介时,总价值和总价格是否相等的问题也是一个假问题,因为总价值与总价格是否相等问题已不存在,存在的只有货币问题。

经济学一般均衡理论的中心问题是市场力量是否自动矫正非均衡,即当一组非均衡价格出现时,市场供求力量是否自动改变价格直到建立均衡。如果答案是肯定的,那么还有一个问题是,这种过程需要多长时间,以及会导致什么成本和代价。对一笔交易而言,买就是卖,卖就是买,供求永远是平衡的,总供给永远等于总需求。建立交换基础上的微观经济学认为生产与消费、供给与需求自然平衡,货币需求和商品供给两极会自然取得平衡。但对社会宏观而言,供给和需求的不平衡是绝对的,平衡是相对的。社会的供给与社会的需求不能直接等同于微观的交易。因为所有的"人"并不完全一样,有劳动者,有资本者,有分得生产利润者,有只得工资者。因此,生产与消费、供给与需求永远不会自动平衡。

"资本主义能否自动实现均衡"是伴随资本主义发展永远摆在我们面前的问题。

### 三、定价权的操纵

稀缺和被垄断的商品的价格会被抬高来谋取超额利润。

从1871年边际革命到凯恩斯时代,再到弗里德曼时代,经过一百多年的发展,社会经济已经大不一样。其中最重要的差别就是操纵价格的主体从大企业转向大金融资本,操纵价格的能力大大提高。尽管社会生产和社会交换仍然要在竞争和垄断的博弈中实现,大金融资本、大企业还是可以通过对资源、资本和技术的垄断操纵价格。

瓦尔拉斯关于市场自动建立充分就业的一般均衡信念,同萨伊一样,是维护现有社会制度的一种信念。事实上,资本主义体系要实现充分均衡是相对的,不均衡是绝对的。经验告诉我们,有势力的大企业能够在一定程度上控制市场、控制价格。在金本位崩溃、两极分化日益加深、货币财富急剧膨胀的今天,我们看到大金融资本已经成为操纵自然资源和大宗商品价格的主力军。作为自由资本主义经济规律的"供求决定价格"，如今只适合于一个相当有限的范围——小资本、小商品自由竞争的范围。

供求决定价格是假定经济是完全竞争的，企业在超额供给的情况下总是降低价格。因为在小资本自由竞争的约束下，供给价格和需求价格的确定不能随心所欲，价格过高或过低都会损害自己的利益。相反，在面临超额供给情况下，大企业倾向于减产以维持价格水平。这种产出减少会降低收入水平，同时进一步减少对其他产品的需求。现实中，垄断的力量往往远大于竞争的力量。垄断是大资本的本性，竞争是小资本的自由。在垄断价格和竞争价格中，对垄断而言，恰恰就是为了使价格保持一个超出自由竞争的高位势，以便获得更多利润。如果生产者对超额供给的反应都是减产，那么，普遍的过剩、周期性经济危机或萧条就是不可避免的。离开完全自由竞争的前提，供求决定价格就是一个被误导的命题。

真实供求不会大起大落，只有投机和操纵价格才会大起大落。大规模的货币通过现价、期货价及报价体制，既可以操纵供给价格（卖价），也可以操纵需求价格（买价）。人们已经普遍地认识到，国际金融炒家的最高战略指导思想就是操纵定价权。

现实中的商品价格并不全是一般市场均衡价格，凡可获得超额利润的，几乎都通过价格操纵或垄断定价。从交换的三种商品类型中可以看到三种垄断：对自然资源的价格垄断；对大宗商品的价格垄断；对生产技术的垄断。自然资源价格可以很容易变成被操纵的价格，通过价格的炒作达到赚钱的目的。

以 2008 年金融危机为例，石油、粮食和其他大宗商品价格急剧上涨是全球通货膨胀的结果，不是原因。全球石油问题专家丹尼尔·耶金详尽描述过多次石油危机期间真实供需的微小波动和价格的剧烈动荡。他得到的基本结论是：真实供需关系的变化无法解释石油价格的剧烈动荡（或者说，只能解释价格动荡一个非常小的部分）。

人们普遍认为，美联储过度宽松的货币政策乃是全球流动性过剩、大宗商品、黄金和石油价格暴涨、全球通货膨胀恶化之总根源。全球流动性过剩引起国际游资泛滥，在全球寻找、创造投机获利机会，由此导致资产泡沫日趋严重，全球股市、房市、商品期货市场大幅震荡。

石油和大宗商品价格暴涨的根本原因在于大金融资本的从中炒作。今天买了期货,明天用高价卖出去。2008年金融危机之前,投入石油和大宗商品期货买卖的资金总量增长了数十倍,总额可能高达数万亿美元。有估计全球范围内大约有7万亿美元的流动国际资本,这在以前是不可想象的。其中,期货市场价格对真实石油市场的价格具有决定性。

　　1983年3月30日纽约商品交易所引入石油期货交易不久,敏锐的观察者就立刻认识到"原油的期货合约肯定会破坏欧佩克规定油价的权限"。3月30日纽约商品交易所(NYMEX)推出第一个石油期货合同,这是一个历史性的转变。通过将西得克萨斯中质原油确定为美国的基准原油,石油期货就可以为整个世界提供各种石油定价的参考框架。"随着时间的推移,石油期货合同在确定石油价格方面变得越来越重要。这些合同不涉及原油的实体交易,而主要是商人(买卖双方)之间以及纯金融经营者之间的财务往来(以1000桶为单位的批量交易),他们想对价格预期进行投机。"很多观察家和欧佩克成员国都持有这样的结论:实际上,最近几年在石油期货中的金融投机活动对火箭般上升的石油价格负有部分责任。对冲基金和大投资银行已经成为石油和商品期货市场的主角,掌控着全球石油市场的话语权(通过发布各种研究报告、预测石油价格走势)。当然,为了支配全球石油市场、控制石油价格,国际金融巨头、国际石油巨头和产油国政府(尤其是美国政府)始终保持着密切合作。①

　　总之,在价格决定的诸因素中,货币数量的权重日渐加强。资本逐利的本质必然会导致国际资本对全球资源和大宗商品炒作。将自然资源披上货币外衣,进而使之成为可以炒作的资产,理应成为现代经济学的常识。自然资源的金融化,类似汇率、利率和股票指数,都是现代经济的重要特征。它们可以脱离基本的供求关系而被投机行为和大金融资本左右。

　　价格操纵使得真实的供求变成被外力操纵的供求。对消费者而言"供求决定价格"是一个被误导的命题。事实上,供求双方都是货币计量

---

① 参见向松祚:"世界和中国的通货膨胀问题"(上), http://www.caogen.com/blog/infor_detail.aspx?ID=117&article ID=9322。

的价格,实现价格的货币数量当然会直接影响价格。因此,价格的决定因素不是两个因素,而是三个:第一是供给;第二是需求;第三是货币。

　　最后我们看到,除了将货币投向不会增加的资源商品(稀缺资源),除了大资本对定价权的争夺,除了资本垄断对微观价格的操纵,国家垄断货币的发行还可以操纵社会物价总水平。

# 第十六章 货币数量

**提要：**货币数量与实体经济发展直接相关。货币中介一头连着价值商品，一头连着价格商品。作为收入的货币数量和作为支付手段的货币数量，具有完全不同的两种性质，由完全不同的运动机制决定。货币数量要实现商品生产的顺利进行，利润要由新的增量货币去实现。自然商品作为生产要素进入生产，实现自然资源价格总量，是货币数量的一个重要组成部分。交换的量多于生产的量是现代经济规律之一。货币数量的本质不是"数量"，而是"货币从哪里来，到哪里去"。"通货膨胀目标制"把通货膨胀直接作为政策目标，不能解决社会体系内在的矛盾。货币政策与财政政策的共同点都是花钱，区别只在于获得钱的途径不同、花钱的主体不同。现代的货币银行体系从根本上来说不是为社会服务的组织，而是非生产性且以赢利为目的的组织，本质上是寄生的、唯利是图的。

现代经济学的基础理论是货币理论，现代货币理论的主要内容是货币数量模型。

随着以货币为中介的买卖日益成为经济表象，从以货币为媒介的交换现实出发，经济学逐渐放弃了对货币性质的研究，而专注于货币中介数量的研究。现代货币理论的起点，即20世纪初费雪提出的现金交易数量说，从建立费雪交易方程式开始。费雪货币理论之前，从17世纪开始到19世纪末的货币讨论，本书称之为古典货币理论。现代货币理论与古典货币理论的主要区别在于:现代货币理论重在分析货币数量的意义,古典货币理论重在分析货币的性质。

货币数量的宏观概念是整个社会(国家)需要多少货币执行相关职能;货币数量的微观概念是个体需要或愿意持有多少货币。综合两方面,现代货币数量理论主要探讨两个问题:(1)货币需求的动机;(2)货币需求量的决定。在此基础上,形成主权国家的货币政策。

## 第一节 两种货币数量

### 一、劳动价值论货币数量说

货币的本位是商品,货币是当然的商品,问题在于生产价值论对商品的定义与劳动价值论对商品的定义不同。在劳动价值论中,商品专指劳动商品,没有劳动的物化不能视为商品;但在生产价值论中,没有生产商品与自然商品之分,而是将它们统称为商品。广义商品具有两种商品形式:价值形式是商品形式,价格形式也是商品形式。货币作为价值尺度和价格尺度的统一反映到货币数量上,自然会形成截然不同的两种货币数量观点。

我们先来回顾马克思建立在劳动商品基础上的货币数量说。

马克思认为,商品的交换过程,可以用"商品—货币—商品"(W – G – W)的形式变换来表示。这里,货币作为流通手段的运动,实际上是商品本身形式的运动,商品运动必然反映在货币流通上,于是产生了一个货币数量问题,究竟有多少货币不断地被流通领域所吸收。

马克思指出,既然货币流通是表现商品流通,是商品通过对立的形态变化而实现的循环,货币流通的速度也就表现商品形式变换的速度,表现商品进退变换的迅速。因此,在每一段时期内执行流通手段职能的货币总量,一方面取决于流通商品的价格总额,另一方面取决于商品流通过程流动的快慢,这种流动决定着同一些货币能够实现价格总额的多大部分。三个因素,即价格的变动、流通的商品量、货币的流通速度,可能按不同的方向和不同的比例变动。流通手段量决定于流通商品的价格总额和货币流通的平均速度这一规律,还可以表述如下:已知商品价值总额和商品形态变化的平均速度,流通的货币或货币材料的量决定于货币本身的价值。① 由此可见,费雪对货币数量的描述与马克思对货币数量规律的描述几乎如出一辙。

问题在于,马克思货币数量说的重心是流通手段量决定于待实现的商品价格总额,而不是相反。马克思强调,流通手段量的变化都是货币本身引起的,但不是由它作为流通手段的职能而是由它作为价值尺度的职能引起的。假设商品量已定,流通货币量就随商品价格的波动而增减。流通货币量之所以增减,是因为商品的价格总额随着商品价格的变动而增减。货币是把在商品价格总额中表现出来的金额实在地表现出来,这两个数额相等是不言而喻的。因此,在商品价值不变的情况下,商品的价格会同金(货币材料)本身的价值一起变动。

马克思指出,早在17、18世纪,就有人得出错误结论,以为商品价格上涨是因为有更多的金银充当流通手段。即商品价格决定于流通手段量,流通手段量决定于一个国家现有的货币材料量。马克思认为,这种错觉是建立在这个荒谬的假设上:即在进入流通过程时,商品没有价格,货币也没有价值,然后在这个过程内,商品堆的一定部分同金属堆的相应部分相交换。②

## 二、生产价值论货币数量

马克思只强调了真理的一个方面。站在生产价值论的立场,从广义商品的角度看,货币是这样的中介:货币一头连着价值(商品),一头连着价格(商品)。于是,马克思认为的"错觉"和"荒谬假设"就不是错觉而是事实了。

生产价值论也认为,"流通手段量决定于待实现的商品价格总额",但是"待实现的商品价格总额"不仅包括生产商品,还包括自然商品。对自然商品而言,它们在没进入交换之前,确实"没有价格"。从道理上说,实现自然商品价格的货币可以真就"没有价值"。正如我们在分析价格形式中指出的,价格形式就是交换的比例形式。在"2分地=1棵树"中,

---

① 参见〔德〕马克思:《资本论》第一卷,人民出版社1975年版,第142—143页。
② 参见同上书,第138、143页。

土地的价格就是用没价值的树(比例)表示的。但是,尽管我们说实现自然商品价格的"货币"可以是没价值的,但它不能没有"效用",不能是白纸一张。也就是说,自然商品价格要由自然商品(或生产商品)去实现(去交换)。在存在货币的前提下,自然商品价格要由相应货币数量去实现。

生产价值论认为,货币数量作为流通手段量,决定于待实现的生产商品与自然商品价格总额。生产的顺利进行,就是生产商品中包含的生产时间和效用表现为生产供给价格,生产供给价格在交换中能够完成货币实现,而需求价格则表现为用既定的货币数量去实现供给的生产商品和自然商品价格。我们用广义商品的"货币实现"概念替代狭义劳动商品的"价值实现"概念,并在此基础上探讨货币数量问题。货币数量问题的本质是总商品"货币价格"的货币实现。以"货币实现"代替"价值实现"的现实意义在于:

第一,货币实现就是商品货币价格的实现,其中既包含生产商品价格的实现,也包含自然商品价格的实现;既包含社会生产时间的实现,也包含社会效用的实现;既包含成本费用的实现,也包含利润收益的实现。

第二,货币实现既是商品价值实现,也是商品价格实现。劳动价值论中的"价值"不能直接运用,劳动价值概念作为一个抽象概念要上升到生产价格才能最终解释经济现象。"货币实现"则是具体的、直观的,货币实现与全部商品的货币价格直接等量,"两个数额相等是不言而喻的"。因此,货币实现与货币发行数量直接相关,进而可以直接解释货币政策。

同一价值和价格总量是双重的存在的,一极上是商品,另一极上是货币。商品所有者只是作为现存的互相等价的物的代表来接触。但是,随着商品流通的发展,使商品的让渡同商品的货币价格实现在时间上分离开来的关系也发展起来。等价的商品和货币不再同时出现在两极上。货币取得另一种职能,成了支付手段。

历史上,需要的交换产生于生产品的交换之前,是必然的。韦伯就认为,共同体之间即使没有交换、不需要交换,支付手段也是存在的。如部落之间赠与、聘金、赔偿金、损害赔偿、罚金都需要以一种习惯的标准媒介物进行支付。对内,有酋长对属民的支付、将军对士兵的支付。在波斯帝国中,货币铸造之所以出现就单纯是为了供做军事支付的手段,而不是作为交换的手段。①

支付手段与流通媒介在"时点"上的区别(在时间上分离),带来货币作为流通手段、流通媒介和支付手段在性质与数量上迥异的差别。在相对封闭的再生产和商品循环状态下,每一笔以货币价格标定的商品交换需要一笔相应的货币数量做媒介,流通媒介数量最终与现实中的商品价格总量对应。货币作为流通媒介,数量上具有稳定性质。但在相对开放的扩大再生产和扩大商品循环状态下,货币要实现扩大的商品购买、扩大的再生产、扩大的商品交换,货币支付手段的数量最终要与现实中扩大的商品购买总量对应,这需要有超越现有流通媒介的货币发行数量。

现在回头看,是商品货币价格决定货币发行数量呢?还是货币发行数量决定商品货币价格?显然,这是一个问题的两个方面,不能绝对地回答。但有一点是肯定的,没有稳定的货币价格就没有稳定的货币;同样,没有稳定的货币也就没有稳定的货币价格。相对稳定的流通媒介和不断增长的支付手段的矛盾,最终会在货币数量论和汇率学说以及现代货币政策上反映出来。

## 第二节 货币实现

当商品的价值与价格不是一个量、货币作为流通媒介与支付手段不是一个量时,货币实现意味着什么呢?

一、再生产

首先我们来看,简单再生产中货币实现的量(货币数量)是怎样决定的。简单再生产指生产规模不变的资本生产。货币价格的实现,是利润实现的前提。生产商品价格或商品货币价格体现在货币实现上,首先是成本补偿和利润实现。

生产成本的货币实现是货币数量的第一个部分。

按照马克思的劳动价值论,成本分为不变资本和可变资本两部分,利

---

① 参见[德]马克斯·韦伯:《经济通史》,姚曾廙译,上海三联书店2006年版,第149页。

润是与可变资本对应的增殖部分。不变资本则全部由生产商品组成,因此,商品生产和交换是转移劳动价值和剩余劳动价值的循环。作为流通手段的货币数量,理论上够实现生产流通中的转移劳动价值和剩余价值量就可以了。

生产成本和费用的补偿是再生产的前提。一个平衡的经济,理论上是指全部价值量及价格量的投入产出,通过交换都要得到相应的实现,生产才能连续下去。交换不仅有生产商品的交换,还有非生产商品、自然商品的交换。生产过程中,价值成本之外增加了一个"价格成本",即生产成本是由投入的生产商品的价值量和自然商品的价格量合成一个成本,外加一个利润。自然商品作为生产要素进入生产,使商品生产不仅是要转移补偿成本价值,还要转移补偿成本中的价格部分,货币实现必须体现在生产成本中的价值补偿和价格补偿两个方面。与劳动价值论的生产成本相比较,生产价值论的最终商品货币价格实现,其成本部分仅仅有对应价值量的货币数量是不够的,还要有对应价格量的货币数量。

一个资本经济简单再生产,生产成本中劳动和资本生产要素规模不变,既不增加也不减少,原材料补充规模也不变。维系这样一个简单的再生产只需要一个稳定的货币量就可实现再生产的循环。这里,成本是循环往复的,成本中的价格与价值部分都保持不变,利润是每年新产出的。实现成本的部分(旧价值、旧价格或转移价值、转移价格)不需要新增货币,只需要一个固定的用于周转的货币存量。通常我们称这种周转性质的货币为"流动资金"。

如果我们面对的是每年扩大规模的再生产,自然每年都要增加投入新的自然资源和新设备、新劳动力。这里,扩大的生产规模、扩大的生产成本以及扩大的利润量,都是需要用新增货币来实现的量。换言之,在一个扩大的再生产中,需要增加劳动力和资本设备的供给,还要增加新的自然商品补充。因此,不管扩大的再生产有没有利润实现,仅就生产规模的扩大本身,仅就成本规模扩大本身,就需要有相应增加的支付手段去实现新生产的组织。除此之外,新产品、新生产项目的组织也需要新的投资与新的货币增量。

在此期间,除了劳动力和生产商品的投入,还有土地、水、石油、天然气、矿产等自然商品会显示出一个总的自然资源供给价格。换一个角度说，人们必须有相当于自然资源总供给价格的货币支付手段——货币数量，生产才能启动。作为自然商品的生产要素没有价值，但有价格，也是一个需要货币实现的量。相对这一部分的货币，毫无疑问也是一个增量。

货币数量的第二个部分是要实现的生产利润。

货币实现需要的货币增量要对应每年产出的利润。实物形态上，进入生产的资本要素与自然资源量是两个完全不同的量，它们在生产过程中的功能不同。生产前或生产中投入的自然资源量，以及产品形态上的生产资料、生产设备、生产原料、半成品、劳动力等，作为共同的生产要素组合为生产成本，这里可以统称为生产要素商品。生产实体作为生产力运动体现在现实的生产时间中，而现实的生产时间在交换中变成新的价值量。在成本中，要素商品的"价格和价值"以货币价格的形式体现在产出的生产商品价格中。投入的是要素商品，产出的是生产商品，商品货币价格大于投入的要素价格，即在要素成本之上增加了一个利润。

理论上成本是转移价值，是存量，成本可由原来存量货币去实现。利润是新增价值，是增量。卖的结果是总收入，总收入中有成本，除去成本才是纯收入，是新增加的收入。货币作为流通手段要实现商品总价格。成本与利润两部分都能以货币实现时，生产就会继续下去，没有实现利润的货币手段，扩大再生产就会中止。在这两部分中间，成本是需要补偿的旧价值，利润是需要实现的新增价值。既然产生了新增收入，就要增加相应的货币数量去实现新增收入。从生产的角度看，如果没有增加的货币数量去兑现新增加的价值和利润，生产就无法进行下去。成本之上增加了一个利润量，增加了一个需要增量货币实现的量。利润要由新的增量货币去实现，这是生产方面的货币增量。

回过头看"三位一体"学说就会发现，在总价格的货币实现中，返还给劳动的工资原是劳动力成本，这一部分是循环利用的；而新增利润则分解为资本利润、土地地租和货币利息，返还给资本、土地和货币的所有者。他们可把每年新增利润的分配当做资本进行积累。

二、国内生产总值

人口和需求的增长要求经济同步增长。针对生产中投资的土地价格部分、利润实现部分,以及生产规模扩大与新劳动投入增长,货币供给年增长率必须按预期的经济增长率随之增长。实现国内生产总值所需的货币数量,使货币需求问题从收入角度转向与生产同步。

在生产领域,国内生产总值的货币实现就是实现国内生产总值——最终产品和劳务所需的货币数量。从总供给角度看,国内生产总值只是总货币价格的统计,总产值(总货币价格)并不意味它能实现相应的利润。有产值却微利润甚至无利润是许多企业的常态。国民生产总值的存在并不等于全部产值可以货币实现。极端地说,如果总产值没有社会需要就会变成总库存。总库存只有货币价格,并不需要货币流通去实现。但这不妨碍我们从总产值的角度审视生产与货币数量的关系。

总产值、总生产没有购买或没有货币价格实现就不能继续进行;相反,如果总产值完全符合社会需要,国内生产总值的实现可以看做是总供给与总需求趋向平衡。总产值对应生活需求或生产投资意愿加上足够货币手段组成的有效需求,即对全部商品和劳务最终产品的购买。国民生产总值实现要求总供给被总需求实现,这就必须具备相应数量的流通媒介和支付手段货币。

货币数量首先是实现总产值,即实现已经生产出来的总商品和劳务价格。为实现生产循环而提供货币数量,恰恰符合我们对价值、价格以及对货币的分析。也就是说,货币数量的确定首先应由当年的社会生产总规模中国内生产总值的实现决定。

### 三、交换多于生产

从生产领域进入物质交换领域,我们看到,货币数量的第三层含义是要实现经济流通领域中商品(资产)交换的价值和价格。

货币经济下凡被占有并进入交换的一切都可以是商品。在流通领域,我们可以看到价值和价格实现的新形式。总供给的实际基础相当于被占有自然要素(土地)的部分,每年都会表现出一个货币价格进入市场(地价、水价、油价、天然气价、煤价……),这部分价格量是不含价值量的,因此无法依靠现有的货币量实现。交换的量多于生产的量,可以看做是现代经济规律之一,这是社会制度、文化使然。虚拟经济规模之所以远远超越真实经济规模,源于交换(买卖)多于生产的规律。

"交换多于生产"的另一种含义,是"债务"、"契约"表现为货币数量的一部分。凯恩斯就认为:"债务支付证券本身在清算交易过程中可以非常有用地代替正式货币。当债务支付证券用于这种方式之下时,就将称为银行货币。"①我们看到,生产领域不能独立于交换领域存在,但交换领域却可以独立于生产领域存在。一栋房子、一辆汽车,一次性生产出来,可以交换(买卖)十次。现代社会,凡被占有的自然资源,如土地、森林、草地、山岭、渔场、矿藏、水域等都可以进入交换。这些原地不动就可以作为商品的自然要素实现产权交易同样需要大量的支付手段才能实现。

一般意义的交换在历史上应早于劳动产品的交换,属于人类一种相当广泛的社会行为。交换是人类群体从内部个人与个人之间发展至群体与群体,乃至国家与国家之间的互通有无。交换的对象可以是生产的,也可以是非生产的;可以是物质的,也可以是非物质的。

社会、政治、文化的商业化是现代化的特征。随着需求的拓广,不属于生产性的物品也进入买卖。不仅有形之物,而且无形之物也可以进入买卖,如荣誉、官位、权力也进入买卖,进而取得只有商品才有的"价格"。个人在"占有"自己的前提下,许多个人所有的东西都可以进入交换,包括身份、性、信息等。只要愿意和可能,经济的、非经济的,等价的、不等价的,任何东西都可以进入买卖。交换所具有的超越经济的性质导致社会商业化——社会本身越来越具有商业和货币的特征。有谁能说实现这些效用的买卖不需要流通手段,不需要货币发行量的支持?

或许这是未来货币更大的谜。

## 第三节　货币从哪里来

当经济与货币发行数量联系在一起时,必然会引发货币政策问题。

所谓货币政策,就是货币发行多少数量、最终要达成什么目标。货币政策可以以稳定物价总水平为目标,也可以以稳定通货膨胀总水平为目

---

① 〔英〕约翰·梅纳德·凯恩斯:《货币论》上卷,何瑞英译,商务印书馆1980年版,第7页。

标。一般来说,个别商品价格波动是由供求引起的,普遍商品价格上涨是由货币数量引起的。于是我们回到货币数量问题上:是商品货币价格决定货币发行数量呢？还是货币发行数量决定商品货币价格？换言之,既然价格是可以操纵的,货币发行数量也是人为的,那么涨价的原因是因为价格的操纵,还是因为货币数量的操纵？如果是因货币数量引起,货币数量又是由什么决定呢？

一、现金和存款

按照西方主流经济学的说法,货币数量学说以美国耶鲁大学教授欧文·费雪的交易方程式为开端,他在1911年出版的《货币的购买力》一书中从分析货币数量的一个简单的恒等式开始:在每次交易中都有买者和卖者,对总体经济来说,卖等于买,买等于卖,供给也就等于收入,费雪认为,货币量与流通速度等于各种不同商品交易的总价格。也即名义收入变动仅取决于货币数量的变动。就是说,商品交易总价格是由一定流通速度下的总货币数量来实现的。

以货币为交换尺度,意味着商品的价格与货币数量直接相关。货币数量论认为,货币本身没有内在价值,其存在仅仅是为了方便交换。因此,货币的作用是中性的,货币的唯一作用就是决定绝对物价水平。于是费雪得出一个货币数量与总物价关系的结论:"货币数量的增减将导致物价作同比例增减"。货币数量与总物价关系的结论越过了货币的本质,将物价与货币数量直接联系起来。交换领域独立于生产领域,于是货币就从生产身边溜走,变成针对买卖,也就是由生产变为与生产无关的交易,由交易方程式决定货币数量。规范地说,商品交易总额等于流通中的货币数量乘以此时期货币平均周转次数。

供给、需求、货币三者的关系可以概括为"货币定价—货币数量"的对应关系。货币价格表现为总商品价格,货币数量表现为总需求货币。

古典货币数量理论都相信,货币需求正比于收入。而收入又是由利润、工资、地租组成。在古典货币数量论看来,货币需求完全是名义收入(国民收入)的函数。其基本结论是:货币流通速度在短期内是刚性的,不受利率影响;价格水平完全由经济中的货币存量决定;名义货币需求完全由名义收入决定,实际余额需求由实际收入决定,都不受利率的影响。

尽管如此，收入并不一定完全立即花掉，收入中会产生一部分存款。于是，费雪之后产生了剑桥学派的现金余额数量说。

现金余额数量说是由英国剑桥大学教授马歇尔和庇古为代表的剑桥学派提出的。该学派在研究货币需求问题时分析了微观主体的行为，认为处于经济体系中的个人对货币的需求，实质上是选择以怎样的方式保持自己资产的问题。决定人们持有货币多少的因素有个人的财富水平、利率变动以及持有货币可能拥有的便利等。人们持有货币，一是为交易媒介，二是为财富储藏。他们认为，个体选择多少货币进行价值储存除了受名义收入的影响外，还受到其他资产的收益率和期望回报率的影响，个体将在所有可用于价值储存的资产中进行挑选，如果其他资产的收益和期望回报率发生变化，用于价值储存的这部分货币量也将发生变化。

与费雪方程式强调货币的交易手段职能不同，剑桥方程式重视货币作为一种资产的功能。两个方程式所强调的货币需求的决定因素不同。费雪方程式用货币数量的变动来解释价格；反过来，在交易商品量一定和价格水平一定时，也能在既定的货币流通速度下得出货币需求结论。而剑桥方程式则是从微观角度进行分析，出于种种经济考虑，人们对保有货币有一个满足程度问题；保有货币要付出代价，比如不能带来收益等，这是对保有货币数量的制约；微观主体在两相比较中决定货币需求。

两种学说都相信，货币需求正比于收入。但从交易方程式与余额方程式的比较中可以看出，后者注重个体的资产选择。这样，宏观货币数量问题就变成了以微观主体为基础的资产数量及选择问题。个人需要，即个人手中的货币数量，对于个人需求在各个消费领域的分配来说，是有决定意义的。也就是：购买者手中货币数量及使用的分配是满足消费的前提，从而也是需求价格的前提。

二、标准货币理论

标准货币理论认为货币政策的传导渠道是：通过改变货币供应量从而改变利率；通过提高利率、减少货币供应量以提高货币"价格"——利率，减少投资总需求，进而影响实体经济活动。简单地说，就是通过人们手中货币支付手段的数量增减来引导生产活动。

经济中存在着多种形式的货币，传统观念中所指的通货只是货币的一种特殊形式。货币按口径大小可以划分为多个层次,国际货币基金组织采用两个口径:货币与准货币。"货币"等于银行以外的通货加私人部门的活期存款,这相当于各国通常采用的 M1;"准货币"包括定期存款、储蓄存款和外币存款。货币和"准货币"相当于各国通常采用的 M2。不同国家所采用的货币口径各不相同。M1 最接近传统意义上作为流通媒介和支付手段的货币定义,它包括通货、活期存款、旅行支票和其他支票存款。其中,通货是指流通中的硬币和纸币;活期存款是指商业银行的无息支票账户,不包括其他银行、政府和外国政府存款。现有理论忽略各种存款和各种不同定义的货币之间的差别,认为货币供给(M)可以看成由现金(CU)和存款(D)组成:$M = CU + D$。①

我们要问的是——"现金和存款"又是从哪里来?

主流经济学告诉我们现金和存款从收入来。货币数量首先是从收入来,有收入意味着得到货币。货币从收入来,就是由劳动和资产(财产)而获得收入,收入是可以预测并最终会得到的现金流。同样,现代标准货币理论也认为货币从收入来,货币需求是国民收入的函数,货币的需求数量由收入决定。换言之,收入多少,就需要支付多少数量的货币。供给形成收入,收入形成(货币数量)需求。

货币经济学直到近几十年间的发展都一直是以货币需求方程式为基础的。联合国 1993 年版的国民账户体系中,就将国民生产总值视同于收入,认为国民生产总值是一个收入概念,而不是一个生产概念,是进行初次分配的最终结果,国民生产总值的新称谓就是"国民总收入"(GNI)。②于是,国民生产净值就成了"国民净收入"。接下来才是"国民收入的生产额"概念,即单指物质生产部门在一定时期内新创造的物质产品价值总和,是从社会总产值中扣除消耗的生产资料价值以后的净产值。然后,国民收入的生产额通过分配和再分配,形成社会和个人的最终收入,形成国民收入的使用额。总之,国民收入是怎么来的呢?是生产分配得来的。这些说法的依据是什么呢?按照一般经济理论,是供给和需求平衡。供

---

① 参见陈利平编著:《货币理论》,北京大学出版社 2003 年版,第 17—19 页。
② 参见刘树成主编:《现代经济辞典》,凤凰出版社、江苏人民出版社 2005 年版,第 393 页。

给价格的实现就是货币收入。

尽管古典货币论认为货币需求正比于收入,凯恩斯认为货币支出并非正比于收入,弗里德曼把货币看做一种资产认为货币需求取决于持久收入,然而现实与这些理论是背道而驰的。

### 三、凯恩斯的货币、利息、就业

凯恩斯的货币论是商品货币向符号货币过渡的理论。凯恩斯认为计算货币是表示债务、物价与一般购买力的货币,是货币理论中的原始概念。货币的功能就在于计算,因此,货币的供给不能受制于黄金本位。他指出,18世纪时流行的是商品货币,但银行货币在银行钞票形式下的发展已指出走向符号货币的道路。

凯恩斯认为,货币本身是清付债务契约和价目契约的东西,也是储存一般购买力的形式。它的性质是从它与计算货币的关系中得来的,债务和价目首先必须用计算货币表示。正式货币就其充分的意义来说,只能相应于计算货币而存在。货币与计算货币之间的区别,即计算货币是表征和名义,而货币则是相应于这种表征的实物(不同的载体)。国家作为法律当局,规定支付符合契约所载的名义或表征的东西。一切文明国家的货币都是国定货币。

我们所说的货币定价和货币数量,在凯恩斯看来就是在"采用计算货币之后"产生的两个派生的范畴:第一个范畴是以计算货币订立的约定货价、契约和债务支付证券;第二个范畴是相应于计算货币的正式货币,用于具体交割的货币。其中,债务支付证券用于这种方式时,可称为银行货币。银行货币并非正式货币,而是以计算货币表示的私人债务支付证券。这种支付证券从一个人手中转至另一个人手中,和正式货币交相运用,清算交易。现实中,国家货币即正式货币和银行货币即债务支付证券两者并存。

这种情形转过来又导向国家货币的进一步发展。银行货币将不再代表私人债务,而是代表国家所欠债务。国家会运用其制定货币的特权,宣布该债务证券本身可作为清偿债务的手段被接受。于是这种特殊的银行货币就变成了正式货币。这种正式货币是表征货币。大部分的现代银行钞票,甚至连中央银行的存款在内,都被列为国家货币。而银行货币(或非法币货币)则主要是由会员银行存款构成的。

国家"计算货币"具有三种形式:商品货币、不兑换纸币和管理货币,后二者是表征货币中的两小类。商品货币是由某种特定非垄断商品(或实际存在的单位商品的证券,比如美国的金券就是商品货币)的实际单位构成的。这种商品的供应却像其他商品一样,是由稀少性和生产成本决定的。不兑换纸币是由国家制定发行的,依法不得兑换成本身以外的任何东西,也不具有以客观标准表示的固定价值。商品货币与管理货币的相似之处在于它们都与客观的价值标准有关。管理货币与不兑换纸币的相似之处在于它们都是表征货币或纸币,离开国家法令或习惯之后其内在价值较小或根本没有。在某种意义下,管理货币是货币的最普遍形式:一方面,这种货币在管理当局为之提供百分之百的充分准备的客观本位、实际上成为证券时,可以认为它已蜕化成了商品货币;另一方面,当它失去客观标准时,就可以认为它已蜕化成了不兑换纸币。

货币理论中一个基本因素是公众手中所持有的各种货币总量,而这些货币究竟是国家货币还是银行货币往往没有什么关系。两者的总和可以被称为流通货币。

由于货币生产缺乏弹性,所以要想通过货币供给量的自然调节作用来降低利息率是不现实的。失业之所以出现,原因在于人们得不到货币,劳动者便不可能被雇用。所以,"应建立一个由国家控制产量的纸币工厂(即中央银行)。传统上被认为是使黄金特别适于充当价值标准的特点,即它的供给缺乏弹性,最终恰恰成为造成问题的根源的特点。""货币的供给缺乏弹性"这一认识,可以看做是凯恩斯货币论的核心所在。

"货币的供给应该可以灵活伸缩",也是凯恩斯货币政策的核心。正因如此,凯恩斯反对恢复金本位制。他提出,如果放弃金本位制,采用货币管理本位制,由中央银行采取适当的货币调节措施使市场利率与自然利率相一致,从而使投资与储蓄相等,则物价水平就可以稳定,经济趋于均衡,实现充分就业。

一旦货币脱离黄金本位或商品本位,货币的价值就只能通过购买力体现。对管理货币而言,购买力为其货币价值。凯恩斯指出,人们持有货币不是为了货币本身,而是为了它的购买力,也就是为了它所能购买的东西。因此，他所需要的便不是若干单位的货币本身，而是若干单位的购买力。但由于除了货币形式以外就无法储存一般购买力，所以对购买力的需求便转化成了货币"等值"量的需求。若干单位的货币与若干单位的购买力之间的"等值关系"的尺度是什么呢？由于一定条件下的货币购买力决定于一单位货币所能购买的货物与劳务量，所以这种购买力便可以用各种单位货物与劳务按其作为支付对象重要性的比例构成一种综合商品来加以衡量。

总之，计算货币便是表示购买力单位的形式，货币则是储存购买力单位的形式，而表示消费的综合商品的物价指数则是衡量购买力单位的标准。

在凯恩斯管理货币本位的前提下，利息自然成为调节货币供应量的杠杆。如果说调节生产的是利润规律，调节货币供给的杠杆就是货币利息率。凯恩斯认为，货币利息率是一笔为契约合同所规定的将来支付的款项超过其现值的百分比。在各种商品的利息率中，真正起作用的是其中最高数值的利息率，货币的利息率是其中的最高数值的利息率。

货币利息率是最重要的利息率，理由在于货币具有零值的或最多也是很小的生产弹性。就是说，货币不能很容易地被生产出来，企业家不能靠增加劳力来随时增产货币，对其他商品的生产，企业家则能这样做。在实行金本位制的国家，情况也大致如此，除非该国的采金业属于主要的行业，否则，能被用于采金的添增劳动量的比例仍然微小。①

1929年发生的经济危机使货币数量问题重新回到宏观立场。新古典货币理论要在危机过后起作用必须作出极大的修改。1936年凯恩斯出版《就业、利息与货币通论》，重提"有效需求"不足，并建立起比较完整的有效需求不足的理论开启了宏观货币政策和财政政策时代。凯恩斯理论建立在瓦尔拉斯一般均衡的概念架构上。除了在充分就业的工资水平下总供给总是等于总需求这一点，凯恩斯基本赞同新古典的边际生产力分配理论，认同新古典理论的其他所有理论。

---

① 参见〔英〕约翰·梅纳德·凯恩斯：《就业、利息和货币通论》，高鸿业译，商务印书馆1999年版。

围绕"就业",凯恩斯认为消费和储蓄都是"收入的函数",消费和储蓄主要由收入水平决定。他指出造成经济大萧条的主要原因,是难以寻找到足够的投资机会来消化经济增长带来的大量储蓄。利率是由货币的供求决定的。对货币的需求量由以下三种动机决定:(1)交易动机,即由个人或业务上的交易而引起的对现金的需要;(2)谨慎动机,即为了安全起见,把全部资产的一部分以现金的形式保存起来;(3)投机动机。凯恩斯提出以收入支出学说为中心的货币实现,取代先前的货币数量论,其中最重要的有两方面:

第一,凯恩斯反对这样一种说法,即在资本主义经济拥有充分就业的前提下,利率会自动调整使得储蓄和投资相等,进而使总供给等于总需求。凯恩斯收入支出的货币需求理论认为,货币数量取决于收入水平,用来交易与预防的货币数量取决于收入水平,而决定投机动机的是利率的高低。货币供给量的变化通过引发利率的变动而影响到投资。就是说,影响国民收入的货币供给量的传导变量是利率。利率是由货币的供求决定的,利率是货币供求平衡时的货币价格。决定投资的因素主要是预期的利润率与利率的差距,两者的差距越大投资者越愿意投资;反之,投资者就越不愿意投资,从而最终货币供给量的变动影响国民收入。货币当局可以通过改变货币供给影响当前利率。在合适的利率水平下,储蓄就会等于投资。

凯恩斯将名义国民收入分为消费和储蓄、储蓄和投资。以投机需求为中心的流动偏好理论把利率变量引入货币需求函数之中,认为调节货币的主要途径是利率。这种把货币需求量与名义国民收入、市场利率联系在一起的说法,否定了古典货币数量论者关于货币数量直接决定商品价格的观点,为中央银行运用利率杠杆调节货币供应量提供了一种理论依据。

引进"利率"是一种调节微观行为的方法。实际上,凯恩斯是通过对微观经济行为的分析,得出宏观经济矛盾无法解决的结论。凯恩斯从有效需求不足出发,认为资本主义经济的运行是不稳定的,所以主张实行国家干预,即通过财政政策与货币政策来调节经济。所谓财政政策,就是通过增加(或减少)政府开支和税收刺激(或抑制)总需求、实现充分就业。

所谓货币政策则是通过调整法定存款准备金率、调整贴现率或公开市场操作来影响利率,通过利率刺激或抑制生产投资。

第二,凯恩斯分析了货币的传递机制,提出通过加大有效需求保障充分就业的主张,实际上是把货币数量问题从流通领域引回生产领域。货币传递机制在凯恩斯以前的货币理论中不曾论及。他把利率作为连接货币与产量的纽带,不是借助于物价或停留在对物价(货币购买力)波动的解释,而是尽力分析产量变动的原因。凯恩斯对有效需求不足的分析是针对生产循环而言的,实际上就是生产面对货币支付手段不足如何解决货币实现的问题。

依照我们的分析,仅仅从"国民收入"的角度分析货币数量,有效需求必然是不足的。即使是简单再生产,利润也需要通过新增货币、增加新的支付手段来实现,进而才能谈及利率的作用和积累的利润能否再投资、形成扩大再生产。而"增加新支付手段"最有效率的使用是放在国家手中,增加国家官僚的有效需求。尽管凯恩斯的理论是围绕所谓的"充分就业",但其实质简言之就是由国家操纵货币发行(货币政策),由国家来花钱(财政政策)。

四、弗里德曼的"货币数量"

弗里德曼力求用他的货币供给主义取代凯恩斯的国家政策,认为这是既能摆脱政府又能保持经济稳步发展的关键一步。

弗里德曼认为,纸币之所以有价值,是因为每个人都认为这些纸张有价值;每个人之所以认为这些纸张有价值,是因为每个人的经验告诉他们,这些纸张有价值。这些大家普遍接受的交易媒介的存在,依赖的是约定俗成的力量,也就是说,货币体制依赖的是人们相互接受的一种从某种观点来看是虚构的东西。尽管如此,如果一旦人们对这些货币丧失了信心,也不会回到直接的以货易货贸易上。人们会采用替代货币,如:黄金、白银、铜,或者用外国硬币作为替代货币,或者转而使用其他没有过量发行的纸币。如果要问"货币"到底是什么?货币就"是人们普遍接受的无论何处都可用以交换商品和服务的东西"。货币是指一种代表了能用于购买其他商品和服务的购买力的临时载体的物品。货币的实际对应物(黄金、白银、纸币以及定期存款等)难以准确说明。用来充当货币物品的一个共同点,就是普遍接受性,即在特定地方和时间,人们普遍认可它在换取商品和服务时具有经济价值。

在弗里德曼眼中,货币的性质、货币是什么已经完全不重要了。作为一种现象,说到底货币"不管是约定俗成还是虚幻,都是一种根深蒂固的信念",是一种有用的虚构。所以他直言,"决定一个国家财富的'真正的'力量是其公民的能力、勤劳和智慧、所能利用的资源以及经济和政治的组织方式等等",而不是货币。但是,货币又具有极为重要的经济职能作用,没有什么会比货币失控带来的危害更大。货币的价值是由供求决定的,通货膨胀打乱了价格的准确性,传递了错误信息,导致生产和分配变形。因此,最重要的是控制货币的数量。

简言之,弗里德曼的货币数量论就是不管货币是什么,直接从数量出发,货币的数量是最最重要的。反复无常的通货膨胀导致价格在信息传递上变得呆滞而不再灵敏。例如,木材的价格上涨了,但是木材生产者却无法搞清楚这究竟是通货膨胀导致的所有物价上涨所致,还是当下对木材的需求增加了,或是在价格上涨前与其他产品相比木材的供给不足所致。较高的通货膨胀,尤其是极度不稳定的通货膨胀,使这种相对价格的信息变得毫无用处。所以,弗里德曼成了反通货膨胀的一位真正斗士。

只要货币供给量的增长速度超过商品和服务供给量的增长速度就会导致通货膨胀,按这种货币计量的物价就会上涨。对于一个社会来说,通货膨胀是一种疾病,一种危险的、有时是致命的疾病,一种如果处理不及时就有可能毁灭整个社会的疾病。历史上还没有哪次大规模的通货膨胀不伴随着货币供给量的高速增长,也不曾有过在货币供给量急速增长时不发生通货膨胀的先例。第二次世界大战前夕,英国的平均批发价格与200年前基本差不多,美国的平均批发价格与100年前差不多,在这些国家,通货膨胀是第二次世界大战以后才出现的一种新现象。

为什么在探寻通货膨胀的起因和对策时,理解通货膨胀本质上是一种货币现象至关重要呢?因为货币供给量的激增以及相应的通货膨胀都是由政府造成的。通货膨胀是政府现象,因为只有政府可以印制钞票。美国在过去的15年中,货币数量的增长无外乎以下三个原因:第一,政府支出的快速增长;第二,政府的充分就业政策;第三,联邦储备局的错误政策。在实现充分就业的压力下,联邦储备局的货币政策与政府的财政政策一样,都具有制造通货膨胀的倾向。这些政策的实施最终都没能实现充分就业,但是却导致了通货膨胀的发生。联邦储备局有能力控制流通中的货币数量,但是它却很少为实现这个目标而努力。联邦储备局不是把心思放在控制货币量上,而是放在控制利率上,但实际上它却根本没有能力对利率进行控制。结果是货币量和利率都出现大幅度震荡。这些震荡同样可能引起通货膨胀。

稳定的、温和的通货膨胀不会造成太大的危害,但是也没有任何积极作用。它不过是让经济的正常运转多走了几条弯路。问题是,一旦这种情况稍有恶化,经济就不会继续保持稳定。从政府的角度看,如果制造一个10%的通货膨胀是有利可图的,而且也是可行的,那么一旦通货膨胀达到这个程度的时候,政府的野心也会水涨船高,希望通货膨胀率涨到11%、12%,甚至15%。历史经验证明,没有通货膨胀才是可行的政治目标,而非通货膨胀率达到10%。

弗里德曼认为,通货膨胀发生于货币供给量增长速度显著高于产量增长速度的情况下,而且每单位产量的货币量增长得越快,通货膨胀率就越高。在经济学里,没有哪个论断比这个论断更为正确。降低货币量增长率是消除通货膨胀的唯一有效的方法。[1]

现代经济学将个人收入分成两部分:一部分是劳动性收入,另一部分为资产性收入。1957年,弗里德曼出版了《消费函数理论》一书,提出"消费与永久性收入"的命题。作为资本理论的直接运用,弗里德曼将个人的财富总额视为货币需求的主要决定因素。财富可以用收入来表示,但不能用即期收入代表财富,因为即期收入受不规则的年度波动影响,带有较大的片面性。他抛弃了从保有货币的动机出发来研究货币需求的方法,只把货币作为一种资产、一种持有财富的方式或一种资本货物,同债券、股票、房屋和耐用消费品等一样。弗里德曼认为货币理论是资本理论中的一个特殊论题。人们的货币需求与消费者对商品的选择一样,受收入水平、机会成本和效用三种因素的影响。

---

[1] 参见〔美〕米尔顿·弗里德曼:《自由选择》,张琦译,机械工业出版社2008年版。

把相对恒定的收入作为货币数量的起点,弗里德曼认为在持久收入与持久消费之间存在固定的比率,消费是收入的一个常数比例,决定货币需求量的主要因素是恒久(永久)性收入。恒久性收入是一个人在相当长时间内获得的收入流量,家庭和个人过去、现在、将来收入的平均值相当于观察到的过去若干年收入的加权平均数。应该用持久收入,即用长期收入而不是现期收入来分析人们现期消费支出的变化。

弗里德曼对财富的分析是为了证明利率变动对货币相对于其他资产的预期回报率影响甚微,货币供给量本身才是影响国民收入的重要环节。通过货币收入与决定因素之间存在的稳定的函数关系,弗里德曼强调:(1)影响货币收入和货币供给的因素是相互独立的;(2)货币收入函数中的许多变量自身就具备相对的稳定性。调节货币的途径并非利率,而是总需求的变化,货币数量本身会产生重大影响,影响其他资产需求的因素一样会影响到货币需求。在货币供给量增加时,债券价格上升,利率下降,人们还可以选其他形式的资产,因为利率下降,其他有价证券和实物资产(耐用消费品、房屋等)的价格也会变得相对的便宜,这就吸引人们对这些资产的购买,于是刺激消费和投资,致使国民收入增加。

按照弗里德曼的说法,由于长期收入是稳定的,中央银行就不应该采取货币需求(收入)管理的政策,而应该采取货币供给的管理政策。弗里德曼货币需求(长期收入)稳定性的结论,使他的理论具有新的政策意义。就是说,由于货币需求(存量)是稳定的,因而货币供给(增量)也应该是稳定的,中央银行应采取稳定的货币政策。

货币主义思想的最终出发点是:货币对经济的作用是"中性"的,只要货币的供应与经济同步,经济就会自发地调节而达到稳定的增长,即不管经济运行处于什么状态,货币供给都按预期的经济增长率和物价上涨率之和增长(这是传统货币数量论的一般结论)。从收入不变和利率作用微小出发,弗里德曼将货币数量直接与扩大再生产连接,形成其"简单规则"或称"固定规则"。

弗里德曼的"简单规则"之所以简单,是因为只要求一个固定货币增长率。"如果可供出售的商品和服务的数量——简言之就是产量——能够与货币的增长量同速增长,那么物价就可以保持稳定。"①在此规则下,以某种指标衡量的货币存量每年以固定比例增长,不受经济或金融状况影响。也就是现实中货币量增长的比例一部分与劳动生产率同比例增长,另一部分为适合物价上涨需要而增长。因此,货币当局在确定货币供应量时只要盯住两个目标:经济增长速度以及人口和劳动力增长比例。把货币供应的年增长率控制在这两个指标之内,为货币供应确立一条稳定路线,经济就可持续增长。

"简单规则"的另一个含义是:只要掌握货币发行数量,其他一切由市场决定。

货币主义认为采取简单规则的货币政策就能给经济提供一个稳定的金融背景,避免凯恩斯主义财政政策和货币政策的扰乱,从而抵消经济体制中由其他原因所引起的动荡。站在自由主义立场,依靠政府财政政策发展经济是不正常的。弗里德曼货币主义坚持剑桥学派的传统,认为自发的市场力量可以促使资本主义经济趋向均衡。尽管货币主义并不完全否认国家的作用,但他们主张依靠自由市场的调节作用,取消国家对经济活动的人为干预。自由市场要求有不受干扰的自由的价格决定,因此要反垄断,反政府垄断。简言之,国家只要掌握好货币发行的数量,其他的交由市场去处理。

## 五、供给如何超越收入

以收入为基础的传统货币经济学理论存在严重的缺陷。

货币在交易中的数量现象是作为交换媒介存在。如果我们把交换看做是"生产交换",也就是用货币实现商品价格,货币数量自然与生产的交换直接相关。用生产价值论的观点说,既然所有价格现象都是货币价格,那么商品的价格当然与货币数量直接相关。实际上,货币数量首先是供给价格、生产价格、总供给价格的实现,是总生产的实现。严格地说,货币数量在这里是作为支付手段而不是作为收入出现的。当生产是以贷款方式进行时,贷款本身并不完全是从"储蓄"来。货币数量从创造基础货币概念中产生。首先是有效需求不足引发所谓凯恩斯革命,随后通过通

---

① 〔美〕米尔顿·弗里德曼:《自由选择》,张琦译,机械工业出版社2008年版,第253页。

货膨胀达到纯粹货币数量的运用。①

货币供给研究银行体系向经济界供给货币的原理和机制,货币供给量研究供给量由哪些因素决定及如何决定。现代意义上的货币供给理论产生于20世纪60年代。在相当长的时间里,包括凯恩斯在内的绝大多数经济学家都把货币供给视为中央银行或货币当局能够完全控制的,因此,他们不研究货币供给的决定过程,而只研究中央银行改变货币供给量时经济会发生什么样的变化。

20世纪50年代末60年代初,西方货币供给研究出现新理论。认为中央银行并不具有绝对控制货币供给的能力,中央银行只能在相当程度上控制基础货币,后经托宾等人将其发展完善而成为一种系统的货币供给理论。该理论批判了主流经济学中的货币乘数,认为将存款创造过程描述为一个拘泥为银行准备金的乘数过程,不能真正反映存款创造过程,真正的存款创造过程应是一个反映银行和其他经济主体的经济行为的内生过程。货币供给量由中央银行、商业银行和社会大众的行为共同决定。

货币数量从收入到供给的研究转换,同时也是货币数量从被动角色到主动角色的转换。从"现金和存款"的角度说,也就是以"现金和存款"为起点,我们可以说货币供给量由中央银行、商业银行和社会大众的行为共同决定。但对有些现金和存款而言,根本与个人的和阶级的"收入"无关,而是中央银行通过增加基础货币数量来增加商业银行的"现金和存款"。

对货币供给细节的研究并不能说明基础货币供给的本质。在均衡理

---

① 中央银行改变基础货币的最常用的方式是公开市场操作(OMO):当中央银行在公开市场上购买证券和黄金时,它支付一张自开的支票,资产出售者在中央银行便拥有了存款,该存款可以用于对其他银行的支付或兑换成现金,这样一来,中央银行便通过购买资产创造了基础货币。当中央银行在公开市场上买卖外汇试图影响汇率时,用于支付的负债同样地创造了基础货币。另外,中央银行还可以通过以贴现率贷款给需要的银行来创造基础货币,因为借入的准备金也是基础货币的一部分,中央银行的贴现率通过调节借款量而对基础货币产生影响。最后,当中央银行为政府赤字融资时,同样可以增加基础货币存量。当财政部发行国债为赤字融资时,假定发行对象是公众,公众用现金或支票购买国债,财政部将货币存入它在商业银行拥有的账户,因而不能影响基础货币存量。假定债券是向中央银行出售的,债券出售后,中央银行拥有了更多的政府债券,同时财政部的存款增加了。当财政部用在中央银行的存款支付时,基础货币就产生了。参见陈利平:《货币理论》,北京大学出版社2003年版,第20页。

论中,偏好和技术决定需求曲线和供给曲线。通过设定货币需求函数和由政府决定的货币供给函数,货币经济学被纳入新古典经济学均衡经济框架中。事实上,现实中"货币数量从哪里来"包含两重含义:第一,货币数量从个人收入和阶级收入中来,收入是从生产和服务中来;第二,货币数量通过供给形成,即以"创造基础货币"的方式进入生产和交换。最终进入信贷的货币,一部分可由储蓄转化为投资,另一部分可由增发的货币(债务)组成。对于创造基础货币而言,货币数量只是印钞机技术问题,货币的生产数量可以随心所欲。尽管债务和信贷最终以收入偿还,但在货币数量本质上有别于现实收入。

在货币经济中,货币充当流通媒介和支付手段,承担实现生产和实现需求的双重任务。作为支付手段的货币与作为流通媒介的货币具有相互矛盾的性质。货币数量从供给而来的现实和通货膨胀的事实扬弃了货币数量由收入而来的理论。

### 六、通货膨胀目标制

现实中货币数量的多少是货币发行(政策)的结果。"供给超越收入"意味着通货膨胀。货币数量的变化对实际经济的影响是显而易见的。在货币形式下面,是真实的资源、环境、生产、消费、就业、社会保障等。一国货币供应量会影响国民产出,实际国民产出又会影响价格水平,价格水平及通货膨胀必然影响汇率。

一般地说,多数理论和实证研究都支持货币扩张是通货膨胀的根本和唯一的原因。通货膨胀的基本规律就是广义货币供应量(信用总量、流动性)扩张速度超越真实经济增长速度,人为导致总体价格上涨。通货膨胀通过"印钞票"使更多的货币追逐不变的或更少的商品和服务。货币的供给数量多了,超过实现生产品总供给价格的量,虽然生产不会紧缩,但总物价水平会上升。出现通货膨胀,也会对物价、就业、贸易、利率产生实质性影响。通货膨胀会引发经济泡沫化,导致物价进一步上涨,一旦通货膨胀失控,后果不堪设想。反之,如果通货紧缩,生产品总供给价格不能实现,利润实现遇到阻力,生产就会紧缩。生产紧缩会减少扩大生产,增加就业困难;就业减少,总需求必然下降,导致物价进一步下降,以致进入恶性循环。通货一旦紧缩,生产就不能扩张;为了避免通货紧缩,促进经济繁荣,所谓轻微通货膨胀有利于经济发展这样一种见解便成为必然——只有通货膨胀才能刺激生产。货币发行宁左勿右,宁多勿少,通过各种形式增加货币供应,最终必然导致有组织、有计划、有目的的通货膨胀。

20 世纪 50 年代,弗里德曼认为最优通货膨胀率为零,其结论的基本理由是零通货膨胀率可以最大化持有货币的总效用。但到 20 世纪 90 年代,通过对其他因素所做的研究,最优通货膨胀率为零受到了质疑。[①] 目前,高通货膨胀率对经济发展有害、有破坏性已成共识;中等程度通货膨胀率对经济增长有害也已形成共识;只是对低于每年 10% 的通货膨胀率是否有害则有争议。大多数宏观经济学家都认为,从长期看,货币政策能影响的唯一宏观经济变量就是通货膨胀率。通过稳定通货膨胀率保持物价稳定已成为许多国家货币当局主要的政策目标。

1999 年,伯南克等人出版了《通货膨胀目标制》一书。"通货膨胀目标制"自认为是一个货币政策框架,而不是货币政策规则。其核心原则是把价格稳定作为货币政策的主要长期目标。

20 世纪 60 年代,传统的货币政策目标是充分就业,认为在通货膨胀和失业之间存在一个长期的替代关系,称为菲利普斯曲线。根据这一点,货币当局可以通过通货膨胀保持永久的低失业率,所以积极的货币政策可以维持就业最大化。但此后实践的结果并非如此。1967 年,弗里德曼得出结论说,通货膨胀与失业之间没有长期替代关系。不仅如此,人们甚至认为扩张政策的好处(就业)是暂时的,而扩张政策的成本(与高通货膨胀有关的效率低下)却趋向永久性,于是出现了对价格稳定的关注。

通货膨胀率即价格随时间变化的比率,现在也称"价格上升的标准比率",而不是价格水平。实行通货膨胀目标制意味着在中央银行的货币战略当中,不仅将通货膨胀率作为最终目标,而且将通货膨胀预测值作为中间目标予以宣布。

如此,通货膨胀目标制就类似于货币供应量目标制。两种战略都是

---

[①] 参见〔比〕保罗·德·格劳威:《货币联盟经济学》,汪洋译,中国财政经济出版社 2004 年版,第 166 页。

以通货膨胀率作为最终目标,但两者选择的中间目标不同。

尽管通货膨胀目标制把通货膨胀率而不是把价格水平作为目标,最优目标不是零而是小幅正通货膨胀,但目前推行通货膨胀目标制的有关国家在选择操作方法上明显没有达成共识。一些国家采用整体CPI(消费者物价指数)作为通货膨胀指标,一些国家采用扣除一些项目(如能源和食品)之后的CPI作为通货膨胀指标,避免对供给冲击的直接效应作出反应,一些国家两种指标都采用。有观点认为,以价格水平(CPI消费者物价指数)为基础尺度计量通货膨胀,没有考虑消费者放弃购买高价格而以低价替代的可能性,产品质量提高引起的涨价也不应计入通货膨胀,原则上,由此会高估年真实通货膨胀率0.5%到2%。

另一方面,许多经济学家对欧洲中央银行货币政策战略提出批评,认为将货币供应量指标视为制定货币政策的重点是错误的,并且有大量证据表明在低通货膨胀率的环境和金融创新频出的条件下,货币供应量指标作为未来通货膨胀的信号不再可靠。对货币供应量过分重视会误导中央银行作出错误的决定。批评者认为,通货膨胀率最大为2%这一目标太低了,0至2%的区间也太窄了。其理由是:从1999年开始,货币供应量(M3)的增长率在大部分时间内要高于目标值。就是说,欧洲中央银行给出了若干信号,结果却不按此操作,这有损于它的可信度。

通货膨胀目标制的支持者认为,通货膨胀目标制要优于货币供应量目标制,通货膨胀预测值就是最可行的中间目标。货币供应量目标制忽略了大量信息,此外,还为不相关的信息所误导,因为有许多与通货膨胀无关的原因可使货币供应量发生变化。

## 第四节　货币到哪里去

### 一、银行干什么

在西方,第一个国家存款银行是热那亚的圣乔治银行,创建于1407年。1609年,荷兰阿姆斯特丹银行成立。一般说来,早期存款银行不经营贴现或贷款,它们不创造货币,而是服务于一个百分之百储备的体制,透支是被禁止的。1656年,瑞典银行成立,从一开始就划分为两个部门:

一个叫汇兑银行，一个叫贷款银行。1668 年瑞典银行被收归国有，成为世界上最早的中央银行。到 17 世纪末，欧洲大陆已有 30 家公有银行。1694 年，当英格兰银行成立时，它与以前的模式分道扬镳了。它的目的是协助销售战争期间的国债，充当政府的财政代理，并通过贷出新发行的银行券谋利。英格兰银行的兴趣是利润，而不是公共服务。这个矛盾冲突持续了整个 19 世纪。

英国银行的传统做法是对商业承兑票据随便贴现，却不发放工业贷款。工业革命早期，工业对长期资本的需求与总投资相比很小，主要靠小圈子的自己人提供。众所周知，英国银行只提供短期资金。[1]

18 世纪英国的商业贷款理论（真实票据论）认为，商业银行资产业务应集中于发放短期商业性的自偿性贷款，贷款随着商品购销增减，随着产品周转、产销过程的完成而终结。办理短期贷款要以真实交易作为基础，要有真实的商业票据做抵押，以保证银行贷款安全。就是说，商业银行只应以正在销售、运输或生产中的真实货物做担保，从事短期放款，而不得从事长期贷款；只应发放流动资金贷款，而不能发放固定资产贷款，更不能发放购买证券的贷款。[2] 而在中国，同时期存在的钱庄、票号作为商业资本服务的金融机构，对商人放款大多是仅凭信用，而无须抵押品。

在法国，1852 年动产抵押贷款银行开张，并有权向公众发行有息债券。这一举动并非首创，但不仅在法国金融界且在整个欧洲金融界都被视为是一个重大革新和新起点，甚至被认为是建立了"经济落后理论"，即一个国家工业化开始得越慢就越要依赖银行，越要依赖政府代替私人创业家。动产抵押贷款银行不仅刺激了法国经济增长，而且对德国、奥地利、意大利、西班牙和瑞典的工业银行起了样板作用，对包括俄国在内的整个欧洲大陆经济发展作出了贡献。[3]

随后，针对工业、制造业的贷款银行相继成立。银行从存款银行发展

---

[1] 参见〔美〕查尔斯·P.金德尔伯格：《西欧金融史》，徐子健、何建雄、朱忠译，中国金融出版社 2007 年版，第 105 页。

[2] 参见宣文俊主编：《货币金融学》，北京大学出版社 2008 年版，第 391 页。

[3] 参见〔美〕查尔斯·P.金德尔伯格：《西欧金融史》，徐子健、何建雄、朱忠译，中国金融出版社 2007 年版，第 123 页。

为创造存款和货币的贷款银行。

## 二、银行关心什么

在基础货币转向流通媒介和支付手段的过程中,银行起着至关重要的作用。

货币运动的中心是货币金融,它的直接范围是银行、交易所。现代金融理论认为,商业银行是一个特殊的行业,它经营的商品是货币,它是储蓄的收集者、金融资源的分配者、流动性和支付业务的提供者,因此,可以把迄今为止的银行概括为"货币银行"。

1929年经济危机之后,以美国为首的银行开始分业经营。鉴于大量银行信贷资金进入股市,导致股市价格高昂并形成泡沫,一旦股市价格下跌,银行信贷资金就会损失惨重,因此需用法律手段限制银行的信贷资金进入股市。分业经营模式是一个有道德底线的模式。银行信贷资金在哪些方面进入股市就在哪些方面进行限制,成为分业的核心和基本内容。分业将银行业与证券业分离、将直接融资与间接融资分离实际上只具有形式意义。若银行以贷款为基础发行证券(信贷资产证券化),就难以界定是证券业务还是银行业务。

1999年以后,混业经营成为国际上金融机构采用的普遍模式。商业银行业务与投资银行业务近乎合为一体。商业银行从传统的"从事吸收公众存款和发放贷款的机构",主要从事于发放商业贷款、消费者信贷和抵押贷款、购买政府债券,发展为"全功能"银行。其业务和功能已经从传统存款、贷款、结算和汇兑扩大到提供债券、期货与期权、项目及资产交易、产权交易及基金管理、并购与重组、股票上市、项目融资、外币往来账户、国际结算、托收、流动资本融资、贸易融资、保管、经纪人清算及结算服务等数以百计的金融产品和服务。

贷款是银行的中心业务。

投入企业的贷款,一部分作为流动资金,一部分会转化为固定资产。贷款的供给涉及银行的信息处理和风险承担。银行提供资信证明,监督和合同执行服务,判断谁最可能履行诺言归还贷款,确保所贷资金依照承诺的方式使用,并到期收回贷款。由此,偿还贷款就成为一个核心问题。理解银行行为的关键在于了解银行化解风险能力的局限性。因此,不能将信贷市场和普通商品市场等同起来、把利率(名义利率或实际利率)简单地设定为使资金的供给等于资金的需求。贷款的市场均衡与实体经济市场均衡不能等量齐观。货币银行承担风险、发放贷款的能力和意愿是经济活动水平的一个核心决定因素。[1]

贷款利率有别于一般商品的价格,具有完全不同于普通商品的特点,它是未来支付的承诺价格。如果承诺得不到履行,资信判断就成为一个难题。由于高利率条件下借款人违约概率上升,逆向选择和道德风险的强度很大,银行预期净收益会随着贷款利率的上升而减少。按照理论,信贷"拍卖"市场的运作应该是具有最优项目的人愿意支付最高的利率,拍卖确保最优项目并且只有最优项目得到融资。实际上,投标特别高的人更可能违约。因为最愿意支付高贷款利率的是那些对未来价格持最乐观态度并且不怕风险的人,对他们而言违约成本最低。如果一个人根本没有打算支付租金,那么"许诺"支付多少租金就毫无意义。

放款条件依赖于对还款可能性的判断,此类信息的绝大部分不容易传递或交易,很难成文明示。无论提供信贷的机构有多少,实际提供信贷尤其是为中小企业提供信贷的数目相对较少,贷款人必须要耗费大量资源获得准确信息。如果企业必须依赖债务融资,就存在他们不能偿还债务的可能性,在此情况下,企业将会破产。如果这类企业把银行贷款看做其经营决策下破产概率的减少,选择贷款以使他们的预期利润最大化,一旦破产,成本就不仅仅由贷款人承担。对银行而言,企业提高产量意味着增加贷款额,也就意味着高的违约概率。

货币银行关心的首要问题是银行自身的赢利和风险。

现代银行监管体系不仅对银行施加存款准备金要求,而且施加资本金要求。根据国际清算银行(BIS)的标准,这些资本金要求和风险相关。问题在于:政府监管部门只注意违约风险,而无法解决银行体制面临的实际风险。资本充足率标准关注的只是信贷风险,而不是银行风险,结果,出于满足资本充足率标准的需要,银行会减少贷款而增持长期政府债券。

---

[1] 参见〔美〕约瑟夫·斯蒂格利茨、布鲁斯·格林沃尔德:《通往货币经济学的新范式》,陆磊、张怀清译,中信出版社2005年版,第36页。

货币银行能够在贷款和长期政府债券之间进行选择来配置其风险组合。给定资产净值,货币银行必须决定贷款多少,甄别贷款申请人,决定持有多少国库券,分析通过储蓄能获得多少资金,收取多高的贷款利率以及支付多高的储蓄利率;除此之外还要决定花费多少成本用于监控贷款,资产组合中有多少资产投资于不动产,在不动产中有多少是商用房地产;每一个银行必须决定自己意愿的贷款额、非价格性条款(如抵押)以及对借款企业的其他借款施加什么约束,等等。总之,对银行而言:(1)货币银行发放贷款越多,破产风险越大;(2)随着银行索要的贷款利率的提高,预期收益实际上可能降低;(3)银行在甄别贷款申请人及监控其资金使用上的成本支出是一种预先支付的支出,当贷款被偿还时,其收益才随之产生。[①]

为了追求高额利润,商业银行介入证券业,进行高风险、高收益的投资,一旦获利,在支付完储户固定利息后,所有剩余收益归银行股东所有;一旦投资失败,损失由储户或保险公司承担,再则还可由监管机构提供资金以防倒闭。这一切决定了现代货币银行体系从根本上不是为社会服务的组织,而是非生产性的但又以赢利为目的的、其本质是寄生在储户存款上的最唯利是图的商业组织。

### 三、银行是谁的工具

没有质规定的货币数量就是没有度,就是无度。

货币主义认为通货膨胀无论何时何地都是一种货币现象,自然是对的,但把通货膨胀作为货币政策的中间目标是一个误区。既然货币是一种数量现象,就可以进行数量控制;既然短期货币数量可以控制,长期货币数量就一定能控制,将来也一定能控制数量。但正如我们前面论述,本质上说货币不是数量问题,而是社会制度问题。现有社会制度下,通货膨胀具有内在的、必然的制度性冲动,不是数量目标可以控制的。

货币数量解决不了社会制度的问题。

---

① 参见〔美〕约瑟夫·斯蒂格利茨、布鲁斯·格林沃尔德:《通往货币经济学的新范式》,陆磊、张怀清译,中信出版社2005年版,第42—44页。

货币发行多少是数量问题,货币如何发行和收回是一个技术问题,而货币贷款给谁、干什么则是社会和制度问题。就货币而言,利率就是它的收益率。货币数量转向高收益率(流通)领域是资本唯利是图的一个必然结果。所谓货币流向转向,就是大量新增货币、储蓄和信贷从中小企业转向大企业,从投资生产领域转向投资交换领域,从投资实体经济转向投资虚拟经济。信贷活跃了交换领域。

货币数量的增长如果真正用于引导生产,我们当然可以依据生产的增长,制定出货币增长的"简单规则",制定出合理的通货膨胀目标。但在现有制度下,货币不仅是支付手段,而且是可以储藏的资产,是可以转化为任何形式的金融资产。正因为如此,储蓄不能转化为投资成为必然。增加的货币量一旦不是全部进入生产领域,而是相反,进入流通领域,用于金融产品的买卖,那么就需要增加更多的货币补充生产。但只要存在货币收益的利益驱动,就会有越来越多的货币增量转向交换而不是生产,由此形成的恶性循环绝非通货膨胀目标制所能控制。

信贷泛滥就是流动性过剩。一旦有了钱,与投资生产相比,投资交换领域更少辛苦,更容易暴富。在交换流通领域,有许多与现实生产无关的证券买卖、产权交易、大宗商品期货买卖……任何套利空间都会引发充足的游资、信贷、储蓄货币来进行投机,购买债券、股票、金融资产,倒买倒卖。例如,票据市场的利率由资金市场供求决定,而存款利率则是由中央银行确定。当银行间市场资金充裕时,票据市场利率就会降低,而存款利率则不会,二者之差形成套利空间,必然会引来投机资金。

银行是唯利是图的商业组织,同时又是政府制造通货膨胀的工具。

## 四、合法贬值

把通货膨胀而非价格水平作为目标,意味着把物价的绝对上升作为经济发展的基础,而不是把稳定物价作为努力目标。在经济学家眼中,货币要么通货膨胀要么通货紧缩,物价要么上升要么下降。既然如此,选择通货膨胀总比选择通货紧缩好,选择涨价总比选择降价好。对商品经济而言,通过竞相涨价谋取利润,颠覆了竞争市场中的平均利润规律。以通货膨胀为普遍背景,认为价格只能升不能降,不过是主流经济学家为主流资本通过人为涨价谋取利润寻找的一个借口,其实质无非是对消费者的直接掠夺。

所谓通货膨胀目标制就是把通货膨胀合理化、合法化,而通货膨胀的本质就是货币贬值。如果真能把货币供应量目标定在2%至3%,也就是说从数量上将增发货币同生产增长同步。生产有2%至3%的增长,意味着再生产扩大2%至3%;货币增长2%至3%,可以实现扩大再生产2%至3%。在这个基础上,增发的等量货币最终等于增加的等量商品,对下一个年度而言,增发的货币变成增加的货币存量,其结果并非一定是通货膨胀2%至3%。

通货膨胀有时会被说成是"结构性通货膨胀",什么是结构性通货膨胀呢?就是100%的人要分110%的国民收入。为什么呢?如果通货紧缩,就会造成失业和工资减少,劳工阶级(固定收入阶层)就要作出承担。如果没人承担,劳动者要提高工资,企业要提高物价,政府要提高税率,在这种情况下,社会和谐就只能用一个办法:按国民收入的100%发行货币,使同期收支赤字达到国民收入的10%,直到储备花光、汇率下降、不可维持为止。或者就是各利益集团满足自己所得之余,也要承担一份责任。如果都拒绝承担,就要发生通货膨胀。因为政府为了保持自己的实际产出,就要搞财政赤字或印刷钞票。① 这是一种通货膨胀人人有份的说法。

没钱是货币危机,钱不值钱也是货币危机。货币超量发行会使其贬值。脱离了商品本位的货币数量正像哈耶克所说,"最优货币量"只有市场才能发现,而市场的目的就是一个"赢利"。金本位制的废除无疑有利于货币的供给,将可以无限印刷的纸币"法定"成社会财富的代表,背后就是通货膨胀谋求的利益。然而得到短期的好处必须付出长期的代价。新钞票不断印出,固定收入者的购买力当然受损,通货膨胀给固定收入者带来双重损失:一方面购买力下降使其收入缩水,另一方面通货膨胀抬高利率导致价格上涨。

说货币是工具,不如说货币是武器。武器是中性的,但使用武器的人

---

① 参见〔美〕查尔斯·P.金德尔伯格:《西欧金融史》,徐子健、何建雄、朱忠译,中国金融出版社2007年版,第341页。

不是中性的。货币中性的观念不能否认货币作为目标不是绝对中性的,作为政策更不是中性的,而是带有极强的利益导向性。除了"货币数量的增减将导致物价作同比例增减"之外,货币发行事实上是被利益操纵的。归根结底,合法贬值代表了"货币发行"者的利益,"定量宽松"的货币政策掩盖不了通货膨胀最终意味着:政府把钱从你口袋里拿走,而你丝毫没有察觉。①

弗里德曼把政府搞通货膨胀的好处归结为三点:(1)新印制的货币从某种角度来说相当于个人所得税。假使这部分货币量使得物价普遍上涨1%,这就等同于每个货币持有者都必须为他们持有的财物缴纳1%的税金。(2)通货膨胀可以自动提高实际税率,从而间接地为政府增加收入。由于通过膨胀的发生,人们的收入水平随之增长,进而符合更高一级所得税税率的要求,也会导致公司的成本虚增。一般说来,如果在通货膨胀率为10%而相应的收入增长率也为10%的情况下,联邦的税收就会增加15%以上。(3)帮助政府偿还部分债务——或者说,自动免除了部分债务。虽然政府借入的和偿还的都是美元,但由于通货膨胀的发生,它所偿还的美元的购买能力要低于它借入的那些美元的购买能力。②

如果抛开供求引起的价格波动,通货膨胀率目标制的机理似乎是通过(作为支付手段的)货币数量引导生产扩张。没有货币数量支持,就没有通货膨胀,所以,最终问题又回到了货币供应数量上。伯南克说,通货膨胀目标制框架就是给货币政策提供了一个名义的"锚",给经济提供了一个名义的"锚",目的就是为了控制通货膨胀,进而"使公众相信稳定的低通货膨胀是正常的结果",而偏离目标是暂时的。因为通货紧缩经常会伴随严重的经济衰退甚至经济萧条,而以价格水平为目标,通货膨胀会被高估,一旦价格回落到目标区,就会出现通货紧缩,从而带来难以承受的产出和就业损失成本。因此,通货膨胀的目标取值大于零是为降低意外

---

① 参见〔美〕彼得·D.希夫、约翰·唐斯:《美元大崩溃》,陈召强译,中信出版社2008年版,第63页。

② 参见〔美〕米尔顿·弗里德曼:《自由选择》,张琦译,机械工业出版社2008年版,第265页。

通货紧缩的出现。

通货膨胀目标制能给货币政策制定者提供一个"锚",无非是自欺欺人的一种说法。

# 第十七章　现代货币经济

**提要**：劳动、自然资源、生产能力、科学技术是真实财富。真正的社会生产是"四位一体"。货币作为实体财富的抽象形式，在观念上变成实体的本质，变成"本质"的财富，具有欺骗特征的货币经济就算真正形成了。货币作为抽象财富代替了真实财富并自成一体，会与实体经济的发展日益对立。货币的内在矛盾上升为货币经济的外在矛盾，脱离商品本位的"纸币"，生产和消费领域中的"负债"、产能的过剩以及资产和大宗商品的"价格操纵"，带来现代经济危机。货币脱离商品是虚拟经济的起点。以货币财富为起点，以交换为增值手段，以流通为收益基础，构成独立的、完全脱离实体的虚拟经济。虚拟经济发展的成熟阶段是金融资产和有价证券的买卖。金融危机就是通过强制性手段实现虚拟经济与实体经济的周期平衡。金融危机的实质就是以虚拟形式表现的资产——虚拟财富的破灭。对中国而言，保护金融业应位于一切产业之上，对社会生产形式的控制应位于一切具体生产行业之上。

流通领域中产生财富，给人一种假象，似乎流通领域可以替代生产产生金钱和增加财富。货币资本与实体经济相对立，成为独立的价值源泉。这种代表虚拟财富的价值源泉——金融资产、金融资本、金融市场以及"以钱生钱"变成了社会经济的核心，"以钱生钱"成了真正的经济。于是我们看到重商主义的最现代发展是金融衍生产品和金融衍生工具。

现代货币经济的特征就是从重商主义走向重金融主义。脱离商品本位的"纸币",生产和消费领域中的"负债",资产和大宗商品的"价格操纵"……当前货币经济一切危机最终都可以用增发货币和通货膨胀解决,现代经济发展因此由慢变快、由实变虚、由真变假。

## 第一节 真实财富与形式财富

### 一、实体经济与金融

实体经济即物质生产概念,是指物质生产和生产劳动服务。

物质生产包含商品生产与商品流通两个部分。在商品流通中,又可分为运动中的商品和静止等待中的商品,行业上分为商品运输业和商品销售(商业)业。无论是生产单位内部的运输还是生产品对外的流通过程,我们都把商品"流通"和"等待"出售环节看做是人类生产活动中的一个环节。没有商品流通和等待环节,生产就是一具僵尸。因此,运输和商业是当然的生产和生产时间,并最终参加商品的"价值增殖"。这里的"生产时间"包括商品的运输时间和商品到达消费者之前的销售服务时间。我们对生产、生产要素、生产时间、生产规模所进行的所有分析以及对价值、价值规律和利润规律的探讨,都适用于流通领域中的运输产业和商业。为了减少篇幅,本书不再专述。

劳务属于物质劳动,劳动服务是物质的,劳动服务产品不是物质而是效用本身。劳动服务时间直接等于生产时间,是生产时间的一种特殊形式,是劳动时间与生产时间的直接重叠。这种生产时间是由劳动力本身的运用直接提供效用,也即直接劳动时间就是效用的提供,如信息的生产与买卖;为生产活动服务的非物质性产出,如会计事务所、律师事务所、设计所的产出。劳务时间和劳务形成价值和价格,因此服务本身也会表现为产值。然而,一个社会的财富不可能没有物质生产产品而全部由非物质服务产品构成,劳务产品就它的非物质生产性质而言,是从属于物质生产的。由此也证明,劳动价值论属于狭义的生产价值论。

精神生产劳动、科学技术、专制成果等不在本书研究范围之内,并不说明它们与生产价值无关,它们属于专门的复杂劳动价值研究的领域。关于这方面的研究,有许多人在进行,也有专门研究(科学、专利、发明等)知识价值与物质生产价值关系的著作。许多非物质生产商品属于人类生产活动的一个特殊部分。精神产品的生产,如著作、文学、艺术等,它们不是物质的,但也是一种(上层建筑)劳动。严格地说,它们是真正典型的、纯粹的"人"的产物。它们也有"价值"和"价格",也会受到"利润目标"驱使。依照生产价值论观点,精神生产劳动可以看做是属于复杂劳动价值研究领域。

一旦货币具有生息资本的功能,货币积累就会变成一件对个人来说有意义的事情,货币本身具有了增值功能,变成了生息资本,形式本身变成一种"财富",积累的货币以及对积累货币的利用变成一种增加财富的方式,由此产生了金融、金融资产、金融市场和金融机构。

现代金融中介理论认为,金融体系之所以得以产生和发展是因为金融交易中存在摩擦。交易成本、信息不对称、风险等市场摩擦阻碍了资金从最终盈余者向最终需求者的直接转移,金融体系在减少市场摩擦、降低交易成本方面的优势使其必然成为实现金融交易的一种制度安排。显而易见,这是一种相当浮浅的认知。通俗地说,商品与货币对应就是实体经济与金融经济对应。金融经济与实体经济是经济发展到货币经济,进而发展到现代货币经济的两种表现形态。

实体经济的本质就是社会生产时间与社会效用的具体内容及具体内容的积累。我们在飞机上看地面上的城市,看到城市中的高楼、工厂、道路、绿化、汽车、照明、在建工程、土地、熙熙攘攘的劳动者……看到的是实体经济所在,是经济的内容、生产的要素、经济实体的积累,但是我们看不到货币、资本、金融。这里没有一栋房子是可以自己流动的。

反之,我们坐在银行里,看不到城市中的高楼、工厂、道路、绿化,我们能看到的就是金融经济:城市的造价、产值、再建设的投资、资金使用的分配、流动……金融经济是实体经济运动的社会表现形式,是社会生产的历史表现形式。金融经济的细胞是货币,金融经济的本质是社会生产时间与社会效用的抽象形式的积累,以及积累的分割、重组、流动。在金融经济中,所有的高楼、工厂、土地都是流动的。

如果要问实体经济与金融到底是什么关系？可以回答是"内容与形式"的关系，这也是实体经济与金融关系的根本区别之所在。

## 二、拜货币教

货币作为生产的社会形式要素可以变成商品，变成资本商品。当代经济学从来都是把货币和金融看成一物，看做是一种资产或财富（个人的）。

尽管作为流通的货币与作为资本的货币具有不同的功能，但当所有交换以货币为一般等价物时，当货币可以与任何商品相交换时，货币作为独立财富的象征，作为商品的"一般等价物"和资本的"一般等价物"，可以从流通中退出，变成被储藏的等价财富。一旦货币变成商品被储藏，货币形式与实体经济分离，真实财富内容与抽象财富形式的分离也就最终完成了。一方面我们看到的是生产、生产要素、自然资源，另一方面我们看到的是货币、资本、金融。

货币从结算功能到投资功能再到储备功能的发展，除了在生产和交换领域中充当价值尺度和流通媒介，作为支付手段还可以退出生产和交换，变成独立财富和价值储藏。在交换领域，我们看到生产要素的形式要素——货币资本——同土地、劳动、设备材料等生产要素一样被商品化。货币从财富的代表、从财富的等价形式变成了财富本身。货币本是实体财富的抽象形式，现在"形式"本身变成一种特殊的"财富"——抽象形式财富。"形式"变成可以被储藏买卖的"商品"。一定量货币作为资本或商品等价物可以被贱买贵卖或被储藏，最后变成无论在生产领域还是流通领域都能带来收益的一种资产。货币从价值尺度和流通媒介、从简单的支付手段变成"金融资产"，这种概念上的演进是伴随人类生产财富日渐积累的历史同时发生的。它是逻辑与历史统一的一个证明。

钱！钱！钱！货币作为一般等价形式、一种形式上的财富是交换价值的等价形式、等价符号，而不是财富实体本身。然而，一旦货币这种形式上的财富取得相对独立性，货币财富就会随着与其等价商品的完全脱离而演化为真正的虚拟财富。当财富抽象形式与真正财富分离，财富的形式或形式上的财富即财富的"虚幻形式"变成人们心目中的真正财富时（"社会独占权"），人与人类财富之间的真实关系就会变成人与货币之间的"荒谬形式"。货币形式把社会生产的真实存在变成了"人与货币"的关系，社会生产变成了手段，货币变成了财富，变成了目标。真正的拜物教就诞生了——不过这里不是商品拜物教，而是拜货币教、拜金融教。

货币是抽象的财富。拜货币教用现代经济学概念说就叫"流动性偏好"。财富的"形式"变成财富的"本质"，财富符号或符号财富在人们观念中变成真正的"资产"，具有欺骗特征的现代货币经济也就真正形成了。

### 三、利息的本质

利息作为一种占有使用权的报酬在历史上很早就出现了。在资本经济中，利息的支付过渡到货币形式。克拉克认为，资本借入者每借入一个单位的资本所能给他带来的投资收益，必定不会少于他付给资本借出者的报酬，也就是说利息取决于资本边际生产力的大小。费雪认为，利息是借贷活动中双方愿意接受的货币的价格。凯恩斯认为，要使人放弃流动偏好而将货币使用权暂时让渡出来，必须给予流动偏好放弃者一定的报酬即利息。另有观点认为，货币所有者出让货币的使用权就像地主出租土地一样，利息是资本的租金。总之，通常的说法是利率是一国货币资金的价格，也是指一定时期内利息额与贷出资本额的比率（利息与本金额的比率）。

生产价值论认为社会生产是"四位一体"，即实体经济中的"劳动、工具设备、土地"三个要素加实体经济社会化存在的形式要素——"货币"。而"资本"只是生产要素在货币形态下的组合，实体经济的货币形式是资本（生产资本）。生产资本与生产实体相对应，资本并非生产的独立要素。换言之，货币以资本形态进入生产过程，即可以把这一部分货币看做是形成生产实体规模的资本，是生产实体社会存在的形式要素。

对商品经济而言，正是生产实体以货币和资本的形式存在，才能实现生产要素的社会流动、替代和重新组合，才能实现生产从短期投资到长期投资的互相转型。没有货币形式，实体要素不能流动组合，货币之所以能起到这种作用，是因为货币是所有商品的一般等价物。正因为如此，货币本身在"资产阶级"经济学中被看做是"商品"，从而具有自己的价格——利息。

马克思则认为，利息不是货币商品的价格。从本质上说，利息是剩余价值的特殊转化形态，是利润的一部分。

首先，资本不是在流通过程而是在生产过程中、在价值增殖（马克思称之为"剥削劳动力"）的过程中才作为资本存在的。货币作为资本贷放，先转化为生产条件和生产资料，生产过程把生产资料转化为商品，商品出售，再转化为货币。这里，货币就它作为可能的资本、"作为生产利润的手段的这种属性来说，它变成了商品"，一种特别的商品。货币资本家事实上让渡了一种使用价值，将其作为商品让出。从这方面说，它完全类似商品本身。因此，货币作为商品出售具有特别的方式，即它是贷放，而不是永远出让。

其次，把货币让渡给第三者，把它投入流通，使它成为一种作为资本的商品，在执行职能以后，流回到原来货币所有者手中。作为资本贷放的商品，可以存在固定资本和流动资本两种形式的贷放。把货币贷出一定时期，然后"把它连同利息（剩余价值）一起收回，是生息资本本身所具有的运动的全部形式"。货币是资本的形式，把货币理解为工具是荒谬的。贷和借不是买和卖是由资本的特性产生的。这里支付的是利息（利润的一部分），而不是商品价格。

生产价值论赞同马克思的观点，也认为利息是利润的一部分，更为直接地说就是"利息是对利润的掠夺"。

为什么我们不说"地租是对利润的掠夺"而说"利息是对利润的掠夺"呢？地租是合理的分配。土地是生产实体要素，是生产力要素，它有自己的使用价值，而"货币"只是生产力形式要素，其本身只具有象征（法定）意义。货币本身的使用价值只有针对实体要素形式（针对商品等价）才有意义。货币形式一旦离开实体生产要素，其自身（纸币、信用货币）是不能用来生产任何商品的，也不能生产任何价值。在流通领域，货币作为金融资产的增值保值，归根结底是因为它最终能在生产领域作为生产资本起作用。

货币是生产力形式要素，而不是直接的生产力要素。于是，当以自己的劳动来获取收入的阶层产生时，也催化了另外一个特权阶层，这个阶层靠利息生活。在一个利息主宰的社会，即使没有发行新债，债务的数量仍会继续膨胀。利息的自动发展使得业已存在的财富继续增加,从而会进一步加剧更大范围和更大程度的不平等。利息构成价格 1/3 的份额,利息只流向 10% 的人口。①

利息的根源是货币的私有制。现金和存款(作为财产)是私有的,因此现金和存款的借出需要向债权人支付利息。但是对信贷而言,贷出的货币不是银行的私有财产,而是实现社会生产的公共产品。一方面,大众把货币存入银行,私有财产的货币就会转为公共产品而对全社会提供"流通媒介和支付手段"的服务;另一方面,由政府发出的新增货币和贷款本身就是公共产品,是生产的形式要素。从这个角度说,任何人都无权将生产的社会形式要素(货币供给)据为私有,银行的利息应该是零。对使用贷款的生产实体来说,它的义务就是还本。

### 四、有关货币改革的建议

以下试举几例货币改革的建议,从中可以看出不同学者对货币概念理解上的差距。

第一例,消除货币坏的功能,保留货币好的功能。

当货币作为形式财富被积累起来时,作为流通媒介和支付手段的功能相对会变得微不足道。于是出现一种观点认为,资本货币体系是由两个相互独立的循环组成:一个是流通货币的循环,另一个是过剩货币的循环。

过剩货币可以理解为货币的积累,也可以理解为资本。将钱借给其他人,这样,一个人的债权与另一个人的债务相等。储蓄的资产原则上可以无限地积累,与之相应,负债也是如此。多余货币的循环是由债权和相应的负债组成。如果不通过外力将这一循环限制到某种程度,对立会不断尖锐,并导致经济体系的崩溃。

所以,通过相应的改革,使货币在发挥交换媒介作用的同时不行使保值手段的职能,只作为信贷工具使用。利息和储蓄两者无根本性的关联,将利息只作为一种储蓄报酬,会造成贫富差距不断加大。消除货币保值

---

① 参见〔德〕格罗·詹纳:《资本主义的未来:一种经济制度的胜利还是失败?》,宋玮、黄婧、张丽娟译,社会科学文献出版社 2004 年版,第 145 页。

储蓄职能,保留货币信贷和交换职能,即不允许把货币的保值手段职能和有害于社会的囤积货币联系起来,必须把货币职能限制在信贷工具职能上。同时,激励货币用于信贷的措施也不能靠利息,价值的增加不允许借助于利息来实现。在新货币体系中,货币只承担交换媒介和信贷工具的职能,而且后者和价值增殖同时发生。持有多余货币的人因向他人提供贷款而得到报酬,只有这样做,他才可以保证财产保值。如果人们想要得到利息,那么他们必须付出劳动。换句话说,如果财产没有提供劳务而增值,那么它背负的劳务债就越大。①

第二例,实现一种绝对性定标体系。

该观点认为,建立一个具有公信力的国际货币体系,其核心问题是建立一个客观、公正、具有绝对意义的度量办法或者体系,就是采用实际经济活动中表现出的等能量、等价值的价值规律进行定标。在当今,可以以石油的能量特性为基准对所有的资源定标,再通过资源对产品定标,进而对一国的货币定标,从而实现一种绝对性定标体系。这种新型汇率体系将以石油作为定标基准,形成一个基本是绝对意义的国际统一货币体系。以美元为核心的货币体系将让位于由美元、人民币、海湾国家统一货币、俄罗斯卢布、澳大利亚澳元、巴西雷亚尔等构成的新型全球货币体系,这六个国家或地区在全球拥有资源优势,它们的货币形成未来全球可以信任的新型货币体系的基本结构。②

可以看出,以"能量特性为基准"的货币改革是要把等能量变成等价值、等货币,以求货币经济完全等同于实体经济。

第三例,用市场中的竞争性私人货币取代国家对货币供应的控制。

为了反对现代国家以货币发行权谋私、打破国家对货币发行的垄断,哈耶克提出自由主义的"多种货币竞争理论"。哈耶克认为价值是一种关系、一种等价的比率。他赞同杰文斯的说法,即货币是"间接表达一种比例的模式"。价值只能这样表示:彼此相互表示的相对价值可以保持平稳。也就是说,对一个东西的估价与另一个东西"等价",即对货币的估

---

① 参见〔德〕格罗·詹纳:《资本主义的未来:一种经济制度的胜利还是失败?》,宋玮、黄婧、张丽娟译,社会科学文献出版社2004年版,第169—170页。

② 参见《第一财经日报》:《拯救全球金融》,中信出版社2009年版,第98页。

价与商品价格等价,货币所值与商品价格等价。一元商品价格是一元纸币。商品价格是先在的,货币是一方商品价格的替代。否则"某个东西的价值保持不变"的命题就没有明确的意义。哈耶克认为货币只表示一种比例关系,货币发行就是一张欠条,因此可以竞争发行。

"多种货币竞争理论"建议用市场中的竞争性私人货币取代国家对货币供应的控制,建立"不依赖于任何人的专断意志的新型国际性价值单位",认为"私人货币赖以生存的基础是人们对它的信任",在竞争的格局下,"仅仅是获取利润的动机本身,就能形成一种比政府发行的货币更佳的货币"。[1] 竞争性地发行货币能够打破国家对货币发行的垄断,制约现代国家以其货币发行权谋私。

哈耶克认为,在经历一段时间后,这种货币体系将逐渐揭示出什么样的商品组合能够构成特定时间、特定地点最可取的本位。变化将提示发钞行改变其商品组合,他们会持续不断地调整达克特(钞票)的发行事宜,使其购物力始终大体保持稳定以使自己的钞票更受欢迎。[2]

第四例,建立一种全球参照货币。

这种观点主张,建立一种全球参照货币(GRC)——泰拉。将泰拉固定于现实的物质的世界。为国际合同和交易设立国际贸易中重要商品和服务的标准篮子,"这个标准篮子中的权重完全反映它们在全球贸易中的相对重要性"。1 泰拉 = 1/10 桶石油 + 1 蒲式耳小麦 + 2 磅铜 + … + 1/100 盎司黄金。其价格参照各商品期货市场主要交易所(芝加哥商品交易所、伦敦五金交易所、纽约交易所、原油市场等)的交易价。

该观点提出,泰拉单位以有代表性的一篮子商品和货币表达,保持价格不变,防止发生通货膨胀。泰拉可以自动兑换成任何一种现存国家货币,无须达成任何国际贸易协定。流通中,泰拉的数量同商业周期相反,可以抵消传统货币体系领先商业周期性质,可以改善世界经济稳定及可预测性。储存一篮子商品的费用成本,可以转移到泰拉持有者身上。泰

---

[1] 〔英〕弗里德里希·冯·哈耶克:《货币的非国家化——对多元货币的理论与实践的分析》,姚中秋译,新星出版社2007年版,第52—56页。

[2] 参见同上书,第51页。

拉不会起储存价值的作用,只发挥对通常国家货币进行补充的作用。①

## 第二节　虚拟经济

### 一、虚拟经济的起点

通常认为与实体经济对应的概念是虚拟经济。货币本身作为价值尺度和支付手段并不会导致经济实体与金融经济的直接对立。货币价格是商品的交换尺度,货币本身只是财富的抽象代表形式,并依附于实体经济。既然实体经济与金融经济的关系是内容与形式的关系,两者应是相辅相成、对立统一的。然而,正因为两者对立统一地存在,所以对立或矛盾就有发展到不能统一的可能。一旦矛盾发展到不能统一,我们便会看到金融经济质变为"虚拟经济"。

生产价值论认为,金融经济与虚拟经济两者之间的过渡环节就是货币脱离商品。虚拟经济的实质,就是把货币形式与货币内容(基础)割裂开来,形成脱离内容的纯粹"形式"货币,也就是说,虚拟经济就是脱离商品的货币和金融,货币脱离商品是虚拟经济的起点。

金融与物质生产活动相关,是因为货币所代表的生产时间和效用是抽象的形式。正因为存在货币这种"抽象的形式",由此产生了一系列关于这种"形式"活动的金融。例如生产信贷以及期票、汇票都属于生产产品和要素的一种流动形式。可以说,由交换产生的交换手段、交换形式和与交换的媒介——货币——相关的货币供给、货币储蓄、货币借贷,以及办理信贷业务的银行,都属于经济"形式"活动领域。没有货币,"形式"活动领域不可能形成。

在货币形式下,金融活动并不能直接被视为完全虚拟经济。马克思认为"虚拟资本"本质上是资本主义商品经济中信用制度和货币资本化的产物,它包括银行的借贷信用、有价证券等。信用化过程即是虚拟化过程。

---

① 参见〔美〕贝尔纳德·列特尔:《货币的未来》,林罡、刘姝颖译,新华出版社2003年版,第292页。

作为生产流通手段和价值尺度的货币与作为形式财富的货币资产有很大的不同。以货币为中介,真实财富内容与抽象财富形式实现了分离。在真实财富与形式财富分离的基础上,只有在把货币当做商品本身来买卖,把财富形式当做真实财富、当做可以自动增殖的财富,实体经济的形式才能构成独立的、外化的、完全脱离实体经济的所谓虚拟资产,形成以"形式财富"增殖为中心的经济。其实质就是"货币脱离商品",即货币脱离真实商品基础,将自己当成有价值的"实体"商品。

以真实商品为基础的货币经济与以"形式财富"增殖为基础的虚拟经济是两个性质完全不同的概念。虽然生产实体货币化与货币的财富化都是以货币为中心,但在生产领域,货币是商品社会化的形式,而虚拟财富则以纯形式货币——形式的货币与抽象的货币——为基础。前者形成与实体经济相关的货币运动,后者形成与实体经济无关的货币资产买卖运动,从而形成与实体经济无关的"金融"活动。

古典经济学家认为可以把整个经济领域划分为虚拟经济与实际经济两个部分,这两个部分是平行存在、互不相通的。凯恩斯将宏观经济划分为真实经济部门和货币经济部门,蒙代尔将整个经济体系划分为内部均衡和外部均衡。但就现实而言,并非可以将经济直接划为实体经济与虚拟经济两部分,只有在现代金融开启衍生金融交易之后,虚拟经济与实体经济才真正具有不可忽视的意义。

从形式与内容关系上说,真实的财富、真正的财富不是货币和金融资产,是人、自然资源,是科学技术、生产力。也就是说,只有现实的"劳动"和"自然资源"才是真正的财富!货币和资本是不言自明的"形式",金融资产是不言自明的"形式财富",尽管它们都是有用的形式,但终究还是形式、是抽象财富。

马克思曾指出,货币作为支付手段包含着一个直接的矛盾。在充当流通媒介时,货币可以只是在观念上执行计算货币或价值尺度的职能,货币可以用任何符号代替。但在必须进行实际支付时,货币就不能只充当流通手段,充当物质变换转瞬即逝的媒介形式,而必须充当社会生产和社会效用的单个化身,充当价值和价格的独立存在,充当绝对商品。债权人或债务人的身份从商品流通中产生,其矛盾在货币危机中必然爆发。货币危机从支付链的断裂处开始,货币会从计算货币的纯粹观念形态变成坚硬的货币,从想象的金变为实在的金。这时,货币就不能由平凡的商品来代替了。虚拟的形式财富破灭,到处都缺乏坚挺的货币——黄金。在观念的价值尺度中隐藏着坚硬的货币。

人们忽然发现:"其实自己没有钱!"

以"形式与抽象财富"的增殖保值为目标的金融活动形成了真正的虚拟经济。

与生产领域中的生产资本不同,虚拟经济是信用制度下金融活动与实体经济完全脱离的那一部分。虚拟经济活动并不直接参与价值生产和价值创造,其投资回报纯粹来自资产价格本身之上升。这种以抽象财富本身为资产形式在流通领域中可以形成增殖收入的金融活动就是"虚拟经济"、"形式经济"。

虚拟经济是相对独立于实体经济之外的货币及货币资产的持有和交易活动。所谓虚拟,就是指它们对社会真实财富增加和使用交换而言没有意义。就是说,资产(房屋、土地)本身不是虚拟的,但资产的货币价格可以是虚拟的;资产(房屋、土地)的买卖不是虚拟的,而资产的资产(有价证券)买卖则是虚拟的。最典型的虚拟经济活动是金融衍生产品交易和纯粹以货币买卖为投机目的外汇交易。有价证券和债券的买卖以及股票的买卖在相当程度上亦可算是虚拟经济,因为投资者在许多时候并不期望来自生产收益的分红,而是期望股票价格本身在交换中上涨。

真正的虚拟经济是以货币本身为"财富"、以交换为主要增殖手段、以流通为其增殖基础、纯粹的"以钱生钱"的经济。换言之,货币资产从交换媒介和生产资本功能上退出,只作为流通中的"财富"执行增殖的功能,这种性质的资产即沉淀为"虚拟资产",这种交换经济就是虚拟经济。所谓衍生金融工具的发行与流通,让货币不进入生产领域就可以变成钱生钱的"资产",是虚拟资产带来虚拟收入。建立在生产基础、商品交换基础上的实体经济是真实财富,利润是生产时间。建立在货币基础上的货币资产是形式财富,银行、证券等机构尽管也受"利润规律"的驱使,但它们(公司)所得利润的多少并不增加社会的财富。银行以信贷业务获得的赢利,对生产赢利而言则是虚拟的"赢利"。利息只是利润的一部分,"利息"对利润的分割恰恰是对社会财富的掠夺。

虚拟经济的膨胀就是虚假经济,就是人们通常说的泡沫经济。

虚拟的金融资产价格完全脱离真实经济的供求关系,只受不确定性的预期左右,导致资产价格出现频繁的暴涨暴跌,资产价格的暴涨暴跌反过来威胁真实经济的稳定和持续增长,这是过去三十多年来全球经济演变的主要特征。虚拟经济和真实经济严重背离以致变成泡沫经济的制度根源,表面上看是美元本位制不受约束的全球储备货币发行和浮动汇率体系,实际上是资本主义唯利是图的文化和制度。虚拟经济和真实经济严重背离的后果是石油价格最终演变成为虚假资产价格,不是生产和需求而是期货交易和金融机构成了全球石油价格的主导力量。

随着金融经济变成虚拟经济,我们可以说,凡建立在"形式与抽象"财富运作基础上的金融经济活动从根本上说都是虚拟的。当代,金融资产总量增长速度远远超过真实物质财富增长速度。赚取利率、汇率差价和"对赌"其他衍生金融工具的交易量每天超过 2 万亿美元,年交易量接近 1000 万亿美元,超过真实经济投资一百多倍!此外,还有大量资金交易旨在"赌"股票、债券、房地产等金融资产价格的上涨。金融衍生产品的总值已经超过了 600 万亿美元,最高达到了 680 万亿美元,是全球 GDP 的十多倍,人类的 GDP 总值也才 58 万亿美元。①

在货币经济的基础上,我们看到经济可以由实变虚,由虚变假。同时我们还会看到,虚假经济不仅会发生在虚拟经济上,也会发生在实体经济上。实体经济的"虚拟"就是产能过剩与产销不对路。不良资产、库存和积压的积累都是实体经济的一种虚假和泡沫形式。当实体经济被虚拟经济推波助澜出现产能过剩和不良资产时,强制性增长和盲目扩张、依靠信贷膨胀的生产和消费也会使实体经济由实变虚,由真变假,成为具有虚假性质的另类虚拟经济。

二、有价证券

以货币本身为"财富"、以交换为主要增殖手段、以流通为其收益领

---

① 参见向松祚:"国际货币体系改革:问题、前景和可能方案",http:// blog.163.com/xiang-songzuo/blog/static/20738888 2008118111626582/。

域的虚拟经济,从一开始就是伴随资本经济共同发展的。在交换领域,获得买卖的收益往往会易于获得生产的收益。虚拟经济发展的成熟阶段是有价证券的买卖。

不同的有价证券虽然具有设定权利的表面共同特征,但在本质上却有根本差别。

股票是生产资本所有权的外化和货币化。从根本上说,它是与资本所有权相对应的那一部分生产资本的货币化。即原有的生产资本还存在于生产过程中,作为生产资本执行生产功能;与此同时,与生产资本所有权相对应的一部分生产资本外化为一定票面货币、票面金额(股票),从而可以进入流通。也就是说,不但生产的产品将来要进入流通,连生产资本都可以(在生产进行时)进入流通,进行买卖。其目的就是通过股票(平价)在流通领域中的增值(溢价),达到所谓"融通资金"的目的。实际上,就是贱买贵卖。表面上看,股票账面价值,即每股股票所代表的实际资产价值(净资产),会带来相应的收益,因此,股票的交易可以看做是对未来收益权的买卖,买卖的价格就是股票价格。

现实中,以股票市场作为社会经济好坏的指标,是资本主义经济的典型产物,对社会经济整体具有绝对的虚假性和欺骗性。正像我们前面所说,一旦进入交换,价格是可以被操纵的,股票价格更是可以被操纵的。股市中股票价格的涨落能够反映的真正信息就是倒买倒卖的深度和广度,而与实体经济状况的好坏关系甚微。

与股票不同,债券是借钱还钱的依据。作为企业和公司,如果没有钱,可以向别人借钱,所发的债券就是一笔债务,但是作为政府和金融(中央银行)机构所发的债券则完全不同。表面上看,政府债券是为了融资,也像是借钱,但到还债时政府用什么还呢?用印刷出来的货币还。所以,政府和金融(中央银行)机构发行债券实质就是增发货币。由此可知,所谓政府债券是无风险债券,就是因为政府可以随时发行货币,不存在还不了的问题,而政府所得税收则可以做利息支付。总之,无论何种名义的债券都是一笔债务,当债务是通过增发货币偿还时,货币必然贬值。增发货币还可以看做是为生产提供必要的形式,而由债券买卖所形成的债券市场则可以看做是真正的虚拟经济。

基金的本质是储蓄货币的转移。基金是一套信托关系,它的资产不属于银行资产,而是银行管理的资产。它实质上是一种集合投资方式,也是一种证券投资基金。这里,基金投资于国债、股票,还是货币买卖,并不是问题的实质。实质是,尽管有些基金为追求基金资产的长期增值而将基金投资于稳定的成长性公司股票,但基金在本质上是远离生产领域的。

许多人认为,开放式基金的出现属于人类金融工具创新的里程碑,将使一个国家的金融结构产生革命性变化。开放式基金会使金融机构的界定模糊,可以把任何有期限的资产进行重组,重新进行期限安排,从而可以充分满足投资者的流动性需求;开放式基金在流动性、风险性和收益性上的搭配,比任何其他种类的金融合约都更加合理、更加充分;开放式基金对一个国家的利率期限结构也会产生影响;同时,开放式基将会对人类货币制度产生深远影响。开放式基金意味着金融制度的创新、意味着现代金融理论的突破。这种以"基金制度"为基础的金融改革是从赢利而不是从社会角度将金融的生产服务功能彻底消灭的,赚钱就是目标。

有价证券的买卖是重商主义的现代翻版。

## 三、资产证券化

金融衍生产品告诉我们,资产证券化衍生产品的目标就是赚钱。既然交换能赚钱,为什么还要生产?

资产证券化是20世纪70年代产生于美国的一项所谓金融管理技术或管理工具。好听的说法是提升资本效率,说白了,就是通过资产买卖谋利,避开费力而辛苦的实体经济。除了在基础金融产品价格(或数值)如债券、股票、银行定期存款等变动的基础上产生出衍生金融产品,现在甚至利率、各类价格指数,以至天气温度指数都可以变成金融衍生工具的基础,从而通过现货交易、远期(远期价格)交易和期货(金融变量)交易等方式进行买卖与互换。金融期权也可以成为买卖的标的,产生出期权类(买卖权利)金融衍生产品。

据说资产证券化具有重置风险和收益,进而提升金融市场效率的功能。利用资产证券化实现其多种目的,表面上是为融资,实为改善资产负债结构、转移风险、提升资本效率等。也就是说,借助于现代风险管理技术即"互换",分散和转移自身风险,将资产的收益尽可能多地留在自己的"口袋里"。资产证券发起人既可以采用公开发行方式,也可以借助私募方式,使资产证券化以达到融资目的。这类证券通常被称做资产支持证券。

资产支持证券化标榜能有效率地组合贷款、应收账款以及其他资产,即企业单位或金融机构将其能产生现金收益的资产加以组合,然后以证券的形式发行,出售给有兴趣的投资人,借此企业单位或金融机构能向投资人筹措资金。资产证券化本质上可以理解为发起人分散和转移风险将资产变现的一种方式。发起人通过将资产(贷款或其他应收款)转换为证券并出售给投资者来实现了资产的变现。

所谓资产证券化的"中性"内涵是指资产采取证券这一价值形态的过程和技术,它可以包括现金资产的证券化、实体资产的证券化、信贷资产的证券化和证券资产的证券化。为了达到目的,实现最终的发行债券、筹集资金,首先,资产证券化标榜其所发行的证券并非传统的以发起人的整体信用为担保,而是以从发起人资产负债表中分离出来的具体资产为支撑,证券的收益来自特定资产;其次,通过对证券化资产的所谓信用评级达到顺利变现的目的。

自第一单资产证券化选择了经联邦住宅管理局(FHA)和退伍军人管理局(VA)保证或保险的住房抵押贷款作为真实出售的资产开始,至1985年的汽车贷款资产证券化和1987年的信用卡应收款资产证券化,真实出售的资产选择仅限住房抵押贷款。

20世纪90年代初,风险定价(VaR)模型的普通风险建模方法作为风险衡量的行业标准得到认可。但作为一项真正唯利是图的金融创新是90年代中后期以来流行的综合型债务抵押债券(SCDO),证券化从"资产"证券化转变为"负债"证券资产化。资产证券化之真实出售资产的范围现在涵盖了任何一种可以想象出来的资产。也正是因为如此,资产证券化之初所要求的基础资产应满足的三个条件即"同质性"、"信用稳定性"和"可交易性"中的两个已经被打破。因为公司资产证券化,特别是债务抵押债券(CDO)将多种异质资产纳入同一资产池,"同质性"要求由此而被颠覆。

以非机构贷款为基础资产发行的担保住宅抵押贷款凭证(CMO)使

资产证券化的角色由"被动"、由转付基础资产偿付流转为"主动",即重构基础资产偿付流。CMO 将资产证券化引向了一个近乎无限的发展天地。在这里,只要有现金流的存在,不管是何种形式,不管是长期的还是短期的,不管是已有的还是未来的,不管是利率固定的还是利率浮动的,也不管是金融资产还是实体资产,均可通过特殊目的的载体(SPV)的主动重组而走上资产证券化之路。①

华尔街的名言是:只要是能产生现金流的资产就可以被证券化。

信用卡资产证券化、贸易应收款资产证券化和不良资产证券化等则使得资产证券化轻松跨越了"信用稳定性"的约束羁绊,资产的范围已经扩展至相当大的空间。资产支持证券将一方的假资产真负债证券化,"负债"证券化是虚假经济的顶峰。

把资本金用到最大幅度,把杠杆用到最大比例,哪怕自有资本金不足;生产是别人的事,赚钱是自己的事;交换才是效用最大化,社会目标在交换中会自动实现。这就是自由资本主义唯利是图的逻辑。一切资产变成证券买卖,产业资本流向金融资本,商品市场变成金融市场,实体经济让位金融经济。以美国金融控股公司为代表,全球盛行的金融业混合经营方式将银行、证券、保险业务集中在一起交叉经营。现代金融工具被人们誉为"是贪婪和金融革新相结合"并非没有道理。例如,赌房价可以继续上涨。如果房价继续上涨,那么不管贷款者的信用如何,他们总是可以通过继续融资还上分期付款。

尽管贪婪不犯法,谋富没有罪,但不能让贪婪主宰社会。

## 四、债务经济

看透货币数量问题,就是"货币从哪里来,到哪里去"。

从收入的观点看,人们手中的货币都是由收入构成:一是劳动收入,二是资本收入,三是自然要素(土地)收入。收入是在完成"阶级"分配之后的现金流是:劳动收入就是工资;工资本身是劳动力的成本,等于劳动力本身的再生产;劳动收入全部用于生活消费了。补偿生产成本后,分配给资本和土地收入的是利润,利润一部分会分解为"生产消费",另一部

---

① 参见高广春:《资产证券化的结构》,中国经济出版社 2008 年版。

分化做"储蓄"用于积累,形成资本积累或作为生产再投资。

按理说,信贷资金源于储蓄,储蓄通过贷款(利率)转化为投资。对私人银行而言,信贷和债务总是指源于私人的信贷,也只有从私人储蓄中才有债务。对于投资而言,真正的投资只能从储蓄的货币中转化而来。但凯恩斯的理论证明,储蓄并不能全部转化为投资,为了保证生产扩大并实现充分就业,需要货币政策和财政政策的支持。

对国家而言,制造支付手段就是所谓财政政策和货币政策。货币政策与财政政策的共同点都是花钱,经济学家称之为提高总需求;两者的区别只在于谁来花钱(生产)消费,前者是由个人和企业来花钱消费,后者是由政府来花钱消费。增加政府、企业和个人手中的货币数量,提高货币支付手段(所谓有效需求)的结果,就是以扩大总需求刺激生产。国民经济产值的增加由发钞行的货币供给来补充。开动印钞机印制钞票,货币扩张速度必须超越国民经济的产值增长,因为(储蓄不能全部转化为投资)没有货币扩大数量的引导,生产就无法扩大,这是由货币经济的本质所决定。

货币"供给超越收入"意味着通货膨胀,同时超过收入的部分最终会形成债务。在资本经济制度下,人们手中的货币数量除了从收入来,只能从借贷来。于是我们看到,政府、企业和个人以同样的借钱方式花钱,货币的供给不是与当下或长久收入挂钩,而是为经济扩张增发。货币政策制定者运用货币扩张政策提高整体经济的运行绩效,即扩张经济。强制性的财政赤字、低利率刺激的贷款生产必然要求强制性的消费。赤字财政、贷款生产、贷款消费、产能过剩最终形成债务经济。

宏观经济要求实现充分就业,微观经济要求追求利益,两方面都会强制性要求经济增长。随着再生产和扩大再生产的扩张会出现两种情况使利润无法实现:一是产销不对路,生产产品没有社会需要;二是生产过剩,市场饱和。两种情况最终都会使生产被迫缩减,导致经济危机。对生产力强的企业,将产量提前调节到与可能购买者的总数相符,这种满足最大需求的取向是由企业的短期策略决定的。一般来说,企业制订产品计划的时间限度不会超过5年,而且通常都低于这个数字。企业通常考虑的是可能购买者的最大数字,而不是以后的饱和状态。然而,满足短期最大需求产量和今后饱和状态之间存在明显的对立。一旦市场达到饱和状态,工业就会陷入两难的境地:要么裁减员工,缩减成本高昂的生产规模;要么用尽一切手段,在市场饱和的情况下继续生产。

对生产和消费而言,一方面,借贷成了最初的生产关系。生产成本或是由生产者的储蓄积累支付,或是由生产者向他人借贷支付,这在经济学上叫做投资,本质上是一种先于产出的由货币支付手段所形成的有效需求即购买力。借贷就等于借支付手段,买资源、买劳动、买工具,然后开工生产。贷款用于生产,生产性购买形成新生产能力,新生产能力形成新的收入。现代工业文明所有的进步最终可归结到货币的信贷工具职能上。另一方面,仅靠劳动工资无法实现利润那一部分产品的消费。我们说过,利润需要新增货币去实现,贷款对于消费者而言就视同收入(借贷收入,提前消费)增加,于是利润由消费者的消费信贷购买力来实现。

一般来说,有效需求不足造成的经济危机是制度上的危机。解决有效需求可以通过三种途径:个人增加购买、企业增加购买、国家增加购买。三种解决途径表现三种不同的花钱方式。结果不是增加劳动者的有效需求,就是增加政府的有效需求,或者是增加企业的有效需求。在劳动所得的回报在国民财富中所占的比例越来越小时,自然会对现实经济产生直接影响;当公众购买力被侵蚀并处于危险状态时,国家就必须举债。劳动者没有收入增加就没有需求增加,劳动者没有需求增加就要靠增加政府需求。国家举债必须偿付较高的利息,国家将背负上沉重的债务负担。劳动大众阶层的第一代因国家举债而获益,但其第二代却不得不背负清偿债务的重担。

要想大量发放信贷,必然要求有宽松的货币数量供应。贷款的扩张事实上就等于货币的扩张,该过程一直持续到准备金—存款比下降到合意的水平,以及公众达到其合意的现金—存款比。货币理论用货币乘数说明单位基础货币增加所创造的货币总扩张。可见,信贷经济颠覆了传统,信贷成了货币需求的函数。政府短期内举债虽然可以解决需求不足的问题,但从长期来看,企业偿还贷款的风险、消费信贷的违约、政府债务的累积,"偿还债务"最终会成为全部经济问题的中心。

如果企业必须依赖债务融资,那么就存在他们不能偿还债务的可能性,在此情况下,企业将会破产。同样,如果个人消费也必须依赖贷款,自然也存在消费者不能偿还债务的可能性,美国次贷危机就是一个证明。企业基于对破产概率的分析,会使他们的预期利润最大化,而由银行承担破产成本。对银行而言,企业提高产量意味着增加贷款额,也就意味着高的违约概率。

早在20世纪80年代就有研究者指出当时的债务危险超过了30年代,国外含有风险的债务量愈变愈大,杠杆利率也愈变愈高。危险之所以存在,是因为大多数借款是属于那些自身流动性通常很弱的银行。对80年代政府债务研究的结论是:"经济运行良好是一个错觉,这种错觉是建立在借来的时间和金钱的基础上的。"实际上整个信贷结构坍塌给经济环境带来的灾难会超出经济学家的预测能力。只要贷款不是来自真实储蓄,繁荣一旦建立在会导致经济发生灾难性后果的信贷结构的基础之上,甚至会引致战争导向的经济。[①]

### 五、从虚拟到危机

资本主义经济已经永远不会再有"自动均衡"。

随着货币经济的发展,一方面实体经济和消费变成以所谓信用为中心的债务经济,另一方面所有的资产变成以价格操纵为中心的泡沫财富,而金融衍生产品则将虚拟经济变成"真实"财富。虚拟经济在社会经济中超过实体部分,虽然不排除一部分信用经济会发展成熟为真正的实体经济,但也不能排除信用经济有向信用破产发展的可能。因为"债务永远存在违约风险"。

当负债积累到一定程度,资产价格膨胀到一定程度,无力偿还的债务最终会使信用破产、泡沫资产破裂、购买力瓦解。脱离商品本位的"纸币"、产能的"过剩"、生产和消费领域中的"负债"、货币在流通领域中的"价格操纵",会带来现代经济的周期性危机。依靠债务进行生产和消费、依靠虚拟经济(资产价格泡沫)支撑实体经济是金融危机引发的导火索。首先是一般等价物即作为通货的货币过量增长,然后是流动性瞬间

---

[①] 参见〔美〕E. K. 亨特:《经济思想史——一种批判性的视角》,颜鹏飞总译校,上海财经大学出版社2007年版,第355页。

消失;首先是资产价格过度膨胀,然后是瞬间的缩水、蒸发。一切流动性停止,一切金融资产——股票、债券、基金,贬值,不能变现,甚至完全丧失价值。由此引发的金融危机最终会反映到实体经济上(据报道美国 2008 年国家、企业、个人负债总额已达到 50 万亿美元)。人为的通货膨胀和被人操纵的价格共同成就了现代货币经济。

为了摆脱负债,为了虚拟资产的增值保值,"杠杆基金"、"对冲基金"、"避险基金"以套利方式进行投资。其操作技巧在于:利用股票、期货、期权等衍生金融工具以及相关联的市场进行买空卖空或相反操作以对冲风险,从而达到在一定程度上规避或化解证券投资风险的目的。在广义上,专门利用衍生金融工具如期货、期权等买卖的基金也同属于杠杆基金,因为衍生金融工具是以保证金方式买卖,形式上同套利相似。现代对冲基金已不仅是一种避险保值的保守型投资基金,而且发展成为一种基于最新投资理论和基于极其复杂的金融市场操作技巧的投资方式。这种基金的特点是利用杠杆原理运作资金,以求达到本小利大的目的;其最终目的不是融资,而是单纯地转移风险。衍生品合同(远期外汇合同和外汇期权——掉期、掉期期权、远期利率协定)是投资者用于规避外汇风险的主要工具。但在衍生品风险定价的样本统计中,风险的度量方法是建立在总样本不变的假设上的。各种泡沫、汇率危机、股市崩溃都是投资活动的一部分,在 99% 置信度下,这些事件会观察不到。正是大多数分析有意回避的盲点成为了金融危机的起点。①

在资本主义体制下,通货膨胀是对付现代经济危机的唯一出路。对于储蓄者整体来说,他的资产由可提取的实际现金组成是一种假象。在危机条件下,货币作为资产的虚幻会突然崩溃,发钞行会发行十倍于现有的货币,把它兑现给储蓄者。货币贬值 90% 的强通货膨胀会使经济和社会陷入混乱,流通货币循环不再稳定和安全。

当前,经济学家已经认识到,除了要实现通货膨胀目标外,中央银行还必须监控资本市场的变化。他们认为,这可以通过制定新的"双支柱"

---

① 参见〔美〕戴维·德罗萨:《金融危机真相》,朱剑锋、谢士强译,中信出版社 2008 年版,第 155 页。

战略来实现。第一根支柱就是以在一般情况下实现的通货膨胀率为目标。第二根支柱就是中央银行必须钉住资产价格（股票价格和不动产价格），还要钉住银行信贷和货币供应量指标。资产价格与银行信贷同时增加会出现泡沫经济。人们确信，欧洲中央银行迟早要用第二根支柱。第二根支柱中货币供应量也有非常重要的作用，尽管两根支柱的实际运用完全不同。通货膨胀率目标可以以准确的方式运作规定通货膨胀率的具体数值目标，监控如何使实际通货膨胀率接近目标通货膨胀率，但在监控资产及其价格时就不可能有这样准确。

资产泡沫和金融危机使形式财富与真实财富完全分离，唯利是图成了社会主导原则的必然结果，危机集中在金融领域也就理所当然。金融危机就是通过强制性手段实现货币形式与实体内容的周期平衡。真实经济和虚拟经济分离脱节是人类经济面临的最重大挑战，是人类经济全局性困境。其根源被认为是西方文明所倡导或主导的财富创造方式和生活已经无法持续。人类经济活动的模式终将需要彻底改变。

不断增长的不公平性使得收入增加呈现两极分化的事例，全世界比比皆是。如德国研究者指出，1999 年之前的 15 年，德国来自劳动的收入仅仅增长了 2%，而来自资本的收入却增长了 59%。当人们将联邦德国的家庭分成两部分后便可以清楚地看出，穷的那一半仅仅拥有 4% 的货币财富，而富裕的那一半却占据了 96% 的货币财富。极端富裕和极端贫困之间的两极对立在全世界都一样。[①]

## 第三节 金融开放的实质

金融开放的实质是允许由他人或他国掌控本国生产的社会形式要素，承认货币战争和资本战争合法。中国当下金融改革的实质是在允许由他人或他国掌控本国社会生产的形式要素的情况下，学习资本主义发达国家的操作手法。

---

[①] 参见〔德〕格罗·詹纳：《资本主义的未来：一种经济制度的胜利还是失败？》，宋玮、黄婧、张丽娟译，社会科学文献出版社 2004 年版，第 100 页。

## 一、资产流动性

经济教科书通常将一年以上的贷款称为资本市场运作,将一年以内的称为资金运作。随着资本经济的发展,现代经济中的货币从通货、活期存款等传统范围扩大到金融资产,现代经济学形成了广义货币概念。最后,货币、资本连同生产要素都由传统的生产领域中的概念转化为独立于生产领域之外的"资产"概念。正因如此,现代国际收支统计中,资本项目的原意被金融项目取代。从货币概念过渡到金融资产概念的实质是从流量过渡到存量,过渡到财富资产,即货币资本可以像股票和债券一样具有资产交易的性质,而不仅仅是流通媒介。

金融开放的首先要求是保证金融资产具有很好的"流动性"。生产价值论认为,实体财富与形式财富之间要求有灵活的转换,于是产生资产流动性问题。即货币与资产(金融资产及非金融资产)之间的关系以资产"流动性"概括之。

资产在一段时期中能被换成现款的能力代表该资产的潜在的方便之处或安全之处。"资产流动性"就是形式上的财富可以随时变成实体的、真正的财富,实体的、真正的财富可以随时变成形式上的财富。拥有货币毕竟还只是"等于可以"拥有现实财富,而不是真正最终拥有现实财富。反之,拥有现实的财富而不能随时变现,就说明它永远是具体的财富或个人的财富,永远不是社会的、一般的财富。从形式财富变现成真实财富,从具体财富变现成社会形式财富,中介是货币。现金是直接的购买力,有现金就"等于可以"直接拥有现实的财富,因此"变现"就成了衡量一切不动产和金融资产价值的标准。现代经济学称资产流动性为资产变现或资产相互转换的时间长短和交易费用。

从资产以低交易费用转换为现金(美联储对流动性资产之定义)的角度看,具体的实体财富与抽象的形式财富之间的区别随之消失。对资产而言,房地产与股票、政府债券、商业票据等没有什么区别。现代经济学把对货币的一切注意力集中在资产的流动性及其收益上,而非社会生产的历史表现形式上。在资产概念下,货币是低机会成本的生息资产,而利率也就是资产的收益率。依照不同收益率,人们可以改变自己的资产组合成分。法定货币或现金、定期存款、股票、债券、外汇……任何金融资产和非金融资产均具有流动性,只是程度不同而已。最具流动性的资产是现金。

现代货币理论按流动性的大小以流动性量度为货币供应量的基本指标。① 由于货币供应量为流动性量度的基本指标,通常判断流动性过剩使用货币价格指标为:(1)生产(生产要素)商品价格水平;(2)一切资产包括金融资产价格水平。

资产流动性告诉我们,现代货币经济的发展方向是从实体经济变成金融经济,从金融经济变成虚拟经济。而现代人的心理则相反,人人都希望手中的货币能从假变真,从虚变实。和平时期,人们想得最多的问题是货币如何能随时变成不贬值的资产;动荡时期,人们想得最多的问题是资产如何能随时变成不贬值的货币。

资产能否变现成为一切经济问题的核心,货币的"真假"自然就成了衡量经济的试金石。变现之货币如果只是一张废纸,变现必然会失去意义。货币脱离了商品的生产和自然资源基础,金融资产就会变成没有内容的躯壳;没有实体经济财富做基础,金融资产就什么财富也不是。当一个社会依靠超越物质生产来创造"财富",把社会生产时间和社会效用通过印钞机大量印刷出来的时候,这个社会就离崩溃不远了。

## 二、货币主权

既然货币流通是实体经济运行的社会形式,谁控制了货币发行权,谁就可以实现对实体经济的控制,货币主权问题也就应运而生。一个国家内一种通货排他性地流通已经成为当今的国际原则。一国一通货就是一国的主权货币。所谓货币主权,就是货币控制权,就是对货币的控制程

---

① 美联储对各货币供应量定义有 M0、M1、M2、M3 之分。M0 是基础货币:包括所有流通中的现金和银行体系储备资产;M1 是流通中现金+旅行支票+活期存款+其他支票存款;M2 = M1+小额定期存款+储蓄存款+货币市场存款+个人货币市场基金份额+隔夜回购协议+隔夜欧洲美元拆借资金;M3 = M2+大额定期存款+机构货币市场基金份额+长期回购协议+长期欧洲美元拆借资金。最后是总的流动性资产 L = M3+非银行部门所持有的短期财政债券、商业票据、储蓄票据和银行承兑票据。现金是流动性最高的资产,其余以资产能否以低交易费用转换为现金来衡量。依 M1、M2、M3 和 L 的顺序,资产流动性递减,资产利息收益递增,其中通货和活期存款的利息收益为零,可转让支付命令账户(NOW)的收益少于货币市场存款账户,依此类推,资产收益的递增弥补了流动性的减少。由此,个体在选择资产时,必须在资产流动性和收益率间进行抉择。参见陈利平:《货币理论》,北京大学出版社 2003 年版。

度。货币主权在于控制主权货币的发行,进而控制币值的升降。

经济过度不稳定就是危机,过度通货膨胀和过度通货紧缩都是危机。能带来货币不稳定的所有因素都会是潜在的危机因素,如汇率固定和浮动、货币升值与贬值、资本流动与管制、贸易顺差与逆差、价格上涨与下跌,等等。在控制和解决这些危机中会形成不同的货币和资本政策。在所有经济政策中,涉及主权的政策是最基本的政策。一国货币总量是一国社会生产和社会效用的等价形式,从这个观点上说,货币政策的现实意义不仅是要促进一国经济的发展,同时包含通过对经济社会形式——货币——的控制,确立对一国实体经济发展掌握和控制的主权。控制一国的货币主权就是控制一国经济主权、生产主权,维护一国货币的主权就是维护一国经济的主权。货币政策的独立性就是货币主权。

现行体制下,主权货币相对贬值或升值及汇率浮动又是可观的,利用这种"真实差距"赚钱也就理所当然。国际投机资本认为,错在你不在我,是你的僵化给我带来赚钱的机会。于是套汇即在两地之间低买高卖取得差额收益的投机自然产生。这表示国际投机资本发展到了高风险金融交易,它们是没有固定投资领域、追逐高额短期利润、大规模流动的短期资本。短期信贷、证券、金融衍生工具、信息技术发展、网络化使资本转移在瞬间进行。每天全球金融平均交易量可达 2 万亿美元,其主力是欧美各国养老基金、保险基金、共同基金等机构投资者。在共同基金中,对冲基金最具投机性。面对不平衡冲击,为了防止金融危机,人们提出许多办法,如建立波动区、开征外汇交易税、资本流动管制、制定套期保值基金等。

1997 年,托宾建议设立"全球性货币交易税"以防止短期投机,但该建议在世界范围内可操作性极小,因为这样一来,外汇交易会转移到免税区,逃税也很容易。1998 年至 1999 年,外汇汇率交易应当被固定在一个交易目标区的想法在许多领域流行。施罗德支持拉方丹于 1999 年 1 月 G7 峰会前提出的建立"固定波动区"的建议。伯格斯特恩倡议,对可允许的浮动幅度施加限制,开始时可在已达成的货币中点左右各浮动 15%(像 1993 年以来欧洲货币体系中那样)。这些建议都被主张自由浮动者认为是金融灾难的开始。①

### 三、资本战争

资本是生产力的形式,是对生产力的占有。

对深谙资本主义经济真谛的资本家、政客和经济学家来说,真正的战争是通过对一国货币主权和资本主权的控制达到经济殖民的目的。他们都懂得什么是货币主权和资本战争,只要能控制一国货币,就能控制一国经济;只要控制一国资本,就能控制一国生产。

当前世界范围内自由流动的国际资本都是有主权的。国际资本流动可以形成直接投资和间接投资(对外借款、证券投资),可以形成实体经济的长期谋利投资,也可以形成短期投机性投资。表面的货币战争即对所谓高估或低估的货币发动攻击,通过资本大规模流进、流出,迫使目标国货币贬值或升值,以达到从中获利或击败对方的目标。资本战争则通过长期或短期资本投资扩大资本主权地盘并同时获取收益。相对而言,流入的外资投资在长线实体经济领域会促进一国经济和就业的增长,投资本身是为获得利润;如果流入的外资投资在短线的虚拟经济领域,通过货币相对贬值或升值及汇率浮动获利,将货币交换当做商品交换,变成纯粹谋取利益的手段,则会给一国经济带来绝对的冲击。

1976年《牙买加协定》宣布布雷顿森体系终结,至80年代,西方取消了资本管制,推动金融自由化,闲散资金得以大规模进入国际金融市场,形成国际投机资本。国际投机资本的流动性取决于各国金融市场的开放程度。因此,站在一国(大国)立场上,要稳定发展,就要维护经济主权;要维护经济主权,就需要维护一国货币主权;而要维护一国货币的独立主权,前提就要进行资本管制。

国家之间对资本流动的限制类似对商品贸易的限制,对资本流动征收交易税相当于对商品贸易征收关税,对资本流动实行数量限制相当于商品贸易中的配额管理。资本管制可以视为对资本流动按一定税率征税。然而,单靠一国有限的外汇储备难以抵御大规模投机资本的攻击,需

---

① 参见〔美〕戴维·德罗萨:《金融危机真相》,朱剑锋、谢士强译,中信出版社2008年版,第146页。

要强制银行系统控制资本跨境流动,通常是针对短期资本流动,对于经济稳定和发展不利的资本流动及相关交易采取限制措施。国际资本流动可以促进国际生产和贸易,但不能促成稳定的国际货币体系的形成。货币政策与财政政策的区别是:财政政策更多是"内政",货币政策则带有"外交"性质。外汇储备作为国家经济后备的一种,本是作为国际收支不平衡时的支付手段,但从竞争角度看,货币战争主要方式之一就是外汇倾销,即本国货币对外贬值的程度超过其在国内贬值的程度,使出口商品价格降低,以扩大世界市场占有率。外汇倾销还可达到排挤外国商品进入本国市场的目的。对内通货膨胀,对外货币倾销,是利用货币实现自身利益的资本主义手段。

### 四、中国向何处去

中国必须看透货币、看透资本、看透金融,才能找到经济改革的方向。

在缺乏统一规范的全球资本主义金融监管体系下,把唯利是图的金融业归属于服务业从根本上说是错误的。现代金融业本质上更接近商业,因为它"倒卖"货币。将金融业看做服务业,给中国政府决策部门造成一种假象,似乎它远不如实体生产行业重要,因此可以不加保护,完全开放;事实正相反,金融业应位于一切产业之上,对社会生产形式的控制应位于一切具体生产行业之上。金融业不是简单的服务业,事实上是独立于服务和生产的另外一种产业——经济"控制业"。

大国经济与小国经济的本质不同在于大国经济必须相对独立。如果大国经济成为附庸和被殖民,所造成的社会经济危机不是靠小国援救所能解决的。国情不同,经济政策必然不同。在货币资本和资产全球流动的情况下,发展中国家会面临开放金融体系的巨大压力。一个大国,尤其是像中国这样以生产为基础的大国,在其受保护的行业名单中首先应是金融业。

经过2008年的金融危机,政府应清醒地认识到,实现自我发展的前提是主权独立,以及在主权独立基础上的互利合作。面对世界资本,货币战争中一国最重要的金融政策就是坚持独立货币和资本政策。作为世界大国,在货币和资本战争中被殖民或殖民他人都是不可取的。当前,中国追随自由主义原则在金融领域全面开放,造成金融对外资开放的根本风险,在于外国资本通过控制中国货币金融达到控制中国的经济,从而左右中国的政治和文化的目的。由于中国没有法律规定国有垄断行业不能从外资银行贷款和融资,外国银行势力会通过资金借贷来控制中国的电信、石油、交通、航天、军工等基础行业,这是国际金融资本主义的当然目标。

国际资本的本质就是贪婪。经验表明,当外资银行引进大量的"创新"金融产品、以各种方式创造债务工具并使之货币化时,这些金融货币完全具备实体经济领域货币的购买力,从这个意义上说,外资银行是在参与中国人民币的货币发行。当外资银行"创造"的人民币信贷总量超过国有商业银行时,就能架空中国的中央银行,控制中国货币的发行权,随之而来就是对中国实体经济的控制,制造中国式债务经济。一旦贷款不能偿还,中华民族和中国人民迎来的就是"卖身还债"。

在全球资本主义化的趋势下,仅2007年一年,汇丰银行控股的瑞士分行就从中国大陆获得私人存款227亿瑞士法郎,相当于近1600亿人民币。可以想象,全世界类似汇丰银行瑞士分行这样的银行有多少? 这些银行从中国大陆一年又能转移走多少资金? 针对中国金融开放,有学者一针见血地指出:除中国之外,全世界任何一个建立了股票和衍生品市场的国家,任何一个取消了金融管制的国家,国民都有权把能够影响股价和金融指数的人送上法庭。这是保护国民财富的最低要求,是公平正义的最后底线。没有了这条底线,金融市场就只能是对国民财富的公开抢劫;允许外资进入,等于是允许外资对本国国民抢劫;允许外资控股,等于是把全体国民的财富拱手交给外资支配。为什么中国金融集团要把控股权交给外国人? 答案很简单,就是为了使改革不可逆转。对于握有货币和资本的人来说,他们追求的就是即便在改革发生逆转的情况下,也能保住自己在改革中获取的巨大利益。要实现这一点,最佳的选择就是由西方国家控制中国金融。只要金融控制在外国手中,无论改革会不会逆转,都不会使自己已经获得的财富发生逆转。①

这些指责是令人深思的。

---

① 参见张宏良:"控股中国银行——劫难第一单",http://club.gd.news.sohu.com/r-dong-wan-190931-0-0-900.html。

当代全球货币和资本战争,自由是它的文化基础,个人是它的利益基础。中国要想在现代货币和资本战争中打赢,只有反其道而行之,以"秩序"为它的文化基础,以人民和社会为它的利益所在,偏重有管制的自由和有管制的资本流动,彻底摒弃崇洋媚外的金融改革,最大限度地遏制金融领域中的投机行为。引进生产技术、开拓世界市场,而非以外国资本和金融工具为目标,是中国经济"开放"的根本利益所在。改造目前的货币银行体系,让银行从经营货币变为服务生产,从唯利是图变为服务社会,是中国办好自己的事情的前提。

生产和交换表现为货币和资本形式,是生产和资源使用的社会规定,是生产和资源使用的一种特殊的社会形式。"形式"要素本身构成商品的具体生产时间和效用的抽象化、社会化、对象化。没有这种抽象社会形式(货币形式),是不是社会生产就无法交换、组合、分割、流动、积累了呢?不是。没有这种"货币"形式,社会生产会照样进行。不过,没有货币形式的社会生产就是直接的社会生产。用马克思的话说就是在私有制的情况下,个人劳动是通过交换才作为社会劳动存在的,而在没有私有制的情况下,劳动一开始就作为社会劳动存在。

我们现在还很难设想没有货币和金融的社会经济是什么样子,但有一点是可以肯定的:货币和金融是历史的"形式",因此是可以改变的,也必然是会改变的。

# 第十八章　世界货币

**提要**：世界生产和交换的发展必将产生世界货币。

以货币表示的财富规模大大超过商品的总价值，且大量自然商品价格又必须用货币实现，而黄金不能满足规模巨大的生产和流通需要时，金本位制的必然崩溃。金本位制的崩溃说明，世界货币发行仅仅依据"生产商品"或一国的商品储备是不够的。金本位制的崩溃就是世界货币的崩溃。两国货币交换之数量比例，就是货币的汇率。汇率浮动反映了社会生产与社会效用所形成的不同货币内在价值的不等量以及货币交换比例波动。绝对的、完全的、自由的浮动汇率制起因于金本位制的崩溃。世界货币信誉的根本所在不是主权货币的叠加，不是一篮子货币，而是一篮子商品和资源。世界资源储备就是建立全球资源（资产）账户。没有超越汇率制、超越主权的资源剥离，就不可能建立起世界货币商品储备。世界货币是经济规律加政治原则的产物。世界货币要求世界政治原则的重建，要求人类新的经济理念：世界财富属于世界人民，世界货币是世界的人民币。

未来世界生产的原则就是未来世界货币的原则。

世界经济的基础已从国际贸易发展到世界生产。在世界经济格局中，世界生产的发展是生产要素在世界范围内自由流动和商品在世界范围内交换。世界货币形成的基础是实现世界货币兑换商品和资源的国际整合。世界生产和自然资源的整合要求超越民族国家,重建新的人类理念。

在世界生产力和资源一体化的基础上,世界战略资源与基础商品成为世界商品货币本位的基础。建立货币的世界商品本位制是建立世界货币的方向。

## 第一节 金本位制的崩溃

### 一、金本位制

商品以什么为对象(尺度)显示交换的比例具有完全不同的意义和性质。马克思在谈到世界货币时认为世界货币就是"金和银"。在那个时代,主权货币与世界货币都包含有金,区别在于民族货币往往是普通金属货币,而世界货币本身直接就是金和银。

1252年佛罗伦萨城铸造了重3.5克的"萨利德斯"金币,并在技术上尽可能保持重量的稳定,这成为了那个时代的大事。14世纪末期,几乎所有欧洲国家使用的铸币金属都是金、银、铜或镍,被称为三色货币。中世纪后期至现代早期,欧洲实行银本位制。

16世纪以后,贵金属流入欧洲数量的逐渐增加,为在铸币领域内建立稳定关系提供了基础。1500年,欧洲银和金之间的比率已从12.5∶1提高至10.5∶1。墨西哥和秘鲁银矿的开采给欧洲带来了大量来自在美洲的贵金属,而用水银提取白银的有效方法的被发现更有助于实行银本位制。据估计1493年至1800年,欧洲从墨西哥和南美取得的贵金属的数量金约有250万公斤、银约有9000万至1亿公斤。金属产量的增加意味着银币供应的激增。银本位制在欧洲的商业领域内确立了地位,而且在计算货币上也表现了出来。在日耳曼,连弗洛伦斯金币也是用银来计算的。[1]

在英国,银是国内商业的支付手段,在国际贸易中则用金来做货币计

---

[1] 参见〔德〕马克斯·韦伯:《经济通史》,姚曾廙译,上海三联书店2006年版,第154—156页。

算基础。在巴西发现黄金之后，流入英国的黄金愈来愈多，英国为平行本位制所苦，政府曾用专断的方法维持复本位。18 世纪，黄金继续内流，白银不断外溢，导致英国政府于 1717 年实行新的定价，把黄金定为本位金属，把白银降到辅币地位。巴西金矿的开采虽持续的时期较短（18 世纪初叶至中叶），却支配了世界市场，使英国改行金本位制。

在德国，白银制度在 19 世纪仍原封不动，因为 19 世纪前半叶是金属减产时期，没有任何中央当局能实行黄金过渡。虽然黄金已被铸成具有法定价值的商业铸币，尤其是在普鲁士，然而在货币本位方面以黄金定位却未获成功。靠 1871 年战争赔款，又加之在加利福尼亚发现黄金之后，世界存金量锐增，①德国才得以开始走上金本位制。虽然金本位制在英格兰可以追溯到 1717 年，但在欧洲的普及则是从 1875 年至 1880 年这段时期开始的。②

在美国，1873 年前货币实行了近八十年的复本位制，黄金被视为富有阶层的货币，白银被大众持有，叫"大众货币"。1873 年美国国会修订《铸币法案》，废除银币铸造。19 世纪 90 年代，依靠南非地区发现的大批金矿，加上黄金冶炼技术进步，黄金供给量增加，货币危机得到解决。1899 年 12 月，美国《金本位法》进入众议院讨论。1900 年，威廉·麦金利连任总统，他签署了《金本位法案》，从而确立了金本位制在美国的地位。③

金本位制的确立、废除银币在国际货币流通领域的作用，被一些人认为是为了确保国际银行家们对世界货币供应量的绝对控制力。相对于越来越多的银矿发掘，金矿的勘探和产量要稀有得多。在完全掌握了世界金矿开采之后，国际银行家不希望难以控制的银币流通量影响他们主宰世界金融的霸权地位。这当然是一方面原因，但另一方面，从 1871 年开始，白银在德国、英国、荷兰、奥地利及斯堪的纳维亚国家被普遍废除，导致相关国家的货币流通量大幅紧缩，引发了 1873 年至 1896 年二十多年的经济衰退。事实说明仅仅依靠黄金做货币本位是不够的。尽管 19 世

---

① 参见〔德〕马克斯·韦伯：《经济通史》，姚曾廙译，上海三联书店 2006 年版，第 157 页。
② 参见〔美〕查尔斯·P. 金德尔伯格：《西欧金融史》，徐子健、何建雄、朱忠译，中国金融出版社 2007 年版，第 79 页。
③ 参见宋鸿兵：《货币战争》，中信出版社 2007 年版，第 50 页。

纪 90 年代晚期黄金供给量一度猛增,但速度还是赶不上经济发展。经过二十多年的发展,不协调局面又变得无法收拾。

## 二、金本位制崩溃

至 1928 年底,世界各国已经非常普遍地实行金本位制。

伴随着 1913 年《联邦储备法案》的签署,美国历史上出现了一个特殊的机构——联邦储备银行(简称"美联储")。美联储通过利率和银行储备金率控制银行的信贷,从而实现了彻底摆脱黄金和白银对贷款总量的刚性制约、让货币控制更具"弹性"的目的。联邦储备系统第一次发挥调控货币供给量的作用是在第一次世界大战结束后的十年里。为了鼓励欧洲人在其本国内重建家园、修复被战争破坏的公司和企业,美联储调低了利率。但此举在美国引发了严重的投机行为,在债券市场上产生了很大的泡沫。为了解决这个问题,美联储提高了利率。但这项措施并未有效遏制泡沫,泡沫反而越来越大,1929 年 10 月,泡沫彻底破裂,从而引发了世界性的经济危机。

1931 年,英国放弃了金本位制政策,随后出现的英镑贬值让英国在国际贸易中处于有利地位,促进了经济的复苏。之后,1933 年,美国总统罗斯福作出暂停将绿币兑换为金币的决议,金本位制在美国的地位动摇了。数月以后,美国国会批准了总统的决议,至此,金本位制一去不复返了。第二次世界大战结束之后,国际上掀起了恢复金本位制的潮流,但出于国家利益的考虑,美国并没有这样做。1971 年布雷顿森林体系崩溃,时任美国总统的尼克松带领美国脱离了国际金本位制的行列,从而彻底实现了富兰克林·D. 罗斯福总统的愿望。[1]

为什么世界会最终形成金本位制但继而又遭瓦解呢?

1971 年布雷顿森林体系崩溃之前,美元按固定的比价与黄金挂钩,同时各国货币与美元挂钩。显然,布雷顿森林体系视美元等同于黄金,持有美元就等同于持有黄金。为了进行贸易,各国必须持有一定量的美元,为了拥有美元,这些国家必须保持对美国大量出口。换言之,美国只有通过贸易逆差或对外援助的途径才能够为全球提供国际贸易所需的美元通货。由于欧

---

[1] 参见〔美〕H. W. 布兰兹:《货币贵族》,楚建海译,中信出版社 2008 年版,第 196 页。

洲各国纷纷用手中的过剩美元按固定比价向美国兑换黄金,这使得美国黄金储备大幅度减少,1971年降到世界黄金储备的30%,尼克松总统宣布美元脱离黄金,自由浮动。随着布雷顿森林体系的解体,美元与黄金彻底脱钩,人类社会进入了一个没有商品作为担保的货币体系时代。

蒙代尔认为,布雷顿森林体系在20世纪70年代的危机和崩溃不是由固定汇率造成的,而是由黄金在系统中的问题造成的。金本位制的缺陷就是没有一个能够随着黄金和大宗商品价格浮动的机制。金本位制意味着以黄金作为货币或者作为纸币的储备,所以黄金使得纸币的发行受到制约。[1] 究其原因是什么呢?

生产商品与自然商品的统一,从"20码麻布＝1件上衣＝1棵树"到"20码麻布＝1棵树＝1件上衣",与"20码麻布＝1盎司金＝1棵树"到"20码麻布＝1磅＝1棵树"有着内在的联系,揭示了货币从金属货币向名义货币过渡、从商品货币向信用纸币过渡的必然性。在"上衣＝树"的交换形式中,不仅隐藏着货币价值秘密,隐藏着货币价格秘密,而且隐藏着商品货币金本位制崩溃之秘密,隐藏着一切信用货币真变假、假变真的各种戏法。

经济活动中,除了价值需要货币化,还有价格需要货币化。"价格商品堆"是一个庞大的商品堆,在规模上并不亚于"价值商品堆"。当以货币价格表示的"物质财富"规模大大超过生产商品的总价值且大量自然商品又必须用货币实现,货币发行的商品基础——黄金储备,不能满足巨大规模生产和流通的需要量,导致扩大再生产的流通手段和交易支付手段的绝对不足时,金本位制的崩溃便成了必然。作为一般等价物,货币的价格尺度职能使得货币不能完全以商品金为兑换基础。因为价格的属性根本不是生产时间的量而是社会效用的量,面对膨胀的经济,不能仅靠商品金支撑。这是金本位制崩溃的根源所在。

以金为材料充当世界货币时,金本位制就是一单位货币象征多少金。在可兑换黄金条件下,黄金含量是主权货币兑换比率的基础。即一国货币单位兑换他国货币单位的比率(汇率),以货币各自含金量为基准,通

---

[1] 参见《第一财经日报》:《拯救全球金融》,中信出版社2009年版,第178页。

常称其为"铸币平价"或"黄金输送点"。兑换能力由黄金输送点确定,法定平价因此成为外汇行市的基础。面对世界经济,如果金只能承担"价值商品堆"的货币实现,而无力承担"价格商品堆"的货币实现,就会出现"无论货币象征多少金,金还不够用",货币本位就会崩溃,因为它象征的金没有了。以价值商品(生产商品)为基础的货币金,面对大量价格商品(自然商品)进入交换,黄金作为支付手段供不应求,最终必然会冲垮金本位制。"作为流通手段的货币材料数量上够不够"的问题是导致金本位制崩溃的直接原因。

另一方面,货币价值与商品从价值发展到货币是同一个历史过程的不同表述方式。要对多种货币的价值进行比较,必然要回到一个基准,这个基准仅以黄金一项商品代表是不够的。就是说,在世界的范围内,仅用一种商品的价值作为世界货币的价值基础已经无法承担基准的功能。作为主权货币之间的交换代表的是综合生产力和购买力,因此货币价值比较的基准应是一组商品和资源。

金本位制崩溃是现实中的世界货币崩溃。金本位制崩溃告诉我们,世界商品和它的社会形态(货币)之间已经发展到严重对立的局面,要解决矛盾必须寻找另外的出路。世界货币需要"象征"更多的东西。

## 三、债券替代黄金

金本位制崩溃的内在机理从美国建国伊始就初见端倪。1783年,英美签订《巴黎和约》,英国承认美国独立。之后,美国经济问题就集中在"钱从哪儿来"上。

美国第一任财政部长汉密尔顿想到的办法就是发行国债。他认为让国债有价值比得到低利率贷款更有意义。政府的债券吸引投资者购买它,并很自然地将它作为一种投资的手段。"作为国家的债权人,他们是最先受益的人。"将这些人的物质利益同政府联系起来,因为只有这样才能将国民拧成一股绳,集中财力办大事。"如果所有债券的持有人都从同一个地方(联邦政府)取得收益的话,在分配公正的情况下他们会得到相同的收益。"[1]

---

[1] 〔美〕H.W.布兰兹:《货币贵族》,楚建海译,中信出版社2008年版,第25、26页。

发行债券就等同美国政府向民众借钱。更重要的是,他们发现政府的债券完全可以当做货币来流通。发行国债可以解除印钱的诱惑。所以,只要发行债券的收益超过应付利息,就可以将其视同货币而大规模发行。1861年美国南北战争爆发。1862年2月,美国国会通过了《法币法案》,林肯授权财政部正式发行绿币。1863年,林肯签署了《国家银行法》,该法案授权批准国家银行发行统一标准的银行券,即美国国家货币。而发行货币的银行恰恰是以美国政府债券作为发行银行储备金的,从此,美国的货币发行就与国家债务联系在了一起。

由政府发行债券而银行发行货币说明了什么呢?说明银行没有黄金储备照样可以发行货币。问题在于它要以美国的资源、商品、劳务做抵押。美国经济学家约翰·肯尼斯·加尔布雷斯曾一针见血地指出:在内战结束以后的许多年里,联邦政府财政每年都获得了大量盈余。但是,它却无法清偿发售出的政府债券,因为这样做意味着没有债券去做国家货币的抵押。还清债务就等于摧毁了货币流通。说到底,是美国政府和银行家卖美国(以美国为抵押)而得货币。到2006年,美国联邦政府共欠8.6万亿美元的债务,平均每一个四口之家要摊11.2万美元的债务。①

目前,中国购买了大量美国国债,这对于美国来讲是一举两得:一是可以救美国政府;二是可以使美国推行所谓定量宽松政策,使最低利率滥发的美元回笼,而不损害美国眼前的利益。

## 第二节 主权货币

### 一、货币的价值与价格

贸易的发展、国际间扩大的合作生产,导致大量生产要素在国际间流动,当货币由作为一般等价物发展成为储藏手段和一种资产,也就不能排除货币本身成为可以交换的商品了。好的货币如同好的商品和资产,不能禁止人们对其进引买卖。货币买卖产生了货币的价值与价格问题。我们前面说明,货币若没有一般等价效力为基础,没有内在的价值,也就没

---

① 参见宋鸿兵:《货币战争》,中信出版社2007年版,第49页。

人对它有需求。

主权货币以何定值定价？货币以商品定价,比如说以黄金定价,就是黄金货币;货币以石油定价,就是石油货币;货币以粮食定价,就是粮食货币;货币以煤炭定价,就是煤炭货币……在纸币流通下,主权货币本身价值如何确定、如何比较？货币交换的依据是什么呢？在当代各种汇率学说中认为货币是有内在价值的并最接近货币商品本位的是汇率的购买力平价说。

瑞典经济学家卡塞尔早在1916年就提出了汇率的购买力平价说,主张以两国货币对商品和服务的购买力来确定两国货币交换比例。两国货币汇率的价值的比较可以看做是购买力比较,即由一国货币能买到商品或支付劳务费用的能力出发,比较该货币在对方国家所能买到多少同等商品和劳务量。作为购买力的比较,可以把各种货币之间的交换比例看成是同一种商品在各国以各自货币表示的价格比。以两国物价水平求得交换比例相同(均衡汇率)就是"绝对购买力平价"。绝对购买力平价,"绝对"就绝对在(当然也相对而言)是用"同一商品"表示两国有差别的货币价格水平。事实上,同一件商品在各国价格不可能相同,正因为如此才会出现汇率(弗里德曼提出的一价定律,即一件商品在各地价格相同),而"相对购买力平价"就是一定时期内两国货币汇率变动百分比等于两国价格水平变动百分比之差即两国通货膨胀率之差。

认为汇率是货币(资产)的价格,两国货币相对供求关系决定两国间汇率的说法是一个直观的表象。实际上货币价值决定于购买力的观点不过是承认商品货币的另一种说法。是因为购买力的本质,也就是主权货币所能兑换(等值)的商品和劳务量是"同一商品",即用一定单位的货币能购买的生产要素或消费品表明货币币值的高低,可以视同于回归到货币商品,回归到用货币商品价值(黄金含量)定位货币购买力。

货币本身具有的一般购买性即币值,可以相对有高有低。一国货币为什么会比另一国货币具有更大的购买力呢？换个角度说,同样代表"1小时"的A国、B国两个货币单位,为什么A国货币只可以买一件衣服,而B国货币可以买两件衣服？依照生产价值论,简单通俗地回答就是,因为"同1小时"时间的生产率不同,或同一件衣服耗用的生产时间不同。

当然,构成生产率、产品质量、生产成本的因素是多种多样的。当我们说"货币的价值"时,实际上是在说"一组商品"的价值。货币币值的最终决定因素是一国的综合国力。

货币作为一种"契约上的商品",货币交换既有价值的"等量形式",也有价格的"比例形式"。如果说货币价值是货币交换的"等量形式",是货币质量(购买力)的代表,货币价格自然就是货币数量交换的"比例形式",由对该货币需求的数量大小决定。在等量形式的基础上,货币交换的数量比例形式——两国货币交换之数量比例,就是两国货币的相对价格。

纸币流通下,假定货币价值不变,那么汇率就表现为两种货币单纯数量的交换比例。汇率表现为"比例关系",通常指外汇行情。这种汇率定义适用我们论证过的简单价格形式,即两种货币通过数量交换比例显示出简单价格形式。两种货币兑换比率或外汇买卖价格就是以一种货币表示的另一种货币的价格。实际上,汇率是以两国货币各自代表的价值量为基础形成的交换比例、它受货币价值浮动和外汇供求变化共同影响。

## 二、币值与汇率

在货币与货币的交换中,汇率不仅是货币交换的比例,也是由货币购买力之等量决定的。在货币发行数量不变的条件下,如果一国的生产和经济强势,币值就会上升;如果一国的生产和经济下降,币值就会下降。一国货币的购买力取决于该国综合生产力和经济状况。反之,在一国生产和经济相对不变的情况下,货币发行数量越多,货币购买力越低,这是通货膨胀下的币值下降。一国货币数量过度膨胀或过度紧缩会导致自身价值的波动,从而引起汇率的波动。汇率的波动则直接影响该国的国际收支平衡。对国内经济而言,货币的价值(币值)当然是越稳定越好。原因很简单,生产和交换的尺度稳定,生产和交换就容易进行。

不同货币供求形成货币市场。在货币市场上,即使一国币值再稳定,他国币值改变也会视同该国货币升值或贬值。从货币交换意义上说,汇率的相对波动不会以人们的主观意志而转移,挡不住的贬值和挡不住的升值使汇率的波动成为必然。只要交换中有一国币值发生变动就会引起相对尺度的变化,绝对稳定的汇率是没有的。现代经济发展的重要标志之一就是货币的买卖。因此,货币价值的高估低估,或预期贬值及预期升值,也会引起两种货币之间供求的变化。①

升值危机中,政府动用的资源是抛售银行持有的本国债券,以消除资本流入带来的货币供给扩张压力。一旦本国资产耗尽,货币基础就全部由外汇构成,央行无法再行干预市场,无法抛售本国债券、购入更多外汇,只有使本币升值。此时,如资本可自由流动,强行维持固定汇率就会造成货币供给失控增长,造成严重的通货膨胀。若政府发行更多国债以控制货币供给,这种冲销政策又会增加中央银行运作成本(外汇储备利率比抛售国债的利率低),也会使政府面临巨额财政赤字和利息负担。

货币升值不利于出口和吸引外资。货币升值过度会对实体经济产生负面影响,增加政府对宏观经济调控的难度,使货币供给增长过剩、贷款过度膨胀。同时,大量短期资本流入目标国家会形成非实体经济如房地产、股票等资产价格泡沫,加大金融风险。最后资本又会反向流动,转化为货币贬值的货币危机,形成反向冲击。升值成为贬值危机的序幕,最终引发贬值危机。而货币贬值会增加企业和金融机构的以本币计的外债负担,导致国内金融体系脆弱的发展中国家陷入货币贬值引起的金融危机。

总之,币值的高估会引发货币贬值预期,币值的低估会引发货币升值预期。货币价值高低取决于若干基本变量,如利率、通货膨胀率、经济增长、经常账户余额的现值和预期值。一国货币能兑换多少商品,归根结底可以反映出一国生产力(价值)和生产要素(价格)的综合水平。因此从

---

① 币值高估意味着货币名义购买力已经超过了实际购买力,会导致一国对外贸易、债务负担和资产价值等各方面的国际竞争力下降,并因此承受损失。一国币值高估会扭曲汇价。如果币值高估不能得到调整,预期贬值就会引起资产组合的调整,抛售本币,购买外币,引发资本大量外逃,利率上升。在贬值带来的危机中,只要是中央银行发行在外的本币都可能被用来向央行兑换外币。因此,政府需动用外汇储备维持固定汇率(即不贬值)。一旦外汇储备剧减,以致耗尽,政府就无法再行干预。最终结果是迫使政府放弃外汇市场干预,允许汇率自由浮动,只有这样,本币被迫暴跌才能得以纠正。

币值低估预示着未来购买力存在升值的可能性,意味着本币相对价值有上涨趋势。因持有强势货币能减轻债务负担并获取资产溢价收益,此时外币的吸引力会降低。本币汇率的低估程度越大,持有本币的收益也越高。因此,若预期升值,则会出现资本流入、外汇剧增,将导致国内货币供给增加,通货膨胀压力加大;同时,本币升值压力加大,出口会被抑制,经常项目恶化,经济增长速度下降。面对通货膨胀的压力,政府要实行紧缩,必须实行高利率政策,以吸引更多资本流入。

长期看,汇率走势与购买力平价趋势是一致的,从而可以用购买力平价预测长期汇率走势。

20世纪70年代,货币分析法与资产组合分析法融合,产生了许多新的汇率描述性模型,这些模型讨论货币流动、经常项目、商品价格及浮动汇率的长期调整。这些现代模型的一个共同特征是将汇率看做资产价格(认为汇率是两种货币的相对价格,各国的货币是资产的一种形态)。汇率的决定与其他资产(如股票、债券)价格的决定类似,通过价格的变动诱使投资者对现有的各种资产存量的持有进行重新分配。

货币分析法与资产组合分析法融合的实质是把流量的货币结合存量的资产。1976年穆萨对汇率决定的资产观点作了一个表述。穆萨认为,汇率本质上是一种价格,这一性质在蒙代尔模型中被模糊了。蒙代尔将资本项目视为与经常项目一样的流量概念,是相对利率水平的流量函数,而汇率则是由净国际收支为零时的状况决定的,因此,在模型中汇率作为调节存量需求与供给的作用也不见了。投资者根据汇率的不同调节各自的存量需求与供给所产生的交易量,这一数量是国际收支流量本身的无数倍。人们批评蒙代尔理论将国际资本流动视为一个流量来处理,因为他仅强调财富中的货币部分而忽视了其他形式的资产,主要是外部净资产。结果,资产市场的存量均衡与产出及要素市场的流量均衡之间的界限被模糊了。因此,早期的蒙代尔模型无法对汇率的波动作出解释。①

### 三、浮动汇率体系

绝对的、完全的、自由的浮动汇率制起因于金本位制的崩溃。

一个主权国家作出的最重要的金融政策决定往往被认为是选择汇率制度。因此,汇率制度选择也就自然反映了一个主权国家的经济博弈。选择货币汇率和资本管制制度,也就是在固定汇率制度与资本自由流动制度之间选择。用通常术语说就是,如果选择固定汇率,就必须实行资本管制;如果选择资本自由流动,就必须放弃固定汇率,让汇率浮动。货币贬值或升值会引起汇率危机、国际收支危机等种种危机。这里会出现两

---

① 参见宿玉海:《人民币一篮子货币最优权重模型的构建》,中国财政经济出版社2008年版,第63页。

种截然相反的理论。

自由汇率理论认为,20世纪90年代所有金融危机的特征是实行固定汇率制。金融危机来自内部,来自一国的固定汇率制度。这种观点认为,汇率就是供求价格,对汇率波动施加人为限制会使世界经济偏离正常轨道。国家干预会降低价格形成效率,改变市场本质。① 持该观点的学者指出,尽管浮动制具有金融爆炸性,但潜在的更大危害性是计划和政府对私有部门的高度指导,阻碍了经济的自然增长。价格,包括汇率,都是竞争性需求中稀缺资源配置的代理,可是固定汇率制度通过人为地稳定货币而导致了各种经济扭曲。他们批评固定汇率者所持有的绝对稳定的汇率或可控制、浮动汇率可以吸引外资的观点,认为固定汇率会造成外汇兑付有保障的假象。在固定汇率且资本自由流动的前提下,如中央银行实行紧缩抑制通货膨胀,则利率会上升,高利率会吸引自由流动的短期逐利资本流入,政府对货币供给的控制将产生困难,导致紧缩货币政策失效。货币政策会丧失操作的独立性(失效)。在浮动汇率下,各国可以自主调节货币供给,利用货币紧缩抑制通货膨胀,利用财政政策调节经济扩张与紧缩,实现经济内部均衡,稳定增长。汇率浮动可自发调节进出口,调节国际收支不平衡,实现经济外部均衡。让货币在市场中贬值并"浮动"到它自然的水平,不要再次钉住而招致危机。该观点认为浮动汇率是一个更可取的永久性政策。

自由汇率理论告诉我们,汇率只要浮动,就可以抵挡外部通货膨胀的冲击或"输入";本币汇率固定则必然遭受外部通货膨胀的冲击或"输入"。进一步说,汇率变化或波动可以替代价格水平之变化或波动。汇率不稳定是基础经济结构不稳定的表现,通过行政手段干预汇率、消除波动性只会使结果更加恶化。弗里德曼(1953)希望,最终目标就是建立一个各种汇率自由浮动但同时又高度稳定的金融世界。

与自由汇率理论相反的观点告诉我们,实行浮动汇率会加剧各国金融和经济不稳定,导致世界性通货膨胀蔓延,区域金融危机频繁发生,会使金融资产价格剧烈波动,实物资产价格调整滞后,资源配置效率降低,

---

① 参见〔美〕戴维·德罗萨:《金融危机真相》,朱剑锋、谢士强译,中信出版社2008年版。

汇率波动与实际经济分离,国际贸易和投资受困。

目前货币体系的国际收支调节机制就是浮动汇率体系。金本位制的崩溃昭示着维持各国货币内在的稳定的共同价值尺度的消失,客观公平的固定汇率制度必然崩溃。随着绝对浮动汇率体系的降临,人类社会进入了一个没有商品担保、没有价值保证、强权货币主宰世界经济的时代。

国际最后贷款人就是国际货币基金组织和美联储。这个体系没有任何外部约束机制,国际储备货币的发行也没有任何外部约束。尽管目前关于国际货币体系变革的讨论很激烈,但在国际货币体系变革讨论背后的共同动机都是争夺国际主导货币的发行权。浮动汇率体系下,国际货币体系的有效运转只能着眼于各国宏观经济政策的协调和配合,指望各国宏观经济政策坚持一些共同的原则,譬如财政不能出现长期的大规模赤字。但在现有个人主义政治盛行的条件下,要求各个国家承诺对自己的政策有所约束是根本不可能做到的。

实际上,汇率制度的本质不是货币与货币的关系,而是国家与国家之间的关系,是不同经济主权之间的关系。汇率浮动的根本在于由社会生产与社会效用所形成的主权货币内在价值之间的"不等量",以及需求数量上的不平衡。但是,作为浮动汇率制度的鼓吹者,其真正目的是为谋求自由的环境,以便自由地竞争、自由地掠夺弱小国家、自由地攻击发展中国家。

对绝大多数国家来说,选择不同的汇率制度谋求的是尽可能等价交换。汇率目标的选择就是为了绑定本国(主权)货币的价值。(费希尔建议)最好的外汇制度是"浮动——如果你不浮动,那么就严格钉住"[①]。但是,在国际货币没有商品本位的前提下,国际货币体系就是沙丘上的建筑。无论是选择固定汇率制还是选择浮动汇率制,损失都是绝对的,损失大小是相对的。在这种情况下,正如伯南克等经济学家指出的,钉住汇率制本身无法保持价格稳定,因为整个汇率体系需要一个名义"锚"。

只要以自由汇率体系作为国际收支调节机制就意味着没有世界货

---

[①] 〔美〕戴维·德罗萨:《金融危机真相》,朱剑锋、谢士强译,中信出版社2008年版,第152页。

币,没有世界货币就不会有公正的、相对稳定的国际货币体系。

随着全球经济一体化的发展,人们已经逐渐认识到,世界需要一个统一的货币。

蒙代尔是宣扬"黄金重新货币化"的重要人物。他主张重返固定汇率制度乃至某种形式的金本位制(以 30% 的黄金储备作为条件),给人类货币供应重新确定一个"锚",以控制全球货币之增长。20 世纪 60 年代,美元深陷困境,国际清偿能力不足,其他国家要求获得更多美元。以蒙代尔为代表的经济学家提出,现在之所以出现危机,就是因为主权货币太多了,所以解决方法自然就是全面改革国际货币体系。当时蒙代尔提出的解决办法就是创造一个世界货币,这个世界货币将会等同于 1/35 盎司的黄金。但这一提议最终并未付诸实施,随后,非常重要的黄金保证在 1974 年被放弃了。

### 四、美元称霸

以生产价值论观点说,汇率是货币交换(2 美元 = 1 英镑)的简单价值形式与简单价格形式的统一。当世界经济以众多国家货币交换为基础时,我们看到的是各种货币"总和的或扩大的价值形式"。如:2 美元 = 1 英镑 = 10 人民币 = A 马克 = X 日元 = Y 卢布 = Z 法郎 = M 埃镑 = N 奈拉…这是一个不稳定的、完全相对的浮动的交换系列。在这种情况下,要取得相对稳定,不同货币需要找到一个通约的基准。在金本位制下,通约的基准就是黄金。假定这时将法定黄金含量与美元相固定,美元就视同一定量的黄金,成为通约的基准。谁充当通约的基准,谁就是在充当世界货币(国际货币)。国际货币用做国际贸易中的支付手段时被称做外汇储备。

金本位制崩溃后,我们看到上面各种货币"总和的或扩大的价值形式","2 美元 = 1 英镑 = 10 人民币 = A 马克 = X 日元 = Y 卢布 = Z 法郎 = M 埃镑 = N 奈拉…"这个不稳定的、完全相对的、浮动的交换系列不再以黄金含量通约时,只能就货币购买力谈货币价值了。要在一堆货币中找一个纸币做一堆货币的基准,为其他纸币定值,既不公平也不可能,最后只能是"浮动汇率制",凭实力说话! 通约办法则以特别提款权作为主要储备资产,作为各国货币定值的基础,这就是 1976 年达成的《牙买加协定》。正像货币寻找金银一样,现在是主权货币在交换中寻找世界货币。世界货币(为各国货币定值)问题由此产生。

理论上说,任何一国货币都可以充当世界货币,就像任何一种商品都可以充当货币一样,但事实上充当世界货币的"货币"需要具有特殊能力。这个"特殊能力"就是世界货币必须具有能与世界商品和资源可自由兑换性。这个事实使得任何国家的主权货币都不可能独立充当世界货币。本来应该走上改革的国际货币体系却走向相反的方向。金本位制的废除彻底解放了控制货币供给的美联储,扳倒了美联储大量印制钞票的唯一障碍。"商品货币"变成过时的经验,已被证明无力充当世界货币而与黄金(世界货币)脱钩的美元——依靠美国的所谓信用,如愿走上充当世界货币的舞台。

认为货币的本质要么是商品要么是符号,反映到货币理论上便产生了金属货币学说与名目货币学说的对立,继而反映在不同的货币政策上。金本位制崩溃后,世界并没有走上重新定位、确立扩充国际货币商品本位的方向,恰恰相反,金本位制崩溃使美元货币完全脱离货币发行的商品基础。整个世界金融体系运行在美国和美元信用基础上,全世界以一个国家的国民生产总值为支撑,必然潜伏着巨大的毁灭性的风险。

表面上看,美元充当世界货币,得到美元就视同得到等值商品和资源。别国为了得到美元,就要向美国出口商品和劳务。美国必须因此具备为美元持有国提供以自身贸易收支逆差为代价的货币供给能力。如果是顺差,别国得不到美元,就会陷入国际储备不足;不可逆转的贸易逆差会破坏该国的货币稳定性信誉,而世界经济又要求世界货币保持币值稳定。这就是通常说的"特里芬两难抉择"。其含义是靠美国贸易赤字为全球提供世界货币,必然会面临两个局面:或是因为美国贸易赤字不足而导致美元荒,最终殃及全球贸易与经济增长;或是因为美国贸易赤字过大,而引起美元过剩危及美元与黄金比价大幅度波动。也就是说,若美元货币纯属"法定货币",没有任何贵金属或物质做最后支持,那么一般而言,美国国际收支必定是赤字,因为只有美国国际收支出现赤字,才能为世界其他国家输送储备货币。似乎美国为了世界经济发展作出了牺牲。

实际上,国际贸易以美元结算会给美国带来巨大的铸币税收益,所以，美元强挺其霸主地位是理所当然的。但在明知不能承担国际责任的事实中，以美元为首的现代国际货币体系变成了首先维护美国利益的工具，而非为全世界谋福利的工具。

美联储推行的"定量宽松，最低利率"的货币政策，美元唯利是图的世界发行最终导致美元货币作为世界主导货币的崩溃。我们已经看到这种崩溃所带来的灾难——2008年全球性金融危机——美国信用谎言的破产。2008年全球次贷危机和信用危机的根源是国际货币体系的缺陷：浮动汇率和不受约束的美元发行。浮动汇率体系是一个国际货币供应量无限制增加的内在机制，促使全世界的货币供应量无限制放大。1971年美元货币量只有381亿，今天已达6.2万亿，现在的1美元的购买力仅相当于1971年的6美分。依靠美国的所谓信用，世界所有信用货币都在贬值，没有一种信用货币能够避免不断贬值的下场。纸币有价值，因为它代表实体"财富"；纸币没有价值，因为它不代表实体"财富"。可以无限印刷的现代纸币既是财富的代表，又可转瞬间一文不值。

## 第三节　区域货币

区域货币是主权货币与单一世界货币之间的一种过渡形式。西欧国家主权货币以联盟的形式形成欧元区，为我们提供了主权货币向未来单一世界货币过渡的一些经验要素。由欧元区形成引发的对"最优货币区"构成的分析，开辟了"货币联盟经济学"这样专门的研究领域。本节以保罗·德·格劳威所著《货币联盟经济学》为基础，以欧元区经验为例，分析在未来单一世界货币形成中可能出现的一些共同问题。

### 一、货币联盟

指望一国币值绝对稳定是不可能的，完全固定的汇率是空想，但任其自由浮动也是不现实的。然而，无论是选择浮动汇率还是选择固定汇率，汇率制度本身意味着两个或多个主权之间的交换，其本质是生产经济发展的不平衡以及资源在地理国家之间的分割占有。面对美元的霸权和欧洲经济与市场一体化，蒙代尔的"独立货币区"理论应运而生。独立货币区和货币联盟的出现说明世界经济多极化的发展必然会反映到货币形态上。

伴随世界经济和市场一体化的推进,各国地理边界作为影响产业布局的因素会变得越来越不重要,结果是形成不受地理边界约束的集中与聚合效应,使得跨越地理边界的世界产业布局成为可能。这种情况在欧洲首先表现出来。欧洲产业集中化的相关地区越来越涵盖一个甚至更多的国家。如汽车制造业不再仅局限于德国,而是分布在包括德国南部地区和意大利北部地区的更大范围。针对这种情况,对汽车产业的冲击会同时影响德国和意大利,因此马克—里拉的汇率不能用来解决这个冲击。

"独立货币区"理论认为,浮动汇率只能分别解决两个不同货币区之间的需求,不能同时解决两个不同货币区之间的需求转移。为使汇率更好地发挥作用,就必须放弃主权货币而采用区域性货币,即根据生产要素可否自由流动确定最适度货币区。最适度货币区表面上看是以"经济开放度"为标准,实际上包含了各国彼此间商品、劳动力、资本的自由流动。经济发展水平基本一致,通货膨胀率接近,从而经济政策也会相对一致,在此地区内国家的货币联盟形成独立货币区。区内汇率固定,对外实行浮动汇率;对内保持汇率稳定,对来往不密切地区实行弹性汇率。

几个固定汇率制国家组成一个货币体系,实质上等于放弃汇率浮动,放弃主权货币。也就是说,区域中主权国家放弃独立货币政策,建立共同地区性中央银行,由中央银行统一货币政策保证均衡条件成立。基于这种放弃主权货币政策的意见产生了1989年欧洲理事会批准的《关于欧洲共同体经济和货币联盟报告》,即《德洛尔报告》。

## 二、趋同标准

1991年12月,欧盟各成员国首脑在丹麦小城马斯特里赫特签订了具有历史意义的《马斯特里赫特条约》(以下简称《马约》)。《马约》的内容以设计如何迈向欧洲货币统一的蓝图而闻名于世。其中,向欧洲货币联盟迈进的战略以确定两个原则为基础:首先,这是一个要跨越多年的渐进过程;第二,加入货币联盟要以满足趋同标准为条件。

《马约》签订12年之后,欧盟内部组建了货币联盟。这12年就是一个渐进过渡的过程。过渡期间的主要特征就是要求各候选国必须达到经济趋同化的要求。一国加入货币联盟必须满足以下条件:(1)通货膨胀率不高于成员国中三个最低通货膨胀国家平均水平的 1.5%；(2)长期利率水平不高于成员国中三个最低通货膨胀国家平均水平的 2%；(3)该国已加入欧洲货币体系的汇率机制，并且在加入货币联盟前两年内没有货币贬值；(4)该国政府预算赤字规模不高于其 GDP 的 3%；(5)政府债务余额不应超过其 GDP 的 60%。1999 年 1 月 1 日，各加盟国货币与欧元的兑换比率不可逆转地固定了。以后的实践经验证据证明：第一，货币联盟强化了经济一体化进程；第二，经济的一体化反过来又减少了非对称性冲击。

根据欧洲委员会的观点，在货币联盟内，发生不同需求冲击的频率将越来越小。原因在于欧洲工业化国家之间的贸易在很大程度上是建立在规模经济和不完全竞争(产品差异)基础上的产业内贸易，由此形成各国相互买卖同类产品的贸易结构。由规模经济引发的贸易一体化也会形成产业活动的区域集中化。① 基本的论证如下：贸易障碍的减少会对产业布局产生两种相反的影响。这既可能使生产更接近于最终消费地，也可能使生产更为集中，并从规模经济中获利(从静态和动态两方面分析均是如此)。这可以解释为什么事实上贸易一体化引起产业活动的区域集中化趋势更加明显，而不是相反。

另一方面，在货币联盟内，经济一体化使得非对称性冲击的出现越来越少。这与服务业日益重要(占欧盟许多国家 GDP 的 70%，甚至更高的比重)、工业规模经济发展日趋稳定相关。就是说，实际上经济一体化并不会使服务业像工业那样出现区域集中的趋势。因此，即使继续推进经济一体化进程，经济的区域集中化趋势也会停步。有证据表明美国已经出现这一趋势。经济合作与发展组织(1999)研究得出结论：经过几年的发展之后，美国经济活动的区域集中化势头已有所回落。

三、内在差别

欧洲委员会清楚地认识到，各国存在的显著差异并不会因为加入货币联盟而马上消失，还有许多差异具有政治和制度的根源。现在结成欧

---

① 参见李泽龙："对货币联盟主要争论的总结"，http://www.china_value.net/Article/Archivel/2006/6/8/33624.html。

洲货币联盟的各民族国家仍保留了许多国别特征,例如劳动力市场制度就是如此。法律制度体系的差异也可能对金融市场、住房市场以及其他市场的运作产生不同影响。此外,各成员国政府税收体系各异,财政支出政策也截然不同。

欧洲货币联盟本身只可以消除部分差异,而那些无法消除的差异在未来会引起各国产出和价格的不同变化,各国必然要进行艰难的调整。在调整过程中缺少汇率政策的帮助仍将被认为是加入货币联盟的成本。从这个意义说,1999年1月1日欧洲货币联盟启动后,各成员国就承担了一定的风险。

对一个主权国家而言,是什么原因决定他们加入还是不加入货币联盟呢?

依据现在的货币联盟理论,原因就是加盟国家自己对利弊得失的算计。用经济学概念说,就是成本和收益的比较。也就是向自己提一个问题:取消本国货币,采用在更大范围内使用的另一种货币,福利会增加吗?明显的成本是:取消本国货币也就等于放弃了一项经济政策工具,丧失了运用本国货币政策的能力。换言之,在一个完全的货币联盟中,成员国的中央银行要么取消,要么将不再拥有任何实际权力。这意味着一国在加入货币联盟后,将再也无法改变其货币的价格(通过贬值或升值的方式),同时也不能决定该国流通中的货币数量,甚至无法改变该国的短期利率。

### 四、政治联盟

人不仅是经济动物,还是政治动物,国家也同样如此。所以,除了经济福利上的计算,还要有政治上的算计。

首先,货币联盟的各成员国在许多经济领域仍然拥有相当大的自主权。预算领域就是最重要的一个方面。在货币联盟中,大部分的财政支出与税收权力仍掌握在各成员国政府当局手中。现在,欧盟大多数国家的政府当局控制的财政支出与税收规模几乎占本国GDP的50%,而欧盟当局的收入与支出规模不到其成员国GDP总额的1.5%。1999年欧洲货币联盟启动后,这种局面仍没有发生变化。

其次,国家虽有大小,但其发言的权利应平等。

欧元区的货币机构是根据《马约》条款设立的。这包括欧洲中央银行(ECB)和已加入欧洲货币联盟的欧盟成员国中央银行（NCBs）。2003年有12个成员国参加欧洲货币联盟国,至今达到15个,还有12国未加入。其中小国在总裁理事会中的代表相对较多,并且在扩大之后的欧元体系中这一现象将会更为突出。为降低总裁理事会中小国代表影响执委会战略地位所引发的风险,总裁理事会的实践是对三种方式进行评估：(1)美联储程式。允许所有成员国的中央银行行长参加总裁理事会的讨论,但在轮转的基础上将有投票权的行长数目限制在某个范围之内(投票轮转制)。(2)国际货币基金组织程式。将选区中的小国集中在一起,推举一名代表。(3)集中化程式。将决策权力赋予欧洲中央银行执委会。目前执委会有6名代表。该程式建议扩大执委会的成员数员。

2002年12月总裁理事会达成协议,将程式(1)和程式(2)融合。小国集团轮流选出一名代表参与决策。各位行长的投票权重取决于各自所代表国家的相对经济规模的大小,大国相对更高。人们清楚地看到,只要不同特征的民族国家还继续存在,货币联盟中就会不断引发对不平衡的冲击。这使一些经济学家认识到,只有进一步实行政治联盟货币联盟才可能很好地发挥作用。

第三,区域货币联盟的基础是区域经济一体化和区域政治联盟。从世界的意义上说,政治联盟的基础在于不同区域文化和文明的联盟。尽管加入欧洲货币联盟需要有"趋同"的条件,如通货膨胀率趋同、预算趋同、汇率趋同、利率水平趋同,但对各主权国来说,差异是绝对存在的,趋同则是相对的。但不可否认,最优货币区理论为世界向单一货币的过渡提供了参考;欧洲货币联盟的实践对世界经济的发展和世界货币的形成具有极其重要的意义。

欧洲货币联盟的经验告诉我们,随着经济发展和市场扩大,小国及小市场的货币会趋向联合成大市场或区域货币,而区域货币和大国货币会向世界货币过渡。

我们可以预言：趋同且保持差异是世界发展的方向;世界经济一体化和世界货币的最终形成将是解决主权国家和汇率制度无法应对的不平衡

冲击的最终答案。①

## 第四节　世界货币原则

未来货币发展的方向是随着国内市场、地区市场和世界市场的成熟,小国主权货币会向区域化方向发展,世界经济的发展会促进世界货币形成。

### 一、世界货币从何而来

面对世界经济,任何一个主权国家货币充当世界货币都是不可能的。那么,如何构建一个新的国际货币体系呢？世界单一货币委员会主席莫里森·博纳斯认为,现在最根本的问题是多元货币体系,就是说我们有太多的货币种类；我们需要的是根本性变革——向世界单一货币过渡。他问道:"如果16个国家能够达成统一的货币,那么为什么不是192个呢？"他提出要在2024年以前将这一目标完成。事实上,欧元区、美国、日本和中国四个地区或国家的货币如果联合在一起就已经是全球货币总量的90%以上,这就"已经是全球性货币"了。② 博纳斯主席不相信黄金是支撑货币信用的工具,认为现在已经不是依赖黄金的时代了。如果建立了单一世界货币,黄金应对货币危机的用途也就不存在了。

蒙代尔则认为,当前单个货币,比如美元、欧元、日元,都不具备承担货币体系核心货币的功能,而联合起来就可以形成世界货币。"我认为我们现在需要的是一个国际黄金系统,并在国际黄金系统之上建立世界货币,也就是一篮子主要的货币,包括美元、欧元、日元、英镑、人民币,这个世界上主要的五个经济体都参与其中。"蒙代尔认为,现在我们要做的是首先设立一个目标,理解我们想要创造一个什么体系,是一个什么样的框架。第一条要考虑的就是什么是全球货币账户？全球性的措施什么？黄金是否会成为其中的一个因素？然后重建新布雷顿森林体系。③ 但是,

---

① 参见〔比〕保罗·德·格劳威:《货币联盟经济学》,汪洋译,中国财政经济出版社2004年版。

② 参见《第一财经日报》:《拯救全球金融》,中信出版社2009年版,第193页。

③ 参见同上书,第181页。

如果没有黄金或其他贵金属做担保,世界货币的信誉如何保障呢？博纳斯主席认为,"将由统一的世界货币当局的信用为支撑"。但世界货币当局的信用又由谁来担保呢？世界货币信用的基础究竟在哪里呢？

从根本上说,认为依据现存货币的组合建立起全球货币账户是一个误区。从"2 美元 = 1 英镑 = 10 人民币 = A 马克 = X 日元 = Y 卢布 = Z 法郎 = M 埃镑 = N 奈拉…"中,可以直观地看出,以哪一个主权国家的货币做世界货币都是不可能的。把所有的货币相加也改变不了货币的品质。"一麻袋土豆还是土豆",土豆的数量改变不了土豆的品质。世界货币的基础不是主权货币(特别提款权)的相加和组合,也不是大国的一篮子货币再加上黄金。同样,一篮子主要货币也不可能形成世界货币。所谓各国货币"联合降息",并不能证明各国货币就能联合成世界货币。

主权货币、区域货币、世界货币的发行是建立在国内市场、区域市场、世界市场等相应市场范围的商品兑换基础上的。在市场分层的前提下,不可能完全消除货币层次。在可预见的未来,只要有民族国家存在,世界货币的形成就不会排斥主权货币的存在。如果世界货币要取代各国主权货币,世界经济必须要经过"趋同化"形成趋同标准,这会是一个漫长的历史过程。但以此作为世界大同的目标也并不是完全没有可能。

## 二、世界货币本质

世界生产和交换的发展必将产生世界货币。

从主权货币的形成过程中,我们可以看到世界货币形成的萌芽。传统国际经济建立在贸易的交换上,在世界贸易中,商品价值普遍地展开自己的世界性。现今,世界经济的基础已从国际贸易发展到世界生产。世界经济格局建立在全球化生产的基础之上,发达国家把许多基础生产实体转移到发展中国家,自己只保留金融、科技、服务等产业。一方面主权国家已经成为世界经济的具体生产单位;另一方面,许多生产商品变成国际资本的产物,一个商品可以是 A 国的原料加上 B 国的劳动和 C 国的技术组合的产物。大量生产资本转移到别国,自然会形成基础产业空洞,作为货币兑换基础的商品变成不是本国资本控制的境外生产力的产物。生产以及生产要素的国际流动和国际组合要求取得统一的计量形式。

将世界生产和贸易建立在主权国家所有制基础上,同把社会生产建立在个人(占有)交换的基础上一样,不可避免地会面临国家与国家、单一国家与世界商品生产和交换的矛盾。极端地说,就是劳动、资本、土地已经全球化运用,但所有权还是掌握在主权国家或企业法人手中。无论何种制度的国家所具有的"政治国家"形式,对全人类和世界人民而言,都不过是放大的个人权力。因此,资本流动和生产贸易实现全球化后,主权国家及跨国企业的生产能否被世界承认、能否成为世界必要生产,还要在世界交换中检验。正像我们对商品价值和价格的分析一样,在世界市场上,以主权国家货币计量的生产商品是个别的、具体的、直接的生产,而以世界货币实现的国际贸易和生产商品是一般的、抽象的世界生产。"社会必要"从民族国家扩展到世界,作为世界货币的内在价值和价格当然是世界必要生产时间和世界必要效用。

世界生产商品和自然商品本身视同世界"社会生产时间和社会效用"。这里,世界商品独立的价值形态和价格形态作为世界货币与世界商品相对立。如同马克思所说,在世界贸易中,商品普遍地展开自己的价值;只有在世界市场上,货币才充分地作为这样一种商品起作用,这种商品的自然形式同时就是抽象人类劳动的直接的社会实现形式;货币的存在方式与货币的概念相适合了。[①]

世界货币是世界商品生产和世界商品效用的等价形式,是人类具体生产和交换的(抽象)世界形式,是世界资源和生产要素集中、流动、重组的社会形式,是世界经济的历史表现形式。真正的世界货币不仅提供国际贸易的支付手段,同时也是各国货币的价值尺度,可以为主权货币定值。

### 三、世界货币本位

"世界货币本位"即世界货币以何定值、定价。这里同样包含两个问题:第一,货币本身何以定价,即如何决定其价值高低;第二,货币商品数量上够不够。

没有实物本位支撑的纸币价格如何确定,什么决定一个面包值 1 美元或 3 美元?伯南克等经济学家认为,在纸币体系下,货币政策需要受到

---

[①] 参见〔德〕马克思:《资本论》第一卷,人民出版社 1975 年版,第 163 页。

额外的约束,即所谓名义"锚",在一定时间内把价格水平约束在特定的价值之上。名义"锚"可以采取数量约束的形式对投入流通中的纸币数量进行控制或价格限制,以法定形式用一些商品和资产来确定纸币的价值。① 二者比较,有质的定量才能形成度,数量要以质量为基础。所以,"用一些商品和资产来确定纸币的价值"更为根本。

金本位制的崩溃并不是像有些人认为的那样,当货币只表示单纯货币符号时,国际货币发行可以脱离商品本位,可以不依靠任何商品储备,可以为所欲为。相反,金本位制的崩溃恰恰说明,充当世界货币仅仅以单一"黄金"商品作为国际货币发行的支撑基础是不够的,而美元称霸局面的破产说明,充当世界货币仅仅以"单一国家"美国一个国家的商品和资源作为国际货币发行的支撑基础是不够的。全球化下的世界货币不能再以一种商品或一国商品储备独立支撑。

为了保证世界货币可自由兑换商品的基础,作为世界货币发行基础的生产商品和自然商品应该也必须是一组世界货币商品储备。充当世界货币的商品不能是单一商品而是一组商品。世界货币发行以一组商品储备为条件,世界货币符号代表事实上存在的一组商品,这种作为货币发行基础的一组商品,我们称之为"世界货币商品储备"或"世界货币商品资源储备"。

世界货币商品储备不仅包括生产商品储备,还包括自然(资源)商品储备,是生产商品和自然商品两类不同性质财富的组合。世界货币商品储备中,黄金等属于生产商品,自然商品则是指进入生产形成生产力的世界自然资源。抽象地说,货币包含的价值尺度是以生产商品的价值为基础,货币包含的价格尺度是以自然(资源)商品的价格为基础。同样,世界货币包含的价值尺度自然要以世界生产商品的价值为基础,世界货币包含的价格尺度是以世界自然资源(商品)的价格为基础。以商品价值定位货币价值,以世界商品价值定位世界货币价值。无论货币采取何种形态发行,货币的商品本质不会改变。货币只有建立在可兑换商品基础

---

① 参见〔美〕本·S.伯南克等:《通货膨胀目标制——国际经验》,孙刚、钱泳、王宇译,东北财经大学出版社 2006 年版,第 21 页。

上才有所谓真价值。货币信用之所以被提到首位,是因为货币是对商品兑换的信用保证,没有商品兑换性,任何货币的发行都是站不住脚的。"货币是商品的符号"这一命题本身说明,货币必须能与一切商品等价,否则货币也就不能称其为"一般等价物"。世界货币对应世界商品本位制。

世界货币的信用不是依靠各国货币的叠加,而要依靠一组世界货币商品储备做担保。换言之,能为世界货币发行担保的世界性资产储备是什么?不是一篮子主权货币,而是一篮子世界商品和资源。道理很简单,没有黄金就不存在金价,黄金是黄金价格的基础。世界货币的生产商品和自然商品储备才是最根本的。法定货币是一种债权,若大量发行又无商品可以兑现,货币就等于废纸一张。任何没有以可自由兑换商品做基础的货币最终都会失去信用。世界货币信誉的根本所在是具有世界范围的清偿能力,而货币清偿能力的根本在于发行货币的商品储备。

从历史上看,早在 17 世纪末就有人提出建立土地银行。阿斯吉尔 1696 年提出被持有的土地具有货币的属性,能转化为货币。他认为这样做能够降低利率,提高土地价格(最后他认为,应该以土地的 100 年收益总额作为定价基准)。[①]如果世界货币无需任何商品担保,世界货币与当今美元满天飞就不会有任何区别。商品经济中最重要的交换内容之一是生产商品与自然商品的交换以及自然商品之间的交换。尽管自然商品没有价值,但有价格。有了货币中介,就是货币与自然商品的交换。显然在自然商品与自然商品交换中,货币数量是自然商品货币价格的"比例"尺度,货币作为价格尺度和交换媒介,本身必须与自然商品"等价"。作为自然商品等价物的货币必然要有等价自然商品的占有基础。

### 四、商品资源储备全球账户

世界货币问题不在于"可以先建立一个全球监管者,负责清算、管理各国的通货膨胀",也不是第一条要"考虑全球货币账户",而在于首先建立全球资源(资产)账户,即"世界货币商品储备"或"世界货币商品资源

---

[①] 参见〔英〕约翰·F.乔恩:《货币史——从公元 800 年起》,李广乾译,商务印书馆 2002 年版,第 331 页。

储备"账户。建立全球资源(资产)账户,建立世界货币的全球商品资源储备账户,是建立世界货币账户的基础。没有一个世界货币的准备金——世界"准备商品"和"准备资源"全球账户框架,就没有世界货币自由兑换商品的储备框架。在此之上才能形成一个全球监管者。

一国货币发行的主权要有对一国货币商品资源占有的垄断。在金本位制下,金是商品,金可以流动,可以自由买卖。然而一旦说到货币发行,商品金必须变成主权国家占有的资产,主权国家才有可能在此基础上发行主权货币。国家垄断货币发行的本质是对货币商品、对货币商品储备资源的垄断占有。货币发行以货币商品价格为基准,就是以相应的商品储备为基准。正像在金本位制下一样,金的尺度不是以金的货币价格为基础,而是以金的重量为基础,即以金商品本身(商品的社会生产和社会效用两因素)存在为基础。也就是说,货币发行不是以黄金价格为基准,而是以黄金本身的储备(实物)为基准。在金本位制下,主权货币发行的基础是黄金储备,谁有黄金储备,谁就有相应数量的货币。

作为世界货币基础的商品储备存在两个问题:第一,世界货币的一篮子商品和资源储备在哪里?在美国?在俄罗斯?还是在中国?第二,商品和资源储备是属于私人的?股份制的?一个主权国家的?联合国的?还是一个新的世界人民组织的?

与当前的国际货币基金和特别提款权不同,真正的一篮子商品和资源意味着具有国际清算、国际清偿能力的未来世界货币,其储备资产不是由一国承担,也不是由一种商品承担。货币性质决定货币本质上不可能是个体竞争的,因为货币商品储备只能是社会占有的商品、社会占有的资源。发行货币的权力只能是社会的公共权力。货币商品归根结底只能是社会的储备,只有社会占有货币商品才能实现货币与货币商品的可自由兑换。未来世界货币制度中,作为世界货币发行的储备商品只能是世界的、国际的、超民族国家主权的,正如主权货币是建立在可以控制的主权资源、主权权力上一样,没有超越主权的世界商品储备就没有世界货币。只有世界占有一组货币商品储备才能支持世界货币发行。

五、世界货币商品储备价格

如果货币价值就是货币所能交换到的商品的价值,货币的"锚"在于用一些商品和资产来确定纸币的价值,那么接下来的问题是:如何给这些做货币"锚"的"商品和资产"定值定价?换言之,如何用各国商品和资源的价值(价格)给世界货币做"锚"。这样会出现两种可能:一是用商品的一个主权货币价格确定世界货币的价值;二是用商品的所有主权(国家)货币价格的平均值确定世界货币的价值。如果我们把商品设定为一个国家内部的商品,它的价值和价格可视同为在该国的社会生产时间和社会效用表现;如果我们把商品设定为世界的商品,它的价值和价格可视同为世界的社会生产时间和社会效用表现。显然,为世界货币定值的商品和资产只能以该种商品和资产的世界平均价值(价格)为基准。

世界生产商品和自然商品本身视同世界"社会生产时间和社会效用",即以现存生产商品和自然商品价格为参照基础,将其平均价格视同世界平均社会生产时间和社会效用,作为世界货币定价的基础。换言之,世界货币发行以一组可兑换生产商品和资源商品为基础,以等量世界货币商品储备支持等量世界货币价值,使货币商品储备成为货币发行数量真正的"锚"。

世界经济建立在世界商品生产和交换基础上,世界货币清偿能力以一组世界商品为储备,那么世界货币商品储备的形式和币值的稳定性、保值性以及具有可以自由兑换的机制是世界货币的根本所在。世界货币的安全性只能来自世界资源储备,其"法定凭据"不是发行机构的信用,而是世界货币发行具备的真实的商品基础,从而使之具有绝对可靠的信誉。换言之,世界货币可以是一个符号,但它的发行必须与世界商品本身所包含的世界生产时间和世界效用等价。货币当局有多少商品储备就视同货币当局有多少生产能力、社会生产时间和社会效用。在社会生产时间和社会效用基础上发行等值货币,币值自然是最稳定的。

如何保证一组"世界货币商品储备"价格总体的相对稳定呢?

换言之,如何避免"世界货币商品储备"价格完全由自由市场竞争决定,同时避免世界货币商品的价格被操纵,在相对长时间段内保持稳定,并可在需要调整的时候经过相应协调进行有序调整?这里可行的约束办法,就是所有参加世界货币组织的国家共同制定并签订世界货币商品储备价格"国际公约"。

世界货币商品和资源储备整体价格的波动幅度一定会小于局部商品或单一资源价格波动的幅度。可以设想,世界货币商品和资源储备的价格应以世界同类商品资产平均价格为基准,而不应以现有体制下某一商品国际期货市场价格为基础。世界货币资产定价有可能高于或低于主权国内部同类资产商品价格,因为前者在世界范围定价,后者在国家范围定价。但无论出现怎样的偏差,主权国内部经济并不会因此受到严重影响。

### 六、世界货币商品储备形态

世界货币支付不必接触世界商品本身,世界货币只是一张世界提货单。那么,世界货币的商品本位,世界货币一组商品储备怎样实现呢?从各国生产商品和自然商品中,如何形成一组世界货币商品储备?全球商品资源储备原则如下:

第一,货币商品和资源储备全球化。

世界货币的商品和资源储备首先应立足全球化的基础之上。全球资源(资产)账户中的商品、资源由全球主权国家从资源中划定(经过评估)自己的一部分主权资源归属全球资源(资产)账户,即世界货币的共同商品储备账户。实际上,就是用世界商品和世界资源组成世界货币发行准备,而不是用主权货币去合成世界货币。

在储备商品过程中,相对而言,大国和资源丰富的国家多划拨,小国和资源缺乏的国家少划拨。其组成结构类似特别提款权,但不是以主权货币为主体。经过世界货币管理组织的评估,将归为世界货币储备的主权国家商品、资源、资产定质定量提交给世界货币组织时,主权国会得到与主权国划拨的资产等值的"世界货币",以做主权国国际贸易和投资的基本"外汇"储备,其余所需外汇则可通过正常国际贸易和投资得到。

第二,货币商品和资源储备多元化。

世界货币发行商品基础多元化,即世界货币的等价本质的多元化。它意味着世界货币基础不仅是生产商品、资源商品,还可以是生产要素商品,包括劳动力商品、劳动技术商品、科学技术商品。理论上,任何现实的生产商品和资源商品,从世界农业产品到世界工业产品,以及现有的可以开发利用的自然资源,都可以在世界范围内充当世界商品储备基础。

第三,货币商品和资源储备战略化。

一切涉及世界人民生计和经济发展水平的基础生产要素都属于世界战略资源。在商品和资源储备多元化的基础上，世界货币基础应以最具战略意义的商品和资源储备组成，即依其战略价值将商品和资源评估分类、分级。以世界战略资源及稀缺资源构建评估体系，世界各国经济资源（包括潜在的资源）都应纳入全球资源账户进行评估，以确定涉及世界人民生计和世界经济发展水平的基本生产要素、主要商品、资源以及劳动在世界经济发展中的权重，从中选择最具战略价值的商品、资源、资产，定质定量构成世界货币商品储备。世界战略资源商品，原则上可以从粮食、棉花、油料、食盐、石油、精铜、煤炭、森林等到黄金以及土地、劳动力、固定资产等各种商品中选定。

第四，货币商品和资源储备社会化。

原属主权国家的粮食、棉花、石油、煤炭、土地、铜、钢铁、森林、水源及稀缺资源等，一旦经过世界货币管理组织的评估，定质定量成为世界货币的商品和资源储备基础，该部分商品、资源、资产即应从主权国名下划拨出来，立法归属于世界货币组织，成为世界货币发行的世界性商品、资产、劳动、土地储备基础。这一部分商品和资源在全球一体化、社会化原则下，将突破一国界限、一国主权，成为世界人民名下共有的财产。

第五，货币商品和资源储备准备率。

确定商品和资源储备准备率，类似现有银行的所谓"资本充足率"指标。即有多少的世界商品和自然资源储备便可以支持发行多少世界货币。世界商品储备是世界货币的"锚"。世界货币商品储备与世界货币发行量之间的比例构成世界货币发行的准备率。

第六，货币商品和资源储备管理。

确定为储备的商品、资源、资产，世界货币组织可以立法委托主权国代为管理。对世界货币而言，它既会省去庞大的储备商品、资源、资产的管理费用，同时又可以将这笔费用合情合理地转移到世界货币持有者身上。在此前提下，世界货币发行所得铸币税收入，除正常行政业务支出外，剩余应按各主权国商品、资源储备参加比例返还主权国。

第七，最后我们看到，在金属货币时代，金和银之所以能充当世界货币，是因为其本身易于分割、携带和流通。现代信息化时代，充当世界货币载体的可以是电子货币,世界货币的流通形态可以与世界货币商品储备形态完全无关。

## 七、观念的变革

对于所有积累的货币,人们都会思考同样一个问题:如何保值增值?

这个问题反过来说明,所有积累的货币都会贬值,所以人们才去保值。货币贬值越快,人们越会想能迅速保值的办法。要想从根本上解决货币保值,唯一的办法就是货币本身不贬值。不贬值的货币在哪里? 存在于货币的综合商品本位中。一旦货币本身能实现不贬值,是不是就意味着积累的货币就是真正的财富呢? 并非如此。货币永远是形式上的财富,而形式财富的积累永远面临贬值的风险。因为积累的货币最终总要购买实物,而购买实物的价格上涨也就意味着积累的货币贬值。于是货币的保值最终与商品的价格联系在一起,应该成为人民货币①政策的真正核心。

从对金融危机的分析中,我们可以看到有效的金融政策能推动实体经济的有序增长,能够保证:第一,货币保值,币值稳定;第二,资产价格的稳定,让资产价格不脱离真正生产和社会需求的基础。

单一世界货币或许是相对遥远的目标,但它终将会成为人类历史发展的一个里程碑。

一个没有内在价值、与世界财富生产无关的世界货币,一个没有世界商品和资源兑换担保的世界货币,一个由大国货币相加出来的世界货币,一个仅由少数精英操纵的世界货币,它所带来的通货膨胀、贬值、风险会是史无前例的。这样的世界货币就是世界灾难。相反,用通俗的概念表述世界货币,可以把世界货币商品、资源价格理解为近似世界"计划价格",而不是在完全自由竞争下形成的价格,如此世界货币具有相当的稳定性。

只有基于世界真实财富的储备,世界货币才能真正成为世界财富的等价形式。世界战略资源和商品等价于发行的世界货币,可以使世界货币成为最稳定、最安全、最保值、最低成本的货币。按各国生产的国际化

---

① "人民货币"这一概念将在本书第十九章"银行革命"中具体阐述。

和实际贸易总额按比例储备商品资源,或根据需要改变世界货币商品的储备规模,都能达到保持币值稳定、抑制主权国通货膨胀的目标。

世界货币作为世界生产和交换的支付手段,其发行数量可以很容易符合世界经济生产和实际贸易水平。世界货币可以自动兑换成任何一种现存的国家货币,无须达成任何国际贸易协定。世界货币不会起价值储藏作用,因为它主要用于计价和流通。

当"1 单位世界货币 = $a$ 黄金 + $b$ 粮食 + $c$ 棉花 + $d$ 油料 + $e$ 食盐 + $f$ 石油 + $x$ 铜 + $y$ 煤炭 + $z$ 木材 + … = 实物",当世界货币对象于现实的物质世界时,人类生产和交换的社会形式与人类生产和交换的真实内容统一的必然性就会最终显现。一旦产生了最安全、最保值的世界货币,所谓扩大的货币交换形式就会变成一个稳定的货币体系。如:1 单位世界货币 = 2 美元 = 1 英镑 = $A$ 马克 = $X$ 日元 = $Y$ 卢布 = $Z$ 法郎 = $M$ 埃镑 = $N$ 奈拉…各主权货币通过与世界货币的交换会以世界货币为"锚"来确定其价格。然而由此表现出的价格比例并不会影响世界货币的价值,因为不会有两个世界货币相交换。

资源世界化、生产世界化是未来世界经济发展的基础。没有世界经济的发展和成熟,就没有世界货币的诞生。真正世界经济的形成不是国际贸易,而是世界生产。世界货币发行的前提是各国生产力和资源在世界范围内的整合,以及人类世界与世界自然资源的互动,劳动、资本、土地的全球化合理使用。世界货币商品和资源储备的评估、确立,以及世界货币发行和管理的权力配置,都应基于世界人民的共同利益。世界货币的发行权力属于世界人民。世界货币管理应由超主权国组织管理,由世界人民共同监督。

# 第十九章 银行革命

**提要:** 以不同所有制为基础、以货币为形式、以利润（利率）为生产调节规律的货币经济,是当前不同国家体制实体经济运行的共同历史形式。2007年开始至今没有结束的金融危机,已经可以从中窥见世界经济变革的未来。它告知我们,存在的未必是合理的;国际货币体系必须重建;将一切以经营货币为手段、以唯利是图为宗旨的银行改造成以社会所有为基础,以非营利为目的,以服务生产、服务社会、服务人民为原则的真正的"人民银行",是摆在世界各国银行面前的问题。

理解货币经济有两个基点:一是货币的性质,二是银行的功能。

从银行发展史中可以清楚地看到,在把货币当做财产的历史条件下,银行的起点就是"经营货币"和"谋取赢利",经营货币的银行和钱庄本质上都是商业的,以营利为目的,只是深度和广度在不同历史阶段表现不同。高阳在《红顶商人》书中写道:"当铺是穷人的银行,银行是富人的当铺。"这话一点儿不假。银行是专为有钱人服务的。

## 第一节 货币银行

迄今为止,银行的共同特征无一例外都可以归结为是经营货币的"货币银行"。

银行的经营模式与对货币的认识和定性是直接相关的,也就是说,银行经营模式的基础是对货币的认识。在不同的经营模式中,现代银行经营模式的一个重要标准就是能否把储蓄转化为投资,即把盈余部门的资金导向短缺部门,促进新资本的形成和资源的优化配置。银行在这里起的作用是基于货币的流通媒介和支付手段的功能。

随着经济的发展和金融财富的积累,货币的观念也随之改变。"可转让理论"(也称转移理论)认为,银行资产流动性的高低是由资产的可转让程度(变现能力)决定的。银行变为资产管理者。只要银行的证券资产具有信誉好、期限短、易于出售等特点,在需要资金时可以迅速地出售或转让出去,银行就能保持其流动性。银行只要能保持流动性就行,不管它以什么方式。转移理论的出现使商业银行谋利范围扩大,经营更加灵活多样,为所谓混业经营模式的形成奠定了理论基础。

"预期收入理论"是从收入角度定位银行经营模式的理论。

预期收入理论是1949年由美国经济学家普鲁克诺提出的。该理论认为,无论是短期商业性贷款还是可转让的资产、贷款偿还和证券变现,都是以未来收入为基础的。如果一项投资的未来收入有保证,即使是长期贷款、长期投资,仍然可以流动。这就给商业银行长期设备贷款、个人消费贷款、设备租赁贷款和住房抵押贷款等提供了所谓理论依据,从而为商业银行进一步发展其"谋利"手段提供了掩护。把银行建立在"未来收入有保证"上,也就是把银行建立在"只要是能产生现金流的资产就可以将资产证券化"的虚拟经济基础上。

混业经营模式说到底,是允许银行以更大范围和更灵活的方式谋利。随之而来的是,证券投资中风险与收益的不对称性导致银行将大量资金用于证券业务,或变相用于证券业务,结果是一方面急需资金的产业部门得不到贷款,另一方面证券市场、房地产市场等呈现银行巨额资金支持下的虚假繁荣,形成经济泡沫。

银行制度是货币经济和社会制度的当然组成部分。中央银行作为货币发行工具,直接体现国家管理社会生产的"形式要素"。货币作为社会生产的形式要素具有当然的社会性,是绝对的公共产品,而法定货币的核心问题是货币发行者的信用——货币发行当局的信用。无论是为稳定物价、防止通货膨胀还是为促进充分就业,货币政策目标必然是宏观的,是为社会经济的整体发展提供支持的。

现代货币银行体系,从根本上说不是为社会服务的组织,而是寄生在储户存款或贷款上的唯利是图的商业组织,是最具资本主义意识的典型的嫌贫爱富型组织。唯利是图的金融机构和金融机构的唯利是图是一切金融危机的制度和文化根源。银行首当其冲,因为它把社会的储蓄直接当做自己赚钱的资本,当做自己的私有财产。

中央银行与普通银行的区别在于:中央银行为政府开设税收账户,负责为国债付息和发行货币。中央银行既是政府的银行,又是银行的银行。因此,不排除在国家利益与社会利益分离的情况下,国家利益有自身利益(官僚利益),中央银行尽管代表国家,但其性质仍是唯利是图的。中央银行从货币发行中谋利,商业银行从货币经营中谋利。而能操纵世界经济的美国联邦储备银行——"美联储",直接就是一个名为国有实为私有的中央银行,一个"纯粹"的私有中央银行。由于美联储管理层拥有弥补经营费用的征税权,它已摆脱了国会的控制。[1]

在现有文化下,中央银行的宏观目标要通过商业银行的微观(个人、企业)行为,以利率、市场、赢利作为杠杆来实现。当银行从单一功能银行发展到所谓全功能现代银行,银行经营货币的目标仍是服务于个人(企业)金融财产积累的增值。而银行自身是在进行存款竞争的银行体系框架中生存,出发点无非依据"竞争越充分则经济效率越高"的教条。

现存银行体系,无论国有银行还是私人银行,都是处在"竞争的体系"和"浮动的汇率"之中。通过信贷、清算和支付结算、转移经济资源、管理风险、储备或聚集资本和分割股份等,以及通过信用卡、外汇兑换、衍生交易、证券化、保险产品、向个人和企业销售金融产品谋取利益。这种以经营"社会形式要素"为对象的谋利性银行,现实中已经成为实体经济发展的桎梏。

银行不应是企业,它是社会生产"形式要素"的管理部门。本质上现代银行更不是商业,银行应是生产和管理公共产品的真正的公共部门。货币的商品本位说明,所谓货币的发展历史就是货币从不成熟的胚胎发展到一般金属货币,再发展到金本位制,最后金本位制崩溃让位给信用法定货币,其实这也是商品社会生产的发展历史。现代货币具有的内在价值已随商品生产自身的生产时间和物质效用的社会化扩大,在洲际范围、

---

[1] 参见〔美〕H. W. 布兰兹:《货币贵族》,楚建海译,中信出版社 2008 年版,第 193 页。

世界范围内形成交换尺度和计量单位,货币已成为商品生产和交换的新的世界历史表现形式。

这里应了马克思的预言:"生产资料的集中和劳动的社会化,达到了同它们的资本主义外壳不能相容的地步。这个外壳就要炸毁了。资本主义私有制的丧钟就要响了。"①眼下无论国有银行还是私人银行,只要对"社会形式要素"进行谋利性经营,就是通过经营公共产品谋取私利,就是事实上的"资本主义外壳"。

货币是财富的形式符号,而不是财富本身。作为一种形式,货币和货币银行并不是不可改变的。如果说 50 年前货币和货币银行改革会因为技术原因不可能被提上日程,那么在当下信息化时代,信息技术所提供的管理潜力,足以提供银行革命所需要的技术手段。银行革命将成为可行。

既然货币可视为"等同于"商品,将银行的货币主体变为"商品银行"、"要素银行"、"实物银行"主体就不是没有可能,从而使货币和金融变成为物质财富生产服务的真正"形式",而非与其相对立的虚拟财富。在技术上,银行革命就是将银行从银行业、证券业、信托业及保险业的纯粹金融经营模式,变为储蓄、证券、信托、保险以商品为基础,以"经营"商品为基础。

用信息理论术语说就是,市场上的信息在各经济主体之间存在非对称性,即买卖双方各自掌握的信息有差异。信贷市场是典型的信息不对称市场,商业银行作为贷款方要最大限度地了解借款方的情况,以求尽可能地回避风险;而借款方则一般尽可能提供有利于自己的信息,以促成对自己有利的信贷契约。实践表明,将商业银行和投资银行业务合二为一,即将大部分存贷款都由同一个"全能银行"经营,以此增加投资或贷款成功的可能性,只能治标而无法治本。因为存储和经营货币的现代货币银行从根本上是为金融资产增值服务的,是与实体商品生产对立的。

在政治上,银行革命就是改变银行以营利为目的经营性质,不管国有银行与私人银行如何分工,它们都是生产和管理公共产品的真正的公共部门,要让银行从经营货币变为服务生产,从唯利是图变为服务社会。银

---

① 〔德〕马克思:《资本论》第一卷,人民出版社 1975 年版,第 831 页。

行要以服务实体经济为主导,以为社会服务为宗旨;银行应当成为"穷人"的当铺,当什么呢？当劳动,当生产。

货币的基础功能就是交换尺度、计量单位。银行革命的最终结果,用马克思的话说是将"生产的专制统治机构和分配的管理者"变为"为共同劳动的社会进行记帐和计算的部门"。[1] 首先作为计量单位和交换尺度服务于生产和交换。

## 第二节　商品银行

信贷从来是货币银行系统的最大业务之所在。银行从货币银行转向商品银行,就是把货币银行建立在实体商品的生产、储备和交换上,进而从根本上解决货币银行在处理企业和生产问题上的"信息不对称"。

所有的商品储备（交换）,从时间上,可以分为现期的和预期的两大类;从商品意义上,可以分为小商品、大宗商品和战略商品;从商品形态上,可以分为生产商品和生产要素商品（劳动与土地）;从商品功能上,可以分为货币商品储备和非货币商品储备;从商品生产单位上,可分为国家生产、地方政府生产、集体生产、私人生产,等等。

现期商品以已经生产出来的商品（如现有生产商品和已经进入生产的自然商品）为基础,预期商品以潜在的和计划生产的商品为基础（如下一周期或未来时间内的计划生产商品,以及未进入市场的潜在自然商品和自然资源,即指以实物计量为单位还未定价格的自然资源）。在已生产商品和计划生产商品储备的背后,实际上是银行对该商品之生产企业、项目、工程的全面资讯储备。因为没有生产规模信息的储备,就不可能有生产产量信息的储备。从产业的角度看,在规模经济问题上,不同的行业具有不同的性质特点,有些行业属于"规模经济不明显的行业",如农业;有些行业属于"规模经济显著的行业",如钢铁、石油、化工行业;有些行业则属于"中等规模经济的行业"。企业已建生产规模或在建生产规模、待建生产规模、计划建设生产规模等,都可以通过产品形态（已生产、待生产、计划生产）得以表现。

---

[1] 《马克思恩格斯全集》第四十六卷（上册）,人民出版社1979年版,第101页。

在有真实完整的商品生产和资源储备信息基础上,发放货币"贷款"在技术上就可以用发放等价"商品"代替。比如,某公司或某工程需要一批钢材,它只要将要求提交银行,经过贷款信用审查后,银行就会立刻提供符合该公司需要的(同一规格、质量)不同厂家、不同价格的信息供该公司选择。一旦选择完成,该公司的需求订单会直接通过银行转到生产厂家,并同时付款或付订金,也可以很容易做到货到付款(在这期间,合同修改、签订、看货、审查都会照双方习惯程序完成,区别只在没有现金,也无支票、汇票之类)。在购买者与生产者之间,"贷款"将不会成为申请人可以随意支配的"流动性""现金",而是一个额度。而货币变成计量单位和价值尺度后,无法变成贮藏财富退出银行,退出流通。一旦发放贷款改变为发放"商品",违规的大规模生产和贸易贷款挪用将会被遏制。同时,一旦发现无货冒充有货、无钱冒充有钱的单位企业,银行会很容易立即将其置于死地。

在商品银行体系下,"买"家只要都是通过银行进行,"卖"家就必然会将自己的商品储蓄到银行,以等待买家。即使卖家不需要银行贷款,也无须银行协助理财,他也会把自己的商品"存"到银行。银行可以依据商品价格和市场变动的信息为商品生产企业提供银行储备商品的预期走势,或短缺,或过剩,并在此基础上确定银行贷款的走向、规模、时间。同时,对银行而言,有了商品和资源储备就等于有了"钱"。银行家们这时会发现,如果他的银行里没有"商品"储蓄,"货币"就是无用的废纸,如果货币多于流通的需要,通货膨胀会很容易被觉察。

在银行将货币主体变成商品(生产)主体的同时,以货币经营为内容的业务以辅助性质被纳入银行业务。在目前货币银行体系下,在银行承兑汇票结算业务中,票据业务竞争导致基层银行受利益驱动,开出和贴现大量无真实贸易背景的票据,其中相当一部分资金流入股市、房地产等高风险领域,甚至转入"地下钱庄"。这种依靠开具票据谋取利息收入、靠票据保证金拉动存款的行为自然受到抑制。在商品银行体系下,在离开实体经济的虚拟经济即建立在有价证券买卖、金融衍生产品和对冲基金基础上的"国民经济"中,谁在做、做什么都会一目了然。金融衍生产品永远不能成为社会经济的主流和基础。

当然,也有不依靠银行信贷和银行网络的企业和个人,他们只需要银行协助理财。对这类个人和企业,银行只要提供储蓄服务和协助理财就够了。

## 第三节 人民银行

银行革命的关键,在于打破"资产阶级"的一贯意识。现代银行的货币银行、资本银行无一不是最具资本主义特点的典型唯利是图的组织,眼下中国的银行也不例外,它们正在努力追赶"现代化",并向"钱"看齐。现有中国银行的产权改革,说到底是将银行的人民产权私有化和官僚化;无论是"存款立行"还是"贷款立行",保的无非是"赢利";而所谓"信用贷款"不过是国家发钱国家用,与人民经济没有多大关系。因此,中国的银行也在必须革命之列!何况它原来就是"人民银行"。

以中国工商银行、建设银行、交通银行、农业银行为例,将储蓄货币转向储蓄商品(项目)后,即变成工商商品银行、建设商品银行、交通商品银行、农业商品银行。

"建设商品银行"将储蓄全国待建、在建、已建成的全部房屋建筑。凡需要向银行贷款的房屋建筑,将所有建筑项目信息储蓄于银行,视同将建成的商品房(非商品房)以现货与期货形式先行储蓄于银行。在所有银行都具有储蓄商品性质的前提下,一项房屋建筑所需的全部建设货币贷款会以"商品"形式全部替代。货币贷款在银行只是一个额度,在此额度下,银行完成的实际工作是通过银行网络提供该建筑项目所需全部(等价)商品材料。

在商品银行条件下,一项房产建筑能够实现与其所需材料商品的交换,就是用建筑面积换钢筋水泥,实际进行的就是商品的直接交换。货币在这里变成真正的形式、计量单位、交换尺度。对非商品建筑来说,虽然它不是将来进入市场的商品房,但建设房屋本身也是有价值的,因此它可以同一切建筑材料交换。对于已建成的房屋,将会被永远储蓄在银行,成为建设商品银行的积累,以备完成将来可能发生的交易、保险以及抵押"贷款"。从产权上说,没有一栋房屋属于银行,但是它为所有的房屋建设提供了服务。在所有的交易中,商品和资产仍可以以现货、批发、期货各种形式成交。

再如"交通商品银行"储蓄有全国铁路、公路、海港、空港以及所有交通运输工具商品。所有计划的、在建的、建成项目以现货、期货商品形式预先储蓄到银行,然后才能获得贷款。交通银行因此会成为真正的、权威的全国交通资源建设中心。在此基础上,它可以从事抵押、买卖、重组、扩建等一系列商品生产和交换服务。这与现有只管经营货币的所谓交通银行有本质上的不同。交通商品银行一方面与交通银行的货币流量和货币存量有清晰的关系,另一方面与政府交通部之间有明确的界定。交通商品银行事实上变成全国交通(项目建设、买卖、重组)的中心和服务枢纽。

在工商、建设、交通、农业等行业的基础上,应再建劳动银行、土地银行、能源银行等生产要素商品银行。要素商品银行会从根本上形成全国统一的劳动力市场、土地市场、能源市场商品中心。劳动银行的建立可以储蓄全国劳动力资源(每一个人为单位),实际上它取代了传统的社会保险号码系统。把个人劳动存入银行,二十年后取出福利,就是说把社会保险制度建立在每个劳动力和全社会劳动资源使用基础上,而不是货币基金基础上。不劳动者不得食,只有劳动才能带来更高的福利。在土地银行,农民只要有土地存入银行,未来的产出就可使他提前获得所需要的化肥、种子、农药等商品。换言之,农民可以用期货(粮食)换取现货(生产资料)。同时,凡是对开发滩涂、荒地、土地改良和沙漠治理等有益的投入都应视同"未来收入有保证"。贷款向节能产品、能源替代、循环经济工程倾斜,是解决与自然对立的生产体制的重要手段。

在现有体制下,国家发展和改革委员会负责制定全国规划,国务院其他部门负责实施,它们完全脱离实体经济的具体运行,顶多知道百十个国营大中企业的信息;银行也只是关注资本形式,一心通过经营货币谋利,把实体经济作为敲诈的对象而不是服务的对象。而如果在以商品银行为枢纽的生产交换和社会服务基础上,上层可以确切了解基层现实,个人和企业可以确切了解宏观的信息、全部同行业信息以及全国各行业信息。哪怕一个生产螺丝钉的企业,只要登录它的银行网站就可以知道全国同类螺丝钉的生产情况、库存量、预期产量、质量、性能等。在这种情况下,相信企业和银行都知道自己该干什么、不该干什么。

在解决银行商品储蓄信息真实度(信息不对称)方面,相信这个问题不会比现有的银行贷款真实信息更难解决,因为骗贷变得没有意义,你贷款不能挪用,放在银行还要交利息。至于买卖中的诈骗、交了订金不交余款、假买假卖等,银行网络会与工商、税务等政府相关网络相关联,一旦发现就会将其列入无信誉及违法"黑名单"。

货币银行转型为商品银行,从经营货币和金融,转而服务商品生产实体,也是从根本上进行的货币革命。在商品银行中,储蓄货币变为储蓄商品(生产),抵押贷款就是抵押生产本身,人们会以商品(现货、期货)抵押换取需要的生产资料和商品。银行本身储蓄有大量"商品和生产力"。现代技术使买卖双方能够即刻与银行或信用卡公司联系,以确定银行是否已"授权"一定额度的信用。这样,使商品生产信用能够作为交易的基础,以直接信贷商品为其主要方式。如果信贷以商品方式进行,货币在商品交换中只起计算单位和交换尺度的作用。

设想行业银行实现转型,加之建立要素银行,商品银行之下将会是众多细分的专业银行(按条、按块)、分理处、储蓄所;商品银行之上的中央银行将会变成真正的"中国人民银行"——中国商品生产中心——商品交换和企业(工程)信贷、再建、买卖、重组的服务中心,中央银行将成为实体经济和经济资源汇总、生产和交换的运营中心,并以实体经济为基础制定货币政策,提供货币发行咨询。

改革后,在主权货币的商品本位制下,存在归属国家的"货币商品储备"或"货币商品资源储备"全国账户,即国家货币商品和资源储备账户。账户中的商品、资源以实物形态纳入银行储备,由银行管理。商品和资源储备准备率类似现存银行的所谓"资本充足率"指标。货币银行以资本充足率为基础,商品银行以商品实体充足率为基础。有多少国家商品和自然资源储备,就发行多少主权货币,国家货币商品储备是主权货币的"锚"。同样,国家货币商品储备与法定货币发行量之间的比例构成国家货币发行的准备金率。货币的商品本位制可以最大限度抑制通货膨胀,保持币值的稳定,从而可以为商品货币价格的制定提供稳定的、安全的尺度,保证生产和交换的平稳发展。以不同所有制为基础、以货币为形式、以利润(利率)为生产调节规律的货币经济,是当前不同国家体制实体经济运行的共同历史形式。2007年开始至今没有结束的金融危机,已经可以从中窥见世界经济变革的未来。它告知我们,存在的未必是合理的;国际货币体系必须重建；将一切以经营货币为手段、以唯利是图为宗旨的银行改造成以社会所有为基础，以非营利为目的，以服务生产、服务社会、服务人民为原则的真正的"人民银行"，是摆在世界各国银行面前的问题。

中国银行向何处去是中国金融改革必须回答的首要问题。

# 结 束 语

从哲学的观点来说，在所有概念当中，最为抽象和最有争议的不是那些我们用来把世界划分为可以理解的各个部分的概念，而是那些我们试图用来理解世界之整体含义的大概念。

社会可以是交换的社会，但人类最终是生产的人类。没有交换就没有自由，但没有生产就连个体生命也不会存在，没有生存也就谈不上自由和交换。生产优先于交换，是因为生产(生产一般、生产力)是人类生存的基础。"经济学"可以是只讲交换的经济学，但"经济"最终必定是生产的经济。生产是本质、是原则、是第一位的，若只有交换而没有生产，交换则成无米之炊，人类生命将无法延续，社会将无法前进。然而，与自然对立的人类生产也是不可持续的，为了生产而牺牲自然，无疑是人类的自取灭亡。

从生产方面看，生产商品与资源商品组合成生产力，在这个过程中，商品的价值尺度与价格尺度统一成为货币；一旦有了货币，所有的商品价值和价格都以货币为尺度，以货币定价。于是为了实现商品的流通，我们就需要提供与商品货币价格相符的一定数量的货币作为流通媒介；货币作为流通媒介和交换尺度，本身要求有稳定的币值、稳定的购买力，交换尺度稳定才能保证经济流程的平稳，为此，我们需要构成货币价值的单一商品或一组生产商品与资源商品价格的稳定。然而现实中商品价格受产量、稀缺、供求等因素影响，受到种种人为操纵，是不稳定的，因此，货币本身的币值以及它表现出来的购买力，就会相应的不稳定；币值的不稳定，会给商品的货币定价带来误差，进而又会影响货币发行的数量出现误差。如此分析下去，现代货币经济就是一个悖论，一个无解的方程。

生产价值论认为，脱离商品本位的"纸币"、产能的"过剩"、生产和消费领域中的"负债"、资本在流通领域中的"价格操纵"带来现代经济的周期危机。金融危机就是通过强制性手段实现货币形式与实体经济的周期平衡。金融危机的实质就是以货币形式表现的金融资产——虚拟财富的破灭。积累的私有"财产"出路何在？积累的"货币财富"出路何在？这是人类最终要解决的问题。现代经济危机的根源在于社会制度，用通货膨胀解决经济危机、用人为制造的"流动性"解决流动性危机，最终是死路一条，社会将在没有价值的纸币中崩溃。货币多到没有价值，货币就会自行消失。货币和货币银行并不是不可改变的。现代信息技术的发展使银行革命成为可行，当下真正的货币经济革命是银行革命：银行从经营货币变为服务生产，从唯利是图变为服务社会。

货币是抽象的财富。真正的财富不是货币和金融，而是劳动、自然资源、科学技术、产品和生产力。银行革命是货币经济革命的一部分。世界范围内实体经济与虚拟经济的矛盾、人类生产与自然环境的矛盾、单一国家占有资源与世界人民生产消费的矛盾最终都会解决，但不是依靠理论而是依靠实践。债务经济、价格操纵、通货膨胀、产权关系、分配关系、经济危机，等等，都是要通过实践加以解决的问题。

真正的财富除了物质的，还有精神的、思想的、情感的。

生产价值论并不是唯生产力论。为生产而生产、与自然对立的生产、产能过剩的生产都是没有价值的。人类生产的最终目的是为了人类福祉的提高和人民生活幸福。世界货币是经济规律加政治原则的产物。没有世界人民政治原则的重建，没有超越汇率制、超越主权国家的资源，就不可能创建真正的世界货币。只有以世界生产为基础，以世界资源为前提，才能真正形成有信誉的世界货币。世界需要新的人类经济理念。

世界财富属于世界人民，未来世界货币只能是世界人民的货币——世界人民币。

# 主要参考文献

1. 〔德〕马克思:《资本论》第一卷、第二卷、三卷,人民出版社 1975 年版。
2. 《马克思恩格斯选集》第一卷、第二卷、第三卷,人民出版社 1966 年版。
3. 《马克思恩格斯全集》第一卷,人民出版社 1956 年版。
4. 《马克思恩格斯全集》第二卷,人民出版社 1957 年版。
5. 《马克思恩格斯全集》第三卷,人民出版社 1965 年版。
6. 《马克思恩格斯全集》第四卷,人民出版社 1958 年版。
7. 《马克思恩格斯全集》第十三卷,人民出版社 1962 年版。
8. 《马克思恩格斯全集》第二十一卷,人民出版社 1965 年版。
9. 《马克思恩格斯全集》第二十六卷(第二册),人民出版社 1973 年版。
10. 《马克思恩格斯全集》第二十六卷(第三册),人民出版社 1974 年版。
11. 《马克思恩格斯全集》第四十二卷,人民出版社 1979 年版。
12. 《马克思恩格斯全集》第四十六卷(上册),人民出版社 1979 年版。
13. 白暴力:《价值价格通论》,经济科学出版社 2006 年版。
14. 陈利平:《货币理论》,北京大学出版社 2003 年版。
15. 戴天宇:《经济学:范式革命》,清华大学出版社 2007 年版。
16. 《第一财经日报》:《拯救全球金融》,中信出版社 2009 年版。
17. 高广春:《资产证券化的结构》,中国经济出版社 2008 年版。
18. 何炼成主编:《价值学说史》,陕西人民出版社 1984 年版。
19. 靳毅民:《劳动价值论的新认识》,经济科学出版社 2007 年版。
20. 蒋自强等:《经济思想通史》第二卷、第三卷,浙江大学出版社 2003 年版。
21. 刘凤良:《货币主义》,经济日报出版社 2007 年版。
22. 马庆泉:《新资本论纲要》,中国人民大学出版社 2004 年版。
23. 万英、万小鹏:《生产劳动价值论》,甘肃文化出版社 2006 年版。

24. 王振中主编:《产权理论与经济发展》,社会科学文献出版社 2005 年版。
25. 宣文俊主编:《货币金融学》,北京大学出版社 2008 年版。
26. 宿玉海:《人民币一篮子货币最优权重模型的构建》,中国财政经济出版社 2008 年版。
27. 杨芳洲:《价值论》,中国社会科学出版社 2006 年版。
28. 叶世昌:《中国货币理论史》,厦门大学出版社 2003 年版。
29. 〔美〕本·S. 伯南克等:《通货膨胀目标制——国际经验》,孙刚、钱泳、王宇译,东北财经大学出版社 2006 年版。
30. 〔美〕贝尔纳德·列特尔:《货币的未来》,林罡、刘姝颖译,新华出版社 2003 年版。
31. 〔美〕查尔斯·P. 金德尔伯格:《西欧金融史》,徐子健等译,中国金融出版社 2007 年版。
32. 〔美〕E. K. 亨特:《经济思想史———种批判性的视角》,颜鹏飞总校译,上海财经大学出版社 2007 年版。
33. 〔美〕米尔顿·弗里德曼:《自由选择》,张琦译,机械工业出版社 2008 年版。
34. 〔美〕米尔顿·弗里德曼:《货币的祸害》,安佳译,商务印书馆 2006 年版。
35. 〔美〕约瑟夫·斯蒂格利茨、布鲁斯·格林沃德:《通往货币经济学新范式》,陆磊、张怀清译,中信出版社 2005 年版。
36. 〔英〕弗里德里希·冯·哈耶克:《货币的非国家化》,姚中秋译,新星出版社 2007 年版。
37. 〔英〕约翰·梅纳德·凯恩斯:《就业、利息和货币通论》,高鸿业译,商务印书馆 1999 年版。
38. 〔英〕约翰·梅纳德·凯恩斯:《货币论》,何瑞英译,商务印书馆 1986 年版。
39. 〔英〕埃里克·罗尔:《经济思想史》,陆元诚译,商务印书馆 1981 年版。
40. 〔英〕约翰·F. 乔恩:《货币史——从公元 800 年起》,李广乾译,商务印书馆 2002 年版。

41. 〔德〕马克斯·韦伯:《经济通史》,姚曾廙译,上海三联书店 2006 年版。

42. 〔德〕格罗·詹纳:《资本主义的未来:一种经济制度的胜利还是失败?》,宋玮、黄婧、张丽娟译,社会科学文献出版社 2004 年版。

43. 〔日〕黑田明伸:《货币制度的世界史——解读非对称性》,何平译,中国人民大学出版社 2007 年版。

44. 〔比〕保罗·德·格劳威:《货币联盟经济学》,汪洋译,中国财政经济出版社 2004 年版。

# 后 序

　　若冰经常提起,他的世界观是在解放军这个大熔炉里形成的。那时若冰才16岁,在当兵的三年里,学习了三年的"老三篇"。他说,为人民服务的信念使自己一辈子的精神受益。

　　因为"思想反动",19岁的若冰被从部队押回地方。父母关在"牛棚"里,家也没了。于是若冰抱起马克思的《资本论》和一本经济学辞典,开始了他的"问题"探索。若冰说,要想为人民服务,总要知道人民想什么、要什么,不知道人民想要什么,怎么能为人民服务? 一年后,若冰到北京知青所在的陕北延川县插队。因不属于正式插队知青,所以干一天的活儿只能按女知青记工,一天六个工分,挣不到一毛钱。当吃着知青才能吃到的掺和麸子的玉米面窝头时,若冰知道农民是怎样生活的、农村有多苦了。一年后,若冰去五七干校农场劳动,每天与联合收割机打交道。1971年,若冰回到北京当工人,他开始通读马克思、列宁的主要著作,广泛阅读了当时能找到的"灰皮书"、"黄皮书"、"白皮书"。1979年若冰进中国人民大学工作、学习。

　　1982年至1986年中央连续五年发布以农业、农村和农民为主题的"一号文件",对农村改革和农业发展作出具体部署。若冰也投身于当时开展的农村改革调查工作中。他随"中国农村发展问题研究组"参加了安徽、江苏、四川等省的农村经济调查,并最早深入江苏各地区调查农村乡镇企业的发展。

　　1983年,若冰的《生产价值论》(上篇)已完成,为了征求同仁们的意见,印了一个大纲单行本。但得到一个统一的回答,这是禁区,只能在私下里研究。此后,若冰作为最早"下海"创业的一员,办报社、办出版社,同时开始中国社会政策学研究。90年代初,苏联发生剧变,社会主义阵营瓦解。若冰认为,民族团结将是中国最大的政治问题之一,随即我们开始筹备、建设代表中国五十六个民族的北京中华民族园和北京中华民族博物院。

  这一晃时间过去了二十多年,许多当年共同探索中国改革发展道路的同仁们已经历沧海桑田的事事变迁,但若冰始终没忘记要完成他的理论研究。2007年开始的美国次贷危机及其引发的2008年世界金融危机更加坚定了若冰的决心,他说这是对他的生产价值理论的一个验证。

  若冰说他是工、农、兵、学、商加产、学、研,完成《生产价值论》也是他为人民服务的一项工作。若冰不是经济学专家,也不是经济学教授,更不是御用文人。他说他是经济学旁观者,因此他能超越一般学术式著书。为人民服务是若冰的世界观,也是我为我丈夫最值得骄傲之处。

王 平

二〇〇九年八月九日凌晨于北京